Next 教科書シリーズ

民法入門

長瀬 二三男・永沼 淳子 著

弘文堂

はじめに

　民法は、1896（明治29）年に制定された後、第2次世界大戦後、男女の平等・個人の尊厳を定める新憲法の制定に伴って、1947（昭和22）年に民法第4編（親族）・第5編（相続）が全面改正されたが、債権関係の規定（契約等）については、約120年間ほとんど改正が行われなかった。ところが、取引の複雑高度化、高齢化、情報化社会の進展等、社会・経済は大きく変化し、多数の判例や解釈論が実務に定着して基本的ルールが見えない状況になってきたことから、2017（平成29）年に債権関係の規定が大幅に改正され、2018（平成30）年には、配偶者の居住権保護、遺産分割・遺言制度・遺留分制度・相続の効力に関する見直し等を内容とする、相続法の重要な改正が行われた。また、同じく2018（平成30）年には、民法の成年年齢を20歳から18歳に引き下げ、女性の婚姻年齢を18歳に引き上げる等の改正（施行は2022〔令和4〕年4月1日から）も行われて、まさに新しい時代の「新民法」といってもよい状態になっている。

　法学を学ぶ大学生や資格試験受験者から、これらの重要かつ広範な改正を取り込み、民法典の全域にわたって基礎的概念や制度を説明し、体系的に叙述した民法の概説書を求める声が多かった。本書はその要望に応えて、次の点に留意して執筆したものである。

　1.　大学の通年科目「民法」の講義用教科書として使用できるよう、民法のほぼ全条文にふれている。特に、法学部以外の学部（商学部・文理学部・経済学部・危機管理学部など）での使用に最適化している。

　2.　宅地建物取引士の資格試験合格をめざす人の民法基本書として活用できるよう、試験で問われる基礎知識を網羅している。

　3.　法の適用を具体的に理解できるよう、できる限り多くの判例を紹介している。

　最後に、本書の出版に当たっては、弘文堂編集部の世古宏氏に貴重な助言をいただくとともに、詳細かつ緻密な編集作業をしていただいた。ここに特に記して、感謝の意を表したい。

2020年6月

長瀬二三男・永沼淳子

目　次 ▌ Next 教科書シリーズ『民法入門』

第6章　相続法…327

略語表

法令名 （略号の五十音順）

遺言書保管法	法務局における遺言書の保管等に関する法律
一般法人	一般社団法人及び一般財団法人に関する法律
会	会社法
家事	家事事件手続法
仮登記担保	仮登記担保契約に関する法律
刑	刑法
小	小切手法
公益法人	公益社団法人及び公益財団法人の認定等に関する法律
国賠	国家賠償法
戸籍	戸籍法
裁判外紛争解決	裁判外紛争解決手続の利用の促進に関する法律
児童虐待	児童虐待の防止等に関する法律
児福	児童福祉法
借地借家	借地借家法
出資取締	出資の受入れ、預り金及び金利等の取締りに関する法律
商	商法
人事	人事訴訟法
生活保護	生活保護法
製造物	製造物責任法
宅建業	宅地建物取引業法
通貨	通貨の単位及び貨幣の発行等に関する法律
手	手形法
動産債権譲渡特例	動産及び債権の譲渡の対抗要件に関する民法の特例等に関する法律
特定商取引	特定商取引に関する法律
非訟	非訟事件手続法
不登	不動産登記法
不登令	不動産登記令
身元保証	身元保証ニ関スル法律
民	民法
民執	民事執行法
民訴	民事訴訟法
労基	労働基準法
労災	労働者災害補償保険法
利息	利息制限法

判例

最	最高裁判所	最大	最高裁判所大法廷
高	高等裁判所		
地	地方裁判所		
家	家庭裁判所		
支	支部		
大	大審院		
大連	大審院連合部		

判	判決	明	明治
決	決定	大	大正
審	審判	昭	昭和
		平	平成
		令	令和

判例集

民集	大審院または最高裁判所民事判例集
民録	大審院民事判決録
刑録	大審院刑事判決録
高民集	高等裁判所民事判例集
下民集	下級裁判所民事裁判例集
家月	家庭裁判月報
訟月	訟務月報
裁集民	最高裁判所裁判集　民事
判時	判例時報
判タ	判例タイムズ
新聞	法律新聞
判決全集	大審院判決全集
金判	金融・商事判例
裁判例	大審院裁判例（法律新聞別冊）
労判	労働判例
交民	交通事故民事裁判例集
法学	法学（東北大学法学会誌）

先例・通達

大〇.〇.〇民〇号回答	大正〇年〇月〇日民事第〇号司法省民事局長回答
昭〇.〇.〇民甲〇号通達（通牒）	昭和〇年〇月〇日民事甲第〇号法務省民事局長通達（通牒）

本章のポイント

1. 民法総則の規定は、これ以後の個別的な権利の規定に共通の事項をまとめたものであることに留意する。
2. 権利義務の主体となる者には自然人と法人がある。
4. 意思能力を欠く者の法律行為は無効であるが、判断能力が十分でない者を保護するため、制限行為能力者制度が設けられている。
5. 判断能力が欠ける者の社会的活動を補充したり（法定代理）、社会的活動の範囲を拡張したり（任意代理）するために、代理制度が設けられている。
6. 権利の客体となる「物」は、民法上、不動産と動産、主物と従物、天然果実と法定果実に分類して取り扱われる。
7. 一定の期間継続した事実状態を尊重して、意思表示によらないで権利を取得したり喪失したりする時効制度が設けられている。

1 民法とはどんな法律か

　私たちの生活関係は、私法関係と公法関係に大別される。**私法関係**とは、財産および身分など人間としての社会生活関係をいい、**公法関係**とは、国家の構成・組織および統治作用など国民としての生活関係をいう。このうち、私法関係の通則を定めたものが民法である。私法関係のうちでも、ある一定の関係については特別法が定められており、民法に優先して適用される。商事関係について定めた商法・会社法、労働関係について定めた労働法などが、その例である。

　私法関係の通則たる民法は、わが国では、「第一編　総則」、「第二編　物権」、「第三編　債権」、「第四編　親族」、「第五編　相続」の順に法典が作られている。「第二編　物権」には、一定の物を直接に支配して利益を受ける権利である「物権」について規定されており、「第三編　債権」には、特定の者に対して一定の行為を要求する権利である「債権」について規定されている。また、「第四編　親族」と「第五編　相続」には、家族に関する権利が規定されており、「家族法」とよばれている。そして、それらの個別的な権利の規定に先立って、各編に共通の事項をまとめて規定したものが「第一編　総則」であり、そこには、「人」「物」「法律行為」「時効」などが規定されている。各編・各章・各節の中においても同様に、共通する部分は「総則」と題して、前にくくり出して規定してある。たとえば、「第二編　物権」の第1章は「総則」と題して、物権に共通の事項が規定してある。

　このように、個別的規定に先立って、一般的・抽象的規定を「総則」としてまとめ、体系的に法典を構成・記述する形式を、**パンデクテン方式**という。パンデクテン方式は、法典が体系的に構成されているので、重複が少なくなり、条文の数を少なくできる。また、必要な条文を検索しやすく、解釈の幅を広げて解釈を統一しやすいという長所がある。その一方で、法学初心者や一般国民にはわかりづらく、現実に起こった事案に適用する際には、必要な条項が散在しているため、適用条項を見落としてしまうという短所もある。パンデクテン方式による民法典には、このような長所と短所があることを認識した上で、学び、使いこなしていくことを心がけなけ

ればならない。

2　権利と義務

A　権利・義務の意義

　民法は、私法関係をすべて権利関係として規律している。**権利**とは、社会生活において一定の利益を主張し、それを受けることができる法律上の力である。これに対応して人に課せられた法的な拘束を**義務**といい、権利と義務は表裏一体の関係にある。

　個人の権利関係として私法関係を規律するにあたり、近代私法は、**所有権絶対の原則、私的自治の原則、過失責任の原則**という3原則を基本としている。しかし、現在では、資本主義経済の発達に伴って弊害があらわれるようになったため、多くの場面でその修正がなされている。

[1] 所有権絶対の原則

　所有権は何ら人為的な拘束を受けない完全な支配権であり、何人に対しても主張しうる不可侵の権利であるとする原則を、所有権絶対の原則という。封建制社会では、市民は土地に隷属し拘束を受けていたが、市民革命によって市民が土地所有権を得ると、その土地所有権は封建的な負担から解放された自由な所有権（**近代的所有権**）であるとされた。この原則はその歴史的意義を示すもので、所有者は一切の制限なしに勝手なことができるという意味ではないことに注意を要する。実際、憲法 29 条 2 項および民法 1 条 1 項によって所有権は公共の福祉による制限を受け、民法 206 条は、「法令の制限内において」、所有者はその所有物を使用・収益・処分できるものとしている。

[2] 私的自治の原則

　私的法律関係は当事者の自由意思に基づいて形成されるとする原則を、私的自治の原則という。この原則の契約法分野における現れが**契約自由の**

原則で、契約締結の自由・相手方選択の自由・内容の自由・方式の自由が認められ、資本主義経済の根幹をなしている。

[3] 過失責任の原則

　過失がなければ不法行為責任を負わないとする原則を、過失責任の原則という。これにより、予測可能性・計算可能性が確保され、国民の行動の自由が保障される。この原則は、意思活動に基づかないことに対しては責任を負わないという私的自治の原則を基礎としており、人は自己の行為についてのみ責任を負い、他人の行為の結果について責任を負わないという、**自己責任の原則**を含んでいる。

B　私権の内容・行使に関する原則

　私権の内容・行使に関して、民法１条は、私権は**公共の福祉**に適合しなければならない（民1①）と定め、私権は社会全体の利益と調和しなければならないという、私権の社会性を宣言している。しかし、この規定が解釈上の根拠とされることはほとんどない。次に、民法は、権利の行使および義務の履行は、信義に従い誠実に行わなければならない（民1②）と定めている。いわゆる**信義誠実の原則**（信義則）とよばれるもので、権利の行使と義務の履行についてのみ適用される原則のように規定しているが、民法の全域で援用され、この原則に基づいて確立された法理も多い。たとえば、かつて自分がとった言動と矛盾する態度をとることを禁ずる**禁反言の法理**（エストッペル）、賃貸借のような個人的信頼を基礎とする継続的法律関係においては、債務不履行があっても、当事者の信頼関係を破壊したといえる程度の背信的なものでなければ、その契約を解除することはできないという**信頼関係破壊理論**、契約締結の際に前提となっていた事情が、当事者の責任とはいえない理由で大きく変動した場合には、契約内容の変更・解約等を認める**事情変更の原則**などがそれである。**権利失効の原則**もその１つで、解除権を有する者が長期間にわたりこれを行使せず、相手方もその権利は行使されないものと信頼すべき正当の事由を有するに至ったため、権利の行使が信義則に反すると認められる特段の事由がある場合は、解除は許されない（最判昭 30.11.22 民集 9.12.1781）。

　民法は、さらに、**権利濫用の禁止**を基本原則として定め、外形的には権利の行使のようにみえても、具体的・実際的にみて権利の社会性に反し、是認することができない場合は、権利の行使と認められない（民1③）。権利濫用の有無は、権利行使によって得られる権利者の利益と、相手方または社会全体に及ぼす害悪との比較衡量によって判断される（**比較衡量説**）。他人の侵害行為に対する妨害排除請求が権利濫用となる場合には、その請求は認められず（大判昭10.10.5民集14.1965**→宇奈月温泉事件**）、権利行使が、社会観念上被害者が認容すべきものと一般的に認められる程度を超え、他人に損害を与えたときは、不法行為となる（大判大8.3.3民録25.356**→信玄公旗掛松事件**）。したがって、北側居宅の日照・通風を妨げる建築が、被害者において社会生活上一般的に忍受する程度を超えているときは、権利の濫用となり、違法性を帯びて不法行為責任を生ずる（最判昭47.6.27民集26.5.1067）。なお、権利の濫用がはなはだしいときは、権利が剥奪されることもある（民834以下**→親権の喪失**）。

　以上のような、裁判官の広範な裁量に委ねた条項を**一般条項**という。一般条項は、権利義務を定める個別条項の解釈の指針となり、個別条項の適用による結果を修正する機能を果たしている（**補充的関係**）。

3　権利・義務の主体と権利能力

A　権利・義務の主体

　権利義務の主体となることができる資格を**権利能力**といい、自然人と法人が権利能力を有する。

　かつては、人間でありながら権利能力の認められない奴隷も存在していたが、現在では例外なくすべての自然人に平等に権利能力が認められている。民法3条1項の「私権の享有は、出生に始まる」という規定は、単に権利能力の始期だけを定めたものではなく、このことを示すものである。

　権利能力は、「能力」という語が使われているが、知的能力とは関係がない。後述する意思能力や行為能力は、法律行為を有効に行うために必要な

具体的能力であるが、権利能力の「能力」は、権利義務が帰属するために必要な資格・地位という意味であることに注意を要する。

　外国人も原則として内国人と平等の権利能力を有するが、法令・条約による制限が認められており（民3②）、産業上の理由などから、鉱業権（鉱業法17）、日本の船舶・航空機の所有権（船舶法1Ⅱ、航空法4①Ⅰ）などについて制限が加えられている。また、国家賠償法は、外国人が被害者である場合には、相互の保証があるときに限り、これを適用するものとされ（国家賠償法6）、知的財産権の享有についても同様の制限がなされている（特許法25、実用新案法2の5③、意匠法68③、商標法77③）。なお、外国人土地法は、土地に関する権利について、外国人・外国法人が属する国が制限している内容と同様の制限を政令で定めることができる（外国人土地法1）としているが、戦後、この法律に基づく政令が制定されたことはない。

B　自然人の権利能力

[1] 権利能力の始期

　自然人は、出生によって権利能力を取得する（民3①）。出生とは、胎児が母体から全部露出することである。民法では**全部露出説**が通説であるが、刑法では**一部露出説**が通説であり、一部露出したところで殺せば殺人罪（刑199）になる。全部露出した後間もなく死亡しても出生であるが、死体で生まれた場合は出生にならない。出生は、父または母など一定の届出義務者（戸籍52）が14日以内に届出（戸籍49）することにより、戸籍簿に記載される。この届出期間は、**初日不算入の原則の例外**として、出生の日から起算する（戸籍43①）。

　胎児は原則として権利能力を有しないが、例外として、①**不法行為による損害賠償請求**（民721）、②**相続**（民886）、③**遺贈**（民965）については、すでに生まれたものとみなされる。生まれたものとみなされる場合の法律構成について、**停止条件説**（人格遡及説）は、胎児が生きて生まれると、そこで取得した権利能力が相続開始や不法行為のときに遡って存在したものとされるとする。この説によれば、胎児の間は権利能力を認められないから、代理人も存在しえないことになる。これに対して**解除条件説**（制限人格説）は、生まれたものとみなされる範囲において胎児も制限的な権利能力を有

し、死産であったとき、取得していた権利能力が遡って消滅するとする。この説によれば、胎児の間でも法定代理人（民 824、826）が存在しうることになる。判例は停止条件説を採り、胎児の損害賠償請求権について、その親族が胎児のために加害者と行った和解は、胎児を拘束しないとしている（大判昭 7.10.6 民集 11.2023→**阪神電鉄事件**）。従来の通説は停止条件説であったが、今日では解除条件説を支持する者が多くなっている。なお、認知については、父の側から胎児を認知することが認められている（民 783）が、胎児の側から認知請求することは認められていない。

[2] 権利能力の終期

　権利能力は死亡によって終了する。同居の親族等一定の届出義務者（戸籍 87）は、死亡の事実を知った日から 7 日以内に、診断書または検案書を添付して届出しなければならない（戸籍 86）。水難・火災その他の事変により、死亡が確実とみられるが死体が確認できない場合、取調べをした官公署が市町村長にその報告をして戸籍に死亡が記載される（戸籍 89、15）。これを**認定死亡**という。

　生死不明の場合に、いつまでも生存者として取り扱い続けることは法律関係が不安定となり、不都合を生ずる。その場合には、家庭裁判所の失踪宣告によって死亡したものとみなし、法律関係を安定させることができる。この**失踪宣告**には、普通失踪と特別失踪の 2 種類がある。**普通失踪**は、不在者の生死不明が 7 年間続く場合で、失踪宣告により、期間満了の時に死亡したものとみなされる（民 30 ①、31）。**特別失踪**は、戦争や船舶沈没など危難に遭遇した者が、危難が去った後 1 年間生死不明な場合で、失踪宣告により、危難の去った時死亡したものとみなされる（民 30 ②、31）。死亡とみなされるわけであるから、相続が開始し、婚姻は解消して、再婚が可能になる。

　失踪者が生存すること、または死亡とみなされる時と異なる時に死亡したことが証明されたときは、本人または利害関係人の請求により、家庭裁判所は失踪宣告を取り消す（民 32 ①前段）。失踪宣告が取り消されても、宣告後取消し前に善意でなされた行為の効力は影響がない（民 32 ①後段）。善意とは、失踪宣告が事実と異なることを知らないでという意味である。失

踪者の土地の相続人 A が、B にその土地を売却したという場合、AB 双方とも善意でなければならない（大判昭 13.2.7 民集 17.59）。なお、失踪宣告が取り消されると、失踪宣告によって財産を取得した者（主に相続人）は権利を失うが、現に利益を受ける限度で（**現存利益**）返還義務を負う（民 32 ②）。通説は、この規定によって現存利益返還義務を負うのは、善意の取得者に限られるとし、悪意の取得者の場合は、民法 704 条に従って、受けた利益すべてに利息を付けて返還しなければならないとしている。

失踪宣告後に再婚していた場合、失踪宣告が取り消されると前婚が復活するかという問題もある。かつての通説は、この問題についても民法 32 条 1 項後段を適用し、両当事者が善意なら後婚のみが残り、前婚は復活しないが、悪意なら前婚が復活して重婚になるとしていた。しかし、現在の多数説は、善意悪意にかかわらず、前婚の復活を認めるべきではないとしている。

飛行機事故で複数の者が死亡した場合のように、死亡の先後が不明であるときは、同時に死亡したものと推定される（民 32 の 2）。これを、**同時死亡の推定**といい、推定される当事者はお互いに相続人とならない。

4 行為能力と制限行為能力者制度

A 意思能力と行為能力

[1] 意思能力

行為の結果を弁識するに足るだけの精神的能力を**意思能力**という。人は生まれただけで権利義務の主体となることができる資格（権利能力）を取得し、その自由意思に基づく法律行為によって権利を取得し義務を負担する（**私的自治の原則**）。したがって、法律行為の当事者が意思表示をした時に意思能力を有しなかったときは、その法律行為は無効になる（民 3 の 2）。ただし、意思無能力による無効は表意者を保護するものであるから、その主張は表意者側にのみ認めるべきだとする説が有力に主張されている。意思能力を欠く者として、6〜7 歳以下の幼年者、泥酔者、認知症高齢者などがあ

る。

[2] 行為能力

　単独で完全に有効な法律行為をなしうる能力を**行為能力**という。意思無能力の証明は容易ではないため、意思能力の劣る表意者保護という面で必ずしも十分ではない。その反面において、意思無能力が証明されると、取引の相手方は不測の損害を受けることになる。そこで、民法は、意思能力の不十分な一定の者を**制限行為能力者**とし、その者が単独でなした法律行為は一定の要件のもとに取り消すことができるものとした。したがって、制限行為能力者には一定の範囲で行為能力が認められない。制限行為能力者とされるのは、**成年被後見人**、**被保佐人**または**被補助人**の審判を受けた者および**未成年者**である。これによって、制限行為能力者は、意思能力が欠けていたことを証明する必要なく、行為を取り消して無効とすることができ、取引の相手方もあらかじめ警戒することが可能になる。なお、制限行為能力者が意思能力を欠く場合、制限行為能力による取消しと意思無能力による無効の、いずれでも主張することができる（**二重効**）。

[3] 責任能力

　ある行為によって権利を取得し義務を負うには、原則として自己の正常な意思活動によらなければならない（**個人意思自治の原則**）から、行為の責任を弁識するに足るだけの精神的能力を有しない場合には、その行為により他人に損害を与えても不法行為による損害賠償責任を負わない（民712、713）。この不法行為責任を負う能力を**責任能力**という。意思能力が認められる年齢より若干年長であると考えられており、11歳11か月で肯定した判例（大判大4.5.12民録21.692）と、12歳7か月で否定した判例（大判大10.2.3民録27.193）がある。

B　制限行為能力者の種類
[1] 未成年者

　かつては、満20歳に達しない者が未成年者とされたが（旧民4）。2022（令和4）年4月1日より満18歳に達しない者が未成年者である（民4）。年齢

は「年齢計算ニ関スル法律」(明治35年法50) 第1項により、出生の日から起算し、暦に従って日をもって計算するので、民法140条は適用されない。未成年者は、婚姻することができない (民731) だけでなく、原則として単独で法律行為をなしえず、法定代理人の同意を必要とする (民5①)。法定代理人の同意なしにした法律行為は、取り消すことができる (民5②)。法定代理人も取消権を有する (民120①)。法定代理人となるのは、1次的には親権者であり (民818、819)、親権者がいないとき、または親権を行う者が管理権を有しないときは、2次的に後見人である (民838、839、841~846)。

　未成年者も、①贈与を受けること、借金を免除してもらうことなど、単に権利を得、または義務を免れる法律行為 (民5①但書)、②法定代理人により処分を許された財産の処分 (民5③)、③法定代理人より許可された営業に関する行為 (民6①)、④認知 (民780)、遺言 (民961→満15歳以上の者) など、身分行為の一部については、例外的に単独でなしうる。

[2] 成年被後見人

　精神上の障害により事理を弁識する能力を欠く常況にある者で、本人、配偶者、四親等内の親族、未成年後見人、未成年後見監督人、保佐人、保佐監督人、補助人、補助監督人、検察官の請求により、後見開始の審判を受けた者を**成年被後見人**といい、成年後見人が付される (民7、8)。成年被後見人の行った行為は、日用品の購入その他日常生活に関する行為を除き、常に取り消すことができる (民9)。成年後見人の同意を得てなした行為でも取り消すことができる。ただし、婚姻などの身分行為は、意思能力がある限り単独で行うことができる (民738、764、780など)。成年後見人には、広範な代理権と取消権が付与されているが (民859、120①)、**同意権はない**。本人の判断能力が回復したときは、一定の者の請求により、後見開始の審判は取り消される (民10)。

[3] 被保佐人

　精神上の障害により事理を弁識する能力が著しく不十分な者で、本人、配偶者、四親等内の親族、後見人、後見監督人、補助人、補助監督人、検察官の請求により、保佐開始の審判を受けた者を**被保佐人**といい、保佐人

が付される（民11、12）。被保佐人は、日用品の購入その他日常生活に関する行為を除き、次に掲げる重要な財産上の行為をする場合は、保佐人の同意を得なければならない（民13①）。同意を得ないでしたとき、被保佐人はこれを取り消すことができ（民13④）、保佐人も取消権を有する（民120①）。

　保佐人の同意を要するのは、次のような行為である（民13①）。

①元本を領収し、または利用すること（民13①Ⅰ）。元本とは利息・賃料などを生ずる財産のことで、その返還を受け、または貸与することである。

②借財または保証をすること（民13①Ⅱ）。判例は、約束手形の振出も借財に含まれるとし（大判明39.5.17民録12.758）、時効完成後の債務承認にも類推適用する（大判大8.5.12民録25.851）。

③不動産その他重要な財産に関する権利の得喪を目的とする行為をすること（民13①Ⅲ）。抵当権の設定、土地賃貸借の合意解除、記名株式の質入れ、電話加入権の購入などがこれにあたる。

④訴訟行為をすること（民13①Ⅳ）。自ら原告ないし上訴人となって民事訴訟を提起したり、和解したりするなどの訴訟を遂行する行為であって、相手方が提起した訴えや上訴に応訴することは含まれない（民訴32①）。同意のない訴訟行為は訴訟能力を欠くため、取り消し得るのではなく無効となる（民訴34）。

⑤贈与・和解・仲裁合意をすること（民13①Ⅴ）。

⑥相続の承認・放棄・遺産分割をすること（民13①Ⅵ）。

⑦贈与の申込みを拒絶し、遺贈を放棄し、負担付贈与の申込みを承諾し、または負担付遺贈を承認すること（民13①Ⅶ）。

⑧新築、改築、増築、または大修繕をすること（民13①Ⅷ）。これらを目的とする契約を締結することが制限されるのであって、自ら工事を行うことは制限されない。

⑨短期賃貸借（民602）を超える期間の賃貸借をすること（民13①Ⅸ）。

⑩上記①～⑨の行為を制限行為能力者の法定代理人としてすること（民13①Ⅹ）。

⑪以上のほか、家庭裁判所が特に保佐人の同意を要する旨の審判をした行為（民13②）。

　同意を必要とする行為につき、被保佐人の利益に反するおそれがないに

もかかわらず保佐人が同意しないときは、被保佐人は同意に代わる審判を家庭裁判所に請求することができる（民13③）。なお、保佐人は同意権・取消権を有するだけで、原則として**代理権を有しない**が、家庭裁判所は、民法11条に掲げる者または保佐人もしくは保佐監督人の請求によって、特定の法律行為について保佐人に代理権を付与することができる（民876の4①）。ただし、本人以外の者の請求による場合には、本人の同意を必要とする（民876の4②）。保佐開始審判の原因がなくなったときは、一定の者の請求により保佐開始の審判は取り消される（民14）。

[4] 被補助人

　精神上の障害により事理を弁識する能力が不十分な者で、本人、配偶者、四親等内の親族、後見人、後見監督人、保佐人、保佐監督人、検察官の請求により、補助開始の審判を受けた者を**被補助人**といい、補助人が付される（民15①、16）。補助開始の審判は、本人以外の者の請求による場合には、本人の同意を必要とする（民15②）。補助人の同意権の範囲は、当事者の選択によって定まるが、民法13条1項に定められた保佐人の同意を要する行為の一部に限られる（民17①）。同意を必要とされた行為につき、被補助人の利益に反するおそれがないにもかかわらず補助人が同意しないときは、被補助人は同意に代わる審判を家庭裁判所に請求することができる（民17③）。補助人の同意またはこれに代わる許可を得ないでしたものは、取り消すことができる（民17④）。家庭裁判所は、当事者の請求により、特定の法律行為について補助人に代理権を与えることもできるが、本人以外の者の請求による場合には、本人の同意を必要とする（民876の9）。補助開始審判の原因がなくなったときは、一定の者の請求により補助開始の審判は取り消される（民18）。

C　制限行為能力者の相手方の保護

　制限行為能力者と取引をした相手方は、その取引をいつ取り消されることになるか分からないという、不安定な状態に置かれることになる。そこで法律関係を速やかに確定させるため、取引の相手方に催告権が与えられている。すなわち、制限行為能力者が行為能力者となった後は本人に対し

て、制限行為能力者であるうちは法定代理人、保佐人または補助人に対し
その権限内の行為について、1か月以上の期間を定めて、追認するか否か
を確答せよと催告することができる。その期間内に確答を発しないときは、
追認したものとみなされる（民20①、②）。後見人が後見監督人の同意を得
て追認すべき場合は、取り消したものとみなされる（民20③）。また、被保
佐人・被補助人に対して、保佐人・補助人の追認を得るよう催告し、追認
を得た旨の通知が発せられないときは、取り消したものとみなされる（民
20④）。

　さらに、制限行為能力者が相手方を欺いて行為能力を有すると誤信させ
た場合は、もはや保護する必要はないので、その行為は取り消すことがで
きないとされている（民21）。なお、取引の相手方を保護する制度として、
後述する法定追認、取消権の短期消滅時効もある。

5　法人

A　法人の意義と役割

　法人とは、自然人以外で法律によって権利能力（法人格）を認められたも
のをいう（民33）。

　人間社会には、家族から国家にいたるまで大小強弱さまざまな団体が存
在しており、私たちの社会生活は、個人対個人の関係だけでなく、個人対
団体あるいは団体対団体の関係で成り立っている。それらの団体の中には、
個人では達成することが困難な事業を行ったり、人類文化を発展向上させ
たりしていく上で、重要な役割を果たしているものも多い。そこで、一定
の団体については法律の規定によって権利能力が認められ、社会を構成す
る単位として円滑にその機能を営むことができるようにされている。

B　法人の種類
[1] 公法人と私法人

　公共の事務を遂行することを目的として、公法に準拠して成立した法人

を**公法人**という。国、都道府県、市町村のほか、全国健康保険協会や日本年金機構などがこれに属する。公法人であれば、原則的にその役員や職員は「法令により公務に従事する職員」とみなされて汚職の罪（刑193～198）が成立し、その文書の偽造は公文書偽造罪（刑155）になるなど、特別の義務と保護が与えられている（健康保険法7の20、24、日本年金機構法20）。これに対して、私人の自由意思による任務を遂行することを目的として、私法に準拠して設立された法人が**私法人**である。会社法（平成17年法86）に規定されている株式会社などが、これにあたる。

[2] 社団法人と財団法人

　法人のうち、一定の目的のために結集した人の結合体が**社団法人**であり、一定の目的に捧げられた財産が**財団法人**である。したがって、社団法人には構成員が存在するが、財団法人には構成員が存在しない。

　法律によって法人格が与えられていなくても、団体としての組織を備え、多数決の原理が行われ、構成員の変更にもかかわらず団体そのものが存続し、代表の方法、総会の運営、財産の管理その他団体としての主要な点が確定しているものを**権利能力なき社団**という（最判昭39.10.15民集18.8.1671）。権利能力なき社団も、脱退・加入、財産の所有、構成員の責任など、法律上の取扱いはできる限り社団法人に準ずべきものとされている。したがって、権利能力なき社団の財産は構成員に持分がない**総有**であり（最判昭32.11.14民集11.12.1943など）、社団の債務は社団の総有財産だけが責任財産となり、構成員各自は個人的には責任を負わない（最判昭48.10.9民集27.9.1129）。また、権利能力なき社団で代表者または管理人の定めがあるものは、その名において訴え、または訴えられることができる（民訴29）。しかし、権利能力なき社団名義の不動産登記は認められていないので、代表者が個人の名義で登記をすることになる（最判昭47.6.2民集26.5.957）。

[3] 営利法人と公益法人

　法人には、営利を目的にするものと、そうでないものとがある。ここで営利を目的にするとは、構成員に利益（剰余金または残余財産）を分配することを目的にすることで、利益分配を目的にするものを**営利法人**、利益分配

を目的にしないものを**非営利法人**という。

　会社法の規定する株式会社・合名会社・合資会社・合同会社は、この営利法人にあたり（会2Ⅰ）、これらの会社が、その事業としてする行為およびその事業のためにする行為は商行為とされ（会5）、商法が適用される（商1①）。構成員が存在しない財団法人は、利益を分配するということが考えられないので、営利を目的とする財団法人は存在しない。

　非営利の社団法人・財団法人は、一般社団法人及び一般財団法人に関する法律（平成18年法48→略称：**一般法人法**）に基づいて設立・運営されるが、医療法人、社会福祉法人、宗教法人、特定非営利活動法人（**NPO法人**）など、特別法に基づいているものもある。

　非営利法人である一般社団法人または一般財団法人のうち、公益目的事業を行うもので、行政庁の公益認定を受けたものを**公益法人**（公益社団法人または公益財団法人）という（公益法人2Ⅰ～Ⅲ、4）。公益目的事業といえるためには、学術、技芸、慈善、祭祀、宗教その他の公益に関する事業であって、不特定かつ多数の者の利益の増進に寄与するものでなければならない（公益法人1Ⅳ）。

　趣味の同好会や同業者団体などは、社会一般の利益を直接の目的とせず、かといって営利を目的とするものでもない。このように公益も営利も目的としない団体は、一般法人法によって法人格を付与されることになるが、農業協同組合法、消費生活協同組合法など、特別法によって法人格が与えられているものもある。

C　法人の組織と能力

[1]　法人の設立

　法人は法律の規定によってのみ設立される（民33）。これを**法人法定主義**といい、わが国は、自由に法人を設立することを認める自由設立主義を採用していない。法人法定主義に基づく法人設立の一般法として、営利法人については会社法、非営利法人については一般法人法が定められている。そこでは**準則主義**がとられ、定款を作成して公証人の認証を受け、設立登記をすれば、法人は成立する（会社26、30、一般法人10、13、152、155）。

　そのほか、特別の法律の規定に基づいて設立される場合（**特許設立**）もあ

り、特許設立の法人として、特殊法人、独立行政法人、認可法人、特別民間法人がある。**特殊法人**は、規制や採算などの関係で民間法人による実施が困難な事業を行うことを目的として設立されたもので、日本放送協会（NHK）、日本私立学校振興・共済事業団などがこれにあたる。**独立行政法人**は、公共上の見地から確実に実施されることが必要な事務および事業で、民間の主体に委ねた場合には必ずしも実施されないおそれがあるものなどについて、効率的かつ効果的に行わせることを目的として設立された法人で、国立印刷局、造幣局、国立病院機構などがこれにあたる。**認可法人**は、特別の法律に基づいて設立される法人のうち、行政官庁の認可を要する法人で、日本銀行、預金保険機構、日本赤十字社などがこれにあたる。**特別民間法人**は、公共上の見地から、民間の一定の事務・事業のうち、確実に実施する法人を少なくとも1つは確保することを目的として設立された法人で、社会保険診療報酬支払基金、農林中央金庫などがこれにあたる。

[2] 一般法人の機関

　一般社団法人は、必ず社員総会および理事を置かなければならず、定款の定めにより、理事会、監事または会計監査人を置くことができる（一般法人35、60）。社員総会は、「一般社団法人に関する一切の事項」について決議できる最高の意思決定機関であるが、理事会を設置する場合は権限が縮小される（一般法人35①、②）。理事は、原則として一般社団法人の業務を執行し、法人を代表する（一般法人76①、77①）。一般財団法人は、評議員、評議員会、理事、理事会および監事を必ず置かなければならない（一般法人170①）。評議員および評議員会が必置機関とされるのは、一般財団法人には社員がおらず、社員総会が存在しないので、業務執行機関を監督・牽制するためである。理事、理事会、監事、会計監査人については、一般社団法人の規定の多くが準用されている（一般法人197）。

[3] 法人の能力

　法人の能力に関しては、どの範囲の権利義務を有することができるのかという権利能力の問題、どのような種類の行為を、誰がどのような形式でなすかという行為能力の問題、誰のどのような行為について不法行為によ

る賠償責任を負うかという不法行為能力の問題がある。

(1) 法人の権利能力

　法人は、その性質上、肉体の存在を前提とする権利義務や、身分法上の権利義務は享有できない(性質上の制限)。しかし、氏名権、名誉権などの人格権は享有できる。また、法人は、法によって法人格を与えられたのであるから、法律または命令によって権利能力を制限される (民34→**法令による制限**)。2005 (平成17) 年の改正前の商法は、会社は他の会社の無限責任社員となることができないとする規定を設けていたが (旧商55)、会社法には規定されなかった。したがって、株式会社が唯一の無限責任社員である合資会社を設立することも可能となった。さらに、法人は一定の目的のために設立されたものであるから、権利能力は、定款その他基本約款で定められた目的の範囲内に制限される (民34→**目的による制限**)。

(2) 法人の行為能力

　権利義務の主体となりうるのは本来自然人に限られるが、法律の力によって自然人に擬制され、法人にも権利能力が与えられたのだとする**法人擬制説**は、法人の行為というものはなく、法人は代理人の行為によって権利義務を取得すると考える。これに対して、法人は法が擬制したものではなく、社会生活の中で独自の社会的作用を担当する実体を有しているとする**法人実在説**は、法人自身の行為というものを認め、法人の代表機関の行為が法人の行為であると考える。現在では法人実在説が通説となっている。ただし、法人実在説による場合も、代表機関の行為がすべて法人の行為となるわけではない。理事の個人的な行為など、法人の目的と関係のない行為は法人の行為とは認められない。したがって、民法34条は権利能力の範囲を示すとともに、行為能力の範囲も示していると解すべきで、法人は目的の範囲内においてのみ行為能力を有するのである。この「目的の範囲」は広く解される傾向にあり、営利法人の場合、定款に記載された目的自体に包含されない行為であっても、目的遂行に必要な行為は社団の目的の範囲に属すると解されている。たとえば、不動産の運用利殖を図る社団が不動産を売却する行為 (最判昭27.2.15民集6.2.77) や、会社が政党に政治資金を寄附する行為 (最判昭45.6.24民集24.6.625) は、目的の範囲内とされる。ただし、非営利法人の場合はやや狭く解され、税理士会が政治団体に寄附する

行為（最判平 8.3.19 民集 50.3.615）や、農業組合が組合員以外の者に貸し付ける行為（最判昭 41.4.26 民集 20.4.849）は、目的の範囲外とされている。

(3) 法人の不法行為能力

　一般社団法人および一般財団法人は、代表理事その他の代表者がその職務を行うについて第三者に加えた損害を賠償する責任を負う（一般法人 78、197）。会社も同様である（会社 350、600）。「職務を行うについて」とは、使用者責任（民 715①）の「事業の執行について」と同様、行為の外見上職務行為と認められるものおよび社会観念上これと適当な牽連関係にたつ行為であるとされている（**外形理論**）。判例も、職務の性質、職務と行為との関係、行為者の意思および行為当時の事情を参酌して決すべきもので、行為者の意思のみによって決すべきものではないとしている（大判大 7.3.27 刑録 24.241）。たとえば、村議会の議決がないのに村長が手形を振り出す行為（最判昭 37.9.7 民集 16.9.1888）や、市長が自己のために約束手形を振り出す行為（最判昭 41.6.21 民集 20.5.1052）は、「職務を行うについて」に当たると解されている。これに対して、収入役が置かれており出納その他の会計事務は町長に属しない場合には、町長の金銭受領行為は「職務を行うについて」に当たらないとされている（最判昭 37.2.6 民集 16.2.195）。法人が不法行為責任を負う場合も、行為者である機関個人は民法 709 条の不法行為責任を免れず、法人と共に全額負担の責任を負い、両者は不真正連帯債務の関係になる（大判昭 7.5.27 民集 11.1069）。

　なお、不法行為者が法人の代表者ではなく従業員である場合は、法人は従業員の使用者として前述した使用者責任（民 715）を負い、損害賠償しなければならない。

6　権利の客体

A　物の意義

　権利者が権利の対象として支配し利用するものを権利の客体という。権利の客体となりうるものは「物」に限らないが、物権の客体は物であり、

債権においても、物の給付を内容とする債権では間接的に物が客体となる。そこで民法は、権利の客体という一般的な形で「物」に関する規定を設けている。

「物」とは、**有体物**をいう（民85）。通説は、「有体物」とは、空間の一部を占め有形的存在を有するものをいうとしている（**有体性説**）。したがって、電気・熱・光のような無体物は物ではない。物が所有権の客体となるには、有体物であることのほか、**特定性・独立性・単一性・支配可能性**という要件が解釈上必要とされている。特定性・独立性・単一性については後に物権で詳しく述べるが、所有権は物の全面的な排他的支配であることから、有体物であっても支配可能性がなければ所有権の客体たる物とはいえないことに注意を要する。月・星などのほか、海もそのままでは物ではない。生存する人の身体も、個人の尊厳を基本原理とする近代法においては排他的支配が認められないから物ではない。しかし、歯・毛髪など分離された身体の一部は物であり、切り離された人の所有となる。遺骸は、埋葬管理・祭祀供養のためにのみ所有権の目的となる（大判昭2.5.27民集6.307）。

なお、今日では、知的財産権のように、無体物のうえにも物権ないし物権類似の権利を認めざるを得ない場合が多いことから、有体物を「法律上の排他的支配の可能性」という意義に解する説（**管理可能性説**）も有力に主張されている。この説によれば、電気・熱・光も、排他的支配が可能である限り物に含まれることになり、所有権の対象となる。

B　物の種類

[1] 不動産と動産

物は、不動産と動産に分けられる。土地およびその定着物を**不動産**という（民86①）。定着物とは、取引観念上継続的に土地に固定されて使用される物のことで、建物、線路、樹木などがこれにあたる。定着物は原則として土地の一部とされ、土地所有権に含まれる。例外が2つあり、その1つは建物で、常に土地とは別個の不動産とされる。民法に明文規定はないが、不動産登記法（平成16年法123）によって別個の不動産として扱われ、屋根と周壁があって雨風をしのげれば建物であるとされている（大判昭10.10.1民集14.1671）。いま1つは立木で、立木法による登記または明認方法（木を削っ

て所有者を墨書するなど）により、独立の取引対象となる。

　不動産以外の物はすべて**動産**である（民86②）。ただし、自動車、船舶、航空機など登録制度のある物は、登録することにより法律上不動産に準じて扱われる。

[2] 主物と従物

　物の所有者がその物の常用に供するために付属させた、自己の所有する他の物を**従物**といい（民87①）、従物を付属させる対象となった物を**主物**という。家屋と畳建具、農場と納屋のような関係がこれにあたり、洗車機や地下タンク等はガソリンスタンド用建物の従物にあたるとした判決（最判平2.4.19判時1354.80）がある。従物といえるためには、主物の常用に供せられ、主物の効用を助ける働きをするものであり（常用性）、主物に付属すると認められる場所的関係になければならない（付属性）。さらに、主物・従物ともに独立の物と認められることが必要で（独立性）、石灯篭および取外しのできる庭石は宅地の従物である（最判昭44.3.28民集23.3.699）が、土地の構成部分と認められるほどに密着附合させられた石や砂利は従物ではない。また、建物の内部と外部を遮断するのに役立っている造作や建具は建物の構成部分であるが、それに至らない障子・襖・畳などの建具は従物である（大判昭5.12.18民集9.1147）。なお、主物・従物とも同一の所有者に属することが明文上必要とされているが、他人の物についても従物として扱うことを認める説もある。

　従物は主物の処分に従う（民87②）。主物を売買した場合、従物にも売買の効力が及ぶということである。しかし、主物と従物は本来別個独立の物であるから、当事者が反対の意思を示している場合はそれによる。

[3] 元物と果実

　物の経済的性質に従って自然に収取する産出物を**天然果実**という（民88①）。牛乳、鶏卵、農作物、鉱物などがこれにあたる。これに対して、物の使用の対価として受ける金銭その他の物を**法定果実**という（民88②）。利息、地代、家賃などがこれにあたる。また、果実を生ずる物を**元物**という。天然果実は、元物より分離した時に独立の物となり、分離の時これを収取す

る権利を有する者に帰属する（民89①）。したがって、買った犬が妊娠して
いたため、引渡しを受けた買主のもとで仔犬を産めば、その仔犬の所有権
は買主に帰属する（民206参照）。ただし、別段の合意をすることも可能で
ある。これに対して、法定果実は、収取する権利の存続期間に応じて、日
割をもって前後の両権利者に分属する（民89②）。

7 法律行為

A 公序良俗違反の法律行為

　契約の内容が公の秩序または善良の風俗に違反する場合は、その契約は
無効とされる（民90）。「公の秩序」とは、社会の一般的秩序を指し、「善良
の風俗」とは、社会の一般的道徳観念を指すが、その範囲は大部分で一致
し、明瞭に区別することはできない。いずれにせよ違反する契約は無効と
されるので、「**公序良俗違反**」として一括して考えられている。公序良俗違
反の具体例を分類すると、およそ次のようになる。

[1] 正義の観念に反する行為

　犯罪その他の不正行為を勧誘したり、加担したりする契約は無効である。
たとえば、競売・入札の際の談合契約は無効とされる（大判大5.6.29民録22.1294、
大判昭14.11.6民集18.1224）。また、悪事をしないという当然のことも、対価を
支払うという条件がつくことによって正義の観念に反し無効となる（民
132）。たとえば、名誉毀損行為をしないこと（大判明45.3.14刑録18.337）や、
真実の証言をするということ（最判昭45.4.21判時593.32）も、それを条件にし
て金銭を与える契約は無効である。これに反して、自分が将来不法行為を
したら一定の財産を与える旨の契約は有効とされている（大判大6.5.28民録
23.846）。

[2] 人倫に反する行為

　売春契約など性道徳に反する契約は無効とされる。また、親子間の道義

に反する行為、たとえば、離婚した母と成年の子が同居することを禁じた
父子間の契約も無効である（大判明 32.3.25 民録 5.3.37）。さらに、婚姻秩序に
反する契約も無効とされ、たとえば、配偶者のある者が、それを知ってい
る異性との間で将来婚姻する旨を予約し、それまでの間扶養料を支払うと
いう契約をしても無効である（大判大 9.5.28 民録 26.773）。しかし、不倫関係を
絶つ際に男性が女性に慰謝料を支払うことは有効とされている（大判大
12.12.12 民集 2.668）。また、妻子と別居していた男性が、約 7 年間、半同棲の
ような形で不倫関係にあった女性に対し、全遺産の 3 分の 1 を与える旨の
遺言も有効とされる（最判昭 61.11.20 民集 40.7.1167）。

[3] 人身の自由を制限する行為

　娘を酌婦として働かせ、その報酬を弁済に充てることを約して、父親が
消費貸借名義で金銭を受領し、第三者が連帯保証をした場合、酌婦労働に
よる弁済特約は公序良俗に反して無効である。父親の金銭受領はそれと密
接不可分の関係にあるから、消費貸借、連帯保証も無効であり、金銭の交
付は不法原因給付（民 708）であるから、その返還請求も認められない（最判
昭 30.10.7 民集 9.11.1616）。これに対して、牛乳販売会社が牛乳配達員を雇う際、
期間・区域を限定して、解雇後牛乳販売業を営業しない旨の競業禁止特約
をした場合は、営業の自由を過当に制限するものではないから有効である
（大判昭 7.10.29 民集 11.1947）。

[4] 暴利行為

　他人の無思慮・窮迫に乗じて不当な利益を得る暴利行為も、公序良俗に
反するものとして無効とされる。たとえば、借主の無知に乗じて、貸金が
弁済されない場合は、貸金の約 2 倍になる保険の解約返戻金を債務の弁済
に充てる旨の特約は無効である（大判昭 9.5.1 民集 13.875）。また、借主の病気
等の窮迫に乗じて、短期間の弁済期を定め、貸金の 5 倍程度の価値のある
不動産を代物弁済として取得する契約も無効とされた（最判昭 27.11.20 民集
6.10.1015）。ただし、現在では、代物弁済の予約契約等について仮登記担保
契約に関する法律（昭和 53 年法 78）が制定され、清算義務等の詳細な規制が
加えられて公序良俗違反を問題とする必要性がなくなっている。

[5] 射倖的行為

射倖とは、偶然をあてにして利益を得ようとすることで、賭博のような
射倖的行為は、人々の労働意欲を失わせ、著しい損害を発生する可能性を
含むので、公序良俗に反する。したがって、賭け金の請求が認められない
ことはもちろんのこと、賭博前に貸した資金も、賭博後に貸した弁済資金
も、公序良俗に反し貸金返還請求は認められない（大判昭 13.3.30 民集 17.578）。

[6] 不公正な取引行為

無限連鎖講の防止に関する法律（昭和 53 年法 101）制定前のネズミ講入会
契約（長野地判昭 52.3.30 判時 849.33）、1991（平成 3）年の証券取引法（昭和 23 年
法 25）改正前の損失保証契約（最判平 9.9.4 民集 51.8.3619）など、不公正な取引
行為も公序良俗に反し無効とされる。

B　強行法規違反

法令中の公の秩序に関する規定を強行法規といい、強行法規に反する契
約は無効と解されている（民 91 参照）。民法の諸規定のうち、第 3 編債権の
規定は、おおむね公の秩序に関しない任意法規であるが、その他の諸規定
は原則として強行法規であり、それに反する契約は無効となる。

問題となるのは、取締規定に違反する契約の私法上の効力である。**取締
規定**とは、行政上の考慮から一定の行為を禁止・制限し、違反に対しては
刑罰等の制裁を課す規定で、取引行為そのものを禁止・制限するもの、特
定の営業活動をするのに資格・免許等を必要とするものなどがある。禁制
品・危険物・有毒物などの取引を禁ずる取締規定は、単なる取締規定にと
どまらず、私法上の契約の効力も否定する効力規定とされることが多い。
たとえば、食品衛生法に違反することを知りながら、有毒性物質の混入し
たあられを販売する契約は無効とされる（最判昭 39.1.23 民集 18.1.37）。無免許
営業の場合は、資格の公益性が強い場合には私法上の効力が否定されるこ
とがある。たとえば、弁護士法に違反する非弁護士の委任契約は無効とさ
れる（最判昭 38.6.13 民集 17.5.744）。ただし、いずれの場合も、無効の根拠は民
法 90 条の規定する公序良俗違反とされている。

8　契約と意思表示

　契約は、申込と承諾の意思表示が合致することによって成立する。ここで意思表示とは、一定の効果を欲して発表する行為である。この意思表示を売買申込みの意思表示の心理過程に従って分析すると、まず、ある物をいくらで買おうと決定し（**効果意思**）、次にそれを外部に発表しようと決定し（**表示意思**）、最後に相手にそれを告げる（**表示行為**）ことになる。

　内心の効果意思と表示行為から推測される意思とが一致していない場合を、**意思の不存在**または**意思の欠缺**といい、両者の間にくい違いはないが、効果意思を形成する動機の段階に欠陥がある場合を、**瑕疵ある意思表示**という。これらの場合をどのように取り扱うかにあたって、効果意思を重視するものを**意思主義**といい、表示行為を重視するものを**表示主義**という。かつては意思主義が主流であったが、資本主義の発展に伴って取引活動が盛んになると、取引の安全を保護するため、表示主義へと移行してきている。

A　意思の不存在（**意思の欠缺**）

[1] 心裡留保

　表意者が真意と異なることを知ってなした意思表示を**心裡留保**という。冗談のつもりで、持っているノートパソコンを「1万円で売るよ。」と言った場合などがこれにあたる。表意者を保護する必要は少しもないので、このような意思表示は表示主義により有効とされる（民93本文）。したがって、真に受けた相手が「よし、買った。」と返事したときは、有効に売買契約が成立する。つまり、冗談を言った者は責任を負わなければならないということである。ただし、相手方がその意思表示が表意者の真意ではないことを知り、または知ることができたときは、相手方を保護する必要性が乏しいので、意思主義により心裡留保は無効とされ（民93但書）、相手も冗談だと分かっていた場合（悪意）や、普通の注意をすれば冗談だと分かる場合（過失）には、契約は成立しない。この場合、相手方の悪意・過失は心裡留保の表意者に有利な事実であるから、心裡留保の表意者側で証明しなければな

らない。なお、婚姻や養子縁組のように、当事者の真意に基づくことが絶対に必要とされる行為については、真意と異なるときは常に無効とされる（民 742 Ⅰ、802 Ⅰ）。

　なお、心裡留保による意思表示の無効は、善意の第三者に対抗できない（民 93 ②）。2017（平成 29）年の法改正で新設されたものであるが、それ以前は、民法 94 条 2 項の類推適用によって善意の第三者は保護されていた（最判昭 44.11.14 民集 23.11.2023）ので、結果において変わらない。

[2] 虚偽表示

　相手方と通謀してなした真意と異なる意思表示を**虚偽表示**という。たとえば、X から 1,000 万円の借金をしている A が、所有している不動産に強制執行されることを免れるため、友人 B に依頼して B に売却したように装った場合などがこれにあたる。相手方 B を保護する必要はないので、意思主義により無効とされる（民 94 ①）。しかし、B が事情を知らない第三者 C にその不動産を売却してしまった場合には、第三者 C を保護しなければならない。そこで、事情を知らない、すなわち善意の第三者がある場合には、表示主義により虚偽表示の無効を第三者に主張できないものとされている（民 94 ②）。判例は、第三者が善意であれば、過失があっても民法 94 条 2 項の適用を認めている（大判昭 12.8.10 新聞 4181.9）。しかし、民法 94 条 2 項は権利外観法理の典型的な適用例であるから、第三者は善意であるだけでなく無過失でなければならないとする学説もある。

　権利外観法理とは、真の権利者が自分以外の者が権利者であるような外観を作り出したときは、それを信頼した第三者は保護されるとする原則である。第三者が外観を信頼したが、それは不注意によるもので、実際には信頼に値する外観はなかったという場合は、保護する必要がない。したがって、権利外観法理によって保護される第三者は、善意・無過失でなければならない。また、民法 94 条 2 項が権利外観法理の現れであるなら、本来の虚偽表示以外でも、権利外観法理を適用すべき事案については類推適用すべきだということになる。判例も、未登記建物の所有者が、固定資産課税台帳に他人名義で登録されていることを知りながら長年これを黙認していた場合に民法 94 条 2 項を類推適用して、名義人の所有であると信じて

差し押えた者に対抗できないとしている（最判昭 48.6.28 民集 27.6.724）。

[3] 錯誤

　内心の効果意思と表示行為から推測される意思とが一致していないことを、表意者自身が知っているのが心裡留保・虚偽表示であるのに対して、表意者がそれに気づいていないのが錯誤による意思表示である（大判大 3.12.15 民録 20.1101）。

　錯誤は、それが意思表示のどの段階にあるかによって、表示の錯誤と動機の錯誤に分かれる。**表示の錯誤**とは、ドルとユーロを書き間違えるなどの誤記・誤談や、ドルとユーロは同じ価値であると思って、10 ドルというべきところを 10 ユーロと言ってしまった場合のように、意思表示に対応する意思を欠く錯誤である（民 95 ① I ）。**動機の錯誤**とは、紛失したと思って新しい CD を買ったら、机の引出しの中から出てきたとか、道路が通って地価が上がると思って土地を買ったが、道路は通らないことが判明したという場合のように、「買う」という意思表示の基礎となった事情についての認識が真実に反する錯誤である（民 95 ① II ）。

　表示の錯誤は、常に意思表示の錯誤の判断対象となるが、動機の錯誤は、意思表示の前提となる理由の部分の錯誤に過ぎないから、そこに錯誤があっても、原則として意思表示の錯誤にはならず、動機が意思表示の内容として表示されているときに限り、意思表示の錯誤の判断対象となる（民 95 ②）。

　判例は、動機の表示は黙示的になされていてもよく、離婚に伴う財産分与で分与者に課税されることを知らず、課税されないことを当然の前提として、むしろ被分与者に課税されることを案じる会話を交わしていた等の事情がある場合は、課税負担の錯誤に関わる分与者の動機は相手方に黙示的に表示され、意思表示の内容をなしていたと解すべきであるとしている（最判平元.9.14 家月 41.11.75）。

　意思表示の錯誤の判断対象となるような錯誤がある場合には、法律行為の目的および取引上の社会通念に照らして重要なものであるときは、取り消すことができる（民 95 ①、②）。すなわち、その錯誤がなければ表意者は意思表示をしなかったであろうという因果関係が認められ（主観的因果関係

の存在）、一般取引の通念からみても、錯誤がなければ意思表示しなかったであろうと認められる程度に重要な部分の錯誤であるとき（客観的な重要性の存在）、意思表示を取り消すことができるのである。

　ただし、①相手方が表意者に錯誤があることを知り、または重大な過失によって知らなかったとき、②相手方が表意者と同一の錯誤に陥っていたときを除き、錯誤が表意者の重大な過失によるものであった場合には、意思表示を取り消すことはできない（民95③）。2017（平成29）年の改正前は、単に、「表意者に重大な過失があったときは」無効を主張できないとされていた規定を改めたもので、表意者に重大な過失があっても、相手方が表意者に錯誤があることを知り、または重大な過失によって知らなかったときや、相手方が表意者と同一の錯誤に陥っていたときは、相手方を保護すべき要請が低いので、意思表示を取り消すことができるという趣旨である。

　なお、かつては、錯誤の効果は無効とされていた（旧民95本文）が、平成29年の改正で取り消し得るものとされたことは、重要な変更である。表意者の帰責性が錯誤より乏しい詐欺が、「取消し」とされていることとのバランスを考慮した改正である。

B　瑕疵ある意思表示
[1]　詐欺

　詐欺となる欺罔行為は、取引上要求される信義則に反するものでなければならず、一般的なセールストークは詐欺にならない。その反面、沈黙も詐欺になりうる。欺罔行為が認められれば、軽微な錯誤であっても詐欺を理由に取り消すことができる。したがって、動機に錯誤が生じた場合も、その動機が表示されたかどうかに関係なく、詐欺を理由に取り消すことができる。第三者が詐欺を行った場合は、意思表示の相手方がその事実を知っているとき、または知ることができたときに限り、取り消すことができる（民96②）。

　詐欺による取消しは善意・無過失の第三者に対抗できない（民96③）が、第三者は取消し前に利害関係を有するに至った者に限るとするのが判例である（大判昭17.9.30民集21.911）。取消し後に利害関係を有するに至った第三者との関係は、二重譲渡があった場合と同様に対抗問題となり、登記の先

後で優劣が決まる（民177）とされている。しかし、近時の多数説は、民法94条2項を類推適用すべきだとしている。

図1-1　詐欺による取消しにおける第三者保護

[2] 強迫

　強迫とは、害悪を告知して人を畏怖させる行為である。告訴・告発は適法な行為であるが、告訴・告発すると脅して不法な利益を得ようとすれば強迫となる（大判大 6.9.20 民録 23.1360）。強迫の結果、完全に選択の自由を失った場合は、意思表示は当然無効となる。強迫による取消しは、取消し前に出現した第三者が善意・無過失であっても対抗できる点で、詐欺による取消しと異なる。しかし、取消後に出現した第三者との関係は、詐欺による取消しの場合と同様で、判例は対抗問題として処理し、近時の多数説は民法94条2項を類推適用すべきだとしている。

表1-1　意思の不存在と瑕疵ある意思表示

	意思表示	表意者の帰責性	相　手　方	効　果	第三者保護の要件
意思の不存在（意思の欠缺）	心裡留保	大	善意・無過失	有　効	不　要
			悪意または過失	無　効	善　意
	虚偽表示	大	悪意	無　効	善　意
	錯　誤	重過失（大）	下記以外	有　効	不　要
			悪意または重過失、共通錯誤	取消し	善意・無過失
		軽過失	すべて	取消し	善意・無過失
瑕疵ある意思表示	詐　欺	小	悪意	取消し	善意・無過失
	強　迫	無	悪意	取消し	保護なし

9 意思表示の効力発生時期

A 到達主義

　意思表示の伝達過程を分析すると、書面の作成などにより表意者がその意思を表白し、それを投函するなどして発信し、それが相手方に配達されて到達し、最後に相手方がそれを読んで了知するという過程を経る。このうち、いずれをもって意思表示の効力発生時期と考えるのが妥当であろうか。表白と了知が極端過ぎることは明らかである。相手方が意思表示を待っている場合のように、敏速を尊ぶ場合は**発信主義**が優れているが、一般的には、**到達主義**が表意者と相手方との利害が調和する。そこで民法は、意思表示は、その通知が相手方に到達した時からその効力を生ずる（民97①）と規定し、到達主義を採用している。隔地者間の契約の申込みに対する承諾もその例外ではなく、申込者に到達した時点で契約が成立する。相手方が了知できる状態に置かれれば到達したといえるから、郵便受けに投入されたり、同居の家族や雇人に手渡されたりすれば、相手方が実際にそれを読まなくても到達となる（最判昭36.4.20民集15.4.774）。

　また、相手方が正当な理由なく意思表示の通知が到達することを妨げたときは、その通知は、通常到達すべきであった時に到達したものとみなされる（民97②）から、相手方の家族等が正当な理由なく受領を拒んだときも到達となる（大判昭11.2.14民集15.158）。内容証明郵便が受取人不在のため配達されず、受取人が受領しないまま留置期間を経過して差出人に還付された場合も、受取人が郵便内容を十分に推知できたであろうこと、受領の意思があれば容易に受領できたという事情があるときは、遅くとも留置期間が満了した時点で到達したものと認められる（最判平10.6.11民集52.4.1034）。

　なお、発信後、到達する前に表意者が死亡し、意思能力を喪失し、または行為能力の制限を受けたときであっても、意思表示は効力を失わない（民97③）。したがって、表意者が到達前に死亡した時は、相続人について効果を生ずる。

　発信した後、何らかの事故によって不着となれば、意思表示は効力を生じない。また、到達する以前に、撤回の通知が相手方に到達したときも効

力を生じない。

B　公示による意思表示

　相手方が死亡して相続人がだれか不明である場合など、意思表示すべき相手方が不明なときや、相手方の住所が不明なときは、公示の方法によって意思表示することができる（民98①）。すなわち、民事訴訟法の規定に従って裁判所の掲示場に掲示し、かつ、その掲示があったことを官報に少なくとも1回掲載して行う。この掲載は、裁判所が相当と認めるときは、市役所、町役場等の掲示場に掲示することをもって代えることもできる（民98②）。以上のような公示に関する手続は、相手方が不明な場合は表意者の住所地、相手方の住所が不明な場合は相手方の最後の住所地の簡易裁判所の管轄に属する（民98④）。公示による意思表示は、最後に官報に掲載した日またはその掲載に代わる掲示を始めた日から2週間を経過した時に、相手方に到達したものとみなされる。ただし、相手方またはその住所が不明なことが表意者の過失に基づくときは、到達の効力を生じない（民98③）。

C　意思表示の受領能力

　相手方に意思表示が到達しても、その内容を了知するだけの能力（受領能力）をもっていなければ、表意者は意思表示の到達を主張できない。民法は、意思表示の相手方がその意思表示を受けた時に意思能力を有しなかったときまたは未成年者もしくは成年被後見人であったときは、その意思表示をもってその相手方に対抗することができないとしている（民98の2本文）。ただし、相手方の法定代理人や、意思能力を回復し、または行為能力者となった相手方がその意思表示を知った後は、その相手方に対抗することができる（民98の2但書）。このように、民法は、意思無能力者、未成年者および成年被後見人は受領能力を欠くものとしているが、制限行為能力者のうち、被保佐人および被補助人には受領能力が認められている。

10 代理

A 代理の意味と種類

代理とは、本人に代わって他の者が意思表示をなし、または意思表示を受領することによって、その法律効果を直接本人に帰属させる制度である（民99）。本人に代わって意思表示をなし、または受領する者を、**代理人**という。また、本人に代わって代理人が意思表示する場合を**能動代理**、代理人が意思表示を受領する場合を**受動代理**という。この代理には、法定代理・任意代理の2種類のものがある。

法定代理は、判断能力が欠ける者の社会的活動を補充するなど、私的自治を補充するため、法律の規定により代理人が付けられるもので、①本人が未成年者の場合の親権を行う者（民824）、②本人が未成年者で、親権者となるべき者がいない場合の未成年後見人（民859①）、③本人が成年後見開始の審判を受けた場合の成年後見人（民859①）、④本人が保佐開始の審判を受け、かつ保佐人に代理権が付与された場合の代理権付与審判がなされた保佐人（民876の4①）、⑤本人が補助開始の審判を受け、かつ補助人に代理権が付与された場合の代理権付与審判がなされた補助人（民876の9①）、⑥不在者の財産管理人（民28、103）、⑦相続財産の管理人（民953、28、103）がこれにあたる。

これに対して、**任意代理**は、社会的活動の範囲を拡張するため、本人がその意思に基づいて代理人を選任し、代理権を与えるものである。代理権の授与は、委任契約によってなされることが多いが、雇用契約や請負契約などによってなされることもある。代理権が与えられると、一般に委任状が交付されるが、委任状は代理権を証明するためのもので、絶対に必要というわけではない。

[1] 代理行為

代理人が本人のために第三者と代理行為をするときは、本人の名を示し、代理人としての意思表示であることを明らかにしなければならない（民99①）。これを**顕名主義**という。代理人が本人のためにすることを示さずに

した意思表示は、自己のためにしたものとみなされる（民100本文）。ただし、相手方が本人のためにするものであることを知っていた場合や、知ることができた場合は、有効な代理行為となる（民100但書）。意思表示を受領する受動代理の場合は、相手方の方で、本人に対する意思表示であることを示さなければならない（民99②）。

[2] 代理行為の瑕疵

　代理では、現実に意思表示を行うのは代理人であるから、代理人が相手方に対してした意思表示の効力が、意思の不存在（心裡留保・虚偽表示）、錯誤、詐欺、強迫、ある事情を知っていたこともしくは事情を知らなかったことについての過失があったことによって影響を受ける場合には、その事実の有無は、代理人についてそれを判断する（民101①）。ただし、特定の法律行為をすることを委託された代理人がその行為をしたときは、本人が知っていた事情について、代理人の不知を主張できない。本人が過失により知らなかった事情についても同様である（民101③）。

　相手方が代理人に対してした意思表示の効力が、意思表示を受けた者がある事情を知っていたこと、または知らなかったことについての過失があったことによって影響を受ける場合には、その事実の有無は、代理人についてそれを判断する（民101②）。

[3] 代理人の行為能力

　代理人のなした行為の効果は本人に帰属し、代理人には何ら不利益を及ぼさないから、制限行為能力者の行った代理行為も完全に有効であり、取り消すことはできない（民102本文）。任意代理の場合は、本人が損失を被ったとしても、制限行為能力者に代理権を与えた本人の責任だからである。

　しかし、法定代理の場合は、法律の規定により付けられる代理人であるから、そのようにいうことはできない。代理人が後見開始の審判を受けたことが代理権の消滅事由とする規定（民111①Ⅱ）を根拠に、法定代理の場合には、制限行為能力者が代理人になることはないとする説もあるが、1999（平成11）年の民法改正（平成11年法149）で、制限行為能力制度の理念であるノーマライゼーションの考え方から、禁治産者および準禁治産者は

後見人となることができないとする規定（旧民846 II）が削除され、成年被後見人、被保佐人、被補助人であっても後見人に就任することが可能になった（民847、876の2②、876の7②）ので、制限行為能力者であっても法定代理人に就任することは可能であるとするのが多数説である。そのような場合には、本人を保護する必要が生じるので、制限行為能力者が他の制限行為能力者の法定代理人となっている場合には、制限行為能力者が代理人としてした行為を、行為能力の制限の規定によって取り消すことができるとされている（民102但書）。したがって、法定代理人が成年被後見人である場合は9条により、被保佐人である場合は民法13条1項・4項により、被補助人である場合は、民法13条1項および17条1項・4項により取り消すことができることになる。さらに、本人である「他の制限行為能力者」およびその代理人等にも取消権が認められている（民120①）。

　なお、家裁実務では、選任時に制限行為能力者であることが判明しているような場合には、成年後見人に選任することはなく、選任後に制限行為能力者であることが判明した場合や、選任後に制限行為能力者になった場合は、辞任を促し、それでも辞任をしない場合には解任するのが一般的である。

　また、制限行為能力者が他の制限行為能力者の法定代理人になる場合といっても、未成年者は、その子の親権を行使することができず（民833、867）、後見人、保佐人、補助人となることもできない（民847 I、876の2②、876の7②）ので、この規定の適用の問題は起こらない。

[4] 権限の定めのない代理人の権限

　法定代理人の代理権の範囲は法律で定められているが、任意代理の場合は、代理権を与える契約によって代理権の範囲が決まる。代理権の範囲外のことについては、原則として本人に効果が帰属しない。ただし、一定の場合に例外が認められている（後述→表見代理）。代理権の範囲が明らかでない場合、代理人は、修繕など財産の現状を維持する**保存行為**と、目的物または権利の性質を変えない範囲内での利用行為または改良行為（まとめて**管理行為**という）をなしうる（民103）。**利用行為**とは収益を図る行為のことで、現金を定期預金にすることなどがこれにあたり、**改良行為**とは価値を増加

させる行為のことで、家屋にエアコン取り付け等の造作を施すことなどが
これにあたる。

[5] 復代理人

　代理関係は、本人と代理人との信頼関係を基礎とするから、原則として
代理人は委ねられた事務を自ら処理しなければならない。しかし、急病な
どにより、他の者に事務処理を委ねなければならない場合も起こりうる。
そのような場合に備えて、民法は復代理人に関する規定をおいている。

　任意代理人は、本人の許諾を得たとき、またはやむを得ない事由がある
ときに限って、復代理人を選任することができる（民104）。復代理人を選
任した任意代理人は、債務不履行責任の一般原則に従って責任を負い、原
則として、本人との間の委任契約等に基づいて必要となる事務処理がされ
なかったことによる責任を負うことになる。

　法定代理人は、もともと本人の意思に基づくものではないから、常にそ
の責任をもって復代理人を選任することができる（民105前段）。この場合、
やむを得ない事由があるときは、本人に対して、復代理人の選任・監督に
ついてのみ責任を負う（民105後段）。

　復代理人は、その権限内の行為について直接本人を代理し、代理人の代
理人になるのではない（民106①）。復代理人は、本人および第三者に対し
て、その権限の範囲内において、代理人と同一の権利を有し、義務を負う
（民106②）。

[6] 自己契約・双方代理と代理権の濫用

　与えられた代理権の範囲内であっても、自分が当事者となる契約につい
て相手方の代理人になる**自己契約**、および当事者双方の代理人となる**双方
代理**は禁止され、これに反した場合は無権代理行為となり（民108①本文）、
本人が追認しなければ本人に対してその効力を生じない（民113①）。いず
れも、本人に不当な不利益を与えるおそれがあるからである。したがって、
本人があらかじめ許諾した行為については、有効な代理行為となる。また、
債務の履行も、あらかじめ内容が定まっており、本人の不利益になるおそ
れがないので、禁止から除外されている（民108①但書）。その例として、司

法書士が売主・買主の双方を代理して登記申請手続を行う場合などがある。これら以外の、代理人と本人との利益が相反する行為（**利益相反行為**）も、本人があらかじめ許諾していなければ無権代理行為となり（民108②本文）、本人が追認しなければ本人に対してその効力を生じない（民113①）。利益相反行為に当たるか否かは、行為自体を外形的・客観的に考察して、その行為が、代理人にとっては利益となり、本人にとっては不利益となるものであるかどうかによって判定され、代理人の動機・意図をもって判定すべきではない（最判昭42.4.18民集21.3.671）。

　外形的・客観的にみて利益が相反するといえない場合に、代理人が主観的には自己または第三者の利益を図る目的で代理権の範囲内の行為をしたときは**代理権の濫用**となり、相手方がその目的を知り、または知ることができたときは無権代理行為となる（民107）。無権代理行為となるときは、本人が追認しなければ本人に対してその効力を生じない（民113①）。

[7] 代理権の消滅

　法定代理・任意代理に共通の代理権消滅事由は、本人の死亡（民111①Ⅰ）、代理人の死亡または代理人が破産手続開始の決定もしくは後見開始の審判を受けたこと（民111①Ⅱ）である。任意代理に特有の消滅事由として、委任契約など代理権を授与した原因関係の終了がある（民111②）。法定代理に特有の消滅事由は、それぞれの法定代理ごとに定められている。

B　無権代理と表見代理

[1] 無権代理

　代理権がないにもかかわらず代理人としてなされた行為を**無権代理**という。この無権代理の中には、本人と無権代理人との間に特殊な関係があるため、代理権が存在した場合と同様の効果が認められるものがあり、これを**表見代理**という。無権代理のうち、表見代理とならないものを**狭義の無権代理**という。

　狭義の無権代理は、本人がその追認をしなければ、本人に対してその効力を生じない（民113①）。本人が追認すると、契約の時に遡って効力を生ずるが、第三者の権利を害することはできない（民116）。本人は追認を拒

絶することもできる。追認または追認拒絶は、相手方に対して行わなけれ
ばならないが、無権代理人に対して行ったときも、相手方がその事実を知
れば対抗できる（民113②）。

　無権代理行為の相手方は、相当の期間を定めて、その期間内に追認する
か否かを本人に催告することができ（**催告権**）、期間内に本人が確答しなか
ったときは**追認拒絶**とみなされる（民114）。また、無権代理行為の相手方
は、本人が追認するまでの間は、契約を取り消すことができる（取消権）。
ただし、契約の当時代理権がないことを知っていた場合は、取り消すこと
ができない（民115）。

　他人の代理人として契約をなした者が、その代理権を証明することがで
きず、かつ本人の追認も得られないときは、相手方の選択に従って、自ら
契約の当事者として履行するか、損害賠償をしなければならない（民117①）。
ただし、無権代理人と取引の相手方との公平を図って、契約時に相手方が
無権代理であることを知っていたとき、もしくは過失によって知らなかっ
たとき（無権代理人が自己に代理権がないことを知っていたときを除く）、または無
権代理人が行為能力を有しなかったときは、この責任を免れる（民117②）。

[2] 表見代理

　表見代理は取引の安全を保護するために認められたもので、他人に権利
があるかのような外観を作りだした者は、それを信頼した第三者に対して
責任を負わなければならないという**権利外観法理**を根拠とするものである。
したがって、相手方が代理権を与えられていないことを知り、または過失
によって知らなかったときは、責任を免れる（民109①但書、112①）。悪意・
過失の証明責任は本人にある。また、表見代理の主張と無権代理人の責任
追求のうち、いずれを選択するかは相手方の自由であり、相手方が無権代
理人の責任を追求しているとき、無権代理人は抗弁として表見代理の成立
を主張できない（最判昭62.7.7民集41.5.1133）。

(1) 代理権授与表示による表見代理

　第三者に対して他人に代理権を与えた旨を表示した者は、その代理権の
範囲内で、その他人と第三者との間でなされた行為につき責任を負う（民
109①本文）。代理人欄を空白にした白紙委任状を交付したところ、予定外

の人の名前が書きこまれた場合などがこれにあたる。新聞広告などにより不特定の相手方に表示した場合は、すべての第三者に責任を負う。自己の名称を使用することを許した場合もこれにあたり、たとえば、「東京地方裁判所厚生部」という名称を使用して他と取引することを認めた以上、東京地方裁判所はその責任を負わなければならない（最判昭 35.10.21 民集 14.12.2661）。

　なお、代理権授与の表示をした者は、相手方の悪意または過失を主張・立証することにより、その責任を免れることができる（民 109 ①但書）。

　代理権を与える旨の表示を受けた他人が、その代理権の範囲外の行為をしたときは、その行為について代理権があると信ずべき正当な理由があるときに限り、その行為について責任を負う（民 109 ②）。代理権授与表示による表見代理が成立すると、これを基本代理権として、民法 110 条の権限外の行為の表見代理が成立する（最判昭 45.7.28 民集 24.7.1203）ということである。

(2) 権限外の行為の表見代理

　代理人がその権限外の行為をした場合に、相手方が権限内の行為であると信ずべき正当な理由があるときは、本人が責任を負う（民 110）。「代理人」が権限外の行為をした場合であるから、この表見代理が成立するためには、**基本代理権**が存在していなければならず、全く代理権がない者がした場合は含まれない（大判大 2.6.26 民録 19.513）。死亡届のような事実行為の代行は基本代理権にならない。基本代理権は、任意代理権に限らず、法定代理権でもよい（大連判昭 17.5.20 民集 21.571）が、私法上の行為についての代理権であることを要し、公法上の行為についての代理権はこれにあたらない。したがって、公法上の行為である印鑑証明書下付申請行為の代理権を基本代理権として、抵当権設定契約に表見代理が成立することはない（最判昭 39.4.2 民集 18.4.497）。ただし、登記申請は公法上の行為であるが、その代理権付与が「私法上の契約による義務の履行のためになされたとき」は、基本代理権となる（最判昭 46.6.3 民集 25.4.455）。なお、正当の事由とは、代理権があると信じたことに過失がないことで（最判昭 44.6.24 判時 570.48）、本人が実印を交付して一定の行為をする権限を与えていた場合には、正当な事由があると認められる（最判昭 35.10.18 民集 14.12.2764）。

なお、代理権授与表示による表見代理が成立する場合および代理権消滅後の表見代理が成立する場合には、これらを基本代理権としても権限外の行為の表見代理は成立する（民法109②、112②）。

(3) 代理権消滅後の表見代理

代理人が代理権の消滅後に代理人として行った行為について、本人は代理権消滅の事実を知らなかった第三者に対してその責任を負う（民112①本文）。ただし、第三者が過失によってその事実を知らなかったときは免責される（民112①但書）。代理権消滅後の表見代理が成立する場合には、与えていた代理権の範囲外の行為がなされたときも、第三者がその行為について代理権があると信ずべき正当な理由があるときに限り、責任を負わなければならない（民112②）。

11　無効および取消し

A　無効

一般的有効要件（確実性、適法性、社会的妥当性）を欠くとき、表示に対応する意思が存在しないとき（意思無能力、心裡留保の例外の場合、虚偽表示）など、客観的にみて法的な効力を与えることがふさわしくない場合は、当事者の意思が合致し、外見上は契約が存在していても、その契約は無効とされる。契約が無効とされると、当初から全く効果を生じなかったことになり、誰からでも、誰に対しても、そのことを主張することができる。そして、契約の無効は時間の経過によって補正されることがなく、無効な契約に従って引き渡された物があれば、不当利得として返還義務（**原状回復義務**）が生じる（民121の2①）。

一般的有効要件を欠く契約は、当事者が追認しても有効とならないことはいうまでもない。意思が存在しない契約も、当初から何もなかったものとされる以上、追認により遡って有効とすることはできない（民119本文）。ただし、後者の場合は、当事者が無効なことを知って追認したときは、新たな行為をしたものとみなされ、追認したときから効力を生じる（民119但

書）。

B　取消し

[1]　取消権者

　表意者を保護する必要がある意思表示は、いったん契約が効力を生じた後でも、表意者・代理人等に取消権が与えられる。行為能力の制限によって取り消すことができる行為、すなわち、制限行為能力者（未成年者、成年被後見人、被保佐人、被補助人）の意思表示は、制限行為能力者（他の制限行為能力者の法定代理人としてした行為にあっては、当該他の制限行為能力者を含む）またはその代理人、承継人もしくは同意することができる者に限り、取り消すことができる（民120①）。

　錯誤、詐欺または強迫によって取り消すことができる行為は、意思表示をした者またはその代理人もしくは承継人に限り取り消すことができる（民120②）。取消しは、相手方が確定している場合には、相手方に対する意思表示によってする（民123）。

[2]　取消しの効果

　取り消された行為は、初めから無効であったものとみなされる（民121）。売買契約が無効であったが、売主・買主とも無効原因を知らなかったという場合、不当利得の一般規定によれば、売主は代金を返還しなければならないが、買主は目的物を費消してしまっていれば返還しなくてよいことになり（民703）、不公平な結果となる。意思能力を欠く「無効な行為」や、瑕疵ある意思表示として「取り消されて無効とみなされた行為」に基づいて債務が履行されている場合は、1つの契約から生じた結果であり、当事者双方の義務が相互に関連するものとして処理するのが合理的である。そこで、不当利得の一般規定（民703、704）による清算の特例として、有効に成立した契約解除の**原状回復義務**（民545①）と同様に、「無効な行為に基づく債務の履行として給付を受けた者は、相手方を原状に復させる義務を負う」とされている（民121の2①）。

　ただし、贈与等の無償契約が無効とされる場合には、無効原因を知らなかった当事者は、不当利得の一般規定が適用される場合と同様に、現存利

益の限度で返還すればよいと考えられる。そこで、「無効な無償行為に基づく債務の履行として給付を受けた者は、給付を受けた当時その行為が無効であること（給付を受けた後に前条の規定により初めから無効であったものとみなされた行為にあっては、給付を受けた当時その行為が取り消すことができるものであること）を知らなかったときは、その行為によって現に利益を受けている限度において、返還の義務を負う」とされている（民121の2②）。

また、意思無能力者・制限行為能力者も、その保護を図る観点から、現存利益の限度で返還すればよいとされている（民121の2③）。

なお、詐欺・強迫を理由とする意思表示の取消しで契約が無効となった場合は、不当利得の特例である不法原因給付（民708）の規定が適用され、詐欺・強迫の被害者は、加害者から交付された目的物の返還義務を負わない。

[3] 取り消し得る行為の追認

表意者・代理人等民法120条に掲げられた者は、取り消し得る行為を追認することができ（民122）、追認すると、以後、取り消し得ない契約として有効に確定する。追認は、相手方が確定している場合には、相手方に対する意思表示によってする（民123）。

取り消し得る行為の追認は、取消しの原因たる状況が消滅し、かつ、取消権を有することを知った後にしなければその効力を生じないが（民124①）、①法定代理人または制限行為能力者の保佐人もしくは補助人が追認するとき、②成年被後見人以外の制限行為能力者が法定代理人、保佐人または補助人の同意を得て追認するときは、取消しの原因となっていた状況が消滅していなくてもよい（民124②）。

[4] 法定追認

追認することができる時以後、取り消し得る行為について一定の行為をなしたときは、異議を留めない限り、追認したものとみなされる（民125）。これを**法定追認**という。法定追認と認められる行為は、①全部または一部の履行、②履行の請求、③更改、④担保の供与、⑤取り消し得る行為によって取得した権利の全部または一部の譲渡、⑥強制執行である。

[5] 取消権の期間の制限

契約が履行され、長期間経過した後に取り消されると、取引の安全を害することになる。そこで、民法は取消権行使に期間制限を設けている。すなわち、追認することができる時から5年、行為の時から20年の、どちらか早く経過したほうによって取消権は消滅する（民126）。

12 条件・期限・期間

A 条件

契約の効力を、発生するか否か不確実な事実にかからせる特約を条件という。そのうち、契約の効力を発生させる条件を**停止条件**といい、停止条件が成就した時からその効力を生ずる（民127①）。発生している契約の効力を失わせる条件を**解除条件**といい、解除条件が成就した時からその効力を失う（民127②）。ただし、当事者の意思により条件成就の効果を成就以前に遡らせることもできる（民127③）。

「今自分が乗っている自動車を、君が結婚したらあげよう。」と言われた者は、結婚するまでの間も、結婚すれば自動車をもらえるという期待をもつ。この期待を民法は一定の範囲で保護しており、条件付法律行為の各当事者は、条件の成否未定の間において、条件成就により生ずる相手方の利益を害することができないとしている（民128）。相手方に義務を課すことによって、期待に権利としての地位を与えるもの（**期待権**）で、**条件付権利**とよばれている。この条件付権利を侵害した相手方は、不法行為の原則（民709）に従って損害賠償しなければならない。上記の例でいえば、結婚する前に、贈与者が自動車を毀損してしまった場合などがこれにあたる。条件付権利も権利である以上、相手方だけでなく第三者も、同様の義務を負うと解されている。また、条件付権利義務は、条件成就によって取得される権利義務と同様の規定に従って、処分し、相続し、保存し、またはそのために担保を供することができる（民129）。したがって、不動産に関する条件付き権利の仮登記も可能である。

　条件成就によって不利益を受ける当事者が「故意に」条件の成就を妨げたときは、相手方は条件が成就したものとみなすことができる（民130①）。たとえば、不動産の売主が仲介者に対して売買契約の成立を停止条件として報酬を支払う旨契約したのに、仲介者を排除して直接第三者に売却した場合は、仲介者は売主に約定の報酬を請求することができる（最判昭45.10.22民集24.11.1599）。これとは逆に、条件成就によって利益を受ける当事者が「不正に」その条件を成就させたときには、相手方は、その条件が成就しなかったものとみなすことができる（民130②）。「故意に」ではなく「不正に」とされているのは、入学試験に合格したら入学金を出してあげるという契約で、努力して故意に入学試験に合格すれば条件成就であるが、カンニングなどの不正手段で合格した場合には条件不成就とみなすという趣旨である。たとえば、A店とB店の間で、A店はある商品を販売しないものとし、販売したときはB店に違約金を支払うという契約のもとで、B店の関係者が客を装ってA店でその商品の販売を強く要求し、拒みきれなくなったA店の従業員が販売してしまったという場合、A店は、条件不成就とみなされる（最判平6.5.31民集48.4.1029）。

　当事者が知らないだけで、客観的にはすでに確定している事実を条件としたときは、**既成条件**とよばれる。既成条件が成就に確定している場合は、停止条件付契約は無条件、解除条件付契約は無効になる（民131①）。既成条件が不成就に確定している場合は、停止条件付契約は無効、解除条件付契約は無条件になる（民131②）。

　条件は法律行為の効力に関するものであるから、人を殺せば報酬を出すというような、**不法条件**を付した契約は無効である。殺人をやめれば金をやるというように、不法行為をしないことを条件とする契約も同様である（民132）。また、**不能の停止条件**を付した契約は無効であり、**不能の解除条件**を付した契約は無条件となる（民133）。さらに、気が向いたら1万円やるというような、単に債務者の意思のみにかかる条件を**随意条件**といい、このような条件の付けられた停止条件付法律行為は無効とされている（民134）。民法に明文の規定はないが、婚姻・縁組のような**身分行為**に条件を付けると、身分関係が不安定になり公序良俗に反するため、無効と解されている。また、取消し、追認、解除のような**単独行為**も、相手方の地位を

不安定にするから、原則として条件を付けることはできないと解されている。

B　期限

　条件は、将来発生することが不確実な事実であるのに対して、将来発生することが確実な事実に契約の効力がかけられている場合、その事実を期限という。今月末日というように、到来時期が確定している**確定期限**と、私が死んだらというように、発生することは確実だが到来時期が確定していない**不確定期限**とがある。期限は、効力発生にかけられる場合と、効力消滅にかけられる場合とがあり、前者を**始期**、後者を**終期**という。民法は、法律行為に始期を付したときは、「法律行為の履行は、期限が到来するまで」請求することができないと規定し（民135①）、始期を「履行の時期」に関するものとしているが、「効力発生の時期」に関して始期を定めることも、もちろん可能である。法律行為に終期を付したときは、その法律行為の効力は、期限が到来した時に消滅する（民135②）。

　不確定期限と条件との区別は、必ずしも明瞭ではない。将来、出世したら借金を返済するという**出世払債務**の場合、出世するか否かは不確実であるから、条件のようにもみえる。条件であれば、出世しない限り返済期は来ず、出世が絶望的になれば返済期のない消費貸借となって、つまるところ返済しなくてよいということになる。しかし、通常は、出世できなければ返済しなくてもよいという趣旨ではなく、出世するまで返済を猶予するという趣旨であろうから、出世できないと確定すれば、もはや猶予されないことになる。そうであるとすれば、返済期は確実に到来するわけであるから、不確定期限ということになる。判例も、出世払債務は原則として不確定期限を付したものと解している（大判大 4.3.24 民録 21.439）。

　期限が付けられることによって得られる利益を、**期限の利益**という。民法は、一般に期限の利益は債務者のために存するものと推定し（民136①）、期限の利益は放棄できるが、相手方の利益を害することはできないと定めている（民136②）。たとえば、債権者 A から 1 年間という約束で借金した債務者 B は、1 年間借りたお金を使えるという利益を得るが、その利益を放棄して半年後に借金を返済することもできるということである。ただし、

利息の支払いを約している場合には、1年分の利息を得られると考えていた債権者Aの利益を害することになるから、半年分ではなく、1年分の利息を添えて返済しなければならない。

　なお、期限の利益を有する債務者に信用を失うような事態が生じた場合には、期限の利益を喪失して直ちに弁済しなければならなくなる。**期限の利益の喪失事由**として、民法は、①債務者が破産手続開始の決定を受けたとき、②債務者が担保を滅失させ、損傷させ、または減少させたとき、③債務者が担保を供する義務を負いながらこれを供しないとき、を規定している（民137）。特約（**期限の利益喪失約款**）で、債務者が差押えを受けたときなどを期限の利益の喪失事由とすることも有効である。

C　期間

　期間とは、ある時点から他の時点までの継続した時の区分である。時・分・秒を単位とする期間は、即時からこれを計算する（民139）。これを、**自然的計算方法**という。

　日・週・月・年を単位とする期間の計算は、期間が午前0時から始まるときを除いて、初日を算入しない（民140）。これを**初日不算入の原則**といい、期間の末日の終了をもって満了とする（民141）。したがって、1月10日に、これから5日間貸すという契約を締結した場合は、1月10日は算入せず、11日から数えて5日後の、1月15日24時が期間の満了点となる。なお、期間の末日が日曜日、国民の祝日に関する法律（昭和23年法178）に規定する休日その他の休日に当たるときは、その日に取引をしない慣習がある場合に限り、期間はその翌日に満了する（民142）。

　週・月・年の長さは、暦に従って計算する（民143①）。これを**暦的計算方法**といい、週・月・年の初めから起算しないときは、その期間は、最後の週・月・年において起算日に応当する日の前日をもって満了する（民143②本文）。たとえば、1月10日に、これから5か月間貸すという契約を締結した場合には、1月10日は算入せず、1月11日から数えて5か月後の応当日である6月11日の前日6月10日24時に満了する。最後の月に応当日がないときは、その月の月末が満期日となる（民143②但書）。たとえば、1月30日から1か月間とした場合は、2月末日が満了日となる。

　以上のような期間計算方法は、民法以外の法律にも適用されるが、個別の法律に特則が定められている場合はそれによる。たとえば、戸籍法（昭和22年法224）では、届出期間は、届出事件の発生の日から起算するものとされている（戸籍43①）。また、「年齢計算ニ関スル法律」（明治35年法50）は、年齢の計算は出生時刻を問わず出生日から起算するとしており、4月1日に生まれた者は、早生まれとして就学する。

13　時効

A　時効制度の意義

　債務者が債務を履行しないとき、債権者は裁判所に訴えて債務の履行を強制することができ、所有者でない者が勝手に土地を使用しているとき、土地所有者は返還請求の訴えを起こすことができる。しかし、これらの権利が行使されずに、債務不履行や不法使用の状態が長期間継続すると、債務は存在せず、土地使用者を所有者とするような法律関係が形成されていく。たとえば、その債務者には債務がないものと思って金を貸す者や、その土地使用者の所有地だと思って借りたりする者が出てくる。したがって、長期間にわたって**永続した事実状態を尊重**し、その事実状態を基に形成された法律関係や社会秩序を保護して、取引の安全を図る必要がある。また、古い過去の事実は、証拠が散逸し、記憶も不明瞭となるから、債務を弁済したことや購入した土地であるということを証明することは困難である。この**立証の困難**を救うためにも、長期間継続した事実状態をそのまま権利関係として認める必要がある。それによって真実の権利者は害されることになるが、「**権利のうえに眠る者は保護するに値せず**。」といえるであろう。

　以上のような理由から、ある事実状態が一定期間継続した場合に、その事実状態を法律上の権利関係として認める時効制度が設けられている。この時効制度には、権利を行使しないという事実状態が長く続いた場合に権利を消滅させてしまう**消滅時効**と、一定の期間継続して権利を事実上行使する者に、その権利を取得させる**取得時効**とがある。消滅時効では立証の

困難を救うことに重点が置かれ、取得時効では永続した事実状態の尊重に重点が置かれている。

B 時効総則

[1] 時効の援用

時効の効力は、その起算日に遡る（民144）が、時効による債権消滅の効果は、時効期間の経過とともに確定的に生ずるのではなく、時効が援用されたときに初めて確定的に生ずる（最判昭61.3.17民集40.2.420）。時効は、当事者（消滅時効にあっては、保証人、物上保証人、第三取得者その他の権利の消滅について正当な利益を有する者を含む。）が援用しなければ、裁判所はこれによって裁判することができない（民145）。時効の利益を受けることはいさぎよくない、と考える者の立場を考慮したものである。

判例によれば、詐害行為の受益者も、詐害行為取消権を行使する債権者の債権について時効の利益を直接受け、その消滅時効の援用権を有する（最判平10.6.22民集52.4.1195）。これに対して、後順位抵当権者は、先順位抵当権の被担保債権の消滅時効を援用できない（最判平11.10.21民集53.7.1190）。

[2] 時効の利益の放棄

時効完成前に、あらかじめ時効の利益を放棄することは認められない（民146）。債権者が濫用するおそれがあるからである。これに対して、時効完成後は、時効の利益を放棄することができる。消滅時効完成後に債務を承認した債務者は、承認した時点で時効完成の事実を知らなくても、消滅時効を援用できない（最大判昭41.4.20民集20.4.702）。

[3] 時効の完成猶予および更新

時効は、権利不行使の事実状態が一定期間継続することを必要とするから、一定の権利が行使された場合には時効期間をゼロに戻し、それが終了した時から新たに時効が進行を始める。これを**時効の更新**という。また、時効の完成間近に、権利行使が不可能または著しく困難な事情があるときには、一定期間、時効の完成が猶予される。これを**時効の完成猶予**という。時効の完成猶予または更新の効力が及ぶ範囲は、完成猶予または更新の事

由が生じた当事者およびその承継人に限られる（民153）。

　民法が定める時効の完成猶予または更新の事由には、次のようなものがある。

(1) 裁判所の請求等による時効の完成猶予および更新

　㋑裁判上の請求、㋺支払督促、㋩裁判上の和解（民訴275①）・民事調停・家事調停、㋥破産手続参加・再生手続参加・更生手続参加のいずれかの事由がある場合には、その事由が終了するまでの間は、時効は完成しない。確定判決または確定判決と同一の効力を有するものによって権利が確定することなくその事由が終了した場合は、その終了の時から6か月を経過するまで、引き続き時効の完成が猶予される（民147①→**時効の完成猶予**）。

　確定判決または確定判決と同一の効力を有するものによって権利が確定したときは、各事由の終了まで時効の完成が猶予され、各事由が終了した時から新たに時効の進行を始める（民147②→**時効の更新**）。

(2) 強制執行等による時効の完成猶予および更新

　㋑強制執行、㋺担保権の実行、㋩担保権の実行としての競売の例による競売（民執195）、㋥財産開示手続（民執196）のいずれかの事由がある場合には、その事由が終了するまでの間は、時効は完成しない。申立ての取下げまたは法律の規定に従わないことによる取消しによってその事由が終了した場合には、その終了の時から6か月を経過するまで、引き続き時効の完成が猶予される（民148①→**時効の完成猶予**）。

　申立ての取下げまたは法律の規定に従わないことによる取消しによって各事由が終了した場合には、時効の更新は認められないが、それ以外によって各事由が終了した時は、その時から新たに時効の進行を始める（民148②→**時効の更新**）。

　なお、ここに掲げられた事由に係る手続は、時効の利益を受ける者に対してしないときは、その者に通知した後でなければ、時効の完成猶予または更新の効力を生じない（民154）。したがって、物上保証人が提供した不動産上の抵当権を実行した場合には、これを債務者に通知した後に時効の完成猶予または更新の効力を生じる。その場合に時効の完成猶予または更新の効力が生ずる時期は、競売開始決定の正本が債務者に送達された時と解される（最判平7.9.5民集49.8.2784）。

(3) 仮差押え等による時効の完成猶予

①仮差押え、⑪仮処分がある場合には、その事由が終了した時から6か月を経過するまでの間は、時効は完成しない（民149→**時効の完成猶予**）。仮差押えや仮処分は債務名義を必要とせず、後に裁判上の請求によって権利関係が確定するまで財産等を保全する暫定的なものに過ぎないので、時効の更新の効果はない。仮差押え等に引き続きなされる本案訴訟の提起は裁判上の請求（民147①I）に該当するから、確定判決等によって権利が確定したとき、時効の更新の効果を生ずることになる。

なお、ここに掲げられた事由に係る手続は、時効の利益を受ける者に対してしないときは、その者に通知した後でなければ、時効の完成猶予の効力を生じない（民154）。

(4) 催告による時効の完成猶予

催告があったときは、その時から6か月を経過するまでの間は、時効は完成しない（民150①→**時効の完成猶予**）。催告によって時効の完成が猶予されている間にされた再度の催告は、前項の規定による時効の完成猶予の効力を有しない（民150②）。また、次に述べる、協議を行う旨の合意により時効の完成が猶予されている間にされた催告も、時効の完成猶予の効力を有しない（民151③後段）。

(5) 協議を行う旨の合意による時効の完成猶予

2017（平成29）年の改正前は、権利をめぐる争い解決のため当事者が協議していても、時効完成がせまると、時効完成を阻止するため訴訟の提起や調停の申立てなどをしなければならなかった。しかし、それでは、当事者間における自発的かつ柔軟な紛争解決が妨げられることになる。そこで、平成29年の改正で、協議を行っている期間中は時効が完成しないようにするため、新たに、権利についての協議を行う旨の合意が完成猶予事由として加えられた。

権利についての協議に時効の完成猶予が認められるためには、協議中であるという事実だけでは足りず、協議を行う旨の合意が書面または電磁的記録でなされていなければならない（民151①、④）。協議を行う旨の合意があったときは、①合意があった時から1年を経過した時、⑪合意において当事者が協議を行う1年未満の期間を定めたときは、その期間を経過した

時、㋭当事者の一方から相手方に対して協議の続行を拒絶する旨の通知が書面または電磁的記録でなされたときは、その通知の時から6か月を経過した時の、いずれか早い時までの間は、時効は完成しない（民151①→**時効の完成猶予**）。この完成猶予がされている間に、再度、書面または電磁的により協議を行う旨の合意がなされたときは、その合意の時点から上記の期間時効の完成が猶予される（民151②本文）。再度の合意は複数回繰り返すことができるが、長期間にわたり不確定な状態が継続することは好ましくないため、時効の完成が猶予されなかったとすれば時効が完成すべき時から通算して5年を超えることができないとされている（民151②但書）。

　なお、協議を行う旨の合意は、催告と同様、更新の措置をとるまでの暫定的なものであるから、催告によって時効の完成が猶予されている間にされた協議を行う旨の合意は、時効の完成猶予の効力を有しない（民151③前段）。協議を行う旨の合意により時効の完成が猶予されている間にされた催告も、時効の完成猶予の効力を有しない（民151③後段）。

(6)　承認による時効の更新

　時効によって利益を受ける者が、権利の存在を承認したときは、その時から新たに時効の進行を始める（民152①→**時効の更新**）。特別の方式を必要とせず、黙示でもよい。証文の書き換え、一部の弁済、延期証の差し入れは、いずれも承認となり、時効を更新する。承認は事実の表明であって、時効を更新するという効果意思を必要としないから、相手方の権利について処分の行為能力または権限を必要としない（民152②）。しかし、管理の行為能力は必要であるから、成年被後見人や未成年者の承認は取り消すことができる（大判昭13.2.4民集17.87）。承認は権利者に対してなされる必要がある。銀行が帳簿に預金利息の元本組入れを記入することは、権利者に対してなされるものではないから承認にならない（大判大5.10.13民録22.1886）。

(7)　未成年者または成年被後見人と時効の完成猶予

　時効の期間の満了前6か月以内の間に未成年者または成年被後見人に法定代理人がないときは、その未成年者もしくは成年被後見人が行為能力者となった時または法定代理人が就職した時から6か月を経過するまでの間は、その未成年者または成年被後見人に対して、時効は完成しない（民158①）。未成年者または成年被後見人がその財産を管理する父、母または後

見人に対して権利を有するときは、その未成年者もしくは成年被後見人が
行為能力者となった時または後任の法定代理人が就職した時から6か月を
経過するまでの間は、その権利について、時効は完成しない（民158②→**時
効の完成猶予**）。

(8) 夫婦間の権利の時効の完成猶予

夫婦の一方が他の一方に対して有する権利については、婚姻の解消の時
から6か月を経過するまでの間は、時効は完成しない（民159→**時効の完成猶
予**）。

(9) 相続財産に関する時効の完成猶予

相続財産に関しては、相続人が確定した時、管理人が選任された時また
は破産手続開始の決定があった時から6か月を経過するまでの間は、時効
は完成しない（民160→**時効の完成猶予**）。

(10) 天災等による時効の完成猶予

時効の期間の満了の時に当たり、天災その他避けることのできない事変
のため147条1項各号または148条1項各号に掲げる事由に係る手続を行
うことができないときは、その障害が消滅した時から3か月を経過するま
での間は、時効は完成しない（民161）。

C　取得時効

取得時効は、一定の期間継続して権利を事実上行使する者に、その権利
を取得させる制度である。**所有の意思**をもって**平穏**かつ**公然**に他人の物を
20年間占有した者は、その所有権を取得することができる（民162①）。占
有物が自分の所有であると信じ、かつ、そのことに過失がなく占有を開始
したときは、時効期間は10年に短縮される（民162②）。

所有の意思をもった占有（**自主占有**）が必要とされるから、所有者として
ではなく、借地人として他人の土地を長期間占有しても、その土地の所有
権を時効取得することはできない（大判昭13.7.7民集17.1360）。平穏な占有と
は、占有の取得・保持について、暴行・強迫など違法・強暴な行為を用い
てない占有のことである（最判昭41.4.15民集20.4.676）。占有者は、所有の意思
をもって善意、平穏かつ公然に占有しているものと推定される（民186①）
から、取得時効を主張する者は無過失だけ立証すればよい。長年にわたり

移転登記を求めないことや、固定資産税を支払っていないことだけでは、所有の意思の推定は覆されない（最判平 7.12.15 民集 49.10.3088）。また、占有の継続についても、前後の両時点において占有をなした証拠があるときは、その間占有は継続したものと推定される（民 186 ②）。

　道路、河川敷、公園のような公共用財産も、長期間にわたって事実上公の目的に供用されることなく放置され、その物の上に他人の平穏かつ公然の占有が継続したときは、黙示的に公用が廃止されたものとして、取得時効の成立が認められる（最判昭 51.12.24 民集 30.11.1104）。

　なお、地上権・永小作権など所有権以外の財産権も、自己のためにする意思をもって平穏かつ公然に 10 年または 20 年以上にわたって継続して事実上行使することにより、その権利を時効取得することができる（民 163、165）。ただし、地役権については特則が定められており、外形上認識することができるものに限られる（民 283）。

D　消滅時効

[1]　消滅時効の進行開始

　消滅時効は、権利を行使できるにもかかわらず、これを行使しないという状態が一定期間継続することにより権利を消滅させるものであるから、権利を行使できる時から進行を始める（民 166 ①、②）。ただし、所有権は消滅時効にかからない（民 166 ②）。始期付債権は、期限到来の時から消滅時効が進行する。たとえば、金銭消費貸借で返済期日が定めてあれば、その日から時効の進行が始まる。期限の定めがない債権は、債権者はいつでも請求できるから（民 412 ③）債権成立の時であるが、返済期日の定めがない消費貸借の場合は、貸借成立から相当の期間を経過した時から時効が始まる（民 591 参照）。停止条件付債権は、条件成就の時から消滅時効が進行する。割賦払債務で、1 回でも弁済を忘れば期限の利益を喪失して全額支払わなければならないという特約がある場合は、債権者が全額の弁済を求める意思表示をした時から、全額について時効が始まる（最判昭 42.6.23 民集 21.6.1492）。

[2] 債権等の消滅時効

(1) 債権の消滅時効

　2017（平成29）年の改正前は、「債権は、10年間行使しないときは、消滅する。」（旧民167①）という原則規定とともに、一定の債権については、時効期間を3年、2年または1年とする職業別の短期消滅時効の特例が設けられていた（旧民170〜174）。しかし、取引が複雑化・多様化した現代社会では、特例にあたる債権か否かの判断が難しい債権も多くなり、適用を誤る危険が増大したため、職業別の短期消滅時効の特例は廃止されることとなった。しかし、単に特例を廃止して時効期間を一律に原則の10年にすると、領収書などの証拠保存費用や負担が大きく増加することになるので、原則的な時効期間を5年程度にする必要があった。そこで、改正後の民法は、従来通り「権利を行使することができる時から10年間行使しないとき」という**客観的起算点**からの消滅時効を存置するとともに（民166①Ⅱ）、「債権者が権利を行使することができることを知った時から5年間行使しないとき」という**主観的起算点**からの消滅時効を追加している（民166①Ⅰ）。「債権者が権利を行使することができることを知った」といえるためには、権利の発生原因の認識と、権利行使の相手方である債務者を認識する必要がある。

　なお、10年という客観的起算点からの消滅時効が存置されたのは、安全配慮義務違反に基づく損害賠償請求権や不当利得に基づく債権など、権利行使が可能であることを知ることが容易ではない債権について、債権者が不利益にならないようにするためである。

　このような民法の改正に伴って、商行為によって生じた債権の消滅時効期間を5年とする商法522条の規定は削除されたが、労働基準法の適用を受ける給料債権については2年とされている（労基115）。

(2) 債権・所有権以外の財産権の消滅時効

　債権または所有権以外の財産権は、権利を行使することができる時から20年間行使しないときは、時効によって消滅する（民166②）。所有権に基づく物権的請求権は時効消滅しない（大判大5.6.23民録22.1161）。「債権又は所有権以外の財産権」として、地上権、永小作権、地役権等の物権があり、これらは20年で時効消滅する。抵当権は、債務者および抵当権設定者と

の関係では、債権と同時でなければ時効消滅することはない（民396）。しかし、第三取得者および後順位抵当権者との関係では、被担保債権と離れて20年の消滅時効にかかることについては、後に抵当権の消滅で詳述する。

　将来の何年何月何日になったら土地の譲渡を受けるといった始期付権利や、司法試験に合格したら自動車をもらえるといった停止条件付権利は、その時がくるまで権利を行使することができず消滅時効は進行しないが、その目的物（上例の土地や自動車）を第三者が占有している場合、その第三者のために、その占有の開始の時から取得時効が進行する。したがって、始期付権利の始期が到来する前や、停止条件付権利の条件が成就する前に、第三者が目的物を時効で取得してしまうということが起こる。そこで、始期付権利または停止条件付権利の権利者は、第三者の取得時効を更新するため、いつでも占有者の承認を求めることができるとされている（民166③）。

[3] 人の生命または身体の侵害による損害賠償請求権の消滅時効

　2017（平成29）年の改正前は、人の生命または身体の侵害による損害賠償請求権の消滅時効について特別の規定はなく、一般の不法行為の規定（民724）によっていた。しかし、人の生命または身体に関する利益は、財産的な利益等に比べて強く保護すべきであり、損害賠償請求権の権利行使の機会を確保する必要性も高い。そこで、平成29年の改正で、人の生命または身体の侵害による損害賠償請求権の消滅時効については、166条1項2号に「権利を行使することができる時から10年間」とあるのを、「20年間」にするものとされている（民167）。また、「被害者又はその法定代理人が損害及び加害者を知った時から3年間」という不法行為による損害賠償請求権の消滅時効期間（民724Ⅰ）も、「5年間」に延長されている（民724の2）。

[4] 定期金債権の消滅時効

　2017（平成29）年の改正で、主観的起算点と客観的起算点から2つの消滅時効期間が置かれることとなり、定期金債権についても、主観的起算点と客観的起算点に基づく2つの消滅時効期間が設けられている。すなわち、定期金の債権は、債権者が定期金の債権から生ずる金銭その他の物の給付を目的とする各債権を行使することができることを知った時から10年間

行使しないとき、または行使することができる時から20年間行使しないときには、時効によって消滅する（民168①）。定期金の債権者は、時効の更新の証拠を得るため、いつでも、その債務者に対して承認書の交付を求めることができる（民168②）。

[5] 判決で確定した権利の消滅時効

確定判決によって確定した権利は、確定の時に弁済期の到来していない債権を除き、10年より短い時効期間の定めがあるものであっても、その時効期間は、10年である。裁判上の和解、調停その他確定判決と同一の効力を有するものによって確定した権利についても、同様である（民169）。

知識を確認しよう

・・・・・・・・・・・・・・・・・・・・・・・・・・・・・・

問題

(1) 民法の一般条項について説明しなさい。

(2) 制限行為能力者制度の概要を説明しなさい。

(3) 住宅を売買した場合、建具・畳・照明器具・テレビ・家具などのうち、売買の対象になるものとならないものを区別する基準は何か。

(4) 形式的には売買契約がなされているが、真実にはそのような売買をする意思がなかった場合や、売買の意思決定に思い違いや他者の不当な干渉があった場合に、その売買契約はどうなるか。

(5) 代理人と称する者と契約したが、その者が代理権を有していなかった場合、誰にどのような責任を問えるか。

(6) 隣接する他人の土地の一部を長年にわたって自分の土地として使用してきたが、隣地所有者から返還を求められた場合、必ず返還しなければならないか。

指針

(1) 一般条項として、民法1条は、公共の福祉に適合、信義誠実の原則、

　　権利濫用の禁止を基本原則として定めていることを述べ、その内容と
　　機能、効果を説明する。

(2)　制限行為能力者には、成年被後見人、被保佐人または被補助人の審判
　　を受けた者および未成年者があり、それぞれの保護者の取消権・同意
　　権・代理権の有無、相手方の保護、取消し後の返還義務の範囲につい
　　て説明する。

(3)　主物と従物について説明し、「従物は、主物の処分に従う。」(民87②)
　　という規定の意味を説明する。

(4)　心裡留保・虚偽表示・錯誤・詐欺・強迫について、それぞれの要件・
　　効果を説明する。

(5)　無権代理について、その効果を説明し、表見代理の要件を満たす場合
　　には本人の責任も問えることを説明する。

(6)　自主占有であれば、善意であれば10年、悪意でも20年の占有で時効
　　取得することができ、時効を援用して返還を拒絶できる (民145)。

本章のポイント

1. 権利の性質が違うことから、物権には物権法定主義と物権公示の原則があり、債権には契約自由の原則がある。

2. 物権でも、目的物が不動産か動産かで、異なる公示方法が定められており、公信の原則の有無も異なる。

3. 物権は、物を自由に使用・収益・できる完全・円満な権利である所有権を中心に、使用・収益に制限した制限物権（地上権・永小作権・地役権・入会権）、担保目的で支配する担保物権（留置権・先取特権・質権・抵当権）に分かれ、現実の支配を保護する占有権という特殊な権利も規定されている。

4. 債権を担保するための担保物権は、法定担保物権（留置権・先取特権）と約定担保物権（質権・抵当権）の2種類に分けて、それぞれについて、厳格な要件・効果が定められている。

1 総則

A 物権の意義

物権とは、一定の物を直接に支配して利益を受ける排他的な権利である。物を直接に支配するとは、他人の行為を必要とせず、自分ひとりで直接に権利の客体に対して支配を及ぼしうるということである。これを**物権の直接性**という。他人の行為を必要とする債権は、訴えによって公権力により権利を実現するほかなく、直接支配できないという点で物権と大きな違いがある。また、排他的な権利であるということは、同一物について同一内容の物権は重ねて成立しないという意味である。たとえば、ある建物に対してAもBも所有権を持っているということはあり得ない（ただし共有は可能）。これを**物権の排他性**という。

これに対して債権は、ある1人の歌手が同一日時に異なる場所で歌うという債権を、AB2人の債権者が有しているということもあり得、排他性がない。さらに、物権は物の直接的支配権であることから、対象となる目的物は現存し特定していることが必要とされ（特定性）、独立した1個の物の上に1個の物権が成立するとされている。したがって、物権は物の一部（建物の柱だけ）については成立せず、独立した物に対してのみ成立し（独立性）、それぞれ独立した物の集合（ジュース1ダースなど）の上に1個の物権が成立するということもない（単一性）。この独立性と単一性をあわせて**一物一権主義**というが、一物一権主義という用語は、排他性の意味で用いられることもある。

以上のような物権の性質から、物権の一般的効力として、優先的効力と物権的請求権が認められる。すなわち、同じ物の上に債権と物権とが併存するときは物権が優先する（**物権の優先的効力**）。したがって、賃貸物が売買されたときは、所有権を取得した買主に借主は賃借権を主張できず（売買は賃貸借を破る）、担保物権を有する債権者は一般債権者に優先する。また、物権の円満な状態が侵害されたときは、侵害者に対してその排除を請求することができる（**物権的請求権**）。

債権は債務者のみに対する相対権であるのに対して、物権はすべての人

に対して主張しうる絶対権であり、何人の侵害に対してもその排除を求めることができるという不可侵性を有する。このように強い効力を有する物権は、その存在が他人から分かるような外形を備えておかなければならない。これを**物権公示の原則**という。民法が定める公示方法は、不動産については登記（民177）、動産については占有（民178）である。

B　物権の種類

　封建制度の複雑多様な物権を整理して自由な所有権を中心とする簡明な物権関係を創設する必要があったこと、物権は強い排他性を有すること、登記によって公示するには種類を限定して内容を明確にする必要があることなどから、物権の種類や内容はすべて法律で定められる（民175）。これを**物権法定主義**といい、民法は 10 種類の物権を定めている。ただし、判例は、温泉専用権（湯口権）、水利権なども慣習法上の物権として認めている（大判昭 15.9.18 民集 19.1611）。

2　物権的請求権

　物権は物を直接かつ排他的に支配する権利であるが、これを妨げる者がある場合に、腕力・威力などを用いて実力で妨害を排除することを許すと、社会は混乱に陥り、実力のある者が勝つということになってしまう。したがって、法治国家では、原則として**自力救済**は許されない。自力救済が例外的に認められるのは、法の定める手続によったのでは、違法な侵害に対抗して現状を維持することが不可能または著しく困難と認められる、緊急やむを得ない特別な事情がある場合に限られる（最判昭 40.12.7 民集 19.9.2101）。たとえば、道路を歩行中に持っていたカバンを「ひったくり」された者が、追いかけてカバンを奪還するような場合がこれにあたる。

　物権の行使を妨げられている場合には、国家の助力を得て妨害を排除してもらうことになる。すなわち、私権の保護を担当する国家機関である裁判所に、訴えを起こして保護を求める。求める保護の内容は、奪った物を

返すというような作為であることもあれば、土地に立ち入らないというような不作為であることもある。裁判所は、求める内容が正しいと判断すれば、一定の作為または不作為を命ずる判決を下す。そして、妨害者がその判決に従わない場合には、強制執行をしてもらうことができる。

　では、物権を侵害された場合に、具体的にどのような訴えを起こしたらよいのだろうか。この問題について、民法は、占有権についてのみ規定を設けている（民197以下）。次に述べる**占有訴権**がそれである。占有権にこのような請求権が与えられているなら、占有権よりもさらに効力が強い他の物権にも、当然これに対応する請求権（物権的請求権）が認められるべきであるとするのが通説であり、判例もこれを承認している。

A　占有訴権

　占有権は、目的物の利用を目的とする権利ではなく、ある物を現実に支配しているという状態を保護するものである。したがって、その物を占有する正当な権利（所有権・賃借権などの**本権**）を有していなくても、占有者が占有を奪われたときは、侵害の時から1年以内に限り、**占有回収の訴え**により、その物の返還および損害賠償を請求することができる（民200①、201③）。ただし、占有を奪った者から譲り受けたり借りたりしている者（**特定承継人**）がいる場合には、その者が侵奪の事実を知っている場合に限り、その者に返還を請求することができる（民200②）。

　占有を妨害された場合は、**占有保持の訴え**によって妨害の停止および損害の賠償を請求することができる（民198）。たとえば、隣地の庭の木が倒れてきたような場合には、隣地所有者にその撤去を求めることができる。この占有保持の訴えは、妨害の存する間または妨害が消滅した後1年内に提起しなければならない。ただし、工事によって占有物に損害を生じた場合は、工事着手から1年を経過し、または工事が完成したときは訴えを提起することができない（民201①）。

　占有を妨害されるおそれがあるときは、**占有保全の訴え**によって妨害の予防を請求することができ、損害が生じたときの賠償のために担保を供するよう請求することもできる（民199）。たとえば、隣地の庭の木が倒れ込みそうな場合には、隣地所有者に対して倒れ込みの予防措置を講ずるよう

求めることができる。この訴えは、妨害の危険の存する間は提起すること
ができるが、工事によるものである場合には、占有保持の訴えの場合と同
様に制限される（民201②）。

　以上のような占有訴権は、所有権などの本権に基づく物権的請求権と同
時に行使してもよいし、いずれかを選択して行使してもよい（民202①）。
また、占有の訴えは本権に関する理由に基づいて裁判することができない
とされており（民202②）、たとえば、無権限の土地占有者を、所有者が実力
で排除しようとする場合に、占有者が提起した占有保全の訴えに対して、
占有妨害者に所有権があるという理由でこれを退けることはできない。た
だし、占有の訴えに対して防御方法として本権の主張をすることはできな
いが、本権に基づく**反訴**を提起することはできるとされている（最判昭
40.3.4民集19.2.197）。反訴とは、係続中の訴訟手続内で、被告から原告に対し
て提起する訴えのことで、「本訴の目的である請求又は防御の方法と関連
する請求を目的とする場合に限り」許される（民訴146）。その結果、無権限
占有者の占有保全の訴えに対して、所有者が反訴として所有権に基づく建
物収去・土地明渡し請求を提起することが許され、いずれの訴えも認めら
れることになる。

B　所有権に基づく物権的請求権

　所有権という権利は、物を直接に支配する権利であるから、すべての人
に対してその権利を主張することができる。したがって、理由なく所有権
を侵害する者がいる場合には、その者に対して不法行為に基づく損害賠償
を請求することができる（民709以下）。のみならず、所有権の完全な支配
状態を回復する請求権も有する。これを**所有権に基づく物権的請求権**とい
う。占有訴権のように、提起期間の制限（民201）や、善意の特定承継人に
提起できないという制限（民200②）はない。したがって、隣人の建物が境
界を越えて建てられているという場合、工事が終了すると占有保持の訴え
は提起できない（民201条①但書）が、所有権に基づいて妨害排除請求するこ
とはできる。また、占有を侵奪した者から善意で譲り受けた者に対して、
占有回収の訴えを提起することはできないが、所有権に基づいて返還請求
することはできる。ただし、動産については、民法192条の即時取得によ

る制限がある。所有権に基づく物権的請求権には、次の 3 種のものがある。

[1] 返還請求権

　所有物の占有が奪われた場合には、返還請求権が認められる。請求の相手方となるのは、現に目的物を占有している者である。A の所有物を B が盗み C に貸しているという場合は、現在の占有者である C に対して返還請求することになる。

　所有者が目的物を自ら貸したという場合は、所有者は貸しておく債務を負っているから、貸借関係が終了するまで所有権に基づく返還請求はできない。貸借関係が終了すれば、貸借契約に基づく債権の効力として返還請求権を有すると同時に、所有権に基づく返還請求権も有し、いずれを行使してもよい。これを**請求権の競合**という。

[2] 妨害排除請求権

　所有権の行使が権原なく妨害されている場合には、妨害者に対して妨害排除請求権が認められる。たとえば、A の建物を借りていた B が、C から借りていたピアノを建物内に放置して立ち退いたという場合、貸借契約上の原状回復義務（民 599 条参照）を根拠に、A は B に対して撤去を請求できるだけでなく、所有権に基づく妨害排除請求権を根拠に、ピアノの所有者である C に対しても撤去を求めることができる。その場合、物権的請求権の行使にかかる費用は、請求を受けた相手方の負担とするのが判例である（大判昭 5.10.31 民集 9.1009）から、C が撤去費用を負担することになる。

[3] 妨害予防請求権

　所有権を侵害されるおそれがある場合には、その予防措置をとることを請求できる。これを、妨害予防請求権という。

C　その他の物権的請求権

　所有権・占有権以外の物権も、その性質に応じて物権的請求権が認められる。一定の場合には、抵当権に基づく妨害排除請求も認められる（最判平 11.11.24 民集 53.8.1899）。物権的請求権を行使するには、侵害者の故意・過失

は必要とされず、侵害状態が続いている限り、いつでも権利者は請求権を行使できる。なお、所有物が壊されるなど、他人の侵害行為によって物権の権利者が損害を受けたときは、侵害者に故意・過失がある場合に限り、不法行為に基づく損害賠償請求ができる（民709）。

3　占有権

　自己のためにする意思をもって物を所持することにより占有権が生ずる（民180）。占有権は物の事実的支配状態をそのまま法律的に保護するための権利で、上述のように占有訴権が与えられている。

[1]　直接占有と間接占有
　他人（**占有代理人**）の所持を通じて本人（代理占有者）が占有するということも認められる（民181）。この場合、占有代理人は**直接占有**、代理占有者は**間接占有**ということになる。

[2]　占有権の移転
　占有権を移転するには、売主から買主に現実に目的物を引き渡す**現実の引渡し**（民182①）のほか、次のような方法がある。所有者たる貸主から借主が買い取る場合には、買主が現に目的物を所持しているので、当事者の意思表示だけで占有を移転させることができる。これを**簡易の引渡し**（民182②）という。また、目的物を第三者が保管している場合には、売主がその第三者に対して以後買主のためにその物を占有すべきことを通知し、買主がこれを承諾することによって占有を移転させることができる。これを**指図による占有移転**（民184）という。さらに、売主が目的物を買主から借りて引き続き使用したいという場合には、今後は買主のために占有すると売主が意思表示をするだけで占有を移転させることもできる。これを**占有改定**（民183）という。

[3] 占有の性質・態様

　所有の意思をもってする占有を**自主占有**といい、所有意思のない占有を**他主占有**という。権原に基づかない占有のうち、権原があると誤信しているものを**善意占有**、権原がないことを知っているものを**悪意占有**という。善意の占有者が本権の訴えで敗訴したときは、その訴えの提起の時から悪意の占有者とみなされる（民189②）。善意占有のうち、権原があると誤信したことに過失がないものを**過失なき占有**という。善意の占有者は、占有物から生ずる果実を取得する権利を有する（民189①）が、悪意の占有者は、果実を返還し、かつ、すでに消費し、過失によって損傷し、または収取を怠った果実の代価を償還する義務を負う（民190①）。また、占有物が占有者の責めに帰すべき事由によって滅失・損傷したときは、その回復者に対して、悪意の占有者はその損害の全部の賠償をする義務を負い、善意の占有者はその滅失・損傷によって現に利益を受けている限度で賠償義務を負う（民191本文）。ただし、所有の意思のない占有者は、善意であっても全額の賠償をしなければならない（民191但書）。

　占有者は、所有の意思をもって善意、平穏、公然と、継続して占有するものと推定される（民186）。無過失は推定されないので、民法162条2項の**取得時効**を主張する者は、「その不動産を自己の所有と信じたこと」につき無過失であったことの立証責任を負う（大判大8.10.13民録25.1863）。これに対して、民法192条の**即時取得**の場合の無過失は、「取引の相手方がその動産について無権利者でないと誤信したこと」についての無過失であるから、民法188条の「占有者が占有物について行使する権利は、適法に有するものと推定する」という規定により無過失が推定される（最判昭41.6.9民集20.5.1011）。

　賃借人のように、権原の性質上占有者に所有の意思がないものとされる場合には、その占有者が、自己に占有をさせたものに対して所有の意思があることを表示し、または新たな権限により更に所有の意思をもって占有を始めるのでなければ、占有の性質は変わらない（民185）。賃借人の相続人は、相続は被相続人の地位をそのまま継承するものであるから新権原により占有する者とはいえず、相続により自主占有が開始したとはいえないが、事実的支配が外形的客観的にみて独自の所有の意思に基づくものと解

される事情を相続人たる占有者が証明できれば、所有の意思に基づく占有といえる（最判平8.11.12民集50.10.2591）。

[4] 占有の承継

占有の承継人は、その選択に従い、自己の占有のみを主張し、または自己の占有に前の占有者の占有をあわせて主張することができるが、前の占有者の占有をあわせて主張する場合には、その瑕疵をも承継する（民187）。

4　所有権

A　所有権の制限

所有権は、物を自由に使用・収益・処分することができる権利であり（民206）、土地の所有権は、その土地の上下に及ぶ（民207）が、いずれも「法令の制限内において」認められ、無制限ではない。大深度地下の公共的使用に関する特別措置法（平成12年法87→略称：**大深度地下法**）は、地表から40mまたは支持基盤の最も浅い部分の深さに10mを加えた深さの、いずれか深い方の地下を大深度地下とし、3大都市圏（首都圏、近畿圏、中部圏の対象地域）においては、鉄道、道路、上下水道、電気、ガス、通信などの公共事業に限り、原則的に地権者に対する事前補償不要で利用できるとする。例外的に補償の必要性がある場合は、大深度地下使用権設定後に、補償が必要と考えられる土地所有者からの請求を待って補償が行われる。また、航空法（昭和27年法231）は、最も高い障害物（建物等）の上端から300m以下の高度で飛行してはならない（航空法81、航空法施行規則174Ⅰイ）などと最低安全高度を定めていることから、航空機が飛行する場合、直下部分の土地所有者の承諾は不要と解されている。

また、都市計画法・建築基準法による建築制限などの公法上の制限があるほか、民法自身も制限を設けている。すなわち、一般的に権利の濫用を禁止するほか、隣接する土地の所有者相互の関係（**相隣関係**）について規定している。

[1] 隣地使用関係

(1) 隣地使用請求権

境界またはその付近で障壁・建物を築造・修繕をするため必要な範囲内で、隣地の使用を請求することができる。ただし、承諾なしに住家に立ち入ることはできない（民209①）。使用により損害を受けた隣人は、償金請求できる（民209②）。

(2) 公道に至る通行権

袋地の所有者は、公道に至るため他の土地を通行することができる（民210①）。この通行権は、登記がなくても主張できる（最判昭47.4.14民集26.3.483）。池沼、河川、水路、海を通らなければ公道に至ることができないときや、著しい高低差の崖があるときも同様である（民210②）。必要あるときは通路の開設もできるが、必要かつ最少損害の方法によらなければならない（民211）。この通行権者は償金の支払い義務があるが、通路開設の損害金を除き、1年ごとに支払うことができる（民212）。分割によって公道に通じなくなったときは、他の分割者の所有地のみを通行することができ、この場合は償金を支払わなくてよい（民213）。残余地が第三者に譲渡された場合も消滅しない（最判平2.11.20民集44.8.1037）。

[2] 水利関係

(1) 自然的排水

土地所有者は、隣地から自然に水が流れて来るのを妨げてはならず（民214）、天災等により低地で閉塞したときは、高地所有者はその費用で水流の障害除去工事をすることができる（民215）。

(2) 人工的排水

後述する民法220条の定める場合を除き、原則として人工的排水は認められない。他の土地の貯水・排水・引水の工作物の破壊・閉塞により損害が発生し、またはその恐れあるときは、工作物の修繕、障害除去、予防工事を請求できる（民216）。土地所有者は、直接雨水を隣地に注ぐ屋根その他の工作物を設けてはならない（民218）。

(3) 水流変更

所有地内の水流については変更権があるが、境界に沿った水流について

の変更は認められない（民219）。

（4）排水

高地所有者は、排水のため、低地の損害が最も少ない場所・方法を選んで、公の水流・下水道に至るまで低地に水を通過させることができる（民220）。

（5）通水用工作物の使用

土地所有者は、所有地の水を通過させるため、高地または低地の所有者が設けた工作物を使用できるが、利益を受ける割合に応じて工作物設置・保存の費用を分担しなければならない（民221）。

（6）堰の設置・使用

水流地所有者は、他人所有の対岸であっても、対岸に付着させて堰を設置できるが、損害が生ずれば償金を支払わなければならない（民222①）。対岸地所有者は、水流地の一部を所有するときは、その堰を利用することができる（民222②）。

[3] 境界関係

（1）境界標の設置

土地所有者は、隣地所有者と共同費用で境界標を設置することができる（民223）。境界標の設置・保存費用は等分に負担するが、土地測量費用は広狭に応じて分担する（民224）。

（2）囲障の設置

所有者の異なる2棟の建物の間に空き地があるときは、共同費用で境界に囲障を設置することができる（民225①）。協議不調のときは、板塀・竹垣等で高さ2mのものを設置する（民225②）。費用は等分に負担する（民226）。高級囲障を設置した者は、増加額を自己負担しなければならない（民227）。以上と異なる慣習があれば、それによる（民228）。

（3）境界標等の共有推定

境界線上に設けた境界標、囲障、障壁等は、共有に属するものと推定される（民229）。ただし、一棟の建物の一部を構成する境界線上の障壁は、その建物所有者の単独所有である（民230①）。

(4) 共有障壁の高さ増し工事

　相隣者は、自己の費用で共有障壁の高さを増すことができ、増した部分は単独所有となるが（民231）、隣人に損害を与えれば償金を支払わなければならない（民232）。

[4] 竹木関係

　隣地の竹木が境界線を越えるとき、根は自ら切除できるが、枝は切除請求できるにとどまる（民233）。

[5] 境界線付近の工作物関係

(1) 境界線付近の建築制限

　建物を築造するには、境界線から50cm以上離さなければならない（民234①）。違反者には建築中止・変更を請求できるが、建築着手から1年を経過し、または建物完成後は、損害賠償請求できるにとどまる（民234②）。これと異なる慣習があるときは、それによる（民236）。

　建築基準法65条は、防火地域・準防火地域内においては、外壁が耐火構造の建築物を隣地境界線に接して建築することを認めているため、民法234条1項との関係が問題となる。判例は、建築基準法65条が適用される場合は民法234条1項の適用は排除されるとし、隣地境界線に接して建築することを認めている（最判平元.9.19民集43.8.955）。

(2) 目隠しの設置

　境界線から1m未満の距離にある他人の宅地を見通すことができる窓・縁側には、目隠しを付けなければならない（民235）。ただし、これと異なる慣習があるときは、それによる（民236）。

(3) 掘削制限

　井戸・用水だめ・下水だめ等は2m以上、池・穴蔵・し尿だめは1m以上、境界線から離さなければならない（民237①）。

B　所有権の取得

[1] 無主物先占

　所有者のいない動産（無主物）を所有の意思をもって占有した者は、その

所有権を取得するが、所有者のない不動産は、国庫に帰属する（民239）。

　所有者のいない野生の鳥や魚をとった場合や、他人が捨てた物を拾った場合などがこれにあたり、所有権を取得する（無主物先占）。野生の動物でも、他人が飼育していれば無主物ではないので、民法239条によって所有権を取得することはできない。

　家畜以外の動物で他人が飼育していたものを占有する者は、その占有の開始の時に善意であり、かつ、その動物が飼主の占有を離れた時から1か月以内に飼主から回復の請求を受けなかったときは、その動物について行使する権利を取得する（民195）。したがって、他人が飼育する雀、鳩、狸など、家畜以外の野生動物を捕獲した者は、他人の飼育するものだと知らなかったときは、1か月以内に飼主から返還請求を受けなければ所有権を取得することができる。

[2] 遺失物拾得

　忘れ物や落し物などの遺失物を拾った者は、警察署に届け出なければならない（遺失物法4）。警察署は遺失物法に従って公告し、所有者が知れたときは所有者に返還にするが、3か月以内に所有者が現れなかったときは、拾得者がその所有権を取得する（民240、遺失物法7）。所有者が現れたときの謝礼の額は、物件の価格の5〜20%と定められている（遺失物法28①）。漂流物および沈没品も遺失物であるが、これについては水難救護法（明治32年法95）に特別規定が設けられている（水難救護法24以下）。

[3] 埋蔵物発見

　埋蔵物とは、土地その他の物の中に外部からは容易に見つからないような状態で存在し、しかも現在何人の所有であるか分かりにくい物をいう（最決昭37.6.1訟月8.6.1005）。埋蔵物は、遺失物法の定め（遺失物法13）に従って公告した後6か月以内に所有者が現れなかったときは、発見者が所有権を取得する。ただし、他人の物の中で発見された埋蔵物は、その物の所有者と発見者とが折半して所有権を取得する（民241）。

[4] 添付

所有者の異なる物が一緒になって分離困難となったり、他人の物に加工が施されたりしたときの所有権帰属について定めたものが**添付**である。添付には、付合・混和・加工という3種のものがある。

(1) 付合

不動産に他人の物が従として付合し、分離することが社会経済上著しく不利な状態となった場合は（不動産の付合）、不動産の所有者がその物の所有権を取得する（民242本文）。ただし、他人が権原によって付着させた物は、その者が所有権を留保する（民242但書）。所有者の異なる動産が、損傷しなければ分離できないか、分離のために過分の費用を要する状態となった場合（動産の付合）は、その合成物の所有権は主たる動産の所有者に帰属する（民243）。主従の区別をすることができないときは、付合の時における価格の割合に応じてその合成物を共有する（民244）。

(2) 混和

所有者の異なる穀物などの固形物が混合し、または酒・石油などの液体が融和して、識別することができなくなった場合を**混和**といい、付合と同様に扱われる（民245）。

(3) 加工

他人の動産に工作を加えた者があるときを**加工**といい、その加工物の所有権は材料の所有者に帰属する。ただし、彫刻家が他人の所有する木材に彫刻した場合のように、工作物の価格が材料価格を著しく上回るときは、加工者が工作物の所有権を取得する（民246①）。加工者が材料の一部を供したときは、その価格に工作によって生じた価格を加えたものが他人の材料の価格を超えるときに限り、加工者がその加工物の所有権を取得する（民246②）。以上いずれの場合も、所有権を失った者は、不当利得の規定（民703、704）に従って償金を請求することができる（民248）。

C 共有

共有者は、持分に応じて共有物の**全部**を使用することができる（民249）。共有者の1人が独占使用している場合、持分権の侵害ではあるが、全部使用権を有する以上、当然には引渡請求することができない（最判昭41.5.19 民

集 20.5.947)。管理に関する協議を行い、話し合いがつかなければ分割請求することになる。共有者の1人から使用許可を得て独占使用する第三者に対しても、共有者の持分権を行使している以上、同様に引渡請求することはできない（最判昭 63.5.20 家月 40.9.57）。これに対して、不法占有者に対する引渡請求は保存行為に当たるから、各共有者が単独ですることができる。

　各共有者の持分は平等と推定され（民 250）、修繕など財産の現状を維持する**保存行為**は単独でできるが、**管理行為**（目的物または権利の性質を変えない範囲内での利用行為または改良行為）は持分の過半数（民 252）、**変更行為**は全員の同意を要する（民 251）。共有物の賃貸は管理行為であるから、持分の過半数の賛成で決定する。賃貸借の解除も管理行為であるから、当事者の一方が数人ある場合の解除は全員からまたは全員に対して解除を行うという解除の不可分性の規定（民 544 ①）は適用されず、持分の過半数で決する（最判昭 39.2.25 民集 18.2.329）。

　各共有者は持分に応じて**管理費用**を負担し、1年以内にその義務を履行しないときは、他の共有者は償金を支払ってその者の持分を取得することができる（民 253）。共有者の1人が共有物に関して他の共有者に有する債権は、特定承継人に対しても行使することができる（民 254）。

　共有者の1人が**持分を放棄**し、または**死亡して相続人がない**ときは、その持分は他の共有者に帰属する（民 255）。ただし、特別縁故者制度（民 958 の3）が優先し、財産分与がなされず、共有持分を承継すべき者のないまま相続財産として残存することが確定したとき、他の共有者に帰属する（最判平元.11.24 民集 43.10.1220）。

　各共有者はいつでも分割請求できるが、5年を超えない期間内で、分割をしない旨の契約をすることができる（民 256 ①）。分割禁止特約は、登記しなければ持分譲受人に対抗することができない。分割協議が調わないときは裁判所に分割請求することができる（民 258 ①）。現物分割できないとき、または分割によって価格を著しく減少させるおそれがあるときは、裁判所は競売を命ずることができる（民 258 ②）。

　共有物に対する不法行為による損害賠償請求権は、分割債権であるから各共有者に持分に応じて分割帰属し（民 427）、各共有者は単独では持分相当額しか損害賠償請求できない（最判昭 51.9.7 判時 831.35）。

5 用益物権

　他人の土地を物権的に使用・収益する権利を**用益物権**という。用益物権は土地についてしか認められないので、土地以外の他人の物を使用・収益する場合には、賃借権・使用貸借権等の債権によることになる。他人の物の担保価値を利用する権利を**担保物権**といい、用益物権とあわせて**制限物権**という。

A 地上権

　他人の土地に工作物または竹木を所有するため、その土地を使用する権利を**地上権**という（民265）。工作物とは、建物、橋、鉄塔、トンネルなどである。竹木のうち、果樹・茶など耕作とみるべきものは永小作権の目的となる。地下鉄や電線を所有することを目的に、地下または空間に地上権を設定することも認められる（民269の2）。地上権は地代の支払いを要件とせず、無償であってもよいし、最初に買い取ってもよい。

　民法は存続期間を制限していないので、当事者が自由に存続期間を定めうる。判例は**永久地上権**も認める（大判明36.11.16民録9.1244）が、通説は反対している。設定行為で地上権の存続期間を定めなかった場合において、別段の慣習がないときは、地上権者は、いつでもその権利を放棄することができる（民268①本文）。ただし、地代を支払うべきときは、1年前に予告し、または期限の到来していない1年分の地代を支払わなければならない（民268①但書）。地上権者がその権利を放棄しないときは、裁判所は、当事者の請求により、20年以上50年以下の範囲内において、工作物または竹木の種類および状況その他地上権の設定当時の事情を考慮して、その存続期間を定める（民268②）。なお、建物の所有を目的とする場合は借地借家法が適用され、原則として30年以上でなければならない（借地借家3）。

　地上権は物権であるから登記請求権があり、所有者の承諾を得ずに譲渡・賃貸することができる。特約で譲渡・賃貸を禁じても第三者に対する効力はない。

　地上権者は、その権利が消滅した時に、土地を原状に復してその工作物

および竹木を収去することができるが、土地の所有者が時価相当額を提供してこれを買い取る旨を通知したときは、地上権者は、正当な理由がなければ、これを拒むことができない（民269）。

B　永小作権

　耕作または牧畜の目的で、小作料を支払って他人の土地を使用する権利を永小作権という（民270）。永小作権は譲渡・賃貸できるが、設定契約で禁止することができ（民272）、登記すれば第三者に対抗できる（不登79Ⅲ）。永小作権は、**小作料支払義務**を伴う点で、地上権と異なる。存続期間は、契約で定めないときは慣習により、慣習がないときは30年である。契約で定めるときは20年以上50年以下としなければならない（民278）。永小作人は、不可抗力により収益について損失を受けたときであっても、小作料の免除または減額を請求することができない（民274）。永小作人は、不可抗力によって、引き続き3年以上まったく収益を得ず、または5年以上小作料より少ない収益を得たときは、その権利を放棄することができる（民275）。永小作人が引き続き2年以上小作料の支払いを怠ったときは、土地の所有者は、永小作権の消滅を請求することができる（民276）。

C　地役権

　他人の土地（**承役地**）を自己の土地（**要役地**）の便益のために利用し、通行したり引水したりする権利を**地役権**という（民280）。地役権は当事者の契約によって設定されるが、継続かつ外形上認識できるものに限り、**時効取得**もできる（民283）。たとえば、通路を設けた通行地役権や地表の水路による引水地役権等は時効取得することができる。判例によれば、「継続」とは、承役地となる他人所有の土地上に、要役地の所有者によって通路を開設することを要する（最判昭30.12.26民集9.14.2097）。なお、土地の共有者の1人が時効によって地役権を取得したときは、他の共有者も、これを取得する（民284①）。共有者に対する時効の更新は、地役権を行使する各共有者に対してしなければ、その効力を生じない（民284②）。地役権を行使する共有者が数人ある場合には、その1人について時効の完成猶予の事由があっても、時効は、各共有者のために進行する（民284③）。

地役権は要役地の便益のためのものであるから、要役地の所有権が移転されると地役権も移転する（民281）。これを、**地役権の付従性**という。また、共有者の1人のためにだけ地役権を消滅させることはできず、土地の分割または一部譲渡があったときは、その各部に地役権が存する（民282）。これを、**地役権の不可分性**という。

承役地の占有者が取得時効に必要な要件を具備する占有をしたときは、地役権は、これによって消滅する（民289）が、地役権者がその権利を行使することによって地役権の消滅時効は中断する（民290）。20年の消滅時効（民166②）の期間は、継続的でなく行使される地役権については最後の行使の時から起算し、継続的に行使される地役権についてはその行使を妨げる事実が生じた時から起算する（民291）。要役地が数人の共有に属する場合において、その1人のために時効の完成猶予または更新があるときは、その完成猶予または更新は、他の共有者のためにも、その効力を生ずる（民292）。地役権者がその権利の一部を行使しないときは、その部分のみが時効によって消滅する（民293）。

D 入会権

一定の村落の住民が山林原野で共同に収益する権利を**入会権**という。その内容・効力は、各地方の慣習に従う（民263、294）。個々の住民は、村落の住民となることによって入会権を取得し、住民でなくなれば入会権を喪失して、持分を有しない（**総有**）。村落自体の入会権取得は慣習による。

6 不動産所有権の移転と対抗要件

物権の設定および移転は、当事者の意思表示のみによってその効力を生ずる（民176）。したがって、売買の目的物の所有権は、原則として売買契約の成立と同時に移転する（最判昭33.6.20民集12.10.1585）。これを、物権変動に関する**意思主義**という。ただし、所有権移転時期について、売買代金支払いのときとか、移転登記のときといった特約がつけられている場合には、

そのときに所有権が移転する（最判昭 35.3.22 民集 14.4.501）。実際の不動産売買などでは、特約がつけられることが多い。わが国のこのような意思主義に対して、不動産については登記、動産については引渡しによって物権変動が生ずるとする**形式主義**の国もある。

A　不動産物権変動の対抗要件

　売買の当事者間では、売買契約に基づいて所有権が移転するが、買主が売主以外の第三者に対して取得した所有権を主張（対抗）するには、所有者であることを広く一般の人々に示すこと（公示）が必要である。これを**公示の原則**という。そこで、不動産に関する権利を公示する方法として登記制度が設けられており、不動産所有権の取得を第三者に対抗するには登記が必要とされている（民177）。

　たとえば、A から土地を買った B が、代金を支払って引渡しを受けていたとしても、同じ土地を A が第三者 C に売り（**二重売買**）、C が先に登記をしてしまうと、B は C に対して所有者であることを主張することができず、C が完全な所有権を取得する。B がすでに買い受けた土地であることを、C が知っていた場合（**悪意**）でも同様である（大判明 38.10.20 民録 11.1374）。

　問題は、登記がなければすべての第三者に対抗できないかである。民法 177 条の規定に忠実に、当事者およびその包括承継人（相続人など）以外のすべてを含む（**無制限説**）とすると、登記がなければ不法占拠者に対して明渡しを請求できないことになる。しかし、それではあまりにも不都合であるため、「第三者」は登記がないことを主張する正当の利益を有する者に限る（**制限説**）とされている（大連判明 41.12.15 民録 14.1276）。登記なしに対抗できる第三者として、不動産登記法 5 条は、詐欺・強迫によって登記申請を妨げた第三者、および他人のため登記申請する義務を負う第三者を明示している。そのほか、判例により、全く**無権利の架空の登記名義人**（最判昭 34.2.12 民集 13.2.91）、**不法占有者**（最判昭 25.12.19 民集 4.12.660）、未登記の買主に高く売りつける目的で同じ不動産を買い受け移転登記した**背信的悪意者**（最判昭 43.8.2 民集 22.8.1571）も、登記なしに対抗できる第三者とされている。背信的悪意者からの転得者がある場合には、転得者が第 1 の買主との関係で背信的悪意者でない限り、転得者はその不動産の取得を第 1 の買主に対抗する

ことができる（最判平 8.10.29 民集 50.9.2506）。

　なお、不動産が売買されて代金が支払われ、移転登記もなされた後に売買契約が強迫等の理由から**取り消された場合**には、取り消された行為は遡って無効となるので、移転登記を得た買主からさらに譲り受けた者は無権利者であるから、売買契約を取り消した売主は、登記がなくてもその譲受人に対抗できるが、取消し後に買主から譲り受けた者に対しては、取消しによって買主から売主に所有権が復帰したことを登記していなければ、その譲受人に対抗することができない（大判昭 17.9.30 民集 21.911）。売買契約が**解除された場合**も、同様に、売主は移転登記を抹消しなければ、解除後に買主から不動産を取得した者に対抗できない（最判昭 35.11.29 民集 14.13.2869）。取消し・解除による所有権復帰と同様に、**時効による不動産所有権取得の場合**も、時効完成時に所有者であった者には、登記なくして所有権取得を主張することができ（大判大 7.3.2 民録 24.423）、時効完成前にその不動産を譲り受け登記を経由した者に対しても、登記なくして時効による所有権取得を対抗し得るが、時効完成後にその不動産を譲り受けた登記を経由した者に対しては、時効による所有権取得を対抗することができない（最判昭 41.11.22 民集 20.9.1901）。

　相続は包括承継であるから、登記がなくても第三者に対抗できる（最判昭 38.2.22 民集 17.1.235）が、法定相続分を超える部分については、登記を備えなければ第三者に対抗することができない（民 899 の 2）。相続放棄の効力は絶対的であり、何人に対しても登記の有無を問わず、その効力を生ずる（最判昭 42.1.20 民集 21.1.16）。

　以上に対して、**遺産分割**により、相続財産中の不動産について相続分と異なる権利を取得した相続人は、その旨の登記を経なければ第三者に対抗することができず（最判昭 46.1.26 民集 25.1.90）、**遺贈**により不動産を取得した受遺者も、登記がなければ相続人の債権者に対抗することができない（最判昭 39.3.6 民集 18.3.437）。

B　登記制度の概要

　登記の事務は、不動産の所在地を管轄する登記所（法務局もしくは地方法務局、またはその支局もしくは出張所）がつかさどり（不登 6 ①）、**不動産登記簿**に

登記事項を記録して行う（不登11）。登記記録は、一筆（登記簿上の単位となる土地の一区画）の土地または一個の建物ごとに、表題部および権利部に区分して作成する（不登2Ⅴ、12）。**表題部**には、どこにどのような不動産が存在するかが表示され（不登2Ⅶ、27）、**権利部**には、所有権に関する登記、用益権に関する登記、担保権等に関する登記など、権利に関する登記が記録される（不登2Ⅷ、59以下）。

　登記することによって利益を得る者を**登記権利者**、不利益を受ける者を**登記義務者**といい、登記手続は原則としてこの当事者の申請によって行う（不登60）。これを**共同申請の原則**という。したがって、売買の場合は、登記権利者たる買主と登記義務者たる売主との共同申請となる。ただし、判決または相続による登記は、登記権利者だけで申請できる（不登63）。また、保存登記など、初めてする所有権の登記も所有者の**単独申請**である（不登74）。

　登記の申請は、不動産を識別するために必要な事項、申請人の氏名または名称、登記の目的その他登記の申請に必要な事項として政令で定める情報（**申請情報**）を登記所に提供して、書面またはオンラインにより行う（不登18）。登記権利者および登記義務者が共同して権利に関する登記の申請をする場合、その他政令で定める登記の申請をする場合には、申請情報と併せて登記義務者の**登記識別情報**を提供しなければならない（不登22）。また、権利に関する登記を申請する場合には、申請人は、法令に別段の定めがある場合を除き、その申請情報と併せて登記原因を証する情報（**登記原因証明情報**）を提供しなければならないものとされている（不登61）。登記原因証明情報の提供を要しない旨が法令に定められている場合として、所有権保存登記などがある（不登76、不登令7③Ⅰ）。なお、登記所に提供しなければならない申請情報として、申請人の氏名・住所、登記の目的、登記原因およびその日付などが規定されている（不登令3）。

7. 動産所有権の移転と即時取得

A 動産所有権移転の対抗要件

　動産に関する物権の譲渡は、その動産の引渡しがなければ第三者に対抗することができない（民178）。動産上に成立する物権は所有権・占有権・留置権・質権および先取特権であるが、占有権・留置権・質権は、より厳格に占有を要件とする旨が定められており（民182、203、295、302、344、345、352）、動産の上の先取特権は対抗要件を必要としない（民306、311以下）から、「動産に関する物権」といっても、引渡しを対抗要件とする動産物権は所有権に限られることになる。また、動産であっても登記・登録制度のある、船舶、自動車、航空機、建設機械、農業動産などは、登記・登録されることにより、登記・登録が対抗要件となる。

　動産の所有権譲渡について引渡しが対抗要件とされたのは、**公示の原則**によるものである。売主から買主へ現実に目的物が引き渡されれば、確かに公示として十分である。しかし、そのような**現実の引渡し**（民182①）だけでなく、買主が現に目的物を所持する場合には、当事者の意思表示だけで占有を移転させる**簡易の引渡し**（民182②）、目的物が第三者に預けられている場合には、売主がその第三者に対して今後は買主のために保管するよう通知し、買主もそれを承諾することによって占有を移転させる**指図による占有移転**（民184）、売主が目的物を買主から借りておく場合には、今後は買主のために占有すると売主が意思表示をするだけで占有を移転させる**占有改定**（民183）でもよいと解されている（最判昭30.6.2民集9.7.855）。現実に一度返還を受けてから再度引き渡すことを要求しても意味がないからである。その結果、指図による占有移転および占有改定による引渡しは、買主が実際には目的物を所持しないため、公示としてはなはだ不完全である。それでも不都合が生じないのは、次に述べる即時取得の制度によって取引の安全が図られているからである。

B 動産の即時取得と公信の原則

　物権はその存在が他人から分かるような外形を備えていなければならな

いとする公示の原則により、物権の存在は公示されているとするなら、公示を信頼して取引した者は、公示が真実に反していたときも保護すべきだということになる。これを**公信の原則**という。民法は、不動産については公示方法たる登記に公信力を与えず、公信の原則を採用しなかった。不動産は価値の大きい重要な財産であること、動産のように頻繁に取引されるわけではないこと、登記官に実質的審査権がないことから、取引の安全より真実の権利者保護を重視したためである。これに対して、動産については公示方法たる占有に公信力が与えられ、公信の原則が採用されている。すなわち、取引行為によって、平穏かつ公然に動産の占有を始めた者が善意・無過失であるときは、即時にその動産について行使する権利を取得する（民192）。これを動産の**即時取得**（**善意取得**）という。公信の原則により、占有という外形を信じて取引した者を保護して権利の取得を認め、取引の安全を図るものである。したがって、自己の所有と誤信して伐採した立木など、取引行為によらないで占有を取得した物には、即時取得の規定は適用されない。

　即時取得の要件たる「平穏・公然・善意」は推定される（民186①）。また、「無過失」という要件も、即時取得の場合は、「取引の相手方がその動産につき無権利者でないと誤信したこと」についての過失であるから（最判昭26.11.27民集5.13.775）、民法188条の「占有者が占有物について行使する権利は、適法に有するものと推定する」という規定により推定される（最判昭41.6.9民集20.5.1011）。民法162条2項の取得時効の場合は、「その不動産を自己の所有と信じたこと」についての無過失であるから、無過失は推定されず、時効取得を主張する者が立証責任を負う（大判大8.10.13民録25.1863）のと異なることに注意を要する。したがって、即時取得で問題となるのは、占有を取得したといえるかどうかだけである。現実の引渡し、簡易の引渡しがあれば、問題なく即時取得が認められる。判例は、指図による占有移転でもよいが（最判昭57.9.7民集36.8.1527）、占有改定では即時取得が認められないとしている（最判昭35.2.11民集14.2.168）。

C　動産譲渡登記制度

　企業が、所有する動産を活用して資金調達しようとする場合、動産を譲

渡担保に供して金融機関等から融資を受ける方法と、動産を流動化・証券化目的で譲渡し、譲渡代金として資金を取得する方法とがある。いずれにせよ、譲渡後も動産を企業の直接占有下に置いたままにするには、占有改定（民183）によって対抗要件を備えることになる。しかし、占有改定は外形的にその有無が判然とせず、公示方法として不十分であるため、対抗要件の有無・先後をめぐって紛争を生ずるおそれがある。また、占有改定によって対抗要件を備えても、第三者による即時取得（民192）を防ぐことはできない。そのため、企業が、所有する動産を活用して資金調達しようとしても、これに応ずるものは少なかった。そこで、企業の資金調達の円滑化を図るため、「動産及び債権の譲渡の対抗要件に関する民法の特例等に関する法律」（平成10年法104→略称：**動産債権譲渡特例法**）は、法人がする動産の譲渡について、登記を対抗要件とする制度を設けている。

　債権譲渡特例法によれば、法人が動産を譲渡した場合に、その動産の譲渡について動産譲渡登記ファイルに譲渡の登記がされたときは、民法178条の引渡しがあったものとみなされる（動産債権譲渡特例3①）。譲渡人が法人であれば、譲渡の目的物となる動産は個別動産であるか集合動産であるかを問わない。ただし、倉荷証券、船荷証券または複合運送証券が作成されている動産は除かれる（動産債権譲渡特例3①）。動産譲渡登記の存続期間は、原則として10年を超えることができない（動産債権譲渡特例7③）。

D　盗品・遺失物の回復

　即時取得は、真実の権利者を犠牲にして取引の安全を保護するものであるから、権利者がその意思によらずに占有を失った場合にまでこれを認めると、あまりにも過酷な結果となる。そこで、その動産が盗品や遺失物であるときは、被害者または遺失者は、盗難または遺失の時から2年間は、占有者に対して返還請求することができるとされている（民193）。所有者だけでなく、賃借人や受寄者も返還請求できる。ただし、占有者がその物を競売もしくは公の市場（店舗）で、または同種の物を販売する商人より、善意で買い受けたときは、被害者または遺失者は、占有者が支払った代価を弁償しなければ返還を受けることができない（民194）。判例は、被害者・遺失者が返還請求可能な2年間を経過したとき、初めて占有者は所有権を

取得するとしている（大判大 10.7.8 民録 27.1373）。しかし、多数説は、所有権は即時取得者に帰属しているが、回復請求により復帰すると考える。なお、回復請求を受ける者が古物商・質屋の場合は、1 年間は無償で返還請求できる（古物営業法 20、質屋営業法 22）。

8 担保物権

A 担保物権の通有性

債務の履行期が到来し、履行が可能であるにもかかわらず、債務者が任意に債務を履行しないときは、債権者は強制執行（民執 22）によって現実的履行の強制を図ることになる。金銭債務の履行の強制は、債務者の一般財産を差し押えて競売し、その売却代金が債権者に交付するという方法によって行われる（民執第 2 章 2 節）。債権者の数が多く、競売代金ではすべての債権者に弁済することができないときは、債権額に応じて配当される。これを**債権者平等の原則**という。したがって、強制執行しても債権が十分に満足されないということもあり得ることになる。そこで、確実に債権の満足が得られるよう用意されているのが担保制度である。

債権が確実に満足を得られるようにする方法として、債務者の財産のうち特定の財産価値をもつ物から優先的に弁済を受けるという直接的な方法（**優先弁済的効力**）、債務が弁済されるまで特定の物を債権者の手もとに留置し、債務者に心理的圧迫を加えることによって間接的に弁済を確実にする方法（**留置的効力**）がある。このように、財産的価値を有する特定の物によって債権の確実な満足を図る方法を**物的担保**という。また、債務者以外の者の一般財産から弁済を受けられるようにして、債権の弁済を確実にするという方法もある。これを**人的担保**という。

物的担保は排他的な強い効力を有するため、民法は、これをすべて物権（担保物権）とし、法律の規定によって当然に認められる**法定担保物権**（留置権・先取特権）と、当事者の契約によって生ずる**約定担保物権**（抵当権・質権）を規定している。人的担保としては、保証と連帯債務を規定している。

　物的担保は、債務者または第三者の特定財産によって、債権の弁済を安全・確実にしようとするもので、民法は、留置権・先取特権・質権・抵当権という4種の担保物権を規定している。**留置権**は、他人の物の占有者がその物に関して生じた債権を有するときは、その債権の弁済を受けるまでその物を留置することができるという権利である。**先取特権**は、民法その他の法律の規定に従い、一定の債権者が債務者の財産から他の債権者に先だって自己の債権の弁済を受ける権利である。**質権**は、債務者または第三者から債権の担保として受け取った物を占有し、その物について他の債権者に先だって自己の債権の弁済を受ける権利である。**抵当権**は、債務者または第三者が債権の担保として供した不動産などについて、その占有を移さずに他の債権者に先だって債権の弁済を受ける権利である。先取特権・質権・抵当権には**優先弁済的効力**があるが、留置権には優先弁済的効力は認められていない。また、留置権・質権には**留置的効力**があるが、先取特権・抵当権には留置的効力はない。なお、不動産を目的物とする質権に限り、債権者が目的物からの収益より優先的に弁済を受ける効力（**収益的効力**）も認められている。

表 2-1　物的担保の種類と効力

担保権発生根拠	担保物権	優先弁済的効力	留置的効力	収益的効力	民法上認められた客体
法定担保物権	留置権	×	○	×	動産・不動産
	先取特権	○	×	×	動産・不動産・一般財産
約定担保物権	質権	○	○	不動産質○	動産・不動産・権利
	抵当権	○	×	×	不動産・地上権・永小作権

　以上のような担保物権は、通常、次のような性質を有し、**担保物権の通有性**とよばれている。

(1) 付従性

　債権がなければ担保物権もないという性質。債権が発生しなければ担保物権も発生せず（成立における付従性）、債権と担保物権を分離して処分することはできず（存続における付従性）、債権が消滅すれば担保物権も消滅する

（消滅における付従性）。

（2）　随伴性

債権が移転すれば、担保物権もそれに伴って移転するという性質。

（3）　不可分性

債権全部の弁済を受けるまで、目的物全部について権利を行使しうるという性質。

（4）　物上代位性

目的物の売却・賃貸・滅失・損傷などにより債務者が受け取る金銭その他の物に対しても、権利を行使することができるという性質。

担保物権の通有性のうち、物上代位性は、目的物の交換価値に着目した優先弁済的効力を基礎とするものであるから、優先弁済的効力のない留置権には物上代位性がない。優先弁済の効力を有する先取特権・質権・抵当権は物上代位性を有するが、その内容は各々で異なる。なお、付従性は、法定担保物権である留置権・先取特権については厳格に適用されているのに対して、約定担保物権である質権・抵当権については適用が緩和されている。

民法が定める以上のような典型担保物権だけでは、実務の要請に応えることができないため、さまざまな**非典型担保物権**が慣習上行われている。債務が弁済されない場合には特定の物を代物弁済に充てることをあらかじめ合意しておき、その権利を仮登記しておく**仮登記担保**、債務者が目的物の所有権を担保として債権者に移し、その目的物を債権者から借りて使用するという**譲渡担保**、買主が代金全額を支払うまで商品の所有権を売主に留保しておく**所有権留保**などがそれである。

B　留置権

[1]　留置権の意義および性質

他人の物を占有している者が、その物に関して生じた債権の弁済を受けるまで、その物を債務者に引き渡さないで、自分の手元にとどめておくことができる権利を**留置権**という（民295）。修理業者が、修理代金の支払いを受けるまで、修理した物の引渡しを拒むといった場合が典型である。留置権は、公平の原則に基づいて法律上当然に生ずる**法定担保物権**であり、

物権であるから、弁済があるまで第三者にも主張することができる。これと類似した制度に同時履行の抗弁権（民533）がある。**同時履行の抗弁権**も公平の原則に基づくものであるが、双務契約の当事者間に認められるもので、債権上の効力があるにすぎず、原則として第三者に主張することはできないという点で、留置権と大きく異なる。

留置権は、物を留置しておくことによって債権の弁済を促すという**留置的効力**だけが認められ、債権者が目的物を金銭にかえて優先弁済を受けるという**優先弁済的効力**は認められていない。そのため、担保物権の通有性のうち、物上代位性はないが、付従性・随伴性・不可分性はある。

[2] 留置権の成立要件

留置権が成立するためには、①債権がその物に関して生じたこと（債権と物の牽連性）、②債権が弁済期にあること、③留置権者が目的物を占有すること、④占有が不法行為によって始まったものでないこと、という要件を満たさなければならない。このうちで最も重要かつ問題となる成立要件は、債権と物の牽連性である。

債権と物の牽連性が認められる場合として、①必要費・有益費償還請求権（民608、196）のように、債権が**物自体から発生**した場合、②互いに傘を取り違えた場合の相互の返還請求権のように、債権が物の返還請求権と**同一の事実関係から発生**した場合、③修理委託契約による修理代金請求権のように、債権が物の返還請求権と**同一の法律関係から発生**した場合がある。

いずれにせよ、債権と物の牽連性という要件を満たすためには、物の返還を拒絶することで債務の弁済を心理的に強制するという関係が、被担保債権の債権者と債務者との間にあることが必要である。したがって、たとえば、不動産の二重売買で、第2の買主が先に所有権移転登記を経由したため、第1の買主が売主に対して取得した履行不能による損害賠償債権には留置権が認められない（最判昭43.11.21民集22.12.2765）。売主は目的物の返還請求権を有するわけではなく、損害賠償債務の弁済を心理的に強制するという関係にないからである。同様に、土地が売買されて新地主から明渡しを請求された対抗力を有しない土地賃借権（大判大11.8.21民集1.498）も、「その物に関して生じた債権」とはいえず、留置権は認められない。

以上に対して、不動産の買主が代金を支払わないまま、これを第三者に譲渡し、その第三者が売主に対して引渡しを請求した場合には、売主に留置権が認められる（最判昭47.11.16民集26.9.1619）。その場合、裁判所は売主に対して、買主から売買代金の支払いを受けるのと引換えに不動産を明け渡すよう命ずる（最判昭33.3.13民集12.3.524）。これを**引換給付判決**という。同様に、家屋賃借人は支出した必要費の償還請求権について賃借家屋の留置権を有し（大判昭14.4.28民集18.484）、建物買取請求権（借地借家13）の行使により、建物を留置できるだけでなく敷地も留置することができる（大判昭18.2.18民集22.91）。しかし、造作買取請求権（借地借家33、旧借家5）を被担保債権とする建物の留置については、判例はこれを認めず（大判昭6.1.17民集10.6、最判昭29.1.14民集8.1.16）、これに反対する学説もある。**敷金返還請求権**を被担保債権として賃借家屋を留置できるかという問題について、判例は、賃貸人の敷金返還債務は賃借人の家屋明渡し後に発生する（明渡し時説）という理由からこれを否定し（最判昭49.9.2民集28.6.1152）、2017（平成29）年の改正で明文化された（民622の2①I）。なお、商人間の取引では、債権者が債務者の所有物を商取引に関連して占有していれば留置権が成立し（商521）、債権と物の牽連性は要件とされていない。

[3] 留置権の効力

留置権者は、留置物から生ずる**果実**を収取し、他の債権者に先だって、その債権の弁済に充当することができる（民297①）。果実には天然果実と法定果実がある（民88）が、**法定果実**を得るために目的物を第三者に賃貸するには、債務者の承諾を得なければならない（民298②本文）。また、留置権は果実取得権のない本権であり、善意占有者（民189①）の果実取得権は認められないので、**天然果実**を弁済に充当するには競売することになる。

留置権者は、留置物の保管について**善管注意義務**を負い（民298①）、債務者の承諾なしに留置物を使用・賃貸・担保供与することはできないが、保存に必要な使用はできる（民298条②但書）。これらの義務に違反したときは、債務者は留置権の消滅を請求できる（民298③）。なお、居住する建物の賃貸借終了後に、賃借中支出した費用のため留置権を行使する場合、建物の居住を継続することは保存行為にあたるが、当該建物を使用することによ

って受ける利益は、不当利得として建物所有者に返還しなければならない（大判昭 10.5.13 民集 14.876）。

留置権者は、留置物について**必要費**を支出したときは、所有者に対して償還請求することができる（民 299 ①）。また、**有益費**を支出したときは、**現存利益**がある場合に限り、支出した金額または増価額の償還を請求することができる。ただし、裁判所は所有者の請求により、相当の期限を許与することができる（民 299 ②）。

留置権の行使は債権の消滅時効の進行を妨げないので（民 300）、債権が時効で消滅すれば留置権も消滅する。また、債務者は、相当の担保を提供して留置権の消滅を請求することができる（民 301）。

C 先取特権

[1] 先取特権の意義および性質

法律に定める特定の種類の債権者に、法律が他の債権者に優先して弁済を受ける権利を与えているものを**先取特権**という（民 303）。特定の種類の債権者に**優先弁済的効力**が与えられる理由として、①公平の原則、②社会政策的考慮、③当事者の意思の推測、④特殊な産業保護などがある。

先取特権は**法定担保物権**であり、当事者の契約で発生させることはできない。当事者の意思の推測に基づく先取特権は特約により成立を排除できるが、社会政策上の考慮に基づくものは特約で排除できない。

先取特権には、付従性、随伴性、不可分性、物上代位性がある。ただし、一般の先取特権は債務者の総財産の上に成立するものであるから、物上代位性は問題にならない。

[2] 先取特権の種類

先取特権は、対象となる物の種類に応じて、総財産を対象とする一般先取特権（民 306）、特定動産を対象とする動産先取特権（民 311）、特定不動産を対象とする不動産先取特権（民 325）に分類される。

一般先取特権には、次の4種類のものがある（民 306）。①各債権者の共同利益のためにした、債務者の財産の保存、清算または配当に関する費用の先取特権（民 307 ①→**共益費用の先取特権**）。債権者代位権・詐害行為取消権

を行使した費用や、法人清算の費用がこれにあたり、利益を受けた債権者にのみ優先する（民307②）。公平の原則に基づくものである。②給料その他債務者と使用人との間の雇用関係に基づき生じた債権の先取特権（民308→**雇用関係の先取特権**）。社会政策的考慮により賃金債権を保護するものである。③債務者のためになされた葬式費用のうち相当な額の先取特権（民309→**葬式費用の先取特権**）。社会政策的考慮に基づくものである。④債務者またはその扶養する同居の親族および家事使用人の生活に必要な、最後の6か月間の飲食料品、燃料および電気の供給に関する債権の先取特権（民310→**日用品供給の先取特権**）。社会政策的考慮により、生存権を保障するものである。したがって、法人はここでいう「債務者」には含まれない（最判昭46.10.21民集25.7.969）。

　動産先取特権には、次の8種類のものがある（民311）。①不動産の賃貸人は、その不動産の借賃その他賃貸借関係から生じた賃借人の債務について、賃借人の動産の上に不動産賃貸の先取特権を有する（民312→**不動産賃貸借の先取特権**）。その趣旨は当事者の意思の推測にある。②旅館・ホテルなどは、宿泊料・飲食料について、その旅館等にある宿泊客の手荷物の上に先取特権を有する（民317→**旅館宿泊の先取特権**）。当事者の意思の推測に基づくものである。③運送人は、旅客・荷物の運送賃および付随費用について、運送人の占有する荷物の上に先取特権を有する（民318→**運輸の先取特権**）。当事者の意思の推測に基づくものである。④動産の保存のために要した費用、動産に関する権利の保存、承認もしくは実行のために要した費用について、その動産の上に先取特権が存在する（民320→**動産保存の先取特権**）。公平の原則に基づくものである。⑤売主が代金を受領する前に目的物たる動産の所有権を買主に移転したときは、その代価および利息について、目的動産の上に先取特権を有する（民321→**動産売買の先取特権**）。公平の原則に基づくものである。⑥種苗・肥料を供給した者は、その代価および利息について、その種苗・肥料を用いた土地から1年以内に生じた果実の上に先取特権を有する。蚕種・桑葉を供給した者も、それにより生じた物に先取特権を有する（民322→**種苗・肥料供給の先取特権**）。公平の原則に基づくものである。⑦農業の労働者は最後の1年間の賃金について、その労務によって生じた果実の上に先取特権を有する（民323→**農業労務の先取特権**）。公平の原

則と、社会政策的考慮に基づくものである。⑧工業の労働者は最後の3か月間の賃金について、その労務によって生産した物の上に先取特権を有する（民324→**工業労務の先取特権**）。公平の原則と、社会政策的考慮に基づくものである。

　不動産先取特権には、次の3種類のものがある（民325）。①動産保存の先取特権（民320）と同様の債権の範囲で、不動産の保存についても先取特権が認められる（民326→**不動産保存の先取特権**）。その趣旨も動産保存の先取特権と同様である。②不動産工事の設計、施工または監理をする者は、債務者の不動産に関してした工事の費用について、工事によって生じた不動産の増価が現存する場合に限り、その増価額について、その不動産の上に先取特権を有する（民327→**不動産工事の先取特権**）。公平の原則に基づくものである。③動産売買の先取特権（民321）と同様の債権の範囲で、不動産の保存についても先取特権が認められる（民328→**不動産売買の先取特権**）。その趣旨も動産売買の先取特権と同様である。なお、借地借家法で、借地権設定者は、地上権または土地の賃貸借の登記をすることにより、弁済期の到来した最後の2年分の地代等について、借地権者がその土地において所有する建物の上に先取特権を有する（借地借家12①、②）とされている。

D　質権

[1] 質権の意義および性質

　債務者または第三者が、債権の担保として債権者に引き渡した物（質物）を、債務の弁済があるまで債権者が占有し、弁済期がきても弁済されない場合には、質物を競売にかけ、その代金から優先弁済を受けることができる権利を**質権**という（民342）。質権は、債権者と債務者（または第三者）との間で、質権を設定するという契約を結び、目的物を引き渡したときに効力を生ずる（民344）。したがって、**約定担保物権**であり、**要物契約**の1つである。債務者以外の第三者が質権設定者である場合を**物上保証人**という。物上保証人は債務を負担しないが、質物の競売を免れるために自ら債務者に代わって弁済することができる（民474）。物上保証人が弁済し、または目的物が競売されたときは、物上保証人は債務者に求償することができる（民351）。

　質権は担保物権の一種として、付従性、随伴性、不可分性、物上代位性を有する。しかし、約定担保物権である質権と抵当権については、取引実務の要請に応えて**付従性の緩和**がなされてきている。

　質権は、目的物を取り上げて弁済を間接に強制するという**留置的効力**と、目的物を換価してその代金をもって優先弁済にあてるという**優先弁済的効力**を有する。留置的効力を有することから、質権者は、質権設定者に質物を占有させることができないものとされている（民345）。したがって、質権の効力発生要件である「目的物を引き渡すこと」は、現実の引渡し（民182①）、簡易の引渡し（民182②）、指図による占有移転（民184）のいずれでもよいが、占有改定（民183）は認められない。

　質権設定後に目的物が質権設定者に返還された場合、質権は消滅するとする有力説もあるが、判例は、質権は消滅せず、**動産質**では対抗力が失われるが、**不動産質**では何ら影響を及ぼさないとしている（大判大5.12.25民録22.2509）。なお、動産質権者は、継続して質物を占有しなければ質権を第三者に対抗できないことについては、明文の規定がある（民352）。

[2] 質権の目的物・対抗要件・実行

　質権の目的となる物は、動産・不動産のほか債権・株主権などの財産権（**権利質**）であってもよい（民362①）。**債権質**の場合、「目的物を引き渡すこと」は考えられないので、原則として合意のみで効力を生ずる。質入債権の弁済期が被担保債権の弁済期前に到来したときは、質権者は供託を請求することができ、質権は供託金請求権の上に存続する（民366③）。しかし、質権は優先弁済的効力も有することから、法律上譲渡できないものは質入れすることができず（民343）、法律上譲渡が禁止されている年金受給権等は質入れできない。

　質権の対抗要件は質権の種類によって異なり、**動産質**は占有の継続（民352）、**不動産質**は登記である（民361）。債権質の対抗要件は、債権譲渡（民467）と同様に、第三債務者にその質権の設定を通知し、または第三債務者の承諾を得なければ、第三債務者その他の第三者に対抗できない（民364）。

　目的物から優先弁済を受けるには、競売の方法によることになるが、動産質権については、鑑定人の評価に従い質物をもって直ちに弁済に充てる

ことを裁判所に請求することができ（民354）、債権質については、質権者が質権の目的である債権を直接に取り立てることができる（民366①）。

債務者が弁済期に債務の弁済をしないときは、質物を質権者の所有にするという**流質契約**を、弁済期前に結ぶことは禁止されている（民349）。債務者の窮迫に乗じて、債務額を大きく上回る価値の質物が債権者に取り上げられるおそれがあるからである。したがって、そのおそれのない弁済期後は、このような契約も可能である。また、営業許可を受けた質屋の取得した質権（質屋営業法18①）、商行為から生じた債権を担保するための質権（商515）については、流質が認められている。

E 抵当権

[1] 抵当権の意義・性質

債務者または第三者が、不動産を占有したままで債権の担保として提供し、債務者が弁済期に弁済しないときは債権者がその不動産を競売して、その代金から他の債権者に優先して弁済を受けることができる権利を**抵当権**という（民369①）。不動産とは土地・建物および立木法に基づいて登記した立木であるが、民法は、地上権・永小作権にも抵当権の設定を認めている（民369②）。また、特別法で、船舶・自動車・航空機・農業用動産・建設機械等の登記・登録制度のある動産や、鉱業権・漁業権などについても、抵当権の設定が認められている。債務者以外の第三者が抵当権設定者である場合を**物上保証人**という。

抵当権は質権と同じく**約定担保物権**であり、当事者の意思表示だけで抵当権設定契約は成立するが、抵当権を有することを第三者に対抗するには、登記をしなければならない（民177）。抵当権の存在を証する確定判決等の謄本があっても、登記がなければ第三者に対抗できず、他の債権者に優先弁済を主張できないが、競売権は認められる（民執181①）。

抵当権は、同じ不動産の上にいくつでも設定することができ、その場合には、登記した順に一番抵当・二番抵当などとよばれ、その順位に従って優先弁済を受ける（民373）。一番抵当を有する債権者に債務が弁済されると、担保物権の付従性によって一番抵当は当然に消滅し、二番抵当が一番抵当に繰り上がる。これを、**順位上昇の原則**という。ただし、後述する根

抵当権には、成立・存続・消滅における付従性がなく、債務を弁済しても根抵当権は消滅しない。

　抵当権は、担保の目的物が不動産および不動産物権に限られ、その占有が債権者に移らないという点で、質権と大きく異なる。**優先弁済的効力**を有するだけで留置的効力がないことから、抵当権は交換価値のみを把握する価値権であるといわれる。

　担保物権の一種として、抵当権も、付従性・随伴性・不可分性・物上代位性を有するが、約定担保物権である質権・抵当権では、**付従性の緩和**がなされている。たとえば、被担保債権が現実に発生していなくても、将来発生する可能性があれば質権・抵当権を設定することができると解されており、成立における付従性が緩和されている。したがって、抵当権設定の数か月後に金銭が授受された場合でも、その設定手続は有効とされる（大判大 2.5.8 民録 19.312）。

　抵当権も物権であるから、抵当権者は侵害に対して**妨害排除請求権**を有する。抵当権の目的である山林の立木が伐採、搬出されようとするときは、被担保債権が弁済期にあるか否か、抵当権の実行に着手したか否かを問わず、抵当権の効力として妨害排除請求することができる（大判昭 6.10.21 民集10.913）。搬出された物の返還を請求できるかについては争いがあるが、第三者が即時取得するまでは肯定すべきであろう。工場抵当の対象動産が工場から無断搬出された事案で、最高裁は、抵当権者は工場へ戻すよう請求できるとしている（最判昭 57.3.12 民集 36.3.349）。

　不法占拠者に対しては、抵当権設定者に代位して、または抵当権に基づいて、直接、妨害排除請求権を行使することができる（最判平 11.11.24 民集53.8.1899）。不法な侵害により目的物の価値が減少し、被担保債権の完済の見込みがなくなった場合は、競売以前でも損害賠償請求権が発生する（大判昭 11.4.13 民集 15.630）。債務者が抵当の目的物を滅失、損傷または減少させたときは、債務者は期限の利益を失う（民 137 Ⅱ）から、抵当権者は直ちに抵当権を実行することができる。

[2] 被担保債権の範囲・抵当権の効力が及ぶ範囲

　抵当権によって担保される被担保債権の範囲は、質権と比べて大きく制

限され、利息その他の定期金（地代・家賃・終身年金など）は満期となった**最後の2年分**に限られる。債務不履行によって生じた損害金も、利息その他の定期金と通じて2年分を超えることができない（民375）。他の債権者を保護するための制限である。ただし、根抵当権の場合は極度額まで制限されない。

　抵当権の効力は、抵当不動産に付加してこれと一体となっている物（**付加一体物**）に及ぶ（民370）。不動産に付合した物は不動産の構成部分になる（民242）から、付加一体物にあたり、抵当権設定後に取り付けられた物であっても抵当権の効力が及ぶ（大判昭5.12.18民集9.1147）。従物は主物の処分に従う（民87②）から、抵当権設定時に存在していた従物に抵当権の効力が及ぶことも疑いない（最判昭44.3.28民集23.3.699）。抵当権設定後に生じた従物についても、通説は、民法370条の付加一体物には抵当権設定後に従物となった物も含まれると解している。抵当権の効力は抵当不動産の付加一体物に及ぶことから、土地上の抵当権は、地上の樹木・庭石・石灯篭に及び、建物上の抵当権は、建物の造作はもちろんのこと、建物所有に必要な敷地賃借権に及ぶと解されている（最判昭40.5.4民集19.4.811）。ただし、設定行為に別段の定めがあり、これを登記したとき（不登88①Ⅳ）、付加することが一般財産を減少させ、他の債権者を害する場合（民424③）には、抵当権者がその事情を知っているときは、その付加一体物に抵当権の効力は及ばない（民370但書）。なお、地上権者が植栽した樹木、借家人が付加した造作など、他人が権原に基づいて附属させた付加物にも抵当権の効力は及ばない（民242但書）。

　抵当権は目的物の使用・収益を設定者に保留する制度であるから、原則として土地から産出する果実には効力が及ばない。しかし、担保する債権について不履行があったときは、その後に生じた抵当不動産の**果実**に及ぶ（民371）。果実は、林檎・蜜柑のような**天然果実**だけでなく、地代・家賃のような**法定果実**が含まれる。この規定を受けて、民事執行法に**担保不動産収益執行手続**が定められている（民執180Ⅱ、188、194）。競売と並ぶ不動産抵当権の実行手段であり、抵当権者は、それぞれ独立して申し立てることができる。

[3]　抵当権の物上代位

　抵当権は担保物権の一種として物上代位性を有する。抵当権に基づいて物上代位（民372、304①本文）できるのは、保険金、損害賠償金、土地収用の補償金などである。判例は、賃借人が供託した賃料の還付請求権（最判平元.10.27民集43.9.1070）、買戻特約付売買の目的不動産について買主が買戻権を行使したことにより取得した買戻代金債権（最判平11.11.30民集53.8.1965）についても物上代位を認める。ただし、物上代位するためには、払渡しまたは引渡し前に差押えしなければならず（民372、304①但書）、他の債権者による差押事件に配当要求することによって優先弁済を受けることはできない（最判平13.10.25民集55.6.975）。なお、債権譲渡は払渡し・引渡しに含まれず、目的債権が譲渡されて第三者に対する対抗要件が備えられた後においても、抵当権者は自ら目的債権を差し押えて物上代位権を行使することができる（最判平10.1.30民集52.1.1）。

[4]　抵当権の実行

　抵当権を有する債権者は、債務者が債務を弁済しないときは、裁判所に抵当不動産の競売を請求し、競売代金から優先弁済を受けることができる（民執181以下）。抵当権は、競売手続による優先弁済を本体とするが、流質契約（民349）に相当する**抵当直流の特約**も禁止されていない。また、不動産の賃料等の収益から優先弁済を受ける**担保不動産収益執行手続**（民執180Ⅱ）をとる場合には、強制管理の規定が準用される（民執188）。

　抵当権者が裁判所に競売の申立てをすると、裁判所は競売期日を定めて公告し、その期日に買受申出を受けて買受人を決定する（民執181～188）。抵当権者・第三取得者も買受人となることができる（民390）が、債務者は買受人になれない（民執68）。買受人が定められた期日までに売却代金を裁判所に支払うと、裁判所は登記所に嘱託して目的不動産の登記を買受人に移転する（民執82）。裁判所は、受領した売却代価からまず執行費用を控除し（民執42①、②）、ついで、第三取得者が抵当不動産について支出した必要費・有益費を償還し（民391）、最後に優先順位に従って担保物権者に配当する。同一不動産に数個の抵当権または不動産質権が競合する場合は登記の先後による（民361、373）。一般先取特権と競合する場合は、登記のある抵

当権は登記のない一般先取特権に優先し、抵当権に登記がない場合は一般
先取特権が抵当権に優先する（民336）。双方とも登記がある場合は原則に
従い登記の先後による。不動産の保存・工事の先取特権と競合する場合は、
不動産の保存・工事の先取特権に登記があるときは、登記の先後にかかわ
らず抵当権に優先する（民339）。不動産売買の先取特権と抵当権が競合す
る場合は、原則に従って登記の先後による。

　抵当権者は債権者としての資格で、民事執行法に基づき債務者の一般財
産に対して強制執行することもできるが、その場合には、抵当不動産の代
価で弁済を受けられない債権の部分についてのみ、他の一般財産から弁済
を受けられるにとどまる（民394①）。抵当不動産の代価を配当する前に他
の一般財産の代価を配当する場合には、他の各債権者の請求により、抵当
権者は配当額を供託しなければならず、抵当目的物から弁済を受けた後、
残額について配当に参加したら得られた金額を計算して供託金から取得す
ることになる（民394②）。一般債権者との公平を図るものである。

　土地に抵当権を設定した後、抵当地に建物が築造されたときは、抵当権
者は土地とともにその建物を競売することができる（民389①本文）。これ
を**一括競売**という。土地だけの競売は事実上困難であること、建物保護の
必要があることによる。ただし、優先弁済権は土地の代価についてしか認
められない（民389①但書）。抵当権設定者以外の者が築造した建物につい
ても一括競売が認められるが、建物所有者が抵当地について抵当権者に対
抗できる権利を有するときは、一括競売はできない（民389②）。

[5] 法定地上権

　抵当権設定当時に土地上に建物が存在し、両者が同一人の所有であるに
もかかわらず、その一方のみに抵当権を設定したときは、抵当権設定者は
競売の場合につき地上権を設定したものとみなされる（民388前段）。これ
を**法定地上権**という。現行法上、自分の建物のために自分の土地に借地権
を設定する自己借地権が認められていないため、競売によって土地・建物
の所有者が異なることになったときは、建物収去・土地明渡しが必要にな
る。そこで、法律上当然に地上権が発生するものとして、建物の存置を図
ったものである。したがって、土地・建物を所有する者が土地だけを抵当

に入れた後、建物を第三者に譲渡し、その後土地の競売が行われたときも、法定地上権が成立する（大連判大12.12.14民集2.676）。また、土地・建物が共同担保で一方だけが競売に付されたときは、法定地上権が成立する（最判昭37.9.4民集16.9.1854）。法定地上権が成立する場合は、地代は当事者の請求により裁判所が定める（民388後段）。存続期間は、当事者の協議が調わなければ借地借家法3条により30年となる。

　土地・建物の所有権が別々の所有者に帰属するときは、土地利用権の設定が可能であるから、法定地上権は認められない。たとえば、借地人が借地上の建物に抵当権を設定した後、土地所有者がその建物の所有権を取得しても、民法179条1項但し書きの類推適用により借地権は混同によって消滅しないので（最判昭46.10.14民集25.7.933）、法定地上権は成立しない（最判昭44.2.14民集23.2.357）。

[6] 第三取得者との関係

　抵当不動産を取得した者（**第三取得者**）は、抵当権が実行されると所有権を失う。第三者が抵当不動産の所有権を確実に取得するには、売買価格が被担保債権額以上であれば、債務を第三者弁済して求償債権と売買代金債務を相殺すればよい（民474、505）。被担保債務者から債務を引き受けることも可能である（民470～472の4）。しかし、売買価格が被担保債権額以下の場合は、これらの方法を使うことができない。そこで民法は、代価弁済と抵当権消滅請求という2つの方法を用意している。

　代価弁済は、抵当不動産について所有権または地上権を買受けた第三者が、抵当権者の請求に応じてその代価を弁済したときは、その第三者のために抵当権を消滅させるものである（民378）。売買価格と被担保債権額の差額は無担保となるが、抵当権を実行すると売却価格は通常の売買価格より安くなるので、抵当権者にとっても有利となる。また、物上代位によるときは売買代金の差押えが必要であるが、代価弁済によるときはその必要がない。ただし、第三取得者は、代価弁済の請求に応ずる義務はない。

　抵当権消滅請求をすることができるのは、抵当不動産の第三取得者に限られ（民379）、主たる債務者、保証人およびこれらの者の承継人は抵当権消滅請求をすることができない（民380）。停止条件付第三取得者も、条件の

成否未定の間は消滅請求できない（民381）。第三取得者は、抵当権の実行としての競売による差押えの効力発生前に、抵当権消滅請求しなければならない（民382）。第三取得者が抵当権を消滅させようとするときは、登記した債権者全員に、第三取得者の住所・氏名、代価等を記載した書面などを送達しなければならない（民383）。送達を受けた債権者が2か月以内に抵当権を実行して競売の申立てをしないときは、抵当権消滅請求を承諾したものとみなされる（民384Ⅰ）。抵当権消滅請求の申出が承諾されると、承諾を得た代価もしくは金額を第三取得者が払渡しまたは供託したとき、抵当権は消滅する（民386）。拒絶するには、2か月以内に抵当権を実行して競売を申立て、債務者および抵当不動産の譲渡人にこれを通知しなければならない（民385）。抵当権者は競売を申立てても買受義務を負わない。競売申立てをした後、取り下げて抵当権消滅請求に応ずることも自由である。なお、第三取得者も買受人となることができ（民390）、第三取得者が抵当不動産について必要費または有益費を出したときは、民法196条の区別に従って、競売代金から最優先で償還を受けることができる（民391）。

[7] 賃借人との関係

　抵当権が実行されると、抵当権設定後に抵当不動産を賃借した者は、買受人に賃借権を対抗することができず、明け渡さなければならない（最判昭46.3.30判時628.54）。ただし、登記した賃貸借は、その登記前に登記をした抵当権を有するすべての者が同意し、かつ、その同意の登記があるときは、その同意をした抵当権者に対抗することができる（民387①）。抵当権者がこの同意をするには、その抵当権を目的とする権利を有する者その他抵当権者の同意によって不利益を受ける者の承諾を得なければならない（民387②）抵当権者に対抗することができない賃貸借により抵当権の目的である建物の使用・収益をする者であっても、競売後直ちに明け渡すことは賃借人にとって酷なので、①競売手続開始前から使用・収益する者、②強制管理（民執93〜98）または担保不動産収益執行（民執180、188）の管理人が競売手続開始後にした賃貸借により使用・収益をする建物賃借人に限り、競売による買受の時から**6か月の明渡し猶予期間**が与えられている（民395①）。ただし、賃借人は買受人に対して賃料相当額を支払う義務を負い、買受人

が相当の期間を定めて1か月分以上の支払いを催告したにもかかわらず、相当の期間内に履行しなかったときは、直ちに明け渡さなければならない（民395②）。

[8] 共同抵当

　同一の債権を担保するため、数個の不動産に抵当権を設定することを**共同抵当**という。共同抵当は、担保価値を増大させ、抵当目的物の滅失・損傷等の危険を分散させる機能をもつ。共同抵当は同時に設定される必要はなく、担保不動産の所有者が異なっていてもよい。共同抵当は、担保物権の不可分性により、数個の不動産はそれぞれ被担保債権全額を担保するが、後順位抵当権者や物上保証人を保護するため、民法は共同抵当について不可分性を制限している。そのため、共同抵当として扱われることは、後述するように抵当権者にとって有利なことではないため、共同抵当の登記（不登83①Ⅳ）は対抗要件ではないと解されている。共同抵当の場合、抵当権者は、数個の抵当不動産を同時に競売（同時配当）してもよいし、1つずつ順に競売（異時配当）してもよい。共同抵当の目的となる不動産がすべて債務者の所有であるときは、次のように処理される。

　各不動産を同時に競売し代価を配当する**同時配当**の場合は、各不動産の価額に応じて債権の負担を按分する（民392①）。たとえば、6,000万円の債権を有するAが、債務者の有する甲地（価格5,000万円）、乙地（価格3,000万円）、丙地（価格2,000万円）に第1順位の共同抵当権を有し、甲地にはBが2,000万円、乙地にはCが1,000万円、丙地にはDが500万円の第2順位の抵当権をそれぞれ有している場合、Aの債権額を各不動産の価格に応じて、甲地3,000万円、乙地1,800万円、丙地1,200万円に分け、それぞれからAがまず弁済を受けた後、第2順位のB・C・Dが各抵当不動産の代価の残額から弁済を受ける。したがって、いずれも満足を得られる。

　一部の不動産を競売して代価を配当する**異時配当**の場合は、共同抵当権者はその代価から債権全額の弁済を受け、後順位抵当権者は、抵当権者が同時配当の場合に他の不動産の代価から弁済を受けるべき金額を限度として、その抵当権者に代位して他の不動産に抵当権を行うことができる（民392②）。これを**負担按分の原則**という。上記の設例で、甲地のみが競売さ

れると、A は代価の全部 5,000 万円の弁済を受け、残債権 1,000 万円は、乙地に 600 万円、丙地に 400 万円を按分した共同抵当となる。甲地に 2 番抵当を有する B は弁済を受けられないが、A が甲地・乙地に有していた按分額との差額、すなわち乙地に 1,200 万円、丙地に 800 万円を、A に代位して抵当権を行うことができる。したがって、以後、乙地と丙地が同時に競売された場合は、乙地の代価 3,000 万円から A が 600 万円、B が 1,200 万円の弁済を受けた後、C が弁済を受け、丙地の代価 2,000 万円から A が 400 万円、B が 800 万円の弁済を受けた後、D が弁済を受ける。甲地に次いで乙地だけが競売された場合は、A が抵当債権の残額 1,000 万円の弁済を受け、B は同時配当の場合に A が乙地に有していた按分額 1,800 万との差額 800 万円について、A に代位して弁済を受ける。そして、丙地について、B は A が有していた按分額 1,200 万円を代位する。

[9] 抵当権の処分

　抵当権者は、抵当権を自分の債務の担保に供したり、抵当権またはその順位を同一債務者に対する他の債権者の利益のために譲渡または放棄したりすることができる（民 376 ①）。これを**抵当権の処分**という。抵当権の処分は、存続における付従性を緩和するものである。

　転抵当は、抵当権者が抵当権を自分の債務の担保に供するものである。その法律的性質については、被担保債権から切り離した抵当権の把握する交換価値にさらに抵当権を設定するものであるとする、**抵当権再度設定説**が通説となっている。この説によれば、被担保債権を担保にとるわけではないから、転抵当権者は、債務者に対して直接取り立てることができない。これに対して、転抵当は被担保債権と抵当権を共に担保に供するものだとする**共同質入説**は、債務者に対して直接取り立てることも認める。

　転抵当は原抵当権者と転抵当権者の合意だけですることができ、対抗要件たる登記は原抵当権の付記登記である（民 376 ②）。主たる債務者、保証人、第三取得者が勝手に弁済して原抵当権が消滅してしまうことを防ぐには、原抵当権者から主たる債務者への通知または主たる債務者の承諾が必要である（民 377 ①）。通知・承諾がなされると、転抵当権者の承諾なしに弁済しても転抵当権者に対抗することができない（民 377 ②）。その場合は、

主たる債務者は供託して原抵当権を消滅させることができ、転抵当権は供託金の上に及ぶ。原抵当権者は原抵当権を消滅させない義務を負うから、原抵当権の放棄や、被担保債権の免除・相殺などはできない。転抵当権者は、原抵当権の弁済期以後であれば、原抵当権を実行できるが、優先弁済権は原抵当権の範囲内である。原抵当権者の債権額が転抵当権者の債権額を超過している場合は、原抵当権者も抵当権を実行して超過額の弁済を受けることができるが、債権額が同額以下のときは抵当権を実行できない（大決昭 7.8.29 民集 11.1729）。

抵当権の譲渡は、抵当権者から無担保債権者に対して行う抵当権者たる地位の譲渡である。受益者は譲渡人に優先するが、後順位抵当権者の地位には影響を与えない。たとえば、競売代金が 4,000 万で、1 番抵当権者 A が 1,200 万円、2 番抵当権者 B が 1,000 万円、3 番抵当権者 C が 2,400 万円の被担保債権を有し、無担保債権者 D が 3,600 万円の債権を有する場合、抵当権の処分がなされていなければ、配当額は、A1,200 万円、B1,000 万円、C1,800 万円である。しかし、A から D に抵当権譲渡がなされているときは、D1,200 万円、B1,000 万円、C1,800 万円になる。

抵当権の放棄は、抵当権者から無担保債権者に対して行う抵当権者たる地位の放棄である。放棄者は受益者に対する関係においてのみ優先権を失い、同位となって、放棄者が本来受けるべき配当額を債権額に比例して分配する。第三者の地位には影響を与えない。上記の設例で、A から D に抵当権放棄がなされているときは、A の配当額 1,200 万円を AD の債権額で按分して、A300 万円、D900 万円、B1,000 万円、C1,800 万円になる。

抵当権の順位の譲渡は、先順位抵当権者から後順位抵当権者に対してなされる先順位たる地位の譲渡である。受益者は譲渡人に優先し、受益者が譲渡人と自己の配当額の合計額の範囲で優先弁済を受けた後、残額があれば譲渡人が弁済を受ける。上記の設例で、A から C に抵当権の順位譲渡がなされているときは、C は 1 番抵当から 1,200 万円、3 番抵当から 1,200 万円の合計 2,400 万円、B1,000 万円、A は 3 番抵当から 600 万円になる。

抵当権の順位の放棄は、先順位抵当権者から後順位抵当権者に対してなされる先順位たる地位の放棄である。放棄者は受益者と同順位となり、放棄者と受益者が受けるべき配当額の合計を、両者で債権額に比例して分配

する。上記の設例で、A から C に抵当権の順位放棄がなされているときは、A と C が本来受けるべき配当額の合計 3,000 万円を債権額で按分して、A1,000 万円、C2,000 万円、B1,000 万円になる。

　以上いずれの放棄・譲渡も、対抗要件等は転抵当と同様である（民 376 ②、377）。

[10] 抵当権の消滅

　抵当権は、物権共通の消滅原因である、目的物の滅失、混同（民 179）、放棄によって消滅する。ただし、抵当権を設定した地上権・永小作権を放棄しても抵当権者に対抗できない（民 398）。借地権放棄にも類推して、同様に解されている（大判大 11.11.24 民集 1.738）。また、担保物権共通の消滅原因である弁済によって消滅し、抵当不動産が競売された場合も、自ら抵当権を実行したか否かにかかわりなく消滅する（民執 59）。

　抵当権に特有の消滅原因として、**代価弁済**、**抵当権消滅請求**、**時効**がある。前 2 者についてはすでに説明した。

　抵当権は、債務者および抵当権設定者に対しては、担保する債権と同時でなければ時効によって消滅しない（民 396）。この規定の反対解釈から、第三取得者や後順位抵当権者に対する関係では、抵当権は被担保債権と別に、民法 166 条 2 項により、弁済期を起算点にして 20 年の**消滅時効**にかかる（大判昭 15.11.26 民集 19.2100）。抵当権の被担保債権が免責許可決定の効力を受ける場合には、民法 396 条は適用されず、債務者および抵当権設定者との関係でも、当該抵当権自体が 20 年の消滅時効にかかる（最判平 30.2.23 民集 72.1.1）。

　また、債務者または抵当権設定者でない者が、抵当不動産について取得時効に必要な条件を具備した占有をなしたときも、抵当権は消滅する（民 397）。**取得時効**は原始取得であるから、前主の権利は当然に消滅して、その権利に付着していた制限物権も当然に消滅するのである。しかし、債務者・抵当権設定者は、抵当不動産を時効取得しても抵当権の消滅が認められない。債務や責任を負担する以上、取得時効の要件で担保が解除されるのは妥当でないからである。抵当権が設定されている不動産について、抵当権の存在を承認して占有を継続し、所有権を時効取得するに至ったとき

も、抵当権は消滅しないとする判例がある（大判昭13.2.12判決全集5.6.8）。時効取得の要件である占有者の善意・無過失とは、自己に所有権があるものと信じ、かつ、そのように信じるにつき過失がないことをいい、占有の目的物件に対し抵当権が設定されており、その設定登記も経由されていることを知り、または、不注意により知らなかったような場合でも、ここにいう善意・無過失の占有にあたるから、抵当権が付着した不動産の贈与を受けた第三取得者が、過失なく所有権があると信じて10年以上占有した場合には、抵当権の存在について悪意であっても、所有権を時効取得できる（最判昭43.12.24民集22.13.3366）。

[11]　根抵当権

根抵当権は、設定行為で定める一定の範囲に属する不特定の債権を、**極度額**を限度として担保するものである（民398の2①）。根抵当権が担保する不特定の債権の範囲は、債務者との特定の継続的取引契約によって生ずるものその他債務者との一定の種類の取引（たとえば「銀行取引」など）から生ずるものに限定しなければならない（民398の2②）。特定の原因に基づいて債務者との間に継続して生ずる債権（工場からの排出物による悪臭被害の損害賠償請求権など）、手形・小切手上の請求権または電子記録債権も、根抵当権の担保する債権とすることができる（民398の2③）が、範囲を何ら限定せず、全債権を担保するという**包括根抵当**は認められていない。

範囲・債務者については、第三者の承諾なしに変更することができる（民398の4）。しかし、極度額の変更は利害関係人の承諾を要する（民398の5）。根抵当権の優先弁済の範囲は、根抵当権が確定した時に存在する元本ならびに利息その他の定期金および債務不履行によって生じた遅延賠償のすべてについて極度額までとされ（民398の3①）、債務者との取引によらないで取得する手形・小切手上の請求権等は、債務者の支払の停止等の事由が発生する前に取得したものに限られる（民398の3②本文）。民法375条の適用は排斥される。

根抵当権は元本確定前には転抵当以外の処分が禁じられ（民398の11①）、それに代わるものとして、根抵当権設定者の承諾を得て、根抵当権を被担保債権から切り離し、枠として譲渡することが認められている（民398の12

①)。2個の根抵当権に分割して譲渡することもできる（民398の12②）。また、設定者の承諾を得て一部譲渡することもでき、その場合は譲受人と根抵当権を共有することになる（民398の13）。共同根抵当権の効力については、普通の共同抵当権と同様に民法392条・393条の適用を受ける**純粋共同根抵当権**（民398の16）と、各不動産の代価に付き各極度額にいたるまで優先権を行うことができる**累積共同根抵当権**がある（民398の18）。

　根抵当権は、設定契約で5年以内の**元本確定期日**を定めたとき（民398の6）は、その期日において存在する元本だけを担保し、その後に生じた元本は担保しない。元本確定期日の定めがない場合は、根抵当権設定者は、設定の時から3年を経過した後に元本確定請求をすることができ、請求から2週間後に確定する（民398の19①）。根抵当権者はいつでも元本確定請求をすることができ、請求の時に確定する（民398の19②）。その他、競売等の執行手続が開始されたとき、債務者または設定者が破産手続開始の決定を受けたときなどにも確定する（民398の20）。相続や合併によって確定が生ずる場合もある（民398の8、398の9）。確定により、担保される債権が特定され、普通抵当権に近い状態になる。

9　非典型担保

　民法は約定担保物権として抵当権と質権を規定しているが、動産を債権者に引き渡さずに担保化する方法はない。また、不動産の場合は、債権者に引き渡さずに担保化する方法として抵当権があるが、抵当権の設定・実行は費用がかかり簡易・迅速ではない。さらに、競売手続による目的物の処分は、適正価格を相当下回りがちである。これらの理由から、物権法定主義にもかかわらず、実務において民法に定めのない新たな物的担保が生み出されてきた。これを**非典型担保**という。民法の定める典型担保は制限物権を設定するものであるのに対して、非典型担保は権利移転という形で担保が設定される。その中には、形の上で目的物の所有権を債権者に移転する方式（譲渡担保・売渡担保）と、債務の不履行または履行を条件として所

有権を移転する方式（仮登記担保・所有権留保）とがある。いずれにせよ、非典型担保は、被担保債権額を大きく上回る価値の担保目的物を債権者に帰属させることがあるなど、問題点も多いため、判例・特別法によって是正されてきている。

A　譲渡担保と売渡担保

　印刷会社が高価な印刷機器を担保に運転資金を借りたいという場合、印刷機器は動産であるから抵当権を設定することはできない。かといって、印刷機器を引き渡して質権を設定したのでは仕事ができなくなってしまう。

　そこで、印刷機器の所有権を担保として債権者に移し、印刷機器を債権者から借りて使用するという方法がとられる。その場合、**消費貸借契約**を締結して、印刷機器の所有権を担保のため債権者に移転し、債務者がこれを無償で借り受けて（使用貸借）、弁済期に元本と利息を支払えば印刷機器の所有権を返還するという形式をとるものを**譲渡担保**という。

　これに対して、消費貸借契約を締結せず、売買として印刷機器の所有権を移転し、**買戻しの特約**（民 579 参照）または**再売買の予約**（民 556 参照）を付けておいて、賃料（実質的には利息）を支払って印刷機器を借り受け（賃貸借契約）、期日に代金を支払って印刷機を買い戻すという形式をとるものを**売渡担保**という。

　譲渡担保は、消費貸借上の債権が存続するため、債権者は弁済を請求し、一般財産に執行することもできるが、売渡担保には債権がないので、これらの権利が認められない。また、印刷機器が不可抗力で滅失した場合、譲渡担保では債務を弁済しなければならないが、売渡担保では受戻権がなくなるだけで、受戻の代金を支払う必要がないという違いがある。実際の契約が譲渡担保であるか売渡担保であるかは、使用されている用語に捉われず、当事者の真意を探究して決定すべきである。担保という目的からみて、譲渡担保の方が売渡担保より合理性を有するから、一般的には譲渡担保と推定される。

　譲渡担保は、当事者間では意思表示のみによって成立するが、第三者に対する関係では対抗要件を備えなければならない。動産の場合は、使用・収益権の設定により占有改定による引渡しが行われたことになり、対抗要

件を備える（最判昭 30.6.2 民集 9.7.855）。不動産の場合は、売買契約と同時に買戻しの特約を登記しなければ第三者に対抗できない（民 581）。実際には、後述する仮登記担保の方法が利用されることが多い。

　譲渡担保の対内的効力（当事者間の効力）として、設定者が目的物の使用・収益権を有するか否かは契約次第であるが、多くの場合は設定者に使用・収益権が与えられる。設定者の使用・収益権が賃借権という形をとり賃料が支払われる場合も、そのことから直ちに売渡担保と解すべきではない。また、賃料の支払いを怠ったときも、賃料は実質的には利息であることに着目して、担保権者に賃貸借契約の解除権はないと解すべきである。設定者は、譲渡担保権の実行によって使用・収益権を失う。

　債務者が債務不履行となった場合に、担保権者が優先弁済を受ける方法として、次の 2 つの型がある。1 つは**帰属型**で、目的物の所有権を完全に譲渡担保権者に帰属させることによって、代物弁済的に債権を満足させる方法である。この中には、債務不履行があれば、当然に目的物の所有権が確定的に担保権者に帰属する**当然帰属型**と、担保権者が目的物の引渡しを請求したとき（担保権者が占有している場合は目的物を弁済にあてる旨意思表示したとき）、目的物が確定的に担保権者に帰属する**請求帰属型**がある。いま 1 つは**処分型**で、譲渡担保権者が目的物を売却し、その代金から弁済を受ける方法である。いずれの型の場合も、譲渡担保権者には**差額の清算義務**があり、清算金の支払いと目的物の引渡請求とは引換給付の関係になる（最判昭 46.3.25 民集 25.2.208）。しかし、譲渡担保権者が清算金の支払または提供をせず、清算金がない旨の通知もしない間に、設定者の側から目的物の受戻権を放棄して清算金の支払いを請求することはできない（最判平 8.11.22 民集 50.10.2702）。

　なお、貸付金で購入された商品に譲渡担保権の設定を受け、その商品を設定者に貸し渡して売却権限を与えた譲渡担保権者は、設定者が商品を売却して破産した場合、譲渡担保権に基づく物上代位権の行使として、売買代金債権を差し押えることができる（最判平 11.5.17 民集 53.5.863）。

　譲渡担保は被担保債権の弁済によって当然に消滅し、所有権も担保権者から設定者へ当然に復帰する。したがって、設定者は、復帰した所有権を根拠として目的物の返還または登記の回復を請求することができ、この受

戻権は独立して消滅時効にかかることはない（最判昭 57.1.22 民集 36.1.92）。

B　仮登記担保

　譲渡担保の場合とは逆に、債務が弁済されなかったとき、債権者が目的物の所有権を取得するという方法がとられることもある。その内容を表わす契約として、**停止条件付代物弁済契約**、**代物弁済の予約**、**売買の予約**などが用いられ、将来の所有権移転請求権を保全しておくために**仮登記**が行われる。これが仮登記担保で、登記制度のある不動産を中心に利用される。

　仮登記担保は、競売による換価手続きを省略することができ、債権額を上回る価値を有する目的物をまる取りできるなどの利点があるため、取引実務で広く使われ発達した。これに対して、判例は、債権者に常に清算義務を課すなどして難点の是正に努めてきたが、判例で細部まで規制することには無理があるため、1978（昭和 53）年に仮登記担保契約に関する法律（昭和 53 年法 78→略称：**仮登記担保法**）が制定され、担保制度として合理的なものに整備された。その結果、債権者からすれば仮登記担保の利点が失われることとなったため、仮登記担保法制定後は利用が減少したといわれている。

　仮登記担保の本体的効果は、金銭債務の不履行があったとき、代物弁済として担保目的物の所有権を移転することである。これを**私的実行**という。しかし、仮登記担保は債権担保を目的とするものであることから、これには一定の制約が加えられている。すなわち、仮登記担保契約が土地・建物の所有権移転を目的とする場合は、予約完結の意思表示をした日、停止条件成就の日、その他契約で所有権を移転するものとされている日以後、清算金の見積額を契約の相手方である債務者または物上保証人に通知しなければならず、その通知が相手方に到達した日から 2 か月を経過した時に所有権が移転する。この 2 か月の期間を**清算期間**という。清算金がないときも、その旨を通知しなければならない（仮登記担保 2 ①）。清算期間の経過によって所有権が移転し、被担保債権は消滅して、清算金支払債務が発生する。清算金の支払債務と、仮登記を本登記にして引き渡す債務とは、**同時履行**の関係になる（仮登記担保 3 ②）。土地等の評価額が債権額に満たないときは、その評価額の限度で債権は消滅し、差額は無担保債権として残ることになる（仮登記担保 9）。

　債務者等は、清算金の支払いを受けるまでは、債権が消滅しなかったとすれば債務者が支払うべき債権額に相当する金銭を債権者に提供して、土地等の所有権の受戻しを請求することができる。ただし、清算期間が経過した時から5年を経過したとき、または第三者が所有権を取得したときは、受戻すことができなくなる（仮登記担保11）。

C　所有権留保

　商品売買をするさい、買主が代金の全額を支払うまで、その商品の所有権を売主に留保しておくことで代金債権を担保する方法を**所有権留保**という。とくに割賦販売契約などで広く利用されている。割賦販売法7条は、一定の指定商品の割賦販売について、割賦金全部の支払があるまで、その所有権が割賦販売業者に留保されたものと推定し、買主を保護するための詳細な規定を置いている。近年の割賦販売では、信販会社などによる融資が増えているため、割賦販売業者ではなく、信販会社が商品の所有権を留保することが多くなっている。

　所有権留保では、買主が割賦金の不払いに陥った場合、売主は売買契約を解除して、所有権に基づいて売買目的物の返還を請求する。売買契約の解除によって、売主にも受領した割賦金を返還する義務が生ずるが、買主が使用したことによる目的物の減価額を買主に損害賠償請求できるので、これと相殺することになる。相殺後に返還すべき清算金があれば、その支払と目的物の返還とは同時履行の関係になる。しかし、動産の場合は使用による減価が著しいので、清算金がないことが多い。

　売主は、留保している所有権を第三者に主張することができる。したがって、買主の債権者によって目的物を差し押えられた場合には、**第三者異議の訴え**（民執38）により差押えを排除することができる。しかし、買主が目的物たる動産を第三者に処分した場合、第三者が民法192条により即時取得すると売主は所有権を失う。

知識を確認しよう

・・・・・・・・・・・・・・・・・・・・・・・・・・・・・

問題

(1) 盗まれた自転車を犯人の家の庭先で発見したので持ち帰ったところ、窃盗犯人から返還の訴えを起こされた場合、返さなければならないか。

(2) 不動産を購入した場合と、動産を購入した場合にわけて、所有権取得を第三者に対抗する方法を説明しなさい。

(3) 友人Aからノートパソコンを買い受けて使用していたら、Bから、「Aに貸していたノートパソコンで私の物だから返してくれ。」といわれた。Bに返さなければいけないか。

(4) 貸付金を担保するため、借主の所有する建物に抵当権を設定しておいたが、火災で建物が焼失してしまい、無担保の状態になってしまったとき、火災保険金から優先弁済を受けることができるか。

(5) 土地・建物ともに同一所有者で、建物にだけ抵当権が設定されている物件を競売で競落したが、土地所有者から土地を貸す気はないので建物を撤去して欲しいといわれた。撤去しなければならないか。

指針

(1) 現実の支配状態を保護する占有権の性質から、占有訴権を説明する。

(2) 不動産物権変動の対抗要件である登記と、動産物権変動の対抗要件である引渡しについて、その内容をできるだけ詳細に説明する。

(3) 即時取得の要件を満たしていれば返さなくてもよい。

(4) 抵当権者は、火災保険金が支払われる前に差し押えれば、物上代位権を行使して優先弁済を受けることができる。

(5) 法定地上権が成立するので、撤去しなくてもよい。

本章のポイント

1. 民法第 3 編「債権」の規定は、契約自由のに
   より、その多くは任意規定であり、特約で
   廃除できることに留意する。

2. 債権の効力は、債務不履行に対する債務者
   の責任追求を基本とするが、債権者代位権・
   詐害行為取消権という、第三者に効力を及
   ぼすものもある。

3. 債権者または債務者が複数ある場合の多数
   当事者の債権・関係のうち、連帯債務と保
   証債務は、経済活動で重要な役割を果たし
   ているが、トラブルも多いため、民法は法
   改正を重ね、詳細な規定を置いている。

4. 譲渡制限特約があっても債権譲渡は有効で
   あり（2017〔平成 29〕年改正）、第三者に対抗
   するには、確定日付のある通知・承諾が必
   要である。

5. 債権・債務は弁済によって消滅するが、そ
   の他の消滅原因として、相殺、更改、免除、
   混同がある。

6. 民法には有価証券に関する規定がなかった
   ため、平成 29 年の改正で新たに規定が設け
   られ、それに伴って「指名債権」という用語
   は消滅した。

1 総則

A 債権の意義と性質

債権とは、特定の者に対して一定の行為を要求する権利である。特定の者を**債務者**という。債権は、契約・事務管理・不当利得・不法行為を原因として発生する。

債権には、物権のような直接性・排他性がなく、相対権であって、物権に劣後する。しかし、債権でありながら借地借家法によって物権と同様の効力が与えられている不動産賃借権など、物権化している債権もある。

債権の内容となる債務者の行為を**給付**または**債権の目的**という。物権と異なり、当事者は自由にこれを決定することができる（**契約自由の原則**）が、債権の内容が公序良俗・強行法規に反する**適法性**を欠くものであってはならない（民90、91）。たとえば、会社のお金を持ち出してくるとか、賭けに負けたらお金を払うとか、売春するというようなことを内容とする債権は認められない（詳細は、第1章第7節参照）。また、不確定な給付内容では強制執行をすることができないから、給付内容が**確定性**を欠く債権も成立しない。たとえば、「何かいい物をあげよう。」というような漠然とした贈与契約は成立しない。

B 債権の目的

債権は、金銭に見積もることができないものであっても、その目的とすることができ（民399）、さまざまな観点から分類される。

[1] 発生原因による分類

発生原因によって、債権は、契約を典型とする法律行為によって発生するものと、法律で定められた一定の事実によって発生するものとに分けら

図 3-1 発生原因による債権の分類

```
 ┌ 法律行為 ―――― 契約（売買・賃貸借等 13 種類）
─┤
 └ 事  実 ―――― 事務管理・不当利得・不法行為
```

れる。

[2] 給付内容に応じた分類

　給付内容に応じて、債権は、まず、一定の作為を行う作為債務と、一定の作為を行わない不作為債務に分かれ、作為債務は、物を引き渡す引渡債務（与える債務）と、物の引渡し以外の行為を行う行為債務（なす債務）に分かれ、引渡債務は、金銭を引き渡す金銭債務と、金銭以外の物を引き渡す非金銭債務に分かれ、非金銭債務は、さらに、特定物を引き渡す特定債権と、不特定物を引き渡す不特定債権に分かれる。

図 3-2　給付内容に応じた債権の分類

[3] 中心的な債務か否かによる分類

　中心的な債務である給付義務と、給付義務に付随した義務（付随義務）に分かれる。**付随義務**は信義則に基づくもので、不動産取引などにおける情報提供・助言義務、契約交渉継続義務、代理店契約などにおける契約関係継続義務、雇用関係などにおける安全配慮義務、銀行契約・保証契約などにおける損害軽減義務、事情変更があったときの再交渉義務などがある。

[4] 特定物債権

　債権の目的が特定物の引渡しであるときは、債務者は、その引渡しをするまで、契約その他の債権の発生原因および取引上の社会通念に照らして定まる善良な管理者の注意をもって、その物を保存しなければならない（民400）。この注意義務を**善管注意義務**という。また、債権の目的が特定物の引渡しである場合において、契約その他の債権の発生原因および取引上の社会通念に照らしてその引渡しをすべき時の品質を定めることができないときは、弁済をする者は、その引渡しをすべき時の現状でその物を引き渡さなければならない（民483）。弁済をすべき場所について別段の意思表示

がないときは、特定物の引渡しは債権発生の時にその物が存在した場所においてしなければならず、その他の弁済が債権者の現在の住所においてなされるのとは異なる（民484①）。なお、法令または慣習により取引時間の定めがあるときは、その取引時間内に限り、弁済をし、または弁済の請求をすることができる（民484②）。

[5] 種類債権

債権の目的物を種類のみで指定した場合、法律行為の性質または当事者の意思によってその品質を定めることができないときは、債務者は、中等の品質を有する物を給付しなければならない（民401①）。その場合において、債務者が物の給付をするのに必要な行為を完了し、または債権者の同意を得てその給付すべき物を指定したときは、以後その物が債権の目的物となる（民401②）。これを**種類債権の特定**といい、「債務者が物の給付に必要な行為を完了したとき」は、債務の内容によって違いがある。特約がない限り、種類債権は債務者が債権者の住所に目的物を持参して引き渡すべき**持参債務**とされるから（民484①）、債権者の住所地に持参して現実に提供したときである（民493）。債権者が債務者の住所に来て目的物を受け取る**取立債務**の特約がある場合には、目的物を分離し、引渡しの準備を整えて債権者に通知したときと解されている（最判昭30.10.18民集9.11.1642→**漁網用タール売買事件**）。債権者または債務者の住所以外の第三地に目的物を送付する**送付債務**の場合には、第三地へ目的物を送付してその地で履行の提供をしたとき特定する。ただし、債務者の好意で送付した場合は、発送とともに特定する。

種類債権の特定により、以後その物が債権の目的物となるから、債務者は特定した物を引き渡す債務を負い、特定物債権と同様になる。したがって、債務者は善管注意義務を負い（民400）、特約がない限り、特定により所有権が移転する（最判昭35.6.24民集14.8.1528）。また、滅失すると履行不能になる。

なお、種類債権は、特定前は、他から入手可能である限り履行不能にならないが、この倉庫の米100kgというように、種類物に一定の制限を加えた**制限種類債権**の場合には、特定前でも倉庫が全焼すれば履行不能になる。

[6]　金銭債権

　債権の目的物が金銭であるときは、特定の種類の通貨の給付を債権の目的としたときを除き、債務者は、その選択に従って、各種の通貨で弁済をすることができる（民402①）。債権の目的物である特定の種類の通貨が弁済期に強制通用の効力を失っているときは、債務者は、他の通貨で弁済をしなければならない（民402②）。外国の通貨の給付を債権の目的とした場合も同様である（民402③）。外国の通貨で債権額を指定したときは、債務者は、履行地における為替相場により、日本の通貨で弁済をすることができる（民403）。

　通貨とは、貨幣および日本銀行発行の銀行券（通貨2③）をいう。貨幣の製造・発行権は政府（通貨4①）にあり、造幣局が製造して、日銀に交付する（通貨4②、③）。貨幣は、額面価格の20倍までに限り、法定通貨として通用する（通貨7）。日本銀行が発行する日本銀行券は、法定通貨として無制限に通用する（日本銀行法46②）。

(1)　法定利率

　利息を生ずべき債権について別段の意思表示がないときは、その利率は、その利息が生じた最初の時点における法定利率による（民404①）。「利息が生じた最初の時点」とは、元本債権について利息が生じた最初の時点のことで、元本債権が貸金債権である場合には、貸付金を受け取った日から利息を生ずる（民589②）ので、その日が「最初の時点」となる。また、元本債権が不当利得返還請求権の場合には、受益者が悪意となった時点から利息が発生する（民704）ので、その時点が「最初の時点」となる。

　法定利率は年3%である（民404②）が、金利水準の変動に備え、3年を一期とし、一期ごとに法定利率を自動的に見直す**変動制**がとられている（民404③）。変動制による法定利率は、基準割合をもとに算定される。**基準割合**とは、過去5年間（各期の6年前の年の1月から前々年の12月まで）における**銀行の短期貸付けの平均利率**（当該各月において銀行が新たに行った貸付期間が1年未満の貸付けに係る利率の平均）の合計を60で除して計算した割合（0.1%未満の端数は切り捨て）のことで、法務大臣が告示する（民404⑤）。そして、**直近変動期**（法定利率に変動があった期のうち直近のもの）の基準割合と、当期における基準割合との差が1%を超えたとき、それを直近変動期の法定利率に

加算し、または減算した割合が、各期の法定利率となる（民404③）。

(2) 利息の元本への組入れ

利息の支払が1年分以上延滞した場合に、債権者が催告をしても、債務者がその利息を支払わないときは、債権者は、これを元本に組み入れることができる（民405）。

[7] 選択債権

AかBのどちらかをプレゼントするというような、数個の給付の中から、選択により債権の目的物が定まる債権を**選択債権**という。選択債権の選択権は、契約で定められていればそれによるが、定めがなければ、選択権は債務者に属し（民406）、選択権は、相手方に対する意思表示によって行使する（民407①）。選択権が行使されると、債権の発生の時に遡ってその効力を生ずるが、第三者の権利を害することはできない（民411）。

選択の意思表示は、相手方の承諾を得なければ、撤回することができない（民407②）。債権が弁済期にあり、相手方から相当の期間を定めて催告をしても、選択権を有する当事者がその期間内に選択をしないときは、その選択権は相手方に移転する（民408）。

第三者が選択をすべき場合には、その選択は、債権者または債務者に対する意思表示によってするが、第三者が選択をすることができず、または選択をする意思を有しないときは、選択権は債務者に移転する（民409①、②）。

債権の目的である給付の中に不能のものがある場合には、その不能が選択権を有する者の過失によるものであるときは、債権は、その残存するものについて存在する（民411）。したがって、選択権者に過失のない給付の不能であれば、給付が始めから不能である（**原始的不能**）場合も、選択権者は不能の給付を選択することができる。不能の給付が選択されると、債権者は履行の請求をすることはできないが（民412の2①）、債務者の責めに帰すべき事由による不能であれば損害賠償を請求することができ（民412の2②、415）、当事者双方の責めに帰することができない事由による不能のときは、**危険負担**の規定（民536）により反対給付の履行を拒むことができる（民536①）。

2 債権の効力

A 債務不履行に対する債権の保護

契約が結ばれたが、債務者が債務の本旨に従った履行をしないことを**債務不履行**という。債務不履行があるときは、債権者は、まず裁判所に訴えて履行を命ずる判決をもらい、それに基づいて強制執行をして、裁判所による強制的な履行の実現（**現実的履行の強制**）をはかることができる。また、債権が双務契約に基づくものである場合には、**契約を解除**して債権者が負っている反対債務から解放されることもできる。さらに、債務不履行によって何らかの損害が生じた場合には、**損害賠償請求**することができる。

債務不履行には、契約の本来の給付義務に関して、履行遅滞、履行不能、不完全履行という 3 つの基本的形態があるほか、本来の給付義務に付随した説明義務、情報提供義務などに違反する**付随義務違反**がある。

[1] 履行遅滞

債務者が履行しようと思えば履行できるにもかかわらず、債務の履行期がきても履行しない場合を**履行遅滞**という。債務の履行について確定期限のあるときはその期限が到来した時、履行期が不確定期限のときは、債務者がその期限到来後履行の請求を受けた時またはその期限の到来を知った時、履行期の定めのないときは債務者が履行の請求を受けた時から遅滞となる（民 412）。ただし、消費貸借について返還の時期が定められていないときは、貸主が相当の期間を定めて催告し、その期間を経過した時に遅滞となる（民 591 ①）。なお、不法行為に基づく損害賠償債務は、催告を要することなく、損害の発生と同時に遅滞に陥るとされている（最判昭 37.9.4 民集 16.9.1834）。

履行遅滞となれば、それが債務者の責めに帰すべき事由によらない場合でも、債権者は**強制履行**が可能となる（民 414 ①）。また、履行遅滞が債務者の責めに帰すべき事由によるものであり、かつ履行しないことが違法である場合には、債権者は、履行が遅れたことによる損害の賠償（**遅延賠償**）を請求することができる（民 415）。ここで違法であるとは、**留置権**（民 295）、

同時履行の抗弁権（民533）など、債務者に履行遅延を正当化する事由がないという意味である。

さらに、債権者は、履行遅滞にある債務者に対して相当の期間を定めて履行するよう催告し、その期間内に債務者が履行しないときは、遅滞が軽微であるときを除き、契約を解除することができる（民541）。ただし、時期に遅れたら意味がなくなる履行（**定期行為**）については、催告なしに解除することができる（民542①Ⅳ）。契約が解除されると、はじめから契約がなかったような状態に戻り、買主は引渡しを受けていた物を、売主は受け取っていた代金を、それぞれ返還しなければならない（民545①本文）。これを**原状回復義務**という。契約解除は第三者の権利を害することができない（民545①但書）ので、買主が目的物を第三者に譲渡してしまっている場合には、売主は第三者に対して返還を求めることができない。ただし、第三者はその権利について対抗要件を備えていることが必要と解されている（最判昭33.6.14民集12.9.1449）ので、不動産であれば、登記のない第三者には返還請求することができる。解除の結果、金銭を返還すべき場合には、受領の時からの利息をつけて返還しなければならず（民545②）、金銭以外の物を返還するときは、受領の時以後に生じた果実も返還しなければならない（民545③）。契約が解除されても、債務不履行の責任のある当事者は損害賠償をしなければならない（民545④）。

[2] 履行不能

債務の履行が、契約その他の債務の発生原因および取引上の社会通念に照らして不能であることを**履行不能**といい、債権者は、その債務の履行を請求することができない（民412の2①）。不能か否かは、発生原因および社会通念によって判断されるから、引き渡すべき目的物が滅失したなどの物理的不能だけでなく、不動産が二重に譲渡されて登記を経由したときなども履行不能となる。契約成立の時点で履行不能な場合を**原始的不能**といい、契約成立後に履行不能となった場合を**後発的不能**という。

債務が後発的不能であるときは、債権者は、その債務の履行を請求することができない（民412の2①）。しかし、債務の発生原因および取引上の社会通念に照らして、債務者の責めに帰すべき事由による不能の場合は、債

務不履行による損害賠償を請求することができる（民415①）。その場合は、債務の履行に代わる損害賠償（**填補賠償**）の請求をすることができる（民415②Ⅰ）。債務者が履行遅滞の責任を負っている間に、当事者双方の責めに帰することができない事由によってその債務の履行が不能となったときは、その履行不能は、債務者の責めに帰すべき事由によるものとみなされる（民413の2①）。

　原始的不能の場合も、以上と同様で、履行の請求はできないが、売主の責めに帰することができる不能であるときは、民法415条の規定により履行不能によって生じた損害の賠償を請求することができる（民412の2②）。たとえば、建物の売買契約をしたが、その前日に建物は焼失していたという場合、建物の引渡しは不可能であるから、履行不能で履行の請求はできないが、売主の責めに帰することができるときは、債務の履行に代わる損害賠償（**填補賠償**）の請求をすることができる（民415②Ⅰ）。建物が存在すると思ったのであれば、動機の錯誤（民95）による契約の取消しは可能であり、契約が取り消されれば債権は存在しないことになるから、債務不履行による損害賠償請求はできなくなる。なお、履行不能の場合は、債権者は、催告をすることなく、直ちに契約を解除することができる（民542）。

[3]　不完全履行

　履行はなされたが、債務者の責めに帰すべき事由によって、債務の本旨に適さない不完全な点がある場合を**不完全履行**という。購入したパソコンに欠陥があって作動しない場合などが典型であるが、家具屋が客の家に家具を搬入する際に、不注意で壁を傷つけてしまったというような場合も不完全履行となる。不完全履行の場合、追完が可能であれば、債権者は、修理や交換による完全な給付を請求することができ、不完全履行により損害を受けたときは、損害賠償も請求できる（民415①）。

　債務が双務契約から生じたものである場合には、追完が不能であれば、履行不能に準じ、債権者は催告しないで契約を解除して（民542①Ⅰ）、損害賠償を請求することもできる（民545④）。しかし、追完が可能であれば履行遅滞に準じ、相当期間を定めて催告しなければ契約を解除することができない。

[4] 付随義務違反

　宅地建物取引業者と顧客となる一般消費者との間には、知識・情報の大きな格差がある。そこで、宅地建物取引業法は宅地建物取引業者に契約締結前の重要事項説明義務を課しており（宅建業35）、私法上も重要事項について調査・説明義務があると解されている（東京高判昭52.3.31判時858.69）。また、フランチャイズ契約における本部機能を有する事業者（フランチャイザー）にも、同様に客観的な判断材料になる正確な情報提供義務が認められている（京都地判平3.10.1判時1413.102）。さらに、雇用契約においては、使用者は被用者の労務について生命・身体を害しないように配慮するという**安全配慮義務**が認められている（最判昭50.2.25民集29.2.143）。これらの義務は、本来の給付義務に付随して生ずる義務であり、その根拠は**信義則**に求められる。契約締結前の**説明義務違反**により、相手方が契約締結により被った損害について、最高裁は、契約締結前に債務があるとするのは背理であるとして、債務不履行責任ではなく不法行為責任を認め、消滅時効は債権の消滅時効（旧民167①）ではなく、不法行為責任の消滅時効（旧民724）を適用している（最判平23.4.22民集65.3.1405）。これに対して、安全配慮義務違反については、債権の消滅時効を適用している（最判昭50.2.25民集29.2.143）。

[5] 受領遅滞

　債権者が債務の履行を受けることを拒み、または受けることができない場合（受領遅滞）、その債務の目的が特定物の引渡しであるときは、債務者は善管注意義務（民400）が軽減され、自己の財産に対するのと同一の注意をもって、その物を保存すれば足りる（民413①）。また、受領遅滞によって履行費用が増加したときは、その増加額は債権者の負担となる（民413②）。

　受領遅滞において、履行の提供があった時以後に当事者双方の責めに帰することができない事由によって履行不能となったときは、その履行不能は、債権者の責めに帰すべき事由によるものとみなされる（民413の2②）。

B　履行の強制

　債務の履行期がきて債務者が任意に債務の本旨に従った履行を提供すれ

ば、債権者にはこれを受領する権利がある。したがって、不当利得（民703、705）にならず、債務者から返還請求されることはない。この債権の最小限度の効力を**給付保持力**という。履行期がきても債務者が債務を履行しない場合には、債権者は裁判所に訴えて債務の履行を命ずる判決をもらうことができる。これを債権の**訴求力**という。ただし、例外的に、訴求力がなく給付保持力しか認められない債権もあり、**自然債務**とよばれている（大判昭10.4.25新聞3835.5→**カフェー丸玉事件**）。

　債務の履行を命ずる判決が出されても、なお債務者が履行しないときは、その判決に基づいて強制執行をして、裁判所による強制的な履行の実現（**現実的履行の強制**）をはかることができる（民414①）。債権のこの効力を**執行力**といい、履行を強制する方法として、民事執行法に、直接強制（民執43〜170）、代替執行（民執171）、間接強制（民執172、173）が規定されている。現実的履行の強制は債務者の自由を侵害するものであるから、強制執行しようとする場合には、まず裁判所に訴えて債務の履行を命ずる判決をもらい、あらかじめ間違いなく債権が存在していることを明らかにしておかなければならない。ただし、仮執行の宣言を付した**支払督促**や、執行受諾文言が記載された金銭債権等の**公正証書**のように、債権の存在を明らかにする証書があれば、勝訴の確定判決を得なくても強制執行することができる。勝訴の確定判決など強制執行の根拠となる証書を**債務名義**という（民執22）。

　債権は原則として執行力を有し、債務者の全財産が強制執行の引当てになる。しかし、当事者が強制執行しない旨**特約しているとき**などは、例外的に執行力を有しない債権となり、**責任なき債務**とよばれる。また、責任の限度が制限されている有限責任ということもあり、相続の**限定承認**（民922）がなされた場合などがこれにあたる。

[1] 直接強制

　裁判所の手を借りて、債権の内容を直接的に実現する方法で、物の引渡しや金銭の支払いなどの債務（**与える債務**）について行われる。物の引渡しを目的とする債権の場合、目的物が動産であれば、裁判所の執行官が債務者のところに行ってその動産を取り上げて債権者に引き渡し（民執169）、目的物が不動産であれば、執行官が債務者の占有を解いて債権者に占有させ

る（民執168、168の2）。このように、債権の内容をそのままの形で強制的に実現する効力を**貫徹力**という。また、金銭債務の履行の強制は、債務者の一般財産（担保の目的となっていない財産）を差押さえて競売し、その売却代金が債権者に交付される（民執43〜167の16）。ただし、生活に欠くことのできない衣服・寝具等や、生活に必要な1月分の食料・燃料等については差押えが禁止されている（民執131、152）。差押えの対象となる債務者の財産を**責任財産**といい、責任財産に対して強制執行することにより債権の内容を実現する効力を**掴取力**という。債権者が多数いて、すべてを弁済するのに足りないときは、**債権者平等の原則**により、債権額に応じて配当される。

[2] 代替執行

　債務者が一定の行為をすることが債権の目的となっている債務（**なす債務**）の場合、直接強制は強制労働になるから許されない（憲18）。そこで、第三者が債務者の代わりに行っても、債権の目的を達することができる場合には、その行為を第三者に行わせて債務者から費用を取り立てるという方法が用いられる（民執171）。たとえば、Aの土地に隣地所有者Bの庭木が倒れ込んでいるという場合、Bが撤去工事を行わないときは、裁判所に請求して、第三者に撤去工事を行わせ、その費用をBから取り立ててもらうことになる。謝罪広告の代替執行は違憲とする学説もあるが、判例は一定限度で代替執行を認めている（最判昭31.7.4民集10.7.785）。

[3] 間接強制

　なす債務のうち、債務者以外の者は履行することができない債務について、債務を履行しない場合には1日につき何円支払えと命じるなど、一定の額の金銭支払いを課すことによって債務者に心理的圧迫を加え、間接的に履行を強制する方法である（民執172）。支払われた金銭は、国庫に帰属するのではなく、債権者のものとなる。

　間接強制は心理的な圧迫を加えるものであるから、人格の尊厳、自由意思の尊重という観点から、できるだけ避けなければならないが、直接強制や代替執行が可能な場合であっても、事案によっては間接強制による方が迅速かつ効率的に執行の目的を達成できる場合があるため、債権者の申立

てがあれば間接強制の方法を用いることができる（民執173）。

　なお、自由意思を尊重すべき債務については、間接強制は許されない。たとえば、夫婦の同居義務、芸術家の作品を創作する債務などは、その性質上強制履行になじまず、間接強制も許されない。したがって、このような場合には履行を強制する方法はなく、債務不履行に基づく損害賠償が認められるのみである。

C　債務不履行に基づく損害賠償請求

　債務不履行に基づく損害賠償を請求するには、第1に、債務不履行の事実があること、第2に、債務不履行と因果関係のある損害が発生していること、第3に、債務者の責めに帰すべき事由（**帰責事由**）があること、という3つの要件が必要とされる。第1、第2の要件を**客観的要件**、第3の要件を**主観的要件**という。

[1] 債務不履行の事実

　「債務不履行の事実」という客観的要件について、民法415条1項は、「債務者がその債務の本旨に従った履行をしないとき又は債務の履行が不能であるとき」と規定している（民415①本文）。これについては、履行遅滞、履行不能、不完全履行、付随義務違反に分類して上述したとおりである。

[2] 損害の発生

　債務不履行によって発生する損害は、財産に対して加えられた**財産的損害**と、それ以外の非財産的損害（**精神的損害**）に大別される。財産的損害には、既存の財産が滅失・減少する**積極的損害**と、得られたはずの利益が得られないという**消極的損害**（**逸失利益**）がある。

　債務不履行から発生するこれらの損害は無限に拡大するから、すべての損害を賠償すべきものとすると、債務者にとって余りにも過酷な結果となる。公平の見地から、損害賠償を合理的で妥当な範囲に制限しなければならない。そこで、民法は、損害賠償の範囲を、債務不履行によって通常生ずべき損害（**通常損害**）に限定している（民416①）。そして、特別な事情によって生じた損害（**特別損害**）については、当事者がその事情を予見すべきで

あったとき（**予見可能性**）は、その賠償を請求できるとしている（民416②）。特別損害の予見可能性の主体は「当事者」とされているが、損害賠償責任を負うのは債務者であるから、「債務者」の意味に解し、予見可能性を判断する時期は不履行時と解するのが通説・判例（大判大7.8.27民録24.1658）である。

　以上のことから、特定物が滅失した場合には、その物の時価相当額、賃貸借の目的物の返還が遅れた場合にはその期間の賃料相当額が通常損害にあたり、これらについては予見可能性の有無を問わず損害賠償請求が認められる。また、商人が営業上買い受けた物品の価格が履行期後に騰貴した場合における騰貴した差額（大判明41.3.18民録14.290）、動産売買における転売利益の喪失による損害（大判昭9.8.10判決全集1.9.14）なども通常損害とされ、売買契約後、目的物たる麦の価格が自然に騰貴した場合には、買主が買受価格で転売したか否かにかかわらず、騰貴額の賠償を求めることができるとされている（大判明38.11.28民録11.1607）。

　これに対して、不動産の売買で、買主が転売契約を結んでいて転売利益が得られるはずであったという事情は特別事情にあたり、買主が売主の予見可能性を立証しない限り損害賠償の範囲に含まれない（大判昭4.4.5民集8.373）。

[3] 帰責事由

　帰責事由という主観的要件については、**過失責任主義**という民法の基本原則に基づき、民法415条1項に、「債務の不履行が契約その他の債務の発生原因及び取引上の社会通念に照らして債務者の責めに帰することができない事由によるものであるとき」は損害賠償を請求できないと明記されている（民415①但書）。責めに帰すべき事由とは、故意・過失または信義則上これと同視すべき事由のことで、債務の発生原因および取引上の社会通念に照らして判断される。したがって、無過失の場合は損害賠償責任を負わないが、すでに給付義務を負っている者が不履行となっているのだから、その立証責任は債務者にある（大判大14.2.27民集4.97）。つまり、債権者が帰責事由の存在を立証しなくても、債務者が帰責事由の存在しないことを立証できなければ、損害賠償責任を免れることはできない。ただし、金銭債

務の不履行については、後述するように、不可抗力によるものであること
を証明しても、債務者は損害賠償責任を免れない（民419③）。

[4] 填補賠償

　債務不履行により損害賠償の請求をすることができる場合に、①債務の
履行が不能であるとき、②債務者がその債務の履行を拒絶する意思を明確
に表示したとき、③契約が解除されまたは債務の不履行による契約の解除
権が発生したときは、債務の履行に代わる損害賠償（填補賠償）の請求をす
ることができる（民415②）。債務の履行に代わる損害賠償であるから、不
完全履行がされたにとどまる場合の損害賠償請求権は、ここに含まれない。
また、履行拒絶の意思は明確に表示されなければならないから、単に履行
を拒んだという程度では足りない。

[5] 損害賠償の方法・中間利息の控除

　損害賠償は、別段の意思表示がないときは、金銭をもってその額を定め
る（民417）。将来において取得すべき利益（**逸失利益**）について損害賠償額
を定める場合に、その利益を取得すべき時までの利息相当額を控除すると
きは、その損害賠償請求権が生じた時点における法定利率により計算する
（民417の2①）。また、将来において負担すべき費用についての損害賠償の
額を定める場合に、その費用を負担すべき時までの利息相当額を控除する
ときも、同様である（民417の2②）。

[6] 過失相殺

　債務の不履行またはこれによる損害の発生もしくは拡大に関して債権者
に過失があったときは、裁判所は、これを考慮して損害賠償の責任および
その額を定める（民418）。不法行為の過失相殺は「損害賠償の額」だけであ
る（民722②）が、債務不履行の過失相殺は「責任及びその額」とされてい
るので、減額するだけでなく、責任を否定することもできる。また、不法
行為の過失相殺は、「定めることができる」とされており（民722②）、被害
者の過失を考慮できるにとどまる（**任意的相殺**）が、債務不履行の過失相殺
は「定める」とあるから、債権者に過失がある以上、必ず相殺しなければ

ならない（**必要的相殺**）。以上の2点で、不法行為の損害賠償請求と異なる。

[7] 金銭債務の特則

　金銭の給付を目的とする債務（金銭債務）の不履行については、その損害賠償の額は、債務者が遅滞の責任を負った最初の時点における**法定利率**によって定める（民419①本文）。したがって、金銭債務の損害賠償については、債権者は損害の証明を要しない。**約定利率**が法定利率を超えるときは、約定利率による（民419①但書）。また、債務者は不可抗力をもって抗弁とすることができない（民419③）ので、天災などの不可抗力によるものであることを証明しても、債務者は損害賠償責任を免れない。金銭は、借り入れなどによって、常に履行することが可能だと考えられるからである。

[8] 賠償額の予定

　当事者は、債務の不履行について損害賠償の額を予定することができる（民420①）。損害賠償額の予定があると、債権者は債務不履行の事実さえ立証すれば、損害の発生や損害額を立証しなくてもよい（大判大11.7.26民集1.431）。裁判所は、暴利行為となるような場合は、公序良俗違反で減額できる（大判昭19.3.14民集23.147）。債権者に過失があれば、裁判所は過失相殺することもできる（最判平6.4.21裁集民172.379）。また、賠償額を予定していても、履行請求、契約解除をできる（民420②）。違約金は賠償額の予定と推定される（民420③）。当事者が金銭でないものを損害の賠償に充てるべき旨を予定した場合も同様である（民421）。

[9] 損害賠償による代位

　債権者が、損害賠償として、その債権の目的である物または権利の価額の全部の支払を受けたときは、債務者は、その物または権利について当然に債権者に代位する（民422）。たとえば、AがBに預けておいた物をCが破壊したため、BがAにその物の価格を損害賠償をしたという場合には、AのCに対する所有権侵害による損害賠償請求権は、当然にBに移転するということである。

[10] 代償請求権

債務者が、その債務の履行が不能となったのと同一の原因により債務の目的物の代償である権利または利益を取得したときは、債権者は、その受けた損害の額の限度において、債務者に対し、その権利の移転またはその利益の償還を請求することができる（民422の2）。たとえば、目的物たる建物が債務者の責めに帰すべからざる事由によって消失し、債務者が火災保険金を受領した場合には、債権者は被った損害の限度において、その利益の償還を請求できる（最判昭41.12.23民集20.10.2211）。

3 責任財産の保全

債務者が債務を履行しないとき、特定物の引渡債務であれば直接強制をなし得るが、債務者が目的物を第三者に譲渡するなどして履行不能となれば、金銭賠償を受けるほかない。また、なす債務について代替執行する場合も、債務者に費用を請求することになる。このようにして、債権は最終的には金銭の支払いという形態で満足を得ることになり、金銭債権の強制履行は、債務者の一般財産（責任財産）を差し押さえて競売し、その売却代金を取得するという方法で実行される。したがって、責任財産は債権の最後の効力を確保する上で重要な意味を有する。たとえば、債務者が第三者から取り立て得る債権を有しているにもかかわらず、これを放置してその債権が時効消滅しそうになっているときや、財産を他人に贈与して故意に減少させたときに、債権者は傍観しているほかないとすると、債権の効力は著しく減殺されることになる。そこで、民法は、強制執行の準備のために、債権者が債務者の財産管理権に関与して責任財産を保全する権利を与えた。すなわち、債務者が自分の有する権利を行使せず、財産の減少を放置しているときには、債務者に代わってその権利を行使する**債権者代位権**が与えられ、債務者が積極的に財産を減少させる法律行為をしたときには、それを取り消して財産を回復させる**詐害行為取消権**（債権者取消権）が与えられている。いずれも、一定の要件のもとに債権者が第三者に対して権利を主

張することを認めるものであることから、債権の対外的効力といわれている。

A　債権者代位権

[1]　債権者代位権の要件

　AはBに対する400万円の債権をもっており、BはCに対して500万円の債権をもっているが、ほかにはほとんど財産がないという場合に、BがCに対する債権を取り立てないで放置していると、Bの資力不足のため、Aは債権を回収することができなくなる。このような場合には、代理の制度を利用してAがBから代理権を得れば、AはBの代理人としてCに対して債権の取立てや時効の更新などを行うことができるが、Bが同意しなければAは代理人となることができない。そこで、Bの承諾がなくても、AがBに代わって直接Cから400万円まで債権を取り立てる権利を認めたのが債権者代位権である（民423）。この債権者代位権を行使するには、次の要件を満たしていなければならない。

　①**債権保全の必要性**があること（民423①本文）。自分の債権を保全するため必要があるというのは、債務者の責任財産が不十分となり、債権を保全する必要性が生じているということである。②債権者の債権の**期限が到来**していること（民423②）。ただし**保存行為**は期限到来前でも債権者代位権を行使できる。③**強制執行による実現可能性**があること（民423③）。債権者代位権制度は、本来的には、責任財産を保全するためのものであるから、破産免責の手続によって免責されたなど、強制執行により実現することのできない債権に基づいて債権者代位権を行使することはできない。④**一身専属権・差押禁止債権でないこと**（民423①但書）。ここでいう**一身専属権**とは、その権利を行使するか否かを権利者の個人的意思に任せなければならない権利、すなわち**行使上の一身専属権**のことである。たとえば、親権や離婚請求権のような非財産的権利はもちろんのこと、財産的価値のある夫婦間の契約取消権や慰謝料請求権も、債権者が代位行使することはできない。また、改正前民法1031条の遺留分減殺請求権も代位権の対象とならない（最判平13.11.22民集55.6.1033）。離婚の際の財産分与請求権も、具体的な金額が確定するまでは代位行使できない（最判昭55.7.11民集34.4.628）。

また、債権者代位権制度は、本来的には、後の強制執行に備えて責任財産を保全するためのものであるから、責任財産に含まれない差押禁止債権（民執152、労基83②、労災12の5、生活保護58など）も代位権の対象とならない。

[2] 代位権の行使

　債権者は、被代位権利を行使する場合において、被代位権利の目的が可分であるときは、自己の債権の額の限度においてのみ、被代位権利を行使することができる（民423の2）。

　債権者は、被代位権利を行使する場合において、被代位権利が金銭の支払または動産の引渡しを目的とするものであるときは、相手方に対し、その支払または引渡しを自己に対してすることを求めることができる。この場合において、相手方が債権者に対してその支払または引渡しをしたときは、被代位権利は、これによって消滅する（民423の3）。これによって事実上の優先弁済を受けることができる。

　債権者が被代位権利を行使したときは、相手方は、債務者に対して主張することができる抗弁をもって、債権者に対抗することができる（民423の4）。

[3] 債務者の取立てその他の処分の権限等

　債権者が被代位権利を行使した場合であっても、債務者は、被代位権利について、自ら取立てその他の処分をすることを妨げられない。この場合においては、相手方も、被代位権利について、債務者に対して履行をすることを妨げられない（民423の5）。

[4] 被代位権利の行使に係る訴えを提起した場合の訴訟告知

　債権者は、被代位権利の行使に係る訴えを提起したときは、遅滞なく、債務者に対し、訴訟告知をしなければならない（民423の6）。債権者が、被代位権利の行使に係る訴えを提起して判決が下されると、その判決の効力は、債権者だけでなく債務者にも及ぶので、債務者に審理に参加する機会を与えるためのものである。

[5] 登記または登録の請求権を保全するための債権者代位権

一般の代位権と区別して、登記または登録をしなければ権利の得喪および変更を第三者に対抗することができない財産を譲り受けた者は、その譲渡人が第三者に対して有する登記手続または登録手続をすべきことを請求する権利を行使しないときは、その権利を行使することができ、その場合には、民法423条の4〜423条の6の規定を準用される（民423の7）。

B 詐害行為取消権

債権者に損害を与えることを知りながら、債務者が自分の財産を減少させる行為（詐害行為）をした場合、債権者はその行為の取消しを裁判所に請求することができる（民424①本文）。この権利を**詐害行為取消権**（債権者取消権）という。

詐害行為取消権も、強制執行の準備として責任財産を保全するためものである（民425参照）から、取消権を行使する債権者の債権（**被保全債権**）は原則として金銭債権に限られる。金銭債権に債務者が提供した物的担保がついている場合には、担保からの回収で不足する分に限り取消権を行使できる。第三者が担保を提供している場合や、保証人がいる場合は、求償によって債務者の一般財産が引当てになるから、債権全額について詐害行為取消権を行使できる。

金銭債権でなくても詐害行為取消権が認められる場合として、二重譲渡がある。たとえば、AがBに不動産を売却した後、その不動産をCに代物弁済として譲渡し、登記も移転して無資力になったという場合には、特定物引渡請求権であるが、その目的物を債務者が処分することにより無資力となった以上、特定物債権者は右処分行為を詐害行為として取り消すことができるのである（最判昭36.7.19民集15.7.1875）。

[1] 詐害行為取消権の要件
(1) 債務者が債権者を害する行為を行ったこと

詐害行為取消権の対象となるのは、債務者の債権者を害する行為である（民424①本文）が、債権者を害するとは、債務者が財産を減少させて債務超過の状態になり、債権者が完全な弁済を受けることを困難にすることであ

る。したがって、財産を贈与し、あるいは不当に安く譲渡しても、なお弁済に十分な資力があれば、詐害行為取消権の対象にはならない。

(2) 債務者の行為が財産権を目的とする行為であること

詐害行為取消権の対象となるのは、債務者の財産権を目的とする行為である（民424②）。財産権を目的としない、婚姻、離婚、養子縁組、相続の承認・放棄のような身分行為は、第三者の介入を認めると人格的自由の侵害になるため、たとえ財産状態が悪化しても、詐害行為取消権の対象にはならない。離婚に伴う財産分与も、本来は詐害行為取消権の対象にならない行為であるが、判例は、「不相当に過大であり、財産分与に仮託してされた財産処分であると認めるに足りるような特段の事情」があれば、取消しの対象になるとしている（最判昭58.12.19民集37.10.1532）。

(3) 債権者を害することを知っていたこと

債務者が債権者を害することを知っていただけでなく、その行為によって利益を受けた者（**受益者**）がその行為の時において債権者を害することを知っていたことを必要とする（民424①）。贈与や、不当に安い価格の売買など、債権者を害する度合いの強い行為については、債務超過を認識していれば足り、害することを意図したり、欲していたりすることまでは必要としない。

(4) 詐害行為前の原因に基づいて生じた債権

詐害行為取消権は責任財産の保全を目的とするから、取消権者の債権の発生原因が生じた後の債務者の財産を保全すればよいので、詐害行為前の原因に基づいて生じた債権に限り、詐害行為取消請求をすることができる（民424③）。

(5) 強制執行により実現できる債権

詐害行為取消権は、本来、強制執行に備えて責任財産を保全するためのものであるから、債権者は、破産免責の手続（破産法248以下）などによって免責された債権など、その債権が強制執行により実現することのできないものであるときは、詐害行為取消請求をすることができない（民424④）。

[2] 詐害行為取消権の要件の特則

債務者が財産処分行為した場合、相当の対価を得ていれば、責任財産の

総額に変わりはないので、基本的には詐害行為にならない。しかし、不動産が存在していれば強制執行で換価して配当を受けられるが、売却されて金銭に代わると把握が困難になること（大判明39.2.5民録12.133）などから、相当の対価を得てした財産の処分行為であっても、一定の要件を満たしていれば詐害行為取消請求をすることができる（民424の2）。

　債務者が既存の債務についての担保の供与または弁済等の債務消滅行為をした場合も、責任財産の総額に変化はないが、一定の要件をすべて満たしている場合には、詐害行為取消請求をすることができる（民424の3①）。

　さらに、消滅する債務に比して給付が過大な代物弁済のように、債務者がした債務消滅行為であって、受益者の受けた給付の価額がその行為によって消滅した債務の額より過大なものについては、消滅した債務の額に相当する部分と、それを超える部分にわけ、前者については、対価的に均衡のとれた債務の消滅に関する規定（民424の4）に従い、後者については、詐害行為取消権の原則規定（民424）に従って、詐害行為取消請求をすることができる（民424の4）。建物など給付が不可分なもので代物弁済をしたときは、価額の償還を求めることになる（民424の6①前段）。

　なお、債権者は、受益者に対して詐害行為取消請求をすることができる場合において、受益者に移転した財産を転得した者があるときは、①**転得者**が受益者から転得した者である場合には、その転得者が、転得の当時、債務者がした行為が債権者を害することを知っていたとき、②転得者が他の転得者から転得した者である場合は、その転得者およびその前に転得したすべての転得者が、それぞれの転得の当時、債務者がした行為が債権者を害することを知っていたときに限り、その転得者に対しても、詐害行為取消請求をすることができる（民424の5）。

[3] 詐害行為取消権の行使方法等

　詐害行為取消権は、他人間の法律行為を取り消すという重大な効果をもつものであるから、裁判所に要件の充足を判断させるため、債権者代位権と異なり、必ず裁判所に請求して行使しなければならない（民424①本文）。

　債権者は、受益者または転得者に対する詐害行為取消請求において、債務者がした行為の取消しとともに、受益者または転得者に移転した財産の

返還を請求することができる（民424の6①前段、②前段）。また、受益者または転得者がその財産の返還をすることが困難であるときは、債権者は、その価額の償還を請求することができる（民424の6①後段、②後段）。

　詐害行為取消請求に係る訴えは、受益者に対する詐害行為取消請求に係る訴えについては受益者を被告とし、転得者に対する詐害行為取消請求に係る訴えについては、その詐害行為取消請求の相手方である転得者を被告とする（民424の7①）。債権者は、詐害行為取消請求に係る訴えを提起したときは、遅滞なく、債務者に対し、訴訟告知をしなければならない（民424の7②）。

　債権者は、詐害行為取消請求をする場合において、債務者がした行為の目的が可分であるときは、自己の債権の額の限度においてのみ、その行為の取消しを請求することができる（民424の8①）。受益者または転得者に対する詐害行為取消請求において、受益者または転得者がその財産の返還をすることが困難で、価額の償還を請求する場合も同様である（民424の8②）。

　債権者は、受益者または転得者に対する詐害行為取消請求において、債務者がした行為の取消しとともに、受益者または転得者に移転した財産の返還を請求する場合（民424の6①前段、②前段）において、その返還の請求が金銭の支払いまたは動産の引渡しを求めるものであるときは、受益者または転得者に対してその支払いまたは引渡しを、自己に対してするよう求めることができる（民424の9①前段）。債務者が受領を拒否すると執行できなくなるからである。これによって、詐害行為取消権を行使した債権者は、事実上優先弁済を受けることができることになる。この場合、債権者に対してその支払いまたは引渡しをした受益者または転得者は、債務者に対してその支払いまたは引渡しをすることを要しない（民424の9①後段）。受益者または転得者に対する詐害行為取消請求において、受益者または転得者がその財産の返還をすることが困難で、価額の償還を請求する場合も同様である（民424の9②）。しかし、目的物が不動産の場合には、債務者の意思にかかわりなく債務者名義に登記を復せるので、債権者は直接自分に所有権の移転登記をするよう求めることができない（最判昭53.10.5民集32.7.1332）。

[4] 詐害行為取消権の行使の効果

詐害行為取消請求を認容する確定判決は、債務者およびそのすべての債権者に対してもその効力を有する（民425）。すべての債権者に対してその効力を有するとは、取戻財産は責任財産に帰属し、債権者は優先弁済権をもたないという意味である。旧法（旧民425）と異なり、債務者にも詐害行為取消しの効果が及ぶ。

弁済等の債務消滅行為が取り消されたとき（民424の3）を除き、財産処分行為が取り消された場合には、受益者は、債務者に対し、その財産を取得するためにした反対給付の返還（現物返還）を請求することができる（民425の2前段）。反対給付が第三者に処分された場合など、反対給付の返還が困難であるときは、受益者は、その価額の償還を請求することができる（民425の2後段）。

民法424条の4（過大な代物弁済等）の規定により取り消された場合を除き、債務消滅行為が取り消された場合において、受益者が債務者から受けた給付を返還し、またはその価額を償還したときは、受益者の債務者に対する債権は、それによって原状に復する（民425の3）。原状に復するのは、給付の返還または価額償還のときであって、債務消滅行為が取り消されたときではない。

債務者がした行為が、転得者に対する詐害行為取消請求によって取り消された場合には、転得者は、その転得者がその前者から財産を取得するためにした反対給付またはその前者から財産を取得することによって消滅した債権の価額を限度として、次のような権利を有する。①財産処分行為（民425の2）が取り消された場合は、その行為が受益者に対する詐害行為取消請求によって取り消されたとすれば民425条の2の規定により生ずべき受益者の債務者に対する反対給付の返還請求権またはその価額の償還請求権（民425の4 I）。②債務者がした債務の消滅に関する行為（民425の3）が取り消された場合は、過大な代物弁済等（民424の4）により取り消された場合を除き、その行為が受益者に対する詐害行為取消請求によって取り消されたとすれば前条の規定により回復すべき受益者の債務者に対する債権（民425の4 II）。

[5] 詐害行為取消権の期間の制限

　詐害行為取消請求に係る訴えは、債務者が債権者を害することを知って行為をしたことを債権者が知った時から2年を経過したときは提起することができず、行為の時から10年を経過したときも同様である（民426）。受益者等の悪意の認識は必要としない。また、詐害行為取消権の制限期間は、法律関係を早期に安定させるため、旧法時のような消滅時効期間（最判平22.10.19金判1355.16）ではなく、出訴期間とされているから、時効と違って完成猶予や更新ということはない。同様の趣旨から、長期の期間制限も、旧法時の20年から10年に短縮されている。

4　多数当事者の債権および債務

　債権の回収をはかるため、債務者以外の第三者の資力や信用を担保に供し、人によって債権を担保することを**人的担保**という。人的担保の典型として保証があるが、民法はこれを担保制度として位置づけるのではなく、債権・債務の当事者が複数である多数当事者の債権・債務関係として規定している。

　民法は多数当事者の債権・債務関係として、①**分割債権・債務関係**（民427）、②**不可分債権・債務関係**（民428〜431）、③**連帯債権**（民432〜435の2）、④**連帯債務**（民436〜445）、④**保証債務**（民446〜465の10）という5つの種類のものを規定している。これらのうち、保証債務はもっぱら債権担保を目的とするものであるが、不可分債権・債務関係や連帯債務にも債権担保の機能が認められる。しかし、不可分債権・債務関係が人的担保として利用されることはあまりなく、取引実務で人的担保として多用されるのは保証債務と連帯債務である。保証債務のうちでも、その特殊形態である**連帯保証**の利用が多い。

A　分割債権および分割債務

　数人の債権者または債務者がある場合において、別段の意思表示がない

ときは、各債権者または各債務者は、それぞれ等しい割合で権利を有し、または義務を負う（民427）。これを**分割債権・分割債務**という。たとえば、3人が連名で90万円の借金をした場合、特別な事情が認められなければ、各自30万円の借金をしたものとみなされる。債権者は各債務者に30万円しか弁済を請求できず、各債務者は30万円弁済すれば、完全に債務を履行したことになり、いっさい責任がなくなる。しかし、これでは債権の効力が弱くなりすぎるため、複数の者が共同で営む事業の資金を借り入れる場合など、団体的な関係が存在する場合には、分割債務を排除する明示の意思表示がなくても、解釈によってこの原則が排除され、連帯債務と認定されることが多い。

分割債権に当たる例として、数人が共有する不動産の収用に伴う補償金請求権があり（大判大 3.3.10 民録 20.147）、分割債務に当たる例として、数人が共同でした売買契約による代金債務（大判大 4.9.21 民録 21.1486）がある。

B　不可分債権および不可分債務

[1] 不可分債権

債権の目的が、その性質上不可分である場合に、数人の債権者があるときを**不可分債権**といい、連帯債権の規定（民433～435除く）が準用される（民428）。たとえば、A、B、Cの3人で1棟の建物を購入し、その引渡しを求める債権などがこれにあたり、各債権者はすべての債権者のために履行を請求し、債務者はすべての債権者のために各債権者に対して履行をすることができる（民428、432）。これを、**絶対的効力**という。給付が性質上不可分であることによるものであるから、1棟の建物の引渡しを求める債権が建物の焼失により900万円の損害賠償債権に変ずれば、分割債権関係となり（民431）、A、B、Cは各300万円の債権を取得することになる。

不可分債権者の1人と債務者との間に更改または免除があった場合も、他の不可分債権者は、債務の全部の履行を請求することができる（民429前段）。この場合、その1人の不可分債権者がその権利を失わなければ分与される利益を、債務者に償還しなければならない（民429後段）。たとえば、Aが債務を免除しても、債務者は建物1棟をBまたはCに引き渡さなければならず、Aに分与すべき利益（3分の1の持分または300万円）の償還を受

けることになる。この更改・免除の場合のほか、不可分債権者の1人の行為または1人について生じた事由は、他の不可分債権者に効力を及ぼさない（民428、435の2本文）。これを、**相対的効力の原則**という。

[2] 不可分債務

数人の債務者が、債務の目的が性質上不可分である債務を負担する不可分債務には、債務者の1人との間の混同の規定（民440）を除く連帯債務の規定（民436～445）が準用される（民430）。

C　連帯債権

債権の目的がその「性質上不可分」な場合が不可分債権であるのに対して、性質上は可分であるが「法令の規定または意思表示によって不可分」な場合を**連帯債権**という（民432～435の2）。連帯債権は、各債権者はすべての債権者のために全部または一部の履行を請求することができ、債務者は、すべての債権者のために各債権者に対して履行をすることができる（民432）。

連帯債権は、債権の目的が性質上可分であるから、連帯債権者の1人と債務者との間に更改または免除があったときは、その連帯債権者がその権利を失わなければ分与されるべき利益に係る部分については、他の連帯債権者は、履行を請求することができない（民433）。また、債務者が連帯債権者の1人に対して債権を有する場合において、その債務者が相殺を援用したときは、その相殺は、他の連帯債権者に対しても、その効力を生ずる（民434）。

さらに、連帯債権者の1人と債務者との間に混同があったときは、債務者は、弁済をしたものとみなされる（民435）。以上の場合を除き、連帯債権者の1人の行為または1人について生じた事由は、他の連帯債権者に対してその効力を生じない（民435の2本文）。これを、**相対的効力の原則**という。ただし、他の連帯債権者の1人および債務者が別段の意思を表示したときは、当該他の連帯債権者に対する効力は、その意思に従う（民435の2但書）。

D 連帯債務

債務の目的がその性質上可分である場合において、法令の規定または当事者の意思表示によって数人が連帯して債務を負担するときを**連帯債務**といい、債権者は、その連帯債務者の1人に対し、または同時にもしくは順次にすべての連帯債務者に対し、全部または一部の履行を請求することができる（民436）。各債務者の債務は独立のもので、主従の関係がないという点で保証債務と異なる。したがって、連帯債務者の1人について法律行為の無効または取消しの原因があっても、他の連帯債務者の債務は、その効力を妨げられない（民437）。この点では、連帯債務は連帯保証よりも強い効力をもち、債権担保の確実性が高い。

連帯債務は、ふつうは債権者と2人以上の連帯債務者との契約によって成立するが、法律の規定によって、当然に連帯債務とされる場合がある。たとえば、夫婦の一方が日常の家事に関して第三者に負った債務は、夫婦の連帯債務になる（民761）。また、自己の商号を使用して営業または事業を行うことを許諾した商人とその商号を使用して取引した者（商14）、数人がその1人または全員のために商行為となる行為によって負担した債務（商511①）、持分会社の社員の責任（会580）なども連帯債務とされる。

数人の債務者がある場合、別段の意思表示がないときは、各債務者は平等の割合で義務を負う（民427）。すなわち、**分割債務が原則**である。したがって、3人が連名で90万円の借金をした場合、特別な事情が認められなければ、各自30万円の借金をしたものとみなされる。債権者は各債務者に30万円しか弁済を請求できず、各債務者は30万円弁済すれば、完全に債務を履行したことになり、いっさい責任がなくなる。しかし、これでは債権の効力が弱くなりすぎ、複数の者が共同で営む事業の資金を借り入れる場合等の処理には不都合である。そこで、団体的な関係が存在する場合には、分割債務を排除する明示の意思表示がなくても、解釈によってこの原則が排除され、連帯債務と認定されることが多い。連帯債務であれば、債権者は、各債務者いずれにも90万円全額の弁済を請求することができる。そして、連帯債務者のうちの1人が債務の全額を弁済すれば、他の連帯債務者の債務も消滅することになる。

[1] 連帯債務者の1人について生じた事由の効力

　連帯債務者の1人と債権者との間に更改があったときは、債権は、すべての連帯債務者の利益のために消滅する（民438）。また、連帯債務者の1人が債権者に対して債権を有する場合において、その連帯債務者が相殺を援用したときは、債権はすべての連帯債務者の利益のために消滅する（民439①）。債権を有する連帯債務者が相殺を援用しない間は、その連帯債務者の負担部分の限度において、他の連帯債務者は、債権者に対して債務の履行を拒むことができる（民439②）。さらに、連帯債務者の1人と債権者との間に混同があったときは、その連帯債務者は、弁済をしたものとみなされる（民440）。以上のように、連帯債務者の1人との間の**更改**（民438）、連帯債務者の1人による**相殺の援用**（民439①）、連帯債務者の1人との間の**混同**（民440）は、他の連帯債務者に対しても効力を生ずる**絶対的効力事由**であるが、その他の連帯債務者の1人について生じた事由は、他の連帯債務者に対してその効力を生じない（民441本文）。これを、**相対的効力の原則**という。ただし、債権者および他の連帯債務者の1人が別段の意思を表示したときは、当該他の連帯債務者に対する効力は、その意思に従う（民441但書）ので、債権者と連帯債務者の1人が合意していた場合には、他の連帯債務者に生じた履行の請求や時効の完成等の事由も、その連帯債務者に効力を生ずる。

[2] 連帯債務者間の求償権

　連帯債務者の1人が弁済をし、その他自己の財産をもって共同の免責を得たときは、その連帯債務者は、その免責を得た額が自己の負担部分を超えるかどうかにかかわらず、他の連帯債務者に対し、その免責を得るために支出した財産の額（その財産の額が共同の免責を得た額を超える場合にあっては、その免責を得た額）のうち各自の負担部分に応じた額の**求償権**を有する（民442①）。この求償は、弁済その他免責があった日以後の法定利息および避けることができなかった費用その他の損害の賠償を包含する（民442②）。避けることができなかった費用とは、強制執行の費用、弁済資金借入れのため支出した抵当権設定費用、訴訟費用などである。

　連帯債務者の中に償還をする資力のない者があるときは、その償還をす

ることができない部分は、求償者および他の資力のある者の間で、各自の
負担部分に応じて分割して負担する（民 444 ①）。その場合、求償者および
他の資力のある者がいずれも負担部分を有しない者であるときは、その償
還をすることができない部分は、求償者および他の資力のある者の間で、
等しい割合で分割して負担する（民 444 ②）。

　連帯債務者の 1 人に対して債務の免除がされ、または連帯債務者の 1 人
のために時効が完成した場合においても、他の連帯債務者は、その 1 人の
連帯債務者に対し、求償権を行使することができる（民 445）。

E　不真正連帯債務

　2017（平成 29）年の改正前の旧民法は、連帯債務者の 1 人について生じた
事由について、広く絶対的効力を認めていたので、債権者にとって不利益
となることもあり、共同不法行為により負担する損害賠償債務（民 719）の
ような場合には、債権者たる被害者の救済に欠けるところがあった。そこ
で、2 人以上の債務者が同じ目的をもった同一内容の給付義務を負い、そ
のうちの 1 人が給付すれば他の債務者も債務を免れるという点では連帯債
務と同じであるが、連帯債務のように債務者の 1 人に生じた事由は、給付
以外は絶対的効力をもたない**不真正連帯債務**という概念が、判例通説によ
って承認されていた。これにあたるものとして、**共同不法行為**により負担
する損害賠償債務（民 719）の他に、**使用者責任**における使用者の損害賠償
債務（民 715）と被用者の損害賠償債務（民 709）、**法人の不法行為責任**におけ
る法人の損害賠償債務（一般法人 78）と代表機関の損害賠償債務（民 709）な
どがある。

　平成 29 年の改正で、連帯債務者の 1 人について生じた事由に関する絶
対的効力事由が縮小され、相対的効力の原則がとられたので、これらの結
果を導くために不真正連帯債務の概念を用いる必要性は乏しくなっている。
なお、不真正連帯債務にも求償関係が認められ、共同不法行為の場合は過
失割合で負担部分が決まる。

F　保証債務

[1]　保証の意義・要件

　債務者が債務を履行しない場合に、第三者が債務者にかわって債務を履行する義務（保証債務）を負うことを**保証**という。この場合、本来の債務者をとくに**主たる債務者**といい、保証債務を負っている第三者を**保証人**という（民446①）。保証は、主たる債務者に頼まれて保証人になるのが一般的であるが、法律的には、債権者と保証人になる者との間で、書面または電磁的記録によって保証契約が結ばれたときに保証債務が成立し、主たる債務者の委託は要件とされていない（民446②、③）。したがって、債務者から委託されていない場合はもちろんのこと、債務者の意思に反する場合でも、保証人になることができる。保証人となる資格について一般的な制限はないが、債務者が保証人をたてる義務を負うときは、行為能力者であること、弁済の資力を有することが要件とされる（民450①）。その場合、保証人が弁済の資力を失ったときは、債権者は債務者に対して、要件を具備する者に代えることを請求できる（民450②）。ただし、債権者が指名した保証人の場合は、これらの要件は必要とされない（民450③）。債務者が要件を備えた保証人をたてられないときは、質権・抵当権など他の担保を供してこれに代えることができる（民451）。

　保証契約は債権者と保証人との間の契約であるから、主たる債務者と保証人との間の事情は、保証契約の成立に直接の影響を及ぼさない。したがって、保証委託契約が無効であっても保証契約は有効であるし、主たる債務者の他にも保証人がいるという虚言を信じたとしても、それは動機の錯誤に過ぎず、それだけでは保証契約は無効にならない（最判昭32.12.19民集11.13.2299）。

[2]　保証債務の性質

　保証債務は、主たる債務を担保することを目的とすることから、付従性、随伴性、補充性という3つの性質を有する。

(1)　付従性

　保証債務は、成立・内容・消滅において、主たる債務に付従する。すなわち、主たる債務がなければ成立しない（成立における付従性）ので、主たる

債務が無効であれば保証債務も無効となり、麻薬売買代金支払債務の保証債務は無効である。ただし、行為能力の制限によって取り消すことができる主たる債務の保証は、保証契約当時その取消原因を保証人が知っていたときは、主たる債務が取り消された場合に同一内容の独立の債務を負担したものと推定される（民449）。

　保証債務の範囲には、主たる債務に関する利息、違約金、損害賠償、その他その債務に従たるすべてのものが含まれる（民447①）が、主たる債務より重くなることはない（内容における付従性）。したがって、主たる債務に生じた事由は保証債務にも影響を与え、主たる債務者に対する履行の請求その他の事由による時効の完成猶予および更新は、保証人に対しても効力を生じ（民457①）、保証人は、主たる債務者が主張することができる抗弁をもって債権者に対抗することができる（民457②）。また、主たる債務者が債権者に対して相殺権、取消権または解除権を有するときは、これらの権利の行使によって主たる債務者がその債務を免れるべき限度において、保証人は、債権者に対して債務の履行を拒むことができる（民457③）。しかし、主たる債務の目的または態様が保証債務の締結後に加重されても、保証人の負担は加重されない（民448②）。以上に対して、保証人について生じた事由は、主たる債務を消滅させる行為以外は、主たる債務者に何ら影響を及ぼさない。

　さらに、主たる債務が消滅すれば消滅する（消滅における付従性）が、賃貸借契約が解除された場合には、賃借人の目的物返還義務・損害賠償債務については、賃借人の保証人は責任を負う（大判昭13.1.31民集17.27）。また、特定物売買の売主の保証人は、特に反対の意思表示がない限り、売主の債務不履行により契約が解除された場合の既払代金返還義務について、保証責任がある（最大判昭40.6.30民集19.4.1143）。さらに、請負契約が合意解除された場合も、合意解除が請負人の債務不履行に基づくものであり、かつ、合意解除の際の約定債務が、実質的にみて解除権行使によって請負人が負担すべき前払金返還債務より重くないときは、請負人の保証人は、特段の事情がない限り約定債務についても責任を負う（最判昭47.3.23民集26.2.274）。

(2) 随伴性

　主たる債務者に対する債権が譲渡されると、保証債務もこれに伴って移

転する。

（3）補充性

　保証債務は2次的な債務であって、主たる債務が履行されないとき、はじめて履行する責任を負う。したがって、債権者から履行請求を受けた保証人には、次の2つの抗弁権が認められる。1つは**催告の抗弁権**で、まず主たる債務者に請求せよと抗弁することができる（民452本文）。ただし、主たる債務者が破産手続開始の決定を受けたとき、またはその行方が知れないときは、この限りでない（民452但書）。いま1つは**検索の抗弁権**で、主たる債務者に履行請求した後に保証人に請求してきたときでも、主たる債務者に弁済の資力があり、執行が容易であることを証明して、まず主たる債務者の財産に執行せよと抗弁することができる（民453）。これらの抗弁権行使に対して、債権者が催告または執行を怠り、その後主たる債務者から全額の弁済を得られなかったときは、債権者が直ちに催告または執行すれば弁済を受けられた限度で、保証人は義務を免れる（民455）。このように、保証人の抗弁権は債権者にとって大きな負担となるため、当事者の合意で抗弁権を排除することができるとされている。

　抗弁権を排除して、保証人が主たる債務者と連帯して債務を負担する保証を**連帯保証**という（民454）。主たる債務者と並んで債務を負担するという合意があれば連帯保証になり、債権者は、主たる債務者・連帯保証人のいずれに対しても、同じように履行を請求することができる。主たる債務者の債務が、商行為（商501～503）によって生じたものであるとき、または保証が商行為であるときは、その保証人は、法律上当然に連帯保証人として扱われる（商511②）。

　普通保証との違いは、連帯保証では、催告の抗弁権や検索の抗弁権がなく（民454）、主たる債務者または連帯保証人について生じた事由の効力に関しては、連帯債務の規定が準用される（民458、438、439①、440、441）ことである。すなわち、連帯保証人について生じた事由については、相対的効力の原則の規定（民441）および連帯債務者の1人について生じた絶対的効力事由の規定（民438、439①、440）が準用される（民458）。したがって、連帯保証人について生じた事由は、原則として主たる債務者に対してはその効力を有しないが、債権者と主たる債務者との間で連帯保証人に生じた事由

（履行の請求や時効の完成等）が主たる債務者に効力を生ずることを合意していた場合には、その効力が認められる（民441）。また、**更改**（民438）、**相殺の援用**（民439①）、**混同**（民440）は、主たる債務者に対しても効力を生ずる。以上のようにして、連帯保証は保証としての効力が強く、連帯債務に近いのであるが、保証債務として**付従性**を有し、主たる債務が不成立なら連帯保証も成立せず、主たる債務が消滅すれば連帯保証も消滅するという点で、連帯債務とは根本的な違いがある。

[3] 保証人の求償権

　保証人は抗弁権を有するといっても、主たる債務者に弁済の資力がなければ、最終的には保証人が弁済しなければならない。保証人が任意にその義務を履行しないときは、債権者は保証人の財産を差し押えて競売にかけ、その代価から弁済を受けることができる。主たる債務者にかわって保証人が債務を履行したときは、保証人は主たる債務者に対して、自分が弁済した金銭などについて弁償するよう請求することができる。これを**保証人の求償権**という。保証人の求償権は、委託を受けた保証人の場合は、委任事務の処理費用（民650）、委託を受けない保証人の場合は、事務管理費用（民702）として処理できるが、民法はより詳細な規定を設けている（民459～465）。

[4] 共同保証

　数人の保証人がある場合を**共同保証**といい、債務額は保証人の数に応じて分割される（民456、427）。これを**分別の利益**という。特約で分別の利益を排除した共同保証も可能であり、**保証連帯**とよばれる。

　共同保証の場合において、そのうちの1人の保証人が、分別の利益がないため（主たる債務が不可分であるためまたは各保証人が全額を弁済すべき旨の特約があるため）、その全額または自己の負担部分を超える額を弁済したときは、連帯債務者間の求償権（民442～444）と同様である（民465①）。ただし、共同保証の場合は、負担部分ついては債務者に対する求償で満足すべきであるから、他の共同保証人に求償できるのは負担部分の超過部分に限られると解されている。

　互いに連帯しない分別の利益がある保証人の1人が、全額または自己の

負担部分を超える額を弁済したときは、保証人は分割債務部分を負担する
にとどまるから、委託を受けない保証人の求償権（民462）と同様である（民
465②）。

G　個人根保証契約

　一定の範囲に属する不特定の債務を主たる債務とする保証契約（根保証
契約）であって、保証人が法人でないものを**個人根保証契約**という。この
個人根保証契約は、**書面**または電磁的記録で**極度額**を定めなければ、その
効力を生じない（民465の2②、③、446②、③）。個人根保証契約の保証人は、
主たる債務の元本、主たる債務に関する利息、違約金、損害賠償その他そ
の債務に従たるすべてのものおよびその保証債務について約定された違約
金または損害賠償の額について、その全部に係る極度額を限度として、そ
の履行をする責任を負う（民465の2①）。

　個人根保証契約であってその主たる債務の範囲に金銭の貸渡しまたは手
形の割引を受けることによって負担する債務（貸金等債務）が含まれるもの
を**個人貸金等根保証契約**という。この個人貸金等根保証契約において、主
たる債務の元本の確定すべき期日（**元本確定期日**）の定めがある場合は、そ
の元本確定期日がその個人貸金等根保証契約の締結の日から5年を経過す
る日より後の日と定められているときは、その元本確定期日の定めは、そ
の効力を生じない（民465の3①）。その場合を含めて、個人貸金等根保証契
約に元本確定期日の定めがない場合は、元本確定期日は、その個人貸金等
根保証契約の締結の日から3年を経過する日となる（民465の3②）。

H　事業に係る債務についての保証契約の特則

　事業のために負担した貸金等債務を主たる債務とする保証契約は、その
額が多額になりがちで、保証人の生活が破綻する例が多いにもかかわらず、
そのリスクを十分に自覚せず、安易に保証契約を締結してしまう者も少な
くない。それを防止するため、事業のために負担した貸金等債務の保証契
約については、公的機関である公証人が、保証人になろうとする者の保証
意思を事前に確認すべきものとされている。すなわち、事業のために負担
した貸金等債務を主たる債務とする保証契約または主たる債務の範囲に事

業のために負担する貸金等債務が含まれる根保証契約は、保証人になろう
とする者が法人である場合を除き（民465の6③）、その契約の締結に先立ち、
その締結の日前1か月以内に作成された**公正証書**で保証人になろうとする
者が保証債務を履行する意思を表示していなければ、その効力を生じない
（民465の6①）。

5 債権譲渡

　債権も財産権として独立の価値がある以上、原則として譲渡性が認めら
れる（民466①本文）。しかし、第1に、債権の性質がこれを許さないときは、
例外的に譲渡できない（民466①但書）。たとえば、画家に肖像画を描いても
らうという債権などには譲渡性がない。第2に、扶養請求権（民881）、国民
年金（国民年金法24）、恩給（恩給法11）のように、法律が譲渡を制限している
場合も譲渡できない。

A　譲渡制限特約の効力

　当事者が債権の譲渡を禁止し、または制限する旨の意思表示（譲渡制限の
意思表示）をした**譲渡制限特約**のあるときであっても、債権の譲渡は効力を
妨げられない（民466②）。

　ただし、見知らぬ第三者が弁済の相手方になる事態を避けたいという債
務者の要望に応えて、譲渡制限特約が付されていることを知り、または重
大な過失によって知らなかった譲受人その他の第三者に対しては、債務者
はその債務の履行を拒むことができ、かつ、譲渡人に対する弁済その他の
債務を消滅させる事由をもってその第三者に対抗することができるとされ
ている（民466③）。

　その一方で、譲渡制限特約の存在について悪意または重過失のある債権
の譲渡担保権者等の譲受人を保護するため、悪意・重過失のある譲受人そ
の他の第三者は、債務者が債務を履行しない場合には、債務者に対して、
相当の期間を定めて**譲渡人への履行を催告**し、その期間内に履行しないと

きは、債務者は譲受人に対して債務を履行しなければならないものとされている（民466④）。すなわち、相当期間内に譲渡人に履行されなかったときは、譲渡制限特約のない債権譲渡と同様に取り扱われ、それ以後は、譲渡人を介して債権の回収を図らなくても、譲受人は、債務者に対して直接支払を求め、強制執行等を行うことができる。したがって、相当期間経過後は、債務者は、譲渡人に対して生じた事由をもって譲受人に対抗できなくなる（民468②）。

[1] 譲渡制限特約がある債権に係る債務者の供託

　譲渡制限特約が付された債権の譲渡も有効であるが、譲受人が譲渡制限特約について悪意または重過失である場合には、債務者は譲受人に対する債務の履行を拒むことができ（民466③）、譲受人が譲渡制限特約について善意または無重過失である場合には、債務者は譲受人に対する債務の履行を拒めない。しかし、譲受人が譲渡制限特約について善意・無重過失であったかの判断を誤るリスクを債務者に全面的に負わせるのは妥当ではない。そこで、債務者が弁済の相手方を誤るリスクを軽減するため、譲渡制限特約が付された金銭債権が譲渡されたときは、債務者は、その債権の全額に相当する金銭を債務の履行地（債務の履行地が債権者の現在の住所により定まる場合にあっては、譲渡人の現在の住所を含む。）の供託所に**供託**することができるとされている（民466の2①）。供託した債務者は、遅滞なく、譲渡人および譲受人に供託の通知をしなければならず（民466の2②）、供託した金銭は、譲受人に限り、還付を請求することができる（民466の2③）。

[2] 譲渡制限特約がある債権の差押え

　当事者の意思で強制執行できない財産を作り出すことは不当であるから、譲渡制限特約が付されていることについて悪意・重過失がある譲受人に対しては、債務者はその債務の履行を拒むことができ、かつ、譲渡人に対する弁済その他の債務を消滅させる事由をもって対抗することができるとする民法466条3項の規定は、譲渡制限特約の付された債権に対する強制執行をした差押債権者に対しては、適用しないとされている（民466の4①）。
　ただし、譲渡制限特約が付されていることについて譲受人その他の第三

者が悪意・重過失がある場合において、その債権者が強制執行をしたときは、債務者は、その債務の履行を拒むことができ、かつ、譲渡人に対する弁済その他の債務を消滅させる事由をもって差押債権者に対抗することができる（民466の4②）。この場合は、当事者の合意によって強制執行をすることができない財産を作り出したとはいえないからである。

[3] 預金債権・貯金債権に係る譲渡制限特約の効力

預貯金債権は譲渡制限特約が付されているのが通常であること、金融機関としては弁済の相手方を固定する必要性が高いこと、預貯金債権との相殺を前提として貸付けが行われていること、預貯金債権は直ちに資金化できるので譲渡して資金を調達することは一般的でないことなどから、**預貯金債権の譲渡制限特約**は、譲渡制限特約が付されていることについて悪意・重過失のある譲受人その他の第三者に対抗することができる（民466の5①）。ただし、譲渡制限特約の付された預貯金債権に対する強制執行をした差押債権者に対しては、対抗することができない（民466の5②）。

B　将来債権の譲渡性

債権の譲渡は、その意思表示の時に債権が現に発生していることを要しない（民466の6①）。債権が譲渡された場合において、その意思表示の時に債権が現に発生していないときは、譲受人は、発生した債権を当然に取得する（民466の6②）。その場合、譲渡人が債権譲渡の通知をし、または債務者が債権譲渡の承諾をした時（対抗要件具備時）までに譲渡制限特約が付されたときは、譲受人その他の第三者はそのことを知っていたものとみなし、債務者は、常に譲渡制限特約の存在を前提に譲受人に対して履行を拒絶し、譲渡人に対する弁済その他の債務を消滅させる事由をもって対抗することができ、譲渡制限特約が付された債権が預貯金債権の場合には、悪意・重過失のある譲受人に対して譲渡制限特約を対抗できる（民466の6③）。

C　債権譲渡の対抗要件

現に発生していない債権の譲渡を含み、債権の譲渡は、譲渡人が債務者に**通知**をし、または債務者が**承諾**をしなければ、債務者その他の第三者に

対抗することができない（民 467 ①）。通知は必ず譲渡人によってなされることを要するが、債務者の承諾の相手は譲渡人でも譲受人でもよい。債務者以外の第三者に対する対抗要件は、確定日付のある証書による債権譲渡の通知・承諾である（民 467 ②）。**確定日付のある証書**とは、民法施行法 5 条に列挙された証書をいい、内容証明郵便や公正証書などがこれにあたる。当事者が共謀して日付を遡らせることを防ぐ趣旨である。

　X が債務者 Y に対する債権を A に譲渡して通知した後、同じ債権を B にも譲渡して通知した場合、A への譲渡通知に確定日付がなく、B への譲渡通知に確定日付があるときは、確定日付のある B が A に優先する。したがって、債務者 Y は、A に弁済しても有効な弁済とならず、B に重ねて弁済しなければならないから、A から請求があっても拒むことができる。①いずれの譲渡通知にも確定日付があるときは、確定日付の先後ではなく、到達の先後によって決定する（最判昭 49.3.7 民集 28.2.174）。確定日付のある譲渡通知書を作成しながら、発送が遅れるということもあるからである。②確定日付のある通知が同時に到達したとき（いずれも先に到達したことを証明できないとき）は、AB いずれも優先せず、いずれも Y に全額を請求することができる。Y はいずれかに弁済すれば他方の請求は拒むことができる（最判昭 55.1.11 民集 34.1.42）。Y が供託して AB が供託金還付請求を行った場合は、案分した額で分け合うべきとされている（最判平 5.3.30 民集 47.4.3334）。③いずれの通知にも確定日付がないときは、Y はいずれの請求も拒否できるが、いずれかに弁済すればその弁済は有効となり、免責されるとするのが通説である。

[1] 債権譲渡における債務者の抗弁

　債務者は、対抗要件具備時（民 466 の 6 ③、467）までに譲渡人に対して生じた事由をもって譲受人に対抗することができ（民 468 ①）、この債務者の**抗弁の切断**をするには、抗弁を放棄する旨の債務者の意思表示を必要とする。

[2] 債権譲渡における相殺権

　債務者は、対抗要件具備時より前に取得した譲渡人に対する債権による相殺をもって譲受人に対抗することができる（民 469 ①）。

　債務者が対抗要件具備時より後に取得した譲渡人に対する債権であっても、①対抗要件具備時より前の原因に基づいて生じた債権、または、②譲受人の取得した債権の発生原因である契約に基づいて生じた債権であるときは、その債権による相殺をもって譲受人に対抗することができる（民469②本文）。ただし、債務者が対抗要件具備時より後に他人の債権を取得したときは、相殺をもって譲受人に対抗することができない（民469②但書）。

D　債権譲渡登記制度

　動産債権譲渡特例法（動産及び債権の譲渡の対抗要件に関する民法の特例等に関する法律）は、法人がする債権の譲渡について、登記を対抗要件とする制度を設けている。それによれば、法人が、指名債権であって金銭の支払を目的とする債権を譲渡した場合に、その債権の譲渡について債権譲渡登記ファイルに譲渡の登記がされたときは、債務者以外の第三者については、民法467条の確定日付のある証書による通知があったものとみなされ、登記の日付をもって確定日付とされる（動産債権譲渡特例4①）。この債権譲渡登記がされたことについて、譲渡人または譲受人が登記事項証明書を交付して債務者に通知するか、あるいは債務者が承諾したときは、債務者に対する関係でも対抗力を生じる（動産債権譲渡特例4②）。動産譲渡登記制度と同様、登記は民法の規定する対抗要件と同等の効果を有するにとどまるから、両者が競合するということもあり得る。競合する場合は、債権譲渡登記がなされた時と、債権譲渡を通知・承諾した時の先後によることになる。したがって、債権を譲り受けようとする者は、登記を調査するほか、債務者にも照会して確認する必要がある。

　2004（平成16）年の動産債権譲渡特例法改正により、債務者が特定していない将来債権の譲渡についても、登記によって第三者に対する対抗要件を具備することができるようにされた（動産債権譲渡特例8②Ⅳ）。ただし、債権譲渡登記の存続期間は、債務者のすべてが特定している場合は、原則として50年以内であるが、債務者が特定していない将来債権を譲渡する場合は、10年以内となる（動産債権譲渡特例8③）。

6　債務引受

　債務者が負担する債務と同一内容の債務を、契約により、第三者が負担することを**債務引受**という。この債務引受には、第三者が債務を負担した後も元の債務者が引き続き債務を負担する**併存的債務引受**と、第三者が債務を負担した後は元の債務者は債務を免れる**免責的債務引受**がある。この債務引受は、判例・通説によって認められていたが、民法には明文の規定がなかったため、2017（平成29）年の改正で、判例の示していた内容に従って明文化された。

A　併存的債務引受

　併存的債務引受の引受人は、債務者と連帯して、債務者が債権者に対して負担する債務と同一の内容の債務を負担する（民470①）。併存的債務引受は、債権者または債務者と引受人となる者との契約によって成立する（民470②、③前段）。債務者と引受人となる者との契約による場合は、債権者が引受人となる者に対して承諾をした時にその効力を生じ（民470③後段）、第三者のためにする契約に関する規定に従う（民470④）。

　引受人は、併存的債務引受により負担した自己の債務について、その効力が生じた時に債務者が主張することができた抗弁をもって債権者に対抗することができる（民471①）。また、債務者が債権者に対して取消権または解除権を有するときは、引受人は、これらの権利の行使によって債務者がその債務を免れるべき限度において、債権者に対して債務の履行を拒むことができる（民471②）。

B　免責的債務引受

　免責的債務引受の引受人は、債務者が債権者に対して負担する債務と同一の内容の債務を負担し、債務者は自己の債務を免れる（民472①）。

　免責的債務引受は、債権者と引受人となる者との契約によってすることができ、債権者が債務者に対してその契約をした旨を通知した時に、その効力を生ずる（民472②）。また、免責的債務引受は、債務者と引受人となる

者が契約をし、債権者が引受人となる者に対して承諾をすることによって
もすることができる（民472③）。

　引受人は、免責的債務引受により負担した自己の債務について、その効
力が生じた時に債務者が主張することができた抗弁をもって債権者に対抗
することができる（民472の2①）。また、債務者が債権者に対して取消権ま
たは解除権を有するときは、引受人は、免責的債務引受がなければこれら
の権利の行使によって債務者がその債務を免れることができた限度におい
て、債権者に対して債務の履行を拒むことができる（民472の2②）。なお、
免責的債務引受の引受人は、債務者に対して求償権を取得しない（民472の
3）。

　債権者は、免責的債務引受により債務者が免れる債務の担保として設定
された担保権を引受人が負担する債務に移すことができる（民472の4①本
文）が、免責的債務引受による担保権の移転は、あらかじめまたは同時に引
受人に対してする意思表示によってしなければならない（民472の4②）。
免責的債務引受により債務者が免れる債務の保証をした者があるときも同
様である（民472の4③）。ただし、引受人以外の者が移転の対象となる担保
権や保証を設定している場合には、その承諾を得なければならない（民472
の4①但書、③）。保証人の承諾は、書面または電磁的記録によらなければな
らない（民472の4④、⑤）。

7　債権の消滅

　債務の内容を実現する債務者の行為を**弁済**または履行といい、弁済によ
って債権は目的を達し消滅する（民473）。債権・債務は弁済によって消滅
するのが本来の姿であるが、その他の特殊な原因で消滅する場合もある。
債権の発生原因である法律行為が取り消され、あるいは契約が解除される
と、債権が消滅することについては、すでに述べたとおりである。また、
時効によって消滅することも、すでに説明した。ここでは、まず、弁済に
ついて説明した上で、その他の特殊な債権消滅原因について概要を説明す

る。

A 弁済

[1] 弁済すべき者（弁済者）

　債務を弁済すべき者は債務者であるが、債務の性質が第三者の弁済を許さないとき、または当事者が第三者の弁済を禁止し、もしくは制限する旨の意思表示をしたときを除いて（民474④）、第三者も債務を弁済することができる（民474①）。さらに、弁済をするについて正当な利益を有する者でない第三者は、債務者の意思に反して弁済をすることができない（民474②本文）。ただし、債務者の意思に反することを債権者が知らなかったときは、その弁済は有効となる（民474②但書）。**弁済につき正当な利益を有する者**とは、弁済をするについて法律上の利益を有する第三者のことで、物上保証人や担保不動産の第三取得者がこれにあたる（最判昭 39.4.21 民集 18.4.566）。借地上の建物の賃借人も、敷地の地代の弁済について正当な利益を有する第三者である（最判昭 63.7.1 判時 1287.63）。これに対して、債務者の親族や友人というだけでは、事実上の利害関係しか認められず、民法 472 条 2 項の正当な利益を有するとはいえない（大判昭 14.10.13 民集 18.1165）。

　また、正当な利益を有する者でない第三者は、債権者の意思に反して弁済をすることができない（民474③本文）。ただし、その第三者が債務者の委託を受けて弁済をする場合において、そのことを債権者が知っていたときは、弁済をすることができる（民474③但書）。

[2] 弁済の方法

　債務者が債務を履行して弁済を完成するには、債権者の協力を必要とすることが多い。そこで、債務者としては、弁済を完成させるため、まず自分がなすべきことをなさなければならない。これを**弁済の提供**という。弁済の提供は、債務の本旨に従って現実にしなければならない（民493本文）。これを**現実の提供**という。ただし、債権者があらかじめその受領を拒み、または債務の履行について債権者の行為を要するときは、弁済の準備をしたことを通知してその受領の催告をすればよい（民493但書）。これを**口頭の提供**という。債務の本旨に従った弁済の提供をした債務者は、債権者が

これを受領することに協力しなかったため弁済が完成するに至らなかったときも、債務を履行しないことよって生ずる責任を免れる（民492）。債務の本旨に従っているか否かは、結局のところ、社会の取引慣行を考慮して、信義誠実の原則に従って判断されることになるが、民法は具体的な基準をいくつか設けている。

(1) 弁済の目的物

　債権の目的が特定物の引渡しである場合は、契約その他の債権の発生原因および取引上の社会通念に照らしてその引渡しをすべき時の品質を定めることができないときは、弁済をする者は、その引渡しをすべき時の現状でその物を引き渡せばよい（民483）。しかし、債務者は、その引渡しをするまで、善良な管理者の注意をもって、その物を保存しなければならない（**善管注意義務**）から（民400）、債権発生後に生じた目的物の損傷が債務者の過失に基づくときは、債務不履行責任を負わなければならない。なお、まだ引き渡されていない売買の目的物が果実を生じたときは、その**果実**は売主に帰属する（民575①）。

　弁済として**他人の物の引渡し**をしたときは、その弁済者は、更に有効な弁済をしなければ、その物を取り戻すことができない（民475）。ただし、債権者が弁済として受領した物を善意で消費し、または譲り渡したときは、その弁済は有効とされる（民476前段）。弁済が有効とされても、第三者たる真実の所有者は債権者に対して不当利得の返還等の請求をなし得るから、債権者が第三者から賠償の請求を受けたときは、弁済をした者に対して求償することができる（民476後段）。

　債権者の預金または貯金の口座に対する払込みによってする弁済は、債権者がその預金または貯金に係る債権の債務者に対してその払込みに係る金額の払戻しを請求する権利を取得した時に、その効力を生ずる（民477）。

(2) 弁済の場所・時間

　弁済をすべき場所について別段の意思表示がないときは、特定物の引渡しは債権発生の時にその物が存在した場所でしなければならず、その他の弁済は債権者の現在の住所でしなければならない（民484①）。後者を**持参債務**という。法令または慣習により取引時間の定めがあるときは、その取引時間内に限り、弁済をし、または弁済の請求をすることができる（民484

②)。

(3) 弁済の費用

弁済の費用について別段の意思表示がないときは、その費用は、債務者の負担となる。ただし、債権者が住所の移転その他の行為によって弁済の費用を増加させたときは、その増加額は債権者が負担しなければならない（民485）。

[3] 弁済受領者の義務

弁済をする者は、弁済と引換えに、弁済を受領する者に対して**受取証書**の交付を請求することができる（民486）。受取証書の作成交付の費用は、債権者が負担しなければならないと解されている。また、債権に関する証書がある場合に全部の弁済をしたときは、その証書の返還を請求することができる（民487）。相殺・免除など、弁済以外の事由によって消滅した場合も同様である。ただし、**債権証書**の返還を請求できるのは弁済を終えた後と解されている。

[4] 受領権限のない者に対する弁済

弁済を受領する権限を有しない者に対して弁済しても有効な弁済とはならず、真の債権者から請求されれば、重ねて弁済しなければならない。ただし、弁済受領権限を有しない者に対してした弁済も、債権者がこれによって何らかの利益を受けた場合は、その限度においてのみ限度においてのみ効力を有する（民479）。法律関係を簡易に決済するためである。

債権者であっても、その債権を差し押えられたときは弁済を受領する権限を失うから、その差し押えられた債権者に弁済しても有効な弁済とはならない。したがって、差押えを受けた債権の第三債務者が自己の債権者に弁済をしたときは、差押債権者は、その受けた損害の限度において更に弁済をすべき旨を第三債務者に請求することができる（民481①）。弁済を無効とされ、差押債権者から請求を受けた第三債務者が、弁済した債権者に対して求償権を行使できることはいうまでもない（民481②）。

民法は、以上のような原則の例外として、受領権者（債権者および法令の規定または当事者の意思表示によって弁済を受領する権限を付与された第三者）以外の

者であって、取引上の社会通念に照らして受領権者としての外観を有する者（**債権の準占有者**）に対してした弁済は、その弁済をした者が善意であり、かつ、過失がなかったときに限り、その効力を有するとしている（民478）。

受領権者としての外観を有する者に対する弁済の例として、窃取した貯金通帳と偽造した印鑑を持って払戻しを受けた者（大判昭16.6.20民集20.921）、戸籍上は相続人であるが真実の相続人でない者（大判昭15.5.29民集19.903）などがこれにあたり、債権者の代理人と称して債権を行使する者も含まれる（最判昭37.8.21民集16.9.1809）。受領権者としての外観を有する者への弁済は有効とされるから、弁済者は債務を免れ、真の債権者は受領者に対して不当利得の返還請求または不法行為に基づく損害賠償請求を行うことになる。弁済者自身が受領権者としての外観を有する者に対して返還請求することを認めないのが判例（大判大7.12.7民録24.2310）であるが、学説には肯定するものもある。

[5] 弁済による代位

第三者も有効な弁済をなし得ることはすでに述べたとおりであるが、債務者に依頼されて弁済した第三者は、**委任**事務の処理費用として債務者に求償することができ（民650）、債務者に依頼されることなく弁済した第三者は、**事務管理**の費用として債務者に求償することができる（民702）。また、保証人または連帯債務者は、自らの債務の履行として弁済をなす者であるが、弁済をしたときは、主たる債務者または他の連帯債務者に対して求償権を有する（民442、459、462）。これらの求償権行使を確実なものにするため、民法は、債務者のために弁済をした者は、債権者に代位するとしている（民499）。これを、**弁済による代位**、または**代位弁済**という。ただし、**弁済につき正当な利益を有する者**以外の者が債権者に代位する場合には、債権譲渡の場合（民467）と同様に、債権者から債務者へ通知するか、または債務者が代位弁済を承諾することが、対抗要件とされている（民500）。**弁済につき正当な利益を有する者**として、連帯債務者、連帯保証人、後順位抵当権者、一般債権者（大判昭13.2.15民集17.179）などがある。

(1) 債権者に代位した弁済者

債権者に代位した弁済者は、債権の効力および担保としてその債権者が

有していた一切の権利を行使することができる（民501①）。ただし、この権利の行使は、債権者に代位した者が自己の権利に基づいて債務者に対して求償をすることができる範囲内（保証人の1人が他の保証人に対して債権者に代位する場合には、自己の権利に基づいて当該他の保証人に対して求償をすることができる範囲内）に限られる（民501②）。

(2) 弁済による代位のルール

弁済による代位によって債権者が有していた権利を行使する場合には、次のようなルールに従わなければならない（民501③柱書）。

㋐第三取得者（債務者から担保の目的となっている財産を譲り受けた者）は、保証人および物上保証人に対して債権者に代位しない（民501③Ⅰ）。

㋑第三取得者の1人は、各財産の価格に応じて、他の第三取得者に対して債権者に代位する（民501③Ⅱ）。

㋒物上保証人の1人が他の物上保証人に対して債権者に代位する場合については②が準用され（民501③Ⅲ）、物上保証人の1人は、各財産の価格に応じて、他の他の物上保証人に対して債権者に代位する。

㋓保証人と物上保証人との間においては、その数に応じて、債権者に代位する。ただし、物上保証人が数人あるときは、保証人の負担部分を除いた残額について、各財産の価格に応じて、債権者に代位する（民501③Ⅳ）。

㋔第三取得者から担保の目的となっている財産を譲り受けた者は、第三取得者とみなして㋐および㋑を適用し、物上保証人から担保の目的となっている財産を譲り受けた者は、物上保証人とみなして㋐、㋒および㋓が適用される（民501③Ⅴ）。

(3) 一部弁済による代位

債権の一部について代位弁済があったときは、代位者は、債権者の同意を得て、その弁済をした価額に応じて、債権者とともにその権利を行使する（民502①）。その場合であっても、債権者は、単独でその権利を行使することができ（民502②）、債権者が行使する権利は、その債権の担保の目的となっている財産の売却代金その他の当該権利の行使によって得られる金銭について、代位者が行使する権利に優先する（民502③）。また、債権の一部について代位弁済があったときは、債務の不履行による契約の解除は、債権者のみがすることができ、契約を解除したときは、代位者に対して弁済

をした価額およびその利息を償還しなければならない（民502④）。

(4) 債権者による債権証書の交付等

　代位弁済によって全部の弁済を受けた債権者は、**債権証書**および自己の占有する担保物を代位者に交付しなければならない（民503①）。債権の一部について代位弁済があった場合は、債権者は、債権に関する証書にその代位を記入し、かつ、自己の占有する担保物の保存を代位者に監督させなければならない（民503②）。

(5) 債権者による担保の喪失等

　債権者が担保を喪失し、または減少させたことについて取引上の社会通念に照らして合理的な理由があると認められるときを除き（民504②）、**弁済につき正当な利益を有する者**（代位権者）がある場合に、債権者が故意または過失によってその担保を喪失し、または減少させたときは、その代位権者は、代位をするに当たって担保の喪失または減少によって償還を受けることができなくなる限度において、その責任を免れる（民504①前段）。その代位権者が物上保証人である場合において、その代位権者から担保の目的となっている財産を譲り受けた第三者およびその特定承継人についても、同様である（民504①後段）。

B　供託

　弁済の提供をした場合において、債権者がその受領を拒んだとき、または、債権者が弁済を受領することができないときは、弁済者は、債権者のために弁済の目的物を供託することができる。この場合においては、弁済者が供託をした時に、その債権は、消滅する（民494①）。弁済者が債権者を確知することができないときも同様であるが、弁済者に過失があるときは供託することができない（民494②）。債権者がだれか分からないという事態は、債権の相続があった場合などに起こり得る。

　供託は、金銭および有価証券については債務履行地の供託所（民495①、供託法2）、その他の物品については法務大臣の指定した倉庫営業者または銀行（供託法5）である。それによって供託所が定まらない場合には、弁済者の請求によって裁判所が供託所を指定し供託物保管者を選任する（民495②）。供託者は遅滞なく債権者に供託した旨の通知をしなければならない

（民495③）。

　債権者が供託を受諾せず、または供託を有効と宣告した判決が確定するまでの間は、弁済者は供託物を取り戻すことができる（民496①前段）。これを**供託物取戻請求権**という。取り戻した場合には、供託しなかったものとみなされる（民496①後段）。ただし、供託によって質権・抵当権が消滅したときは、取り戻すことができない（民496②）。

　弁済者は、①その物が供託に適しないとき、②その物について滅失、損傷その他の事由による価格の低落のおそれがあるとき、③その物の保存について過分の費用を要するとき、または、④そのほか、その物を供託することが困難な事情があるときは、裁判所の許可を得て、弁済の目的物を競売に付し、その代金を供託することができる（民497）。

　弁済の目的物または民法497条の代金が供託された場合には、債権者は、供託物の還付を請求することができる（民498①）。これを**供託物還付請求権**という。ただし、売買の目的物が給付されていないにもかかわらず買主が売買代金を供託した場合のように、債務者（買主）が債権者（売主）の給付に対して弁済をなすべき場合は、債権者はその給付をしなければ供託物を受け取ることができない（民498②、供託法10）。

C　相殺

　2人が互いに弁済期にある同種の債務を負っている場合に、相互の債務の対等額を、当事者の一方の意思表示で消滅させることを**相殺**という。相殺をするには、①当事者間に相対立する債権が存在すること、②両債務が同種の目的を有すること、③両債務が弁済期にあること、④両債務が性質上相殺を許さないものでないこと、という4つの要件を満たしていること（**相殺適状**）が必要である（民505①）。ただし、相殺するほうの債権（**自働債権**）が弁済期にあれば、相殺されるほうの債権（**受働債権**）が弁済期になくても期限の利益を放棄して相殺することができる。

　相殺適状にある場合でも、当事者が相殺を禁止し、または制限する旨の意思表示をした場合には、その意思表示は、第三者がこれを知り、または重大な過失によって知らなかったときに限り、その第三者に対抗することができる（民505②）。

　相殺は当事者の一方から相手方に対する意思表示によって行い、この意思表示に条件または期限を付けることはできない（民506①）。相殺の意思表示がなされると、両債権は相殺適状を生じた時に遡って対等額で消滅する（民506②）。これを**相殺の遡及効**という。

　相殺は、双方の債務の履行地が異なるときであっても、することができるが、相殺をする当事者は、相手方に対し、これによって生じた損害を賠償しなければならない（民507）。また、自働債権が時効消滅した場合も、消滅前に相殺適状にあったときはなお相殺できるものとされている（民508）。すでに生じている期待を保護する規定である。

　以上とは逆に、自働債権に**抗弁権**が付着しているときは、一方的な意思表示によって相手方は抗弁権を失うことになるので、相殺は許されない。また、悪意による不法行為に基づく損害賠償の債務、人の生命または身体の侵害による損害賠償の債務の債務者は、その債権者がその債務に係る債権を他人から譲り受けたときを除き、相殺をもって債権者に対抗することができない（民509）。さらに、債権が**差押禁止**のものであるときは、その債務者は、相殺をもって債権者に対抗することができない（民510）。

　なお、差押えを受けた債権の第三債務者は、差押え後に取得した債権による相殺をもって差押債権者に対抗できないが、差押え前に取得した債権による相殺をもって対抗できる（民511①）。差押え後に取得した債権が差押え前の原因に基づいて生じたものであるときも、その第三債務者は、その債権による相殺をもって差押債権者に対抗できるが、第三債務者が差押え後に他人の債権を取得したときは、対抗できない（民511②）。

　債権者が債務者に対して有する1個または数個の債権と、債権者が債務者に対して負担する1個または数個の債務について、債権者が相殺の意思表示をした場合において、当事者が別段の合意をしなかったときは、債権者の有する債権とその負担する債務は、相殺に適するようになった時期の順序に従って、その対当額について相殺によって消滅する（民512①）。その場合において、相殺をする債権者の有する債権がその負担する債務の全部を消滅させるのに足りないときであって、当事者が別段の合意をしなかったときは、**相殺の充当**は次に掲げるところによる（民512②）。

①債権者が数個の債務を負担するときは、次の②の場合を除き、弁済の充

当の規定の民法 488 条 4 項 2 号から 4 号を準用する。

②債権者が負担する 1 個または数個の債務について元本のほか利息および費用を支払うべきときは、弁済の充当の規定の民法 489 条の規定を準用する。

③債権者が数個の債務を負担する①の場合において、相殺をする債権者の負担する債務がその有する債権の全部を消滅させるのに足りないときは、②の規定を準用する。

債権者が債務者に対して有する債権に、一個の債権の弁済として数個の給付をすべきものがある場合における相殺については、民法 512 条の規定を準用する（民 512 の 2 前段）。債権者が債務者に対して負担する債務に、一個の債務の弁済として数個の給付をすべきものがある場合における相殺についても、同様である（民 512 の 2 後段）。

D 代物弁済

弁済をすることができる者（弁済者）が、債権者との間で、債務者の負担した給付に代えて他の給付をすることにより債務を消滅させる旨の契約をした場合において、その弁済者が当該他の給付をすることを**代物弁済**といい、その給付は、弁済と同一の効力を有する（民 482）。代物弁済は、代物弁済の予約または条件付代物弁済契約という形で、**仮登記担保**として利用されていることについては、すでに述べたとおりである。

既存債務の履行に代えて、小切手を振り出し、それによって既存債務を消滅させる合意は代物弁済になる（大判大 8.4.1 民録 25.599）。

E 更改

当事者が、従前の債務に代えて新たな債務を発生させる契約をし、①従前の給付の内容について重要な変更をするか、②従前の債務者または債権者が第三者と交替するかして、従前の債務を消滅させることを、**更改**という（民 513）。

債務者の交替による更改は、債権者と更改後に債務者となる者との契約によってすることができる。この場合において、更改は、債権者が更改前の債務者に対してその契約をした旨を通知した時に、その効力を生ずる（民

514 ①)。債務者の交替による更改後の債務者は、更改前の債務者に対して求償権を取得しない（民514②）。

　債権者の交替による更改は、更改前の債権者、更改後に債権者となる者および債務者の契約によってすることができる（民515①）。債権者の交替による更改は、**確定日付のある証書**によってしなければ、第三者に対抗することができない（民515②）。

　代物弁済との違いは、他の対価の授受が現実に行われるか否かにあり、Aという商品を引き渡すという債務が、Bという商品を引き渡すという債務に変更されれば更改であるが、Aという商品を引き渡す債務の弁済の代わりにBという商品が引き渡されれば、代物弁済となる。約束手形の振出しが更改に当たるか否かは、当事者の意思によって定まり、意思不明の場合は弁済確保のためになされたものと認めるべきであって、当然に更改があったとものとすべきではない（大判大7.10.29民録24.2079）。また、更改によって旧債務が消滅し新債務が成立するが、両者は原因・結果の関係にあるため、旧債務が存在しなかったり取り消されたりすれば新債務は成立せず、新債務が成立しなかったり取り消されたりすれば旧債務は消滅しない。

　債権者（債権者の交替による更改にあっては、更改前の債権者）は、更改前の債務の目的の限度において、その債務の担保として設定された質権または抵当権を更改後の債務に移すことができる（民518①本文）。ただし、第三者がこれを設定した場合には、その承諾を得なければならない（民518①但書）。この質権または抵当権の移転は、あらかじめまたは同時に更改の相手方（債権者の交替による更改にあっては、債務者）に対してする意思表示によってしなければならない（民518②）。

F　免除

　債権者が債務者に対して、一方的に、無償で債権を消滅させるという意思を表示することを**免除**という（民519）。免除は権利放棄の一場合であるが、債務者に対して意思表示する必要があり、第三者に債権放棄の意思を表示しても債権は消滅しない。また、債権に質権が設定されている場合など、免除によって第三者の権利を害するときは、免除は許されない。

G　混同

　債権と債務が同一の人に帰属した場合を**混同**といい、その債権・債務は消滅する（民520本文）。親から借金していた子が、親の死亡によってその債権を相続したというような場合がこれにあたる。ただし、債権に質権が設定されているなど、債権が第三者の権利の目的となっている場合は、例外として債権は存続する（民520但書）。また、有効な転貸借がある場合に、賃貸人と転借人の地位が同一人に帰しても、賃貸人と賃借人、賃借人と転借人の関係は消滅しない（最判昭35.6.23民集14.8.1507）。

8　有価証券

A　有価証券の意義

　有価証券とは、財産的価値を有する私権を表章する証券であって、権利の発生・移転・行使の全部または一部が証券によってなされることを要するものをいう。財産的価値を有するものでなければならないから、親族法上の権利などは有価証券とすることができない。有価証券のうち、債権を表章するものを**債権証券**といい、金銭債権を表章するものとして手形・小切手・社債券があり、物を給付する債権を表章するものとして倉荷証券（商600）・船荷証券（商757）があり、サービスないし労務を給付する債権を表章するものとして、乗車券・映画鑑賞券などがある。また、株券のように社団の社員たる地位を表章するものは、**社員権証券**といわれる。

　有価証券のうち、特定の者またはその指図人を権利者とする旨（指図文句）を証券面に記載したものを**指図証券**という。手形（手11、77）・小切手（小14）・倉荷証券（商606）・船荷証券（商762）などは、指図文句の記載がなくても法律上当然に指図証券とされている。指図証券の譲渡は、次の権利者を記載（裏書）して証券を交付しなければ効力を生じない（民520の2）。指図証券の所持人が裏書の連続により権利を証明するときは、所持人は適法に権利を有するものと推定される（民520の4）。**裏書の連続**によって権利を証明できれば、何らかの事由によって指図証券の占有を失った者がある場

合も、悪意または重大な過失がない限り、その証券を返還する必要がない（民520の5）。指図証券の債務者は、証券が譲渡される前の債権者に対抗することができた事由があっても、原則として、善意の譲受人に対抗できない（民520の6）。指図証券の債務者は、履行期の定めがあっても、その到来後に所持人が証券を提示して履行請求するまでは遅滞の責任を負わない（民520の9）。

債権者を指名した証券であって、その所持人に弁済する旨が付記されているものを**記名式所持人払証券**という。その譲渡は、証券の交付を必要とする（民520の13）。記名式所持人払証券の所持人は、証券上の権利を適法に有するものと推定される（民520の14）。記名式所持人払証券の所持人は、何らかの事由によって証券の占有を失った者がある場合も、悪意または重大な過失がない限り、その証券を返還する必要がない（民520の15）。指図証券および記名式所持人払証券以外の**記名証券**の譲渡は、債権譲渡の方式（民467）による（民520の19）。

証券面に権利者が記載されていないものを**無記名証券**という。無記名証券の譲渡等は、記名式所持人払証券と同様である（民520の20）。

なお、権利者が有価証券を紛失した場合には、証券と権利との結合を解く手続きが必要になる（民520の11など）。そのために、**公示催告**と**除権決定**という制度が用意されている（非訟99〜113）。すなわち、有価証券を紛失したことを裁判所に申し立てると、裁判所は、その有価証券を所持する者は一定期間内に有価証券を提出して権利を主張すべきことを公告し、期間内に届け出がない場合には、その有価証券の無効を宣言する。

B 有価証券に類似するもの

借用証書、受取証書、預金証書などは、権利の存否・内容を証明するもので**証拠証券**とよばれる。権利自体を表章するわけではないから、有価証券ではない。証拠証券があれば訴訟上権利の存否・内容の証明が容易となるが、他の証拠により証明できれば権利を主張することができる。

下足札、手荷物引換券などは、証券の所持人に弁済すれば、所持人が真実の権利者でなかったときも、悪意または重大な過失がない限り債務者は免責を受けられるため、**免責証券**とよばれる。債権者にとっては証明書と

しての意味しかなく、疑いがあれば証券を所持していても権利を行使できず、逆に権利があることを証明できれば証券がなくても権利を行使できるので、これも有価証券ではない。

　遺言、会社の定款などは、証書の作成がなければ法律関係が成立せず、**設権証券**とよばれる。法律行為の方式として書面の作成が要求されているにすぎないので、有価証券とはいえない。

　紙幣、郵便切手、収入印紙などの**金券**は、それ自体が価値を有しており、特定の財産権を表章しているわけではないから、有価証券ではない。

知識を確認しよう

問題

(1) ある動産を買い受ける売買契約を結んだが、品物を引き渡してもらえないときはどうしたらよいのか。

(2) 金銭債務の債務者が、他に財産もないのに、他の債務者（第三債務者）に対する債権を取り立てず放置しており、その債権が時効消滅しそうなとき、どうしたらよいか。

(3) 強制執行を免れるため、債務者が所有する唯一の財産である不動産を妻子に譲渡し、移転登記を経由している場合、どうしたらよいか。

(4) 連帯債務者の1人について生じた事由の効力を説明しなさい。

(5) 普通保証と連帯保証の違いを説明しなさい。

(6) 債権譲渡の対抗要件について説明しなさい。

指針

(1) 裁判所に訴えて履行を命ずる判決をもらい、強制執行することができ、契約を解除して代金支払債務から解放されることもできるし、損害賠償を請求することもできる。

(2) 債権者代位権を行使して、第三債務者から取り立てることができる。

(3) 債権者が詐害行為を知った時から2年以内であれば、詐害行為取消権を行使して返還させることができる。

(4) 連帯債務者の1人について生じた事由は、他の連帯債務者に対してその効力を生じない相対的効力が原則で、更改、相殺の援用、混同のみが、他の連帯債務者に対しても効力を生ずる絶対的効力事由。

(5) 普通保証には催告の抗弁権と検索の抗弁権があるが、連帯保証にはこれらの抗弁権がない。

(6) 債権譲渡の対抗要件は、債務者への通知または債務者の承諾であるが、第三者に対する対抗要件は確定日付のある証書によることを要する。

第 4 章

債権法各論

本章のポイント

1. 契約の成立には、申込みと承諾が一致する必要がある。

2. 成立した契約の効力として、同時履行の抗弁権があり、当事者の責任のない事由で契約の履行が不能となったときは、債務者がその危険を負担する。

3. 債務が履行されないときは契約を解除することができるが、その要件と効果については、民法に詳細な規定が設けられている。

4. 近年、インターネット取引等で多用されるようになった定型約款について新設された2017（平成29）年の改正規定を理解する。

5. 民法は贈与、売買、交換、消費貸借、使用貸借、賃貸借、雇用、請負、委任、寄託、組合、終身定期金、和解という13種類の契約について規定を設けている。

6. 売買契約で目的物が契約内容に適合しない場合には、買主は、売主に対し、目的物の修補、代替物の引渡しまたは不足分の引渡しによる履行の追完を請求できる。

7. 契約によらない債権・債務の発生原因として、事務管理・不当利得・不法行為がある。

1　契約総則

A　契約自由の原則

　私たちは、食料品や生活雑貨の購入など、数多くの取引を日常的に行っている。当事者が合意によって一定の取引をすることを**契約**という。何人も、法令に特別の定めがある場合を除き、契約をするかどうかを自由に決定することができる（民 521 ①）。また、契約の当事者は、法令の制限内において、契約の内容を自由に決定することができる（民 521 ②）。このように、契約締結の自由・相手方選択の自由・契約内容の自由・方式の自由を認めることを、**契約自由の原則**といい、社会生活関係が原則として個人の契約によって維持されることを宣言するものである。

　民法は、贈与、売買、交換、消費貸借、使用貸借、賃貸借、雇用、請負、委任、寄託、組合、終身定期金、和解という 13 種類の契約（**典型契約**）について規定を設けているが、それは一応の基準に過ぎず、契約自由の原則に基づいて、旅行契約・宿泊契約など、民法に規定のない契約（**非典型契約**）が広く一般に利用されている。典型契約の内容については、後に述べる。

[1] 契約自由の原則の歴史的展開

　契約自由の原則は、私的自治の原則の契約法の分野における現れであり、**所有権絶対の原則、過失責任の原則**とならび**近代私法の三大原則**の 1 つとされている。中世の封建社会では、身分に応じて各人の役割が定まっていたが、人間の自由平等を認めた近代の市民社会では、それぞれの役割は契約によって定められるようになった。この人類文化の発達を、イギリスの法学者メーン（Maine, Sir Henry James Sumner 1822-1888）は、「**身分から契約へ**」という標語で示している。身分社会の封建的な制約から解放された自由な経済活動により、「**見えざる手**」（アダム・スミス〔Smith, Adam 1723-1790〕）に導かれて社会全体が向上発展すると考えられたことによるものである。

　しかし、自由主義経済の進展に伴い、市民間の経済的格差が拡大して、自由競争は強者による弱者支配をもたらすようになった。そこで、この弊害を除去するため、現代においては公的見地から契約自由の原則が制限さ

れるようになっている。

[2]　契約自由の原則の制限

　契約自由の原則といっても、あらゆる契約が有効とされるわけではない。法的・社会的に許容されない契約は無効と解されている。伝統的に、給付内容が確定できない契約（確定性）、公序良俗に反する契約（社会的妥当性）、強行法規に反する契約（適法性）は無効とされており、これを契約の**一般的有効要件**という。後2者については民法に明文の規定が設けられている（民90、91）。民法以外の特別法による契約自由の原則の制限として、以下のようなものがある。

(1)　契約締結の自由の制限

　申込の自由を制限するものとして、テレビを備え付けた者には日本放送協会との受信契約が強制されている（放送法64①）。また、承諾の自由を制限し、承諾義務が課されているものとして、電気・ガス・鉄道などの独占的事業（電気事業法18、ガス事業法16、鉄道営業法6）や、医師・助産師などの公益的職務（医師法19①、保健師助産師看護師法39）については、承諾が義務づけられている。また、商人が、平常取引をする者からその営業の部類に属する契約の申込みを受けたときは、遅滞なく諾否の通知を発しなければ承諾したものとみなされる（商509）。

(2)　相手方選択の自由の制限

　経営譲渡時の労働組合の組合員を経営譲受後不採用とすることは、不当労働行為（労働組合7Ⅰ）にあたる（東京高判平14.2.27労判824.17）。

(3)　契約内容の自由の制限

　借地借家法、利息制限法、労働法などによる制限のほか、一方的に定められた約款に従って契約する付合契約に対する国家の審査・監督などがある。

(4)　契約方式の自由の制限

　複雑化・大量化した取引関係の明確化・迅速化を図るため、手形・株券・運送状などの有価証券は書面に記載すべき事項まで一定されている（手形1、会216、商570、商571）。

　なお、法律関係の明確化を図るため、法人の定款、保証、遺言などは、

一定の事項を記載した書面の作成によって効力を生ずるものとされている（一般法人11、153、民446②、967）。また、書面によらない消費貸借などは要物契約とされ、一方の当事者が目的物を現実に受け取ることによって契約が成立する（民587）。

B 契約の成立要件

契約は、契約の内容を示してその締結を申し入れる意思表示（**申込み**）に対して、相手方が**承諾**をしたときに成立する（民522①）。契約の成立には、法令に特別の定めがある場合を除き、書面の作成その他の方式を具備することを要しない（民522②）。申込みに対して条件を付け、あるいは変更を加えて承諾したときは、申込みを拒絶して新たな申込みをしたものとみなされる（民528）。

商品に正札を付けてショーウィンドーに陳列することも、契約の申込みとなる。しかし、店頭に貼り付けられたアルバイト募集の広告は、応募者があってもそれが承諾となって雇用契約が成立するわけではないから、単なる**申込みの誘引**である。

契約の申込みを受けた者は、原則として承諾する義務がないだけでなく、返答する義務もない。したがって、申込みに「返事がなければ承諾したものとみなします。」とあっても効力は生じない。販売業者が申込みと同時に商品を送付して代金を請求した場合（**ネガティブオプション**）、送付された者は代金を支払う必要はなく、14日間経過すればその商品を自由に処分することができる（特定商取引59）。

意思表示は、その通知が相手方に到達した時から効力を生じる（民97①）。したがって、契約の申込みの意思表示は、相手方に到達した時にその効力を生じる（**到達主義**）。契約の申込みに承諾の期間を定めたときは、申込者が撤回する権利を留保している場合を除き、**申込みの撤回**をすることはできない（民523①）。その期間内に承諾の通知を受けなかったときは、その申込みは効力を失う（民523②）。期間経過後に承諾の通知が到達しても契約は成立せず、申込者は延着した承諾の通知を新たな申込みとみなすことができる（民524）。契約の申込みにあたって承諾の期間を定めなかったときも、申込者が撤回する権利を留保している場合を除き、申込者が承諾の

通知を受けるのに相当の期間は、申込みを撤回することはできない（民525
①）。

　対話者に対して承諾の期間を定めないでした契約の申込みについては、
その対話が継続している間は、いつでも撤回することができる（民525②）。
対話者に対して承諾の期間を定めないでした契約の申込みに対して、対話
が継続している間に承諾の通知がなされなかったときは、その申込みは効
力を失う（民525③本文）。ただし、申込者が対話の終了後もその効力その申
込みが効力を失わない旨の表示をしたときは、対話の終了後も失効せず、
効力を有する（民525③但書）。

　意思表示の通知を発した後に表意者が死亡しまたは行為能力を失っても、
意思表示は効力を失わないのが原則である（民97③）が、契約の申込みでは、
申込者が申込みの通知を発した後に死亡し、意思能力を有しない常況にあ
る者となり、または行為能力の制限を受けた場合において、申込者がその
事実が生じたとすればその申込みは効力を有しない旨の意思を表示してい
たとき、またはその承諾の通知を発するまでにその事実が生じたことを知
ったときは、その申込みは効力を有しない（民526）。

C　契約の効力
[1]　同時履行の抗弁

　売買契約のように、契約当事者が互いに対価的な意義を有する債務を負
担する**双務契約**では、相互の債務が対価的な意義を有することから、特殊
な関係（**牽連関係**）を生ずる。双務契約の当事者の一方は、相手方が債務の
履行（債務の履行に代わる損害賠償の債務の履行を含む。）を提供するまでは自己
の債務の履行を拒むことができる（民533本文）。これを**同時履行の抗弁**と
いう。当事者の公平を図るもので、留置権と同一の趣旨に基づく。したが
って、**留置権**と重なる場合には、いずれを行使してもよいとされている。

　ただし、同時履行の抗弁権が認められるためには、相手方の債務の履行
期が到来していなければならない（民533但書）から、自己の債務を先に履
行する特約がある場合には、同時履行の抗弁権を主張できない。

　不動産売買で代金支払義務と登記移転義務とは同時履行の関係にあり
（大判大7.8.14民録24.1650）、建物売買については、代金支払義務と引渡義務と

の間にも同時履行の関係が認められる（最判昭 34.6.25 判時 192.16）。弁済と**受取証書**の交付義務は、同時履行の関係にある（大判昭 16.3.1 民集 20.163）。

　同時履行の抗弁権を有する相手方に対して、ただ履行を請求するだけでは、相手方は履行遅滞とならず、自分の債務について履行の提供をしたとき、はじめて相手方は履行遅滞となる（大判大 10.6.30 民録 27.1287）。ただし、売主が売買の目的物を第三者に賃貸するなど、履行の意思がないことが明確な場合には、買主が履行の提供をしなくても売主は履行遅滞となる（最判昭 41.3.22 民集 20.3.468）。

　同時履行の抗弁権を有する相手方に対して債務の履行を求める訴訟が起こされたときは、原告敗訴の判決となるのではなく、「被告は原告に対してその給付と引換えに弁済せよ」という**引換給付判決**がなされる（大判明 44.12.11 民録 17.772）。この判決に執行文（民執 26）をもらい、反対給付またはその提供があったことを証明して、強制執行することができる（民執 31 ①）。

[2] 危険負担

　一方の債務が不能な場合、たとえば、建物の売買でその建物が焼失したというような場合には、債権者（買主）は、履行の請求をできないが（民 412 の 2）、債務者（売主）の責めに帰すべき消失であるときは、債務不履行に基づく損害賠償を請求することができる（民法 415）。ここで問題とするのは、債務者（売主）の責めに帰すべき事由によらない履行不能（不可抗力による履行不能）についてである。

　売主の債務と買主の反対給付（代金支払い）の間に、牽連関係を否定すれば、債権者（買主）は債務者（売主）に対して、その債務の履行を請求できないが、債務者（売主）は債権者（買主）に対して、反対給付（代金支払い）の履行を請求できることになる。その場合には、目的物が滅失した場合のリスク（危険）を、目的物引渡債務の債権者（買主）が負担することになるため、**債権者主義**といわれる。

　これに対して、牽連関係を肯定すれば、債権者（買主）は債務者（売主）に対して、その債務の履行を請求できないが、反対給付（代金支払い）の履行を拒むことができることになる。その場合には、目的物が滅失した場合のリスク（危険）は、目的物引渡債務の債務者（売主）が負担することになるため、

債務者主義といわれる。

　民法は、債務者主義を採用し、「当事者双方の責めに帰することができない事由によって債務を履行することができなくなったときは、債権者は、反対給付の履行を拒むことができる。」と規定している（民536①）。したがって、当事者双方の責めに帰すことができない事由による履行不能の場合は、債権者（買主）は、債務（目的物の引渡し）の履行を請求することができないが（民412の2①）、反対給付（代金支払い）債務の履行を拒むことができる。すでに反対給付を履行している場合には、履行不能を理由に契約を解除すると（民542①ⅠⅠ）、**原状回復義務**が発生するので（民545①、②）、給付したものの返還を請求することができる。

　債権者（買主）の責めに帰すべき事由によって債務を履行することができなくなったときは、債権者は、契約を解除することができず（民543）、債権者は反対給付（代金支払い）の履行を拒むこともできない（民536②前段）。その場合、債務者（売主）は、自己の債務を免れたことによって利益を得たときは、これを債権者に償還しなければならない（民536②後段）。

[3]　第三者のためにする契約

　花屋さんに代金を支払い、恋人に誕生日プレゼントの花束の配達を依頼する場合のように、契約により当事者の一方が第三者に対してある給付をすることを約したときは、その第三者は、債務者に対して直接にその給付を請求する権利を有する（民537①）。このような第三者のためにする契約は、その成立の時に第三者が現に存しない場合（胎児、設立中の法人など）または第三者が特定していない場合（懸賞論文など）であっても、そのためにその効力を妨げられない（民537②）。

　第三者の権利は、その第三者が債務者に対して契約の利益を享受する意思を表示した時に発生する（民537③）。第三者の権利が発生した後は、当事者は、これを変更し、または消滅させることができない（民538①）。また、第三者の権利が発生した後に、債務者がその第三者に対する債務を履行しない場合には、契約の相手方は、その第三者の承諾を得なければ、契約を解除することができない（民538②）。

D 契約上の地位の移転

契約の当事者の一方が第三者との間で契約上の地位を譲渡する旨の合意をした場合において、その契約の相手方がその譲渡を承諾したときは、契約上の地位は、その第三者に移転する（民539の2）。契約上の地位の移転は、事業譲渡等の場面で広く行われており、これによって譲渡人は契約関係から離脱する。なお、賃貸人たる地位の移転については、特則が設けられている（民605の2、605の3）。

E 契約の解除

成立している契約を、当事者の一方が相手方に対して一方的に破棄する意思表示（単独行為）を、**契約の解除**という。契約の解除により債務は消滅するから、履行されていない債務は履行する必要がなくなり、すでに履行された債務は原状に回復しなければならなくなる。契約によって解除権が留保されている場合（約定解除）、または、法の規定によって解除権が認められている場合（法定解除）に、契約を解除することができる。法定解除のうちで最も重要なものは、債務不履行による契約解除（民541〜543）である。解除と類似したものに、次のようなものがある。

解除と同様に契約関係を解消するものとして、両当事者の合意で契約の効力を解消させる**合意解除**、一定の事実が発生（条件成就）したとき契約の効力が消滅する**解除条件**、一定の事実が発生したときには債権者の意思表示なしに当然に権利を失う**失権約款**がある。また、**取消し**は、制限行為能力者の行為や瑕疵ある意思表示などの取消事由がある場合に、すでに成立し効果が生じた法律行為を遡及的に無効とするものであり、**撤回**は、まだ終局的法律効果を生じていない法律行為について、その効力発生を阻止するもので、契約の**申込みの撤回**（民523、525）や、**遺言の撤回**（民1022）などがある。なお、解除は契約関係を原状に回復させるものであるが、賃貸借契約などの継続的契約の解除は、存続してきた契約の効力を原状に回復することは不可能であるから、将来に向かって契約を解消させるものであり、**解約告知**とよんで区別されている（民620、630、652、684）。

[1] 解除の要件

　民法は、解除制度は債務を履行しない債務者に対して制裁を課すものではなく、債権者を契約の拘束力から解放するものであるという観点から、債務不履行があれば、債務者に帰責事由がなくても、債権者は契約を解除することができるとしている（民541、542）。ただし、債務の不履行が債権者の責めに帰すべき事由によるものであるときにまで債権者による解除を認めると、債権者は故意に債務の履行を妨げた上で契約を解除し、契約の拘束力を免れることが可能になるので、信義則および公平の観点から、債務の不履行が債権者の責めに帰すべき事由によるものであるときは、契約を解除することはできない（民543）。

（1）催告による解除

　当事者の一方がその債務を履行しない場合は、相手方は、相当の期間を定めてその履行の催告をし、その期間内に履行がないときに、相手方は、契約の解除をすることができる（民541本文）。ただし、契約の解除は、債務不履行により契約目的の達成に支障を来す債権者を救済するためのものであるから、その期間を経過した時における債務の不履行が、その契約および取引上の社会通念に照らして軽微であるときは、解除することができない（民541但書）。

（2）催告によらない解除

　次に掲げる場合には、催告により債務者に履行の機会を与えても意味がないので、債権者は、催告をすることなく、直ちに契約の解除をすることができる（民542①）。㋐債務の全部の**履行が不能**であるとき。㋑債務者がその債務の全部の**履行を拒絶する意思**を明確に表示したとき。㋒債務の一部の履行が不能である場合または債務者がその債務の一部の履行を拒絶する意思を明確に表示した場合において、残存する部分のみでは契約をした目的を達することができないとき。㋓契約の性質または当事者の意思表示により、特定の日時または一定の期間内に履行をしなければ契約をした目的を達することができない場合（**定期行為**）において、債務者が履行をしないでその時期を経過したとき。㋔以上に掲げる場合のほか、債務者がその債務の履行をせず、債権者が催告をしても契約をした目的を達するのに足りる履行がされる見込みがないことが明らかであるとき。

　なお、契約が可分であり、その一部分のみの解消が可能である場合には、⑦債務の一部の履行が不能であるとき、⑦債務者がその債務の一部の履行を拒絶する意思を明確に表示したとき、債権者は、催告をすることなく、直ちに契約の一部の解除をすることができる（民542②）。

[2] 解除権の行使

　契約または法律の規定により当事者の一方が解除権を有するときは、その解除は、相手方に対する意思表示によってする（民540①）。解除の意思表示は、撤回することができない（民540②）。

　当事者の一方が数人ある場合には、契約の解除は、その全員からまたはその全員に対してのみ、することができる（民544①）。当事者の一方が数人ある場合において、解除権が当事者のうちの1人について消滅したときは、他の者についても消滅する（民544②）。これを**解除権の不可分性**という。

[3] 解除の効果

　当事者の一方がその解除権を行使したときは、各当事者は、その相手方を原状に復させる義務（**原状回復義務**）を負う（民545①本文）。

　この原状回復義務の法的性質について、多数説は、解除によって契約は当初から存在しなかったことになり、契約から生じた効果は遡及的に消滅する結果、未履行債務は消滅し、既履行債務は法律上の原因を失って不当利得（民703）として現存利益を返還すべきことになるが、その特則として全面回復に拡大したのが原状回復義務であると解している（**直接効果説**）。これに対して、未履行債務は解除の時に遡及して消滅するが、既履行債務は遡及して消滅せず、原状回復という新たな返還請求権が生じるとする説（**間接効果説**）もある。

　原状回復義務を負う場合において金銭を返還するときは、受領時からの利息を付さなければならない（民545②）。金銭以外の物を返還するときは、その受領の時以後に生じた果実をも返還しなければならない（民545③）。

　解除権の行使は、損害賠償の請求を妨げない（民545④）。解除によって履行義務は消滅するから、本来、債務不履行責任としての損害賠償請求権

も消滅するが、債権者を保護するため解除の遡及効を制限して存続させるものであるから、その賠償範囲は、履行があれば債権者が得たであろう利益（**履行利益**）の賠償である（大判昭 8.2.24 民集 12.251）。

　契約解除により、契約の当事者は、互いに受領したものを返還する義務を負い、その原状回復義務の履行は双務契約に基づく義務の履行ではないが、公平の見地から**同時履行の抗弁**の規定（民 533）が準用され、同時履行の関係になる（民 546）。

[4] 解除における第三者の保護

　民法は、解除の効果は、第三者の権利を害することはできない（民 545 ①但書）と規定している。この規定の意味について、多数説である**直接効果説**は、A 所有の不動産について A→B→C と売買契約がなされ、A→B の売買契約が解除された場合、解除の効果は遡及的に消滅するから B は無権利者となり、C は所有権を失うことになるので、C を保護するために設けられたものと解する。ただし、第三者が保護を受けるためには、その権利につき対抗要件（登記）を備えていなければならない（最判昭 33.6.14 民集 12.9.1449）。したがって、この規定で保護される第三者は、解除前に出現した第三者に限られ、解除後に出現した第三者との関係は、二重譲渡と同様に対抗問題として処理することになる。

　なお、ここでいう第三者とは、解除の対象となった契約により給付された物につき権利を取得した者であって、その契約により発生した債権そのものを譲り受けた者は含まれない（大判明 42.5.14 民録 15.490）。したがって、A は B 所有の不動産を買い受ける契約を締結したが、B が当該不動産を引き渡さないので A は契約を解除したという場合、解除する前に B が代金債権を C に譲渡してその通知をしていたとしても、C はここでいう第三者に当たらない。

[5] 解除権の消滅

　解除権の行使について期間の定めがないときは、相手方は、解除権を有する者に対し、相当の期間を定めて、その期間内に解除をするかどうかを確答すべき旨の催告をすることができる（民 547 前段）。その場合において、

その期間内に解除の通知を受けないときは、解除権は消滅する（民547後段）。債務者をいつまでも不安定な状態に置かないためである。

また、解除権を有する者が故意もしくは過失によって契約の目的物を著しく損傷し、もしくは返還することができなくなったとき、または加工もしくは改造によってこれを他の種類の物に変えたときも、解除権は消滅する（民548本文）。ただし、目的物が代替可能なときは、解除権は消滅しないと解されている。また、解除権者が予測に反して解除権を失わないようにするため、解除権を有する者がその解除権を有することを知らなかったときは、解除権は消滅しない（民548但書）。

F　定型約款

現代社会では欠くことのできない、宅配便の運送、鉄道の旅客運送、電気の供給、インターネットによる物品の購入など、不特定多数の者（顧客）を相手とする事業では、事業者があらかじめ取引内容を画一的に定めた条項（約款）を準備しておき、それに従って迅速に契約を締結し処理されている。ところが、多くの顧客は約款に記載された個別の条項の内容をよく理解していないため、なぜ約款に拘束されるのか、どのような要件の下で約款に拘束されるのかといった問題や、約款を利用した継続的契約で事業者が一方的に約款を変更することの当否について問題があった。これらの問題について、旧民法には特段の規定がなかったため、2017（平成29）年の改正で、約款を用いた取引の法的安定性を確保するため、定型約款に関する規定が新設された。

[1] 定型約款の定義

ある特定の者（**定型約款準備者**）が不特定多数の者を相手方（顧客）として行う取引（不特定多数要件）であって、その内容の全部または一部が画一的であることがその双方にとって合理的なもの（合理的画一性要件）を**定型取引**といい、定型取引において、契約の内容とすることを目的として定型約款準備者により準備された条項の総体を**定型約款**という。定型取引は、不特定多数の顧客を相手にするものでなければならないから、個人が管理する小規模な賃貸用建物について、あらかじめ契約書のひな形を作成して賃貸

借契約を締結していても、そのひな形は定型約款には該当しない。なお、「準備された条項の総体」とは、事前に作成していた定型的な契約条項のことで、中心的な条項のほかに複数の契約条項が存在しているものでなければならない。したがって、レストランのメニューやサービス業の料金表は、あらかじめ目的物と代金額が準備されているが、それだけでは定型約款とはいえない。

　定型取引を行うことの合意をした者は、①定型約款を契約の内容とする旨の合意をしたとき、または②定型約款を準備した者があらかじめその定型約款を契約の内容とする旨を相手方に表示していたときは、定型約款に記載された個別の条項の内容について相手が認識していなくても、定型約款の個別の条項について合意をしたものとみなされる（民548の2①）。「定型約款を準備した者があらかじめその定型約款を契約の内容とする旨を相手方に表示していたとき」は黙示の合意があったものとみなされ、定型約款を利用した取引の安全が図られている。

　ただし、このような擬制をすることが適切でない条項に拘束されることがないようにするため、相手方の権利を制限し、または相手方の義務を加重する条項であって、その定型取引の態様およびその実情ならびに取引上の社会通念に照らして信義則（民1②）に反して相手方の利益を一方的に害すると認められるもの（**不当条項**）については、合意をしなかったものとみなされる（民548の2②）。合意をしなかったものとみなされる不当条項の例として、相手方（顧客）に対して過大な違約金を定める条項や、定型約款準備者の故意または過失による損害賠償責任を免責する条項などがある。また、相手方（顧客）は約款の内容を認識しようとしないのが通常であるから、客観的にみて予測し難い内容の条項が置かれ、かつ、その条項が相手方に重大な不利益を課す、**不意打ち的なもの**であるときも不当条項となる。たとえば、当該商品を購入後、想定外の付属品や他の商品の購入を義務付ける条項や、メンテナンスなどのサービスを受けることを義務付ける条項は、不意打ち的なものとして信義則に反すると判断される可能性が高い。

[2] 定型約款の内容の表示

　定型取引の相手方に定型約款の内容を知る権利を保障するため、定型取

引を行い、または行おうとする定型約款準備者は、定型取引合意の前または定型取引合意の後相当の期間内に相手方から請求があった場合には、遅滞なく、相当な方法でその定型約款の内容を表示する義務が課されている（民548の3①本文）。相当な表示方法として、定型約款を面前で示すほか、書面やメールを送付する方法がある。

定型約款準備者が定型取引合意の前において定型約款の表示請求を拒んだときは、その後に取引が行われても、定型約款の個別の条項について合意をしたものとはみなされない（民548の3②）。

[3] 定型約款の変更

法令の変更や経済環境の変動に伴って定型約款を変更する必要が生じた場合、民法の一般原則によれば相手方の同意を要するが、不特定多数の相手方を対象とする取引では、相手方の承諾を得るのに多大な時間とコストを必要とし、一部の相手方から変更の同意を得られなかった場合には契約内容の画一性に反する結果となる。そこで、定型約款準備者は、①定型約款の変更が、相手方の一般の利益に適合するとき、または②定型約款の変更が、契約をした目的に反せず、かつ、変更の必要性、変更後の内容の相当性、その他の変更に係る事情に照らして合理的なものであるときは、定型約款の変更をすることにより、変更後の定型約款の条項について合意があったものとみなし、個別に相手方と合意をすることなく契約の内容を変更することができる（民548の4①）。

定型約款の変更が、契約をした目的に反せず、かつ、変更に係る事情に照らして合理的なものであるとき（民548の4①Ⅱ）に行う定型約款の変更は、効力発生時期が到来するまでにインターネットの利用その他の適切な方法により周知をしなければ、その効力を生じない（民548の4③）。

2 贈与

贈与契約は、当事者の一方が相手方に無償である財産を与える意思を表

示し、相手がそれを承諾したときに成立する（民549）。口約束だけで成立する**諾成契約**であるが、書面によらない贈与契約は当事者のどちらからでも解除することができる。ただし、履行の終わった部分については解除することができない（民550）。したがって、占有移転や所有権移転登記がなされた後は解除することができない。しかし、受贈者に忘恩行為があったときは、履行後でも解除できると解されている。

贈与も売買と同様に、種類、品質および数量に関して契約の内容に適合した目的物を引き渡す義務を負うが、無償であることに配慮すると、贈与者の**担保責任**を軽減するべきである。そこで、贈与者は、贈与の目的である物または権利を、贈与の目的として特定した時の状態で引き渡し、または移転することを約したものと推定され（民551①）、贈与者の担保責任が軽減されている。したがって、これと異なる合意が立証されない限り、特定物贈与の場合には、契約時など「贈与の目的として特定した時」の状態で引き渡せば契約内容に適合した目的物の引渡しとなり、担保責任を負わない。

老後の面倒をみることを条件に財産を贈与するといった**負担付贈与**の場合は、その負担の限度において、贈与者は売主と同じ担保責任を負い（民551②）、その性質に反しない限り、双務契約に関する規定が準用される（民553）。

大学入学後4年間は毎月5万円贈るといった、定期の給付を目的とする贈与は、贈与者または受贈者の死亡によって、その効力を失う（民552）。

贈与契約の効力が贈与者の死亡によって生ずる**死因贈与**は、その経済的作用は遺贈と共通であるため、遺贈の規定が準用される（民554）。

3　売買

売買とは、当事者の一方がある財産権を相手方に移転することを約し、相手方がその代金を支払うことを約することによって成立する契約である（民555）。特に契約書を作る必要がなく、合意のみによって成立する**諾成契**

約である。また、売主には財産権移転債務、買主には代金支払債務が成立する**双務契約であり、有償契約**である。相手方に移転する財産権は所有権に限られず、債権、知的財産権などでもよい。したがって、賃借権や特許権を譲渡することも売買になる。しかし、対価の支払いは金銭に限られる。金銭以外のものを支払う場合は交換契約となる（民586）。

売買契約に関する費用は、当事者双方が等しい割合で負担する（民558）。

また、民法第3節の売買に関する規定は、売買以外の有償契約に準用される（民559）。

A　売買の予約

ある家を 1,000 万円で売買する予約をしたという場合、その法律関係は2つある。1つは、一方が本契約の申込をすれば他方が承諾の義務を負うというもので、申込権を一方だけがもつ**片務予約**と、双方がもつ**双務予約**とがある。いま1つは、一方が本契約を成立させるという意思表示（**予約完結の意思表示**）をすれば他方の承諾を要せず本契約が成立するもので、予約完結権を一方だけがもつ**一方の予約**（民556①）と、双方がもつ**双方の予約**とがある。当事者はいずれの予約でも締結することができるが、実際に用いられているのは一方の予約が多い。

一方の予約について予約完結権の行使期間を定めなかったときは、予約者（予約完結権をもたない当事者）は、相当の期間を定めて完結するか否かを催告することができ、期間内に確答がなければ予約は効力を失う（民556②）。

B　手付

不動産売買など重要な取引では、契約が成立したときに買主から売主に手付金が交付されることが多い。買主が売主に手付を交付したときは、買主はその手付を放棄（**手付流し**）し、売主は手付の**倍額を現実に提供**（**手付倍返し**）して契約を解除することができる（民557①本文）。これを**解約手付**という。たとえば、1,000 万円の土地の売買で、買主が手付金として 100 万円交付していれば、買主はその 100 万円を放棄することにより契約を解除することができ、売主は倍額の 200 万円を返還して契約を解除できる。ただし、相手方がその契約の履行に着手した後は、解約手付による解除は認め

られない（民557①但書）。相手方が「履行に着手」したとは、「債務の内容た
る給付の実行に着手すること、すなわち、客観的に外部から認識し得るよ
うな形で履行行為の一部をなし又は履行の提供をするために欠くことので
きない前提行為をした場合」を指し、単なる準備行為では足りない（最大判
昭40.11.24民集19.8.2019）。履行期到来後、買主が売主に対してしばしば履行
を求め、残代金の支払準備をしていた場合（最判昭33.6.5民集12.9.1359）など
がこれにあたる。

　手付放棄または手付倍返しによる解除の場合は、損害賠償を請求するこ
とができない（民557②、545④）。

　手付には、以上のような解約手付のほかに、①契約が成立したことを示
す**証約手付**、②債務を履行しない場合に違約金として没収される**違約手付**
（債務不履行による損害賠償請求は別途請求可能）、③債務を履行しない場合に、
損害賠償として手付を交付した者は没収され、収受した者は倍額を返還す
るという、**損害賠償の予定**を兼ねた手付がある。どの手付にも証約手付と
しての機能があるが、手付金が少ない場合は単なる証約手付にとどまる。
解約手付の手付額は通常は代金の5～20%であるが、代金900円の売買で
6円の手付を解約手付だとした判例もある（大判大10.6.21民録27.1173）。

　なお、売買契約成立のとき、代金の一部として支払われる金銭を**内金**と
いう。手付は内金としての性質ももっているが、内金は手付ではない。ま
た、マンション分譲などの際に購入希望者から5～10万円程度を**申込証拠
金**として収受することがある。この申込証拠金は、購入希望者が優先的に
購入する権利を確保するもので、契約不成立のときは返還すべきものと解
されている。

C　対抗要件に係る売主の義務

　売買による所有権移転は、対抗要件を備えなければ第三者に対抗するこ
とができない（民177、178）。そこで、売主の基本的義務として、売主は、買
主に対し、登記、登録その他の売買の目的である権利の移転についての対
抗要件を備えさせる義務を負う（民560）。

D　売主の担保責任

　売買契約において、売主が給付した目的物や権利に瑕疵があった場合に、売主が買主に対して負う責任を**売主の担保責任**という。

[1] 他人の権利の売買における売主の義務

　他人の権利を売買の目的としたときは、売主は、その権利を取得して買主に移転する義務を負う（民561）。他人の権利には、権利の一部が他人に属する場合におけるその権利の一部も含まれる。この義務を履行しない場合には、債務不履行の一般原則に従い、買主はその履行を請求できるほか、契約の解除（民541、542）および損害賠償の請求（民415）ができる。

[2] 買主の追完請求権

　引き渡された目的物が種類、品質または数量に関して契約の内容に適合しないもの（**契約内容不適合**）であるときは、買主は、売主に対し、目的物の修補、代替物の引渡しまたは不足分の引渡しによる履行の追完を請求することができる（民562①本文）。ただし、売主は、買主に不相当な負担を課するものでないときは、買主が請求した方法と異なる方法による履行の追完をすることができる（民562①但書）。なお、契約内容不適合が買主の責めに帰すべき事由によるものであるときは、買主は、履行の追完請求をすることができない（民562②）。

[3] 買主の代金減額請求権

　契約内容不適合の場合において、買主が相当の期間を定めて履行の追完の催告をし、その期間内に履行の追完がないときは、買主は、その不適合の程度に応じて代金の減額を請求することができる（民563①）。ただし、不適合が買主の責めに帰すべき事由によるものであるときは、買主は代金の減額の請求をすることができない（民563③）。なお、次の場合には、買主は、催告をすることなく、直ちに代金の減額を請求することができる（民563②）。①履行の追完が不能であるとき、②売主が履行の追完を拒絶する意思を明確に表示したとき、③契約の性質または当事者の意思表示により、特定の日時または一定の期間内に履行をしなければ契約をした目的を達す

ることができない場合において、売主が履行の追完をしないでその時期を
経過したとき、④その他、買主が追完の催告をしても履行の追完を受ける
見込みがないことが明らかであるとき。

[4]　買主の損害賠償請求および解除権の行使

　契約内容不適合による追完請求権・代金減額請求権は、債務不履行によ
る損害賠償請求（民415）ならびに解除権の行使（民541、542）を妨げない（民
564）。売主は、一般的に、種類、品質および数量に関して、売買契約の内容
に適合した目的物を引き渡す義務を負っており、売買の目的物が特定物か
不特定物かを問わず、引き渡された目的物が契約の内容に適合しない場合
には、債務は未履行であるから、損害賠償請求・解除についても債務不履
行の一般的な規律がそのまま適用されるのである。したがって、損害賠償
請求には売主の帰責事由が必要であり（民415①但書）、損害賠償の範囲は履
行利益である（民416）。また、契約解除には、原則として履行の追完の催告
が必要である（民541）。

[5]　移転した権利が契約内容不適合の場合における売主の担保責任

　売主が買主に移転した権利が契約内容に適合しないものである場合につ
いて、旧民法は、権利の一部が他人に属する場合など、一定の場合に買主
に解除等を認める規定を設けていた（旧民563①、566①、②、567）が、それ以
外の場合については明らかでなかった。そこで、現行法は、権利の一部が
他人に属する場合においてその権利の一部を移転しないときを含め、売買
により移転した権利が契約内容に適合しないものである場合については、
売買の目的物に契約内容不適合があった場合の買主に関する規定（民
562〜564）を準用するものとしている（民565）。

[6]　目的物の種類または品質に関する担保責任の期間制限

　不特定多数の買主に大量の商品を販売する売主にとって、買主からの担
保責任追及に備え、関係証拠を長期間保存しておくことは負担が大きい。
そこで、売主が種類または品質に関して契約の内容に適合しない目的物を
買主に引き渡した場合において、買主がその不適合を知った時から1年以

内にその旨を売主に通知しないときは、買主は、その不適合を理由として、履行の追完の請求、代金の減額の請求、損害賠償の請求および契約の解除をすることができないとしている（民566本文）。ただし、売主が引渡しの時にその不適合を知り、または重大な過失によって知らなかったときは、そのような売主を保護すべき理由はないので、期間制限はない（民566但書）。買主は1年以内に契約内容不適合を通知すればよいが、別途、消滅時効の規定（民166①）により、通知後に買主の権利が時効消滅することもある。

なお、数量が契約内容に適合しない場合には期間制限がないのは、数量不足は外見上明らかであることが多いこと、移転した権利が契約内容に適合しない場合には期間制限がないのは、登記等が対抗要件とされていて判別が比較的容易であることによる。

[7] 目的物の滅失等についての危険の移転

売主が買主に売買の目的として特定した目的物を引き渡した場合において、その引渡しがあった時以後にその目的物が当事者双方の責めに帰することができない事由によって滅失し、または損傷したときは、買主は、その滅失または損傷を理由として、履行の追完の請求、代金の減額の請求、損害賠償の請求および契約の解除をすることができない（民567①前段）。目的物の支配が売主から買主に移転した後は、買主が危険を負担するのが公平だからである。また、契約内容に適合しない物が買主に引き渡された後、目的物が当事者双方の責めに帰することができない事由によって滅失・損傷して履行不能となった場合、危険負担に関する民法536条1項の規定によれば、買主は代金支払を拒絶できることになってしまうが、それでは公平に反するので、買主は代金の支払を拒むことができない（民567①後段）。

売主が契約の内容に適合する目的物をもって、その引渡しの債務の履行を提供したにもかかわらず、買主がその履行を受けることを拒み、または受けることができない場合において、その履行の提供があった時以後に当事者双方の責めに帰することができない事由によってその目的物が滅失し、または損傷したときも同様である（民567②）。

[8] 競売における担保責任等

民事執行法その他の法律の規定に基づく競売の目的物の種類または品質に関する不適合については、売主の担保責任の規定は適用されない（民568④）。

それ以外の不適合については、買受人は、債務者に対し、契約の解除（民541、542）、または代金減額請求（民563、565）をすることができる（民568①）。その場合において、債務者が無資力であるときは、買受人は、代金の配当を受けた債権者に対し、その代金の全部または一部の返還を請求することができる（民568②）。債務者が物もしくは権利の不存在を知りながら申し出なかったとき、または債権者がこれを知りながら競売を請求したときは、買受人は、これらの者に対し、損害賠償の請求をすることができる（民568③）。

[9] 抵当権等がある場合の買主による費用の償還請求

買い受けた不動産について契約の内容に適合しない先取特権、質権または抵当権が存していた場合において、買主が費用を支出してその不動産の所有権を保存したときは、買主は、売主に対し、その費用の償還を請求することができる（民570）。

[10] 担保責任を負わない旨の特約

売主は、目的物が種類、品質または数量に関して契約の内容に適合しない場合（民562①本文）または移転した権利が契約内容に適合しない場合（民565）における担保責任を負わない旨の特約をしたときであっても、知りながら告げなかった事実および自ら第三者のために設定しまたは第三者に譲り渡した権利については、その責任を免れることができない（民572）。

[11] 権利を取得することができない等のおそれがある場合の買主による代金の支払拒絶

売買の目的について権利を主張する者があることその他の事由により、買主がその買い受けた権利の全部もしくは一部を取得することができず、または失うおそれがあるときは、買主は、その危険の程度に応じて、代金

の全部または一部の支払を拒むことができる（民576本文）。ただし、売主が相当の担保を供したときは、この限りでない（民576但書）。

[12] 抵当権等の登記がある場合の買主による代金の支払拒絶

買い受けた不動産について契約の内容に適合しない抵当権の登記があるときは、買主は、抵当権消滅請求の手続が終わるまで、その代金の支払を拒むことができる。この場合において、売主は、買主に対し、遅滞なく抵当権消滅請求をすべき旨を請求することができる（民577①）。買い受けた不動産について契約の内容に適合しない先取特権または質権の登記がある場合も同様である（民577②）。

[13] 商人間の売買の特則

商人間の売買では、買主は受け取った目的物を遅滞なく検査し、売買の目的物が種類、品質または数量に関して契約内容に適合しないことを発見したときは、直ちにその旨を売主に通知しないと、その不適合を理由とする履行の追完請求、代金減額請求、損害賠償請求および契約解除をすることができないという特則が定められている（商526①、②前段）。また、売買の目的物が種類または品質に関して契約内容に適合しないことを直ちに発見することができない場合において、買主が6か月以内にその不都合を発見したときも同様である（商526②後段）。ただし、これらの規定は売主が悪意の場合には適用されない（商526③）。商人間の売買では、互いの信用を重んじ、取引を迅速にすませる必要があることから設けられた規定で、**目的物検査通知義務**とよばれている。

E　買戻しの特約

不動産の売主は、売買契約と同時にした買戻しの特約により、買主が支払った代金（別段の合意をした場合にあっては、その合意により定めた金額）および契約の費用を返還して、売買の解除をすることができる。この場合において、当事者が別段の意思を表示しなかったときは、不動産の果実と代金の利息とは相殺したものとみなされる（民579）。

買戻しの期間は10年を超えることができず、特約でこれより長い期間

を定めたときは、その期間は 10 年となる（民 580 ①）。また、買戻しについて期間を定めたときは、その後にこれを伸長することができず（民 580 ②）、買戻しについて期間を定めなかったときは、5 年以内に買戻しをしなければならない（民 580 ③）。

　売買契約と同時に買戻しの特約を登記したときは、買戻しは、第三者に対抗することができる（民 581 ①）。買戻しの登記がされた後に対抗要件を備えた賃借人の権利（民 605 の 2）は、その残存期間中 1 年を超えない期間に限り、売主に対抗することができるが、売主を害する目的で賃貸借をしたときは対抗できない（民 581 ②）。

4　交換

　当事者が互いに金銭以外の財産権を移転することを約することによって成立する（民 586）。諾成・双務・有償契約である。歴史的には古くより行われていたが、現在では利用されることが少ない。

5　消費貸借

A　貸借契約の種類

　他人の物を利用する権利には物権と債権とがあり、物権として地上権・永小作権・地役権・入会権が規定され、債権として消費貸借・使用貸借・賃貸借の各契約が規定されている。民法は、貸借契約を類型化して規定するにあたって、目的物の所有権を移転して消費した後、同種同等同量の物を返還する場合と、借りた物を返還する場合とに大別し、それぞれについて有償・無償による効果の違いを認めて貸借契約を 4 つに類型化している。

B 消費貸借の意義

　消費貸借とは、金銭その他の代替物を借りてこれを消費し、同種・同等・同量の物を返還する契約である（民 587）。消費貸借の目的物は代替物か金銭に限られ、不代替物には適用されない。また、借主が目的物を受け取ることによって成立する**要物契約**とされている。目的物の所有権は借主に移転し、貸主は目的物を使用・収益させるという義務を負わない。借主だけが返還債務を負う**片務契約**である。消費貸借は原則として**無償契約**であり、利息を支払う特約があるときのみ有償契約である（民 589 ①）。利息を支払う特約があるときは、貸主は、借主が金銭その他の物を受け取った日以後の利息を請求することができる（民 589 ②）。

　消費貸借が要物契約とされたのは、無償で貸す貸主に不当に重い負担をかけないためである。しかし、合理性に乏しく、判例・学説とも**要物性緩和**をしてきた。現実に目的物自体の授受がなくても、経済的にそれと同視できる価値の移転があれば要物性を満たすとされ、判例は、国債を交付した場合（大判明 44.11.9 民録 17.648）、預金通帳と印鑑を交付した場合（大判大 11.10.25 民集 1.621）、いずれも金銭消費貸借の成立を認めている。また、金銭消費貸借において金銭交付前に抵当権を設定した場合について、判例は、抵当権の付従性を緩和して抵当権の有効性を認め（大判大 2.5.8 民録 19.312）、金銭交付前に公正証書を作成した場合について、請求が他の請求と区別して認識できる程度に具体的に記載されていれば、その記載方法が多少事実と合わなくても、金銭授受の時から債務名義としての効力を生じるとして、公正証書の性質を根拠に有効性を認めている（大判昭 8.3.6 民集 12.325）。

C 書面でする消費貸借

　書面でする消費貸借は、当事者の一方が金銭その他の物を引き渡すことを約し、相手方がその受け取った物と同種・同等・同量の物を返還することを約することによって、その効力を生ずる（民 587 の 2 ①）。借主が目的物を受け取ることを要せずに成立するから、書面でする消費貸借は**諾成契約**である。書面は電磁的記録であってもよい（民 587 の 2 ④）。書面でする消費貸借の貸主は、目的物を交付する債務を負担する。したがって、借主は、目的物の交付を受ける債権を第三者に譲渡することができ、その債権をも

って貸主の借主に対する金銭債権と相殺することもできる。

　書面でする消費貸借においては、借主は貸主から金銭その他の物を受け取るまで、契約を解除することができるが、貸主が損害を受けたときは損害賠償しなければならない（民587の2②）。書面でする消費貸借は、借主が金銭その他の物を受け取る前に当事者の一方が破産手続開始の決定を受けたときは、その効力を失う（民587の2③）。

D　準消費貸借

　金銭その他の代替物を給付する義務を負っている者がある場合に、当事者がその物を消費貸借の目的とすることを約する契約を準消費貸借といい、これによって消費貸借が成立したものとみなされる（民588）。準消費貸借は、消費貸借の要物性を緩和するもので、たとえば、100万円の代金支払債務が存在する場合に、その債務を目的として消費貸借契約を締結すると、100万円の貸金債権が発生する。

E　貸借物の瑕疵

　目的物に瑕疵がある場合、無利息の消費貸借については、贈与者の引渡義務等の規定である民法551条が準用され、**担保責任**が軽減されている（590①）。したがって、貸借の目的として目的物を特定した時の状態で引き渡し、または移転することを約したものと推定されるので、貸主は、原則として、契約時など目的物が特定したときの状態で目的物を引き渡せばよい。推定を覆す合意が立証されれば、その内容に従って貸主は引渡義務を負うから、その内容に応じた履行の追完や損害賠償等の義務を負う。

　利息付消費貸借の場合には、売買の規定が有償契約に準用される（民559）ので、引き渡された目的物が**契約内容不適合**の場合には、貸主は売主と同様の担保責任を負う。したがって、貸主は借主に対して、代替物の引渡義務等（民562の準用）を負い、損害賠償責任（民564の準用）等を負わなければならない。

　消費貸借の借主は、目的物と同等の物を返還しなければならないが、目的物に瑕疵があった場合に、同様の瑕疵がある物を調達することは困難である。そこで、利息の特約の有無にかかわらず、貸し主から引き渡された

物が種類または品質に関して契約の内容に適合しないものであるときは、借主は、その物の価額を返還することができるとされている（民590②）。

F 貸借物の返還時期

[1] 返還時期の定めがある場合

債権一般の履行期の原則による。すなわち、確定期限があるときは、借主はその期限が到来したときに返還しなければならず、不確定期限のときは、借主が、期限到来後請求を受けた時または期限の到来を知った時のいずれか早い時に返還しなければならない（民412）。しかし、次の2つの場合には、期限をまたずに弁済期が到来する。

第1に、借主が期限の利益を失う場合は、ただちに返還しなければならない。期限の利益を失う場合として、当事者の特約（期限の利益喪失約款）による場合と、民法137条の規定による場合とがある。後者として、借主が担保を滅失させ、損傷させ、または減少させたとき、担保を提出する義務を負う借主がこれを供しないときがある（民137Ⅱ、Ⅲ）。借主が破産手続き開始の決定を受けたとき（民137Ⅰ）は、現在では破産法103条3項で処理されている。

第2に、借主は、返還の時期の定めの有無にかかわらず、いつでも返還することができる（民591②）が、返還の時期を定めた場合において、借主がその時期前に返還したことによって貸主が損害を受けたときは、借主は損害賠償をしなければならない（民591③）。返還時期の定めのある利息付消費貸借の場合、期限前に返還を受けた資金を他へ転用して利益を得ることが可能であるから、期限までの利息の全額が損害といえるかは疑問がある。したがって、返還時期の定めのある利息付消費貸借の期限前返還は、常に利息全額をつけるべきとはいえない。

[2] 返還時期の定めがない場合

貸主は、いつでも相当の期間を定めて返還の催告をすることができる（民591①）。債務の履行について期限を定めなかったときは、債務者は、履行の請求を受けた時から遅滞の責任を負う（民412③）ことから、判例は、貸主が履行の請求をした時から借主は遅滞に陥るが、相当の期間が経過して

いないという抗弁を行使したときは、相当の期間が満了した時に返還すれ
ばよいとしている（大判昭 5.6.4 民集 9.595）。学説はこれに反対し、民法 591
条 1 項は同 412 条 3 項の特則を定めたもので、単に抗弁権を与えたもので
はなく、相当期間の満了によってはじめて返還義務が発生すると解してい
る。貸主が相当な期間を定めずに催告した場合は、相当な期間が経過した
時から借主は遅滞に陥る（大判昭 5.1.29 民集 9.97）。借主はいつでも返還する
ことができ（民 591 ②）、利息付消費貸借の場合も、その時までの利息をつけ
ればよい。

G　金銭の消費貸借

　金銭の消費貸借には、利息を支払わなければならないものと、利息を支
払わなくてよいものとがあるが、実際には利息つきのものがほとんどで、
当事者間で決めた利率（**約定利率**）により利息（**約定利息**）が支払われる。当
事者が利息を支払うことだけ定め、利率を決めなかった場合は、**年 3%** の
法定利率で利息を計算する（民 404 ①、②）。法定利率は変動制がとられてい
る（民 404 ③）が、その詳細についてはすでに詳しく述べた（第 3 章第 1 節 B
[6]⑴）。

　金銭の消費貸借契約で利息の支払いが約されている場合、貸し付けた金
銭（**元本**）の返還を求める債権（**元本債権**）が本体で、利息の支払いを要する
という債権（**基本権たる利息債権**）は元本債権に付従し、独立の存在をもたな
い。したがって、元本債権が消滅すればともに消滅し、譲渡されれば原則
としてこれとともに移転する。しかし、利息の支払期日に現実に発生した
一定の利息の支払いを求める債権（**支分権たる利息債権**）は、元本とは分離独
立した債権として扱われる。したがって、現実に発生している支分権たる
利息債権は、それだけを譲渡することが可能であり、元本を譲渡しても当
然には移転しない。なお、利息を元本に組み入れるという**複利計算**の約定
も、その結果が利息制限法 1 条の利率を超えない限り有効である。複利計
算の約定がない場合は、利息を 1 年分以上延滞し、催告しても支払わない
ときに、債権者は延滞金を元本に組み入れて複利とすることができる（民
405）。したがって、複利計算の約定がない場合には、この元本組入れがな
されない以上、債務者は延滞利息についてさらに利息を支払う必要がない。

[1] 利息制限法による制限

　約定利率による場合、経済的に弱い立場にある借主が高利を押しつけられるおそれがあるため、利息制限法（昭29年法100）によって次のような規制がなされている。

①利率の最高限度は、元本が10万円未満の場合は年2割、元本が10万円以上100万円未満の場合は年1割8分、元本が100万円以上の場合は年1割5分とされ、これを超えた部分の利息は無効とされる（利息1①）。

②借主に貸付ける金銭の中から、利息の前払いとして一定の金銭を控除することを利息の天引きという。利息の天引きは、借主が実際に受け取った額を元本として利息を計算し、天引額が最高利率で計算した額を超える場合には、その超過部分は元本の支払いにあてたものとみなされる（利息2）。

③金銭の貸借にあたって、借主が支払う礼金・割引金・手数料などの金銭は、すべて利息とみなされて制限を受ける（利息3本文）。ただし、契約の締結および債務の弁済の費用はこの限りでない（利息3但書）。

④返済が遅れた場合の違約金の上限は、制限利率の1.46倍以内に制限され、超過部分は無効とされる（利息4）。

[2] 出資取締法・貸金業法による規制

　利息制限法による利率の制限は、超過部分の利息を裁判上請求できないだけのことであるため、「出資の受入れ、預り金及び金利等の取締りに関する法律」（昭29年法195→略称：出資取締法）は、以下のような罰則規定を設けている。

①貸金業者ではない一般人が金銭の貸付けを行う場合に、年109.5%（2月29日を含む1年については年109.8%とし、1日当たりについては0.3%とする。）を超える割合による利息（債務の不履行について予定される賠償額を含む。以下同じ。）の契約をしたときは、5年以下の懲役もしくは1,000万円以下の罰金に処され、またはこれを併科される。当該割合を超える割合による利息を受領し、またはその支払を要求した者も、同様である（出資取締5①）。

②貸金業者が業として金銭の貸付けを行う場合に、年20%を超える割合による利息の契約をしたときは、5年以下の懲役もしくは1,000万円以

下の罰金に処され、またはこれを併科される。その貸付けに関し、当該割合を超える割合による利息を受領し、またはその支払を要求した者も、同様である（出資取締5②）。貸金業者が業として金銭の貸付けを行う場合に、年109.5%（2月29日を含む1年については年109.8%とし、一日当たりについては0.3%とする。）を超える割合による利息の契約をしたときは、10年以下の懲役もしくは3,000万円以下の罰金に処され、またはこれを併科される。その貸付けに関し、当該割合を超える割合による利息を受領し、またはその支払を要求した者も、同様である（出資取締5③）。

　また、勤務先に押しかけたり、深夜に押しかけたりして騒ぐなどといった貸金業者の悪質な取立てが社会問題となったため、1983（昭和58）年に貸金業法（昭58年法32）が制定された。同法は、貸金業者の登録制を定めるとともに、悪質な取立行為を規制している（貸金業法21）。さらに、貸金業を営む者が業として行う金銭消費貸借契約において、年109.5%（2月29日を含む1年については年109.8%とし、1日当たりについては0.3%とする。）を超える割合による利息の契約をしたときは、当該消費貸借を無効とする旨も定められている（貸金業法42）。この場合には、貸金業者は利息を請求することができないだけでなく、不法原因給付（民708）であるから、元本相当額についても返還請求をできない（最判平20.6.10民集62.6.1488）。出資法の罰則に明らかに該当する行為は、もはや金銭消費貸借ということはできず、貸金業者が支出した貸金は、貸金に名を借りた違法行為の手段にすぎないから、民法上の保護に値する財産的価値の移転があったと評価することは相当でないからである。

6　使用貸借

　使用貸借とは、当事者の一方（貸主）がある物を引き渡すことを約し、相手方（借主）がその受け取った物を無償で使用・収益して契約終了時に同一物を返還することを約することによって成立する契約である（民593）。贈与と同様に無償契約であることから、書面による使用貸借でなければ、借

主が借用物を受け取るまで、貸主は契約を解除することができる（民 593 の2）。

　使用貸借は、物の引渡しを必要とせず、当事者の合意のみで契約が成立する**諾成契約**である。所有権を取得しないという点で消費貸借と異なり、賃料（対価）を支払う必要がないという点で賃貸借と異なる。また、使用貸借の貸主は目的物を引き渡し、借主の使用収益を受忍する債務を負い、借主は目的物を保管し、返還する債務を負うが、両者の債務は法的な対価関係に立たないため**片務契約**である。使用貸借は目的物使用の対価を支払う必要がない**無償契約**である。

　目的物は動産でも不動産でもよく、それらの物の一部であってもよい。目的物を引き渡すとは、占有を移転することで、現実の引渡しだけでなく、占有改定や簡易の引渡しでもよい。

　使用・収益を目的とする貸借が無償であるといえるためには、借主が対価を支払わないということが必要で、対価は金銭に限らない。ただし、多少の負担を負うにすぎない場合は、使用貸借と認められる。判例によれば、借主が留守番の仕事をした場合（最判昭 26.3.29 民集 5.5.177）、借主が貸主の公租公課を負担した場合（最判昭 41.10.27 民集 20.8.1649）、室代の相場が 1 畳あたり月 1,000 円の時代に、妻の伯父に 6 畳と 7 畳の室を貸し（7 畳は所有者と共用）、毎月 1,000 円を室代名義で受け取っていた場合（最判昭 35.4.12 民集 14.5.817）は、いずれも使用貸借とされる。

　借主は、目的物の保管について善管注意義務を負う（民 400）。また、契約またはその目的物の性質により定まった用法に従って使用・収益しなければならず（民 594 ①）、貸主の承諾を得ずに第三者に使用・収益させることはできない（民 594 ②）。これに違反した場合、貸主は無催告で契約を解除することができる（民 594 ③）。契約の本旨に反する使用・収益によって損害が生じた場合は、返還を受けた時から 1 年以内に限りその賠償を請求することができる（民 600 ①）。この損害賠償請求権は、貸主が返還を受けた時から 1 年を経過するまでの間は、時効は完成しない（民 600 ②）。

　使用貸借は無償契約であるから、借りた建物の固定資産税など、使用・収益に必要な通常の費用は借主が負担する（民 595 ①）。風水害による破損の修繕費のような特別の必要費と、トイレの水洗化の費用のような有益費

は、買戻特約のある不動産の買主・転得者と同じ範囲（民583②）で、すなわち、民法196条の占有者による費用の償還請求の規定に従って、貸主に償還請求することができる（民595②）。この費用償還請求権は貸主が返還を受けた時から1年以内に行使しなければならず（民600①）、貸主が返還を受けた時から1年を経過するまでの間は、時効は完成しない（民600②）。

A　貸主の引渡義務等

　使用貸借は無償契約であることから、贈与者の引渡義務等の規定（民551）が準用される（民596）。すなわち、貸主は、貸借の目的である物または権利を、貸借の目的として特定した時の状態で引き渡し、または移転することを約したものと推定され（民551①）、貸主の**担保責任**が軽減されている。したがって、これと異なる合意が立証されない限り、特定物貸借の場合には、契約時など「貸借の目的として特定した時」の状態で引き渡せば契約内容に適合した目的物の引渡しとなり、担保責任を負わない。

B　使用貸借期間・使用貸借の解除

　使用貸借の期間を定めた場合には、その期間満了によって使用貸借は終了する（民597①）。使用貸借の期間を定めなかった場合において、使用・収益の目的を定めたときは、借主がその目的に従い使用・収益を終えたとき終了する（民597②）。また、使用借権は相続の対象にならず、借主の死亡によって使用貸借は終了する（民597③）。この場合には、借主の相続人が目的物の返還義務を負うことになる。

　使用貸借の期間を定めなかった場合において、使用・収益の目的を定めたときは、その目的に従い借主が使用・収益するのに足る期間を経過したときは、貸主は契約を解除することができる（民598①）。当事者が契約で使用貸借の期間も使用・収益の目的も定めなかったときは、貸主は、いつでも契約を解除することができる（民598②）。借主は、いつでも契約を解除することができる（民598③）。

C　借主による収去・原状回復

　借主は、借用物を受け取った後にこれに附属させた物を収去する権利を

有する（民599②）。その一方で、借主は、使用貸借が終了したときは、借用物を受け取った後にこれに附属させた物を収去する義務を負う（民599①本文）。借主が目的物に附属させた物が、民法242条等の規定により付合を生じ、附属物が貸主の所有に属することになっていても、収去する義務を負う。ただし、借用物から分離することができない物または分離するのに過分の費用を要する物については、履行不能であるから、貸主は収去義務の履行を請求できない（民599①）。収去義務の履行不能について借主に帰責事由があり、附属物によって目的物の客観的価値が下落している場合は、貸主はその損害賠償を請求することができる（民412の2②参照）。

借主は、借用物を受け取った後にこれに生じた損傷がある場合には、使用貸借が終了したとき、その損傷を原状に復する義務を負うが、その損傷が借主の責めに帰することができない事由によるものであるときは、この限りでない（民599③）。賃借人の原状回復義務（民621本文）と異なり、通常の使用および収益によって生じた賃借物の損耗ならびに賃借物の経年変化（いわゆる通常損耗等）を除く旨の規定は置かれていない。無償である以上、通常損耗等は借主が負担するという趣旨の使用貸借契約と、賃貸借と同様、通常損耗等は貸主が負担するという趣旨の使用貸借契約があるためである。

7 賃貸借

賃貸借契約は、当事者の一方（貸主）が相手方（借主）に物を使用・収益させることを約し、相手方（借主）は借賃（賃料）を支払うことおよび契約終了時に目的物を返還することを約することによって成立する（民601）。賃貸借は当事者の合意のみで成立する**諾成契約**であり、目的物の引渡しを必要としない。また、賃貸人は契約によって定められた一定の使用・収益をさせる債務を負担し、賃借人は対価を支払う債務を負担する**双務契約**であり、当事者が互いに対価的な意義を有する負担を担う**有償契約**である。賃貸借の目的物は動産でも不動産でもよく、物の一部でもよい。権利や営業は賃貸借の対象とならないが、賃貸借に類似した無名契約として賃貸借の規定

が類推適用される。

A　賃借権の内容

　賃借権は、賃借物の使用・収益を目的とする債権である。賃貸人は、目的物を使用・収益させる債務を負い、賃借人は賃料支払債務を負う。賃借権は債権であるから、賃借権の内容は契約当事者の自由な合意によって定められ、その効果は原則として当事者だけに主張できるにすぎない。しかし、賃借権のこの基本的内容は、不動産を目的とする賃貸借については、民法および借地借家法、農地法等の特別法で大きく修正され、賃借人の地位の強化が図られている。これを**不動産賃借権の物権化**という。

　動産を目的物とする賃貸借は、レンタルビデオ、レンタカー、貸衣装など、日常生活で多くみられる。近年では、自動車、コンピューター、医療機器など、高額の機械・機器について、リースやレンタルとよばれる方式が活用されている。リースは、リース会社との賃貸借という法形式がとられているが、その実体は、リース会社から購入資金の融資を受け、その債務をリース料という名目で割賦弁済するのに近いものも多く、その法的性質については諸説がある。レンタルは、時間・日・週単位の動産賃貸借である。これらの動産賃貸借は、当事者間の契約で重要な事項が定められているため、民法の規定はあまり意味をもたない。

B　賃貸借の期間

[1]　短期賃貸借

　賃貸借は処分行為ではないが、その期間が長ければ実際上は処分行為と変わらなくなるため、処分権限を有しない者が賃貸借をする場合には、**短期賃貸借**しかなしえない。すなわち、①樹木の栽植または伐採を目的とする山林の賃貸借は 10 年、②その他の土地の賃貸借は 5 年、③建物の賃貸借は 3 年、④動産の賃貸借は 6 か月という短期の賃貸借に限定される（民602）。以上の期間は更新できるが、その期間満了前、土地については 1 年以内、建物については 3 か月以内、動産については 1 か月以内に更新しなければならない（民603）。

　処分の権限のない者とは、不在者の財産管理人（民28）、権限の定めのな

い代理人（民103）、後見監督人がいる場合の後見人（民864）、相続財産の管理人（民918、943、950、953）等である。これらの者が法定期間を超える約定をした場合には、期間を超える部分のみ無効となる（民602後段）。

[2] 賃貸借の存続期間

　賃貸借の存続期間は、50年を超えることができず、契約でこれより長い期間を定めたときであっても、その期間は50年となる（民604①）。賃貸借の存続期間は更新することができるが、その期間は、更新の時から50年を超えることができない（民604②）。

　賃貸借の存続期間を長期とすると、賃貸物の損傷・劣化が放置されかねない状況となり、国民経済上問題があるとして、旧民法では、賃貸借の存続期間の上限は20年とされていた。しかし、ゴルフ場の敷地や太陽光パネル設置用地等として、存続期間を20年以上とする現実的ニーズがあったため、2017（平成29）年の改正で、賃貸借の上限は50年に伸長された。

C 賃貸借の効力

[1] 不動産賃貸借の対抗力

　不動産の賃貸借は、これを登記したときは、その不動産について物権を取得した者その他の第三者に対抗することができる（民605）。賃借権は物権ではなく債権に過ぎないので、賃借権の登記をする旨の特約がない場合には、賃貸人に賃借権の登記義務はなく、賃借人は賃貸人に対して賃借権の登記を請求することはできない（大判大10.7.11民録27.1378）。借地借家法が、借地権については建物登記（借地借家10①）、借家権については建物の引渡し（借地借家31）に、それぞれ対抗力を与えて保護していることについては、後に詳述する。

[2] 不動産の賃貸人たる地位の移転

　賃貸借の対抗要件を備えた不動産が譲渡されたときは、その不動産の賃貸人たる地位は、その譲受人に移転する（民605の2①）。ただし、不動産の譲渡人および譲受人が、賃貸人たる地位を譲渡人に留保する旨およびその不動産を譲受人が譲渡人に賃貸する旨の合意をしたときは、賃貸人たる地

位は、譲受人に移転しない（民605の2②前段）。その場合、譲渡人と譲受人またはその承継人との間の賃貸借が終了したときは、譲渡人に留保されていた賃貸人たる地位は、譲受人またはその承継人に移転する（民605の2②後段）。

　以上による賃貸人たる地位の移転は、賃貸物である不動産について所有権移転の登記をしなければ、賃借人に対抗することができない（民605の2③）。また、以上により賃貸人たる地位が譲受人またはその承継人に移転したときは、賃借人による費用の償還請求に係る債務（民608）および敷金の返還に係る債務（民622の2①）は、譲受人またはその承継人が承継する（民605の2④）。

　なお、賃貸借の対抗要件を備えていない不動産が譲渡されたときは、その賃貸人たる地位は、賃借人の承諾を要しないで、譲渡人と譲受人との合意により、譲受人に移転させることができる（民605の3前段）。その場合も、賃貸人たる地位の移転は、賃貸物である不動産について所有権移転の登記をしなければ、賃借人に対抗することができない（民605の3後段、605の2③）。賃貸人たる地位が移転したときは、賃借人による費用の償還請求に係る債務（民608）および敷金の返還に係る債務（民622の2①）は、譲受人またはその承継人が承継する（民605の3後段、605の2④）。

[3]　不動産の賃借人による妨害停止請求等

　対抗要件を備えた不動産の賃借人は、その不動産の占有を第三者が妨害しているときは、その第三者に対する妨害停止請求をすることができ、その不動産を第三者が占有しているときは、その第三者に対する返還請求をすることができる（民605の4）。

[4]　賃貸物の修繕等

　賃貸人は、賃貸物の使用および収益に必要な修繕をする義務を負うが、賃借人の責めに帰すべき事由によってその修繕が必要となったときは、修繕義務を負わない（民606①）。賃貸人が賃貸物の保存に必要な行為をしようとするときは、賃借人は、これを拒むことができない（民606②）。なお、賃貸人が賃借人の意思に反して保存行為をしようとする場合において、そ

のために賃借人が賃借をした目的を達することができなくなるときは、賃借人は、契約の解除をすることができる（民607）。

　賃借物の修繕が必要である場合において、①賃借人が賃貸人に修繕が必要である旨を通知し、または賃貸人がその旨を知ったにもかかわらず、賃貸人が相当の期間内に必要な修繕をしないとき、または、②急迫の事情があるときは、賃借人は、その修繕をすることができる（民607の2）。

[5] 賃借人による費用の償還請求

　賃借人は、賃借物について賃貸人の負担に属する必要費を支出したときは、賃貸人に対し、直ちにその償還を請求することができる（民608①）。賃借人が賃借物について有益費を支出したときは、賃貸人は、賃貸借の終了の時に、占有者による有益費の償還請求の規定（民196②）に従い、その償還をしなければならない（民608②本文）。ただし、裁判所は、賃貸人の請求により、その償還について相当の期限を許与することができる（民608②但書）。

[6] 賃借物の一部滅失等による賃料の減額等

　賃借物の一部が滅失その他の事由により使用および収益をすることができなくなった場合は、それが賃借人の責めに帰することができない事由によるものであるときは、その使用および収益をすることができなくなった部分の割合に応じて、賃料は減額される（民611①）。残存する部分のみでは賃借人が賃借をした目的を達することができないときは、賃借人は、契約の解除をすることができる（民611②）。

D　賃借権の譲渡

　賃借権の譲渡とは、賃借人が譲受人との契約により、賃借人の地位を譲受人に移転させることをいう。賃貸借契約は高度な信頼関係に基づく契約であるから、賃借権の譲渡には賃貸人の承諾が必要とされる（民612①）。賃貸人の承諾が得られない場合、賃借権は当事者間では有効に移転するが、賃貸人に対抗することができない（大判昭2.4.25民集6.182）。承諾は明示でも黙示でもよく、賃借人に対してなされても賃借権譲受人に対してなされて

もよい（最判昭31.10.5民集10.10.1239）。賃貸人が賃借権譲渡前に一旦承諾を
与え、譲渡性のある賃借権とした場合には、賃借人の財産権上の利害に重
大な影響を及ぼすから、賃貸人はその承諾を撤回して譲渡性を奪うことは
できない（最判昭30.5.13民集9.6.698）。

　賃貸人の承諾を得て賃借権が譲渡されると、賃借人は賃貸借関係から離
脱し、譲受人が代わって賃借人となる。しかし、延滞賃料債務はすでに具
体的に発生した独立の債務であるから、当然には移転しない。**敷金返還請
求権**も、新賃借人に譲渡するなど特段の事情がない限り、新賃借人に承継
されない（民622の2①Ⅱ）。

　賃貸借は個人的信頼を基礎とする継続的法律関係であるから、賃借権の
無断譲渡があった場合には、賃貸借契約を継続するに堪えない背信的行為
があったものとして、賃貸人に賃貸借契約の解除権が認められる（民612②）。
しかし、賃貸人の承諾なく第三者に目的物を使用・収益させた場合でも、
その行為が賃貸人に対する背信的行為と認めるに足りない特段の事情があ
るときは、解除権は発生しない（最判昭28.9.25民集7.9.979）。これを**信頼関係
破壊理論**という。背信的行為と認めるに足りない特段の事情の存在は、賃
借人が主張立証しなければならない（最判昭41.1.27民集20.1.136）。

　背信的行為であるか否かは、当該違反行為を中心に諸般の事情を考慮し
て判断される。たとえば、同居の親族への賃借権の譲渡等、実質的に利用
の主体が変わっていない場合には背信的行為と認められず、契約解除は許
されない（最判昭39.6.30民集18.5.991）。また、賃借人たる個人商人が税金対策
から株式会社を設立し、その会社に賃借家屋を使用させたとき（最判昭
39.11.19民集18.9.1900）も背信行為とは認められず、契約解除は認められない。

E　賃借物の転貸

　賃借物転貸とは、賃借人が賃借物を第三者に貸すことをいう。賃借人が
賃貸関係から離脱しない点で賃借権譲渡と異なる。賃借物転貸には賃貸人
の承諾を必要とし（民612①）、無断転貸が賃貸借契約の解除原因となる（民
612②）ことは賃借権譲渡と同様である。この解除権も、信頼関係破壊理論
によって制限される傾向にある。なお、借地人が借地上に所有する建物を
第三者に賃貸しても、借地人は建物所有のため自ら土地を使用しているも

のであるから借地を第三者に転貸したとはいえない（大判昭8.12.11裁判例7.277）。また、転借人に独立の使用・収益権が与えられていない場合には転貸とはいえないので、居住用家屋の賃借人が妻子や家事使用人を同居させても転貸にならない。営業用建物の賃借人が第三者と共同経営を始めた場合、第三者が賃借人と対等ないし主導的な立場で共同経営にあたる場合は転貸になる（最判昭28.11.20民集7.11.1211）。

　賃貸人が転貸借を承諾しても、転貸借が適法となるだけで、賃貸人と転借人との間に賃貸借関係が成立するわけではない。したがって、転借人は賃貸人に対して賃貸借上の権利をもたず、賃貸人に対して目的物の修補請求などをすることはできない。

　これに対して、転借人は、賃貸人と賃借人との間の賃貸借に基づく賃借人の債務の範囲を限度として、賃貸人に対して転貸借に基づく債務を直接履行する義務を負う（民613①前段）。すなわち、目的物の保管義務、その違反による損害賠償義務、賃料支払義務、契約終了時の目的物返還義務などを、直接賃貸人に対して負担する。賃料支払義務について、転借人は賃料の前払をもって賃貸人に対抗することができない（民613①後段）。何を標準として前払というかについて、判例は、転貸借契約で定められた賃料支払時期を標準としている（大判昭7.10.8民集11.1901）。前払をもって賃貸人に対抗できないときは二度支払わなければならないが、その場合には賃借人（転貸人）に対して不当利得返還請求することになる。賃貸人は、転借人が転貸人に負担する賃料の範囲内で、賃借人に対する賃料債権を転借人に対しても行使することができる。転借人に賃料支払を請求できる時期は、賃借人（転貸人）および転借人の賃料債務が弁済期にきた時である。

　転貸借の成立によって賃貸人と賃借人の関係は影響を受けず、賃貸人は、従来通り賃借人（転貸人）に対してその権利を行使することができる（民613②）。しかし、賃借人が適法に賃借物を転貸した場合には、賃貸人は、賃借人との間の賃貸借を合意により解除したことをもって転借人に対抗することができない（民613③本文）。ただし、その解除の当時、賃貸人が賃借人の債務不履行による解除権を有していたときは、この限りでない（民613③但書）。したがって、賃借人の債務不履行により賃貸借が解除され終了した場合は、賃貸人が転借人に対して目的物の返還を請求した時に、転貸人の

転借人に対する債務の履行不能により転貸借は原則として終了する（最判平 9.2.25 民集 51.2.398）。賃料の延滞を理由に賃貸借を解除するには、賃借人に対して催告すれば足り、転借人に支払いの機会を与える必要はない（最判昭 37.3.29 民集 16.3.662）。

賃貸人の承諾のない無断転貸も、転貸人と転借人との間では、債権的な契約として有効である。したがって、転借人は転貸人に対する関係では有効に用益権限を取得し、転貸人は転借人に対して賃料請求することができる。

F 賃借人の義務

[1] 賃料の支払

賃借人は、動産、建物および宅地については毎月末に、その他の土地については毎年末に、賃料を支払わなければならない（民 614 本文）。ただし、収穫の季節があるものについては、その季節の後に遅滞なく支払わなければならない（民 614 但書）。

[2] 賃借人の通知義務

賃借物が修繕を要し、または賃借物について権利を主張する者があるときは、賃借人は遅滞なくその旨を賃貸人に通知しなければならない（民 615 本文）。ただし、賃貸人がすでにこれを知っているときは、この限りでない（民 615 但書）。

[3] 賃借人による使用・収益

賃借人は、契約または目的物の性質によって定まった用法に従って使用・収益しなければならず、賃借物を返還するまで、善良な管理者の注意をもって目的物を保管しなければならない（民 616、594 ①、400）。賃借人がこの用法遵守義務に違反した場合は債務不履行となり、賃貸人は、違反行為の差止めを請求し、損害賠償を請求し得る。損害賠償請求は、返還を受けた時から 1 年以内にしなければならない（民 622、600）。

用法遵守義務違反を理由とする契約の解除は、解除の一般原則（民 541）により、相当の期間を定めて違反行為の差止めを請求した後に解除するこ

とになる。しかし、違反行為が当事者間の信頼関係を破壊し、賃貸借契約の継続を著しく困難にした場合は、催告を要せずに将来に向かって賃貸借契約を解除することができる（最判昭 27.4.25 民集 6.4.451、最判昭 50.2.20 民集29.2.99）。これとは逆に、賃貸人の承諾を得ないで借地内の建物の増改築をしたときは、催告を要せず契約を解除できる旨の特約があっても、当事者間の信頼関係を破壊するおそれがあると認めるに足りないときは、特約に基づいて契約を解除することは許されない（最判昭 41.4.21 民集 20.4.720）。このように、用法違反があっても、信頼関係を破壊するものといえない場合には、**信頼関係破壊理論**によって契約解除が制限されることは、無断譲渡による解除、賃料不払いによる解除の場合と同様である。

G　賃貸借の終了

[1] 賃借物の全部滅失等による賃貸借の終了

　賃借物の全部が滅失その他の事由により使用および収益をすることができなくなった場合には、賃貸借は、これによって終了する（民 616 の 2）。

[2] 期間の定めのない賃貸借の解約の申し入れ

　当事者が賃貸借の期間を定めなかったときは、各当事者は、いつでも解約の申入れをすることができ、解約の申入れの日から、①土地の賃貸借は1年、②建物の賃貸借は3か月、③動産および貸席の賃貸借は1日を、それぞれ経過することによって終了する（民 617 ①）。収穫の季節がある土地の賃貸借については、その季節の後次の耕作に着手する前に、解約の申入れをしなければならない（民 617 ②）。当事者が賃貸借の期間を定めた場合であっても、その一方または双方がその期間内に解約をする権利を留保したときは、賃貸借の期間を定めなかったときと同様である（民 618）。

[3] 賃貸借の更新の推定等

　賃貸借の期間が満了した後賃借人が賃借物の使用または収益を継続する場合において、賃貸人がこれを知りながら異議を述べないときは、従前の賃貸借と同一の条件で更に賃貸借をしたものと推定される（民 619 ① 前段）。その場合、各当事者は、期間の定めのない賃貸借の解約の申入れの規定（民

617) により解約の申入れをすることができる（民619①後段）。従前の賃貸借について当事者が担保を供していたときは、その担保は、敷金（民622の2①）を除き、期間の満了によって消滅する（民619②）。

[4] 賃貸借の解除の効力

賃貸借の解除をした場合には、その解除は、将来に向かってのみその効力を生ずる（民620前段）。この場合においては、損害賠償の請求を妨げない（民620後段）。

[5] 賃借人の原状回復義務

賃借人は、通常の使用および収益によって生じた賃借物の損耗ならびに賃借物の経年変化を除き、賃借物を受け取った後にこれに生じた損傷がある場合には、賃貸借が終了したとき、その損傷を原状に復する義務を負う（民621本文）。ただし、その損傷が賃借人の責めに帰することができない事由によるものであるときは、原状回復義務を負わない（民621但書）。

[6] 使用貸借の規定の準用

使用貸借の、期間満了による使用貸借の終了（民597①）、借主による収去（民599①、②）ならびに損害賠償および費用の償還の請求についての期間の制限（民600）の規定は、賃貸借について準用される（民622）。

H 敷金・権利金

賃貸借契約は諾成契約であるが、不動産賃貸借契約成立の際に、礼金・敷金・権利金・保証金といった金銭が授受されることが多い。**礼金**は、契約締結の謝礼として支払われるもので、契約終了時に返還されない。

[1] 敷金

敷金とは、いかなる名目によるかを問わず、賃料債務その他の賃貸借に基づいて生ずる賃借人の賃貸人に対する金銭の給付を目的とする債務を担保する目的で、賃借人が賃貸人に交付する金銭をいう（民622の2①前段）。その法的性質は、一種の停止条件付返還義務を伴う金銭所有権の移転であ

り、敷金交付契約は、賃貸借契約に付随する要物契約である。賃貸人が敷金を受け取っている場合は、①賃貸借が終了し、かつ、賃貸物の返還を受けたとき、および、②賃借人が適法に賃借権を譲り渡したときは、賃貸人は、賃借人に対し、その受け取った敷金の額から賃貸借に基づいて生じた賃借人の賃貸人に対する金銭の給付を目的とする債務の額を控除した残額を返還しなければならない（民622の2①後段）。敷金によって担保される債権の範囲は、延滞賃料債権、賃借人の保管義務違反による損害賠償債権など、賃貸借関係から生ずるすべての債権に及ぶ。敷金は目的物の明渡しまでに生じた一切の債権を担保し、賃借人の敷金返還請求権は明渡し完了後に初めて発生する（最判昭48.2.2民集27.1.80）。判例は、終了後明渡し前の敷金返還請求権は将来の不確定債権であるから転付命令の対象とならず、目的物明渡しと敷金返還との間に**同時履行の抗弁**は認められないとしている（最判昭49.9.2民集28.6.1152）が、民法546条を類推適用して同時履行の抗弁を認める説もある。

賃貸借存続中に目的不動産が譲渡され、賃貸人たる地位が移転した場合（民605の2①、605の3前段）は、すでに述べたように敷金返還債務も譲受人に移転する（民605の2④、605の3後段）。したがって、未払賃料があればそれを差し引き、残額が当然に新賃貸人に承継されることになる（最判昭44.7.17民集23.8.1610）。

なお、賃貸人は、賃借人が賃貸借に基づいて生じた金銭の給付を目的とする債務を履行しないときは、敷金をその債務の弁済に充てることができるが（民622の2②前段）、賃借人は、賃貸人に対し、敷金をその債務の弁済に充てることを請求することはできない（民622の2②後段）。

[2] 権利金

不動産の賃貸借に際して支払われる敷金以外の金銭を権利金という。営業・居住の場所的利益の対価として支払われる場合、賃料の一部の一括前払いとして支払われる場合、賃借権の譲渡性を承認する対価として支払われる場合があり、予定された期間を経過すれば、権利金は返還されない。

中途で賃貸借が終了したとき、賃料の一部の一括前払いとして支払われた権利金は、残存期間に対応する額を返還しなければならない。これに対

して、賃借権の譲渡性を承認する対価として支払われた権利金は、返還請求の問題を生じない。問題となるのは、場所的利益の対価として支払われた権利金であるが、賃借人が 10 数年間も建物を賃借した場合は返還を受けることができない（最判昭 29.3.11 民集 8.3.672）。また、場所的利益の対価として支払われ、期間の定めがなく特段の合意もなかった場合には、契約後 2 年 9 か月で合意解除されても、賃借人は権利金の全部または一部の返還を請求できない（最判昭 43.6.27 民集 22.6.1427）。

Ｉ　借地権

　借地借家法は、建物の所有を目的とする地上権または土地の賃借権を借地権と定義し（借地借家 2 Ⅰ）、その存続期間、効力等について、民法を修正している。前述した**不動産賃借権の物権化**のあらわれである。なお、借地権は、「建物の所有を目的とする」地上権または土地の賃借権に限られるから、駐車場の賃借権は借地権ではなく、借地借家法は適用されない。

[1]　借地権の対抗要件

　賃借権は債権であるから、原則として当事者間でしか主張することができず、賃貸借の目的物が第三者に譲渡されると、賃借人は新所有者に対して賃借権を対抗できない。すなわち、「**売買は賃貸借を破る**」のである。そこで、賃借権の上に築き上げられた社会生活上の利益を保護するため、一定の場合には賃借権にも対抗力が与えられる。

　不動産の賃貸借は、登記することにより第三者に対抗することができる（民 605）。しかし、特約がないかぎり、賃貸人には賃貸借の登記申請に協力する義務がないため、不動産賃貸借の登記がなされることはきわめて少なく、実効性に乏しい。そこで、借地借家法は、建物所有を目的とする地上権または土地の賃借権により、地上権者または土地の賃借人がその土地の上に登記した建物を有するときは、地上権または土地の賃借権はその登記がなくても、これをもって第三者に対抗することができると規定している（借地借家 10 ①）。登記は表示登記でもよいが（最判昭 50.2.13 民集 29.2.83）、家族名義の登記では対抗力がないとされている（最判昭 41.4.27 民集 20.4.870）。

　登記した建物が滅失した場合は、借地権者が、その建物を特定するため

に必要な事項、その滅失があった日および建物を新たに築造する旨を土地の上の見やすい場所に掲示することによって、対抗力を維持することができる。しかし、滅失後2年を経過する前に新たに建物を築造し、かつその建物の登記をしなければ対抗力は失われる（借地借家10②）。

　借地人の所有する建物が未登記で対抗力がない場合でも、借地権付土地の譲受人の明渡請求が権利濫用として認められないことがある。たとえば、借地権付土地が賃貸人から実子に譲渡され、さらにそれらの者の経営する同族会社に譲渡された場合に、会社の実態は賃貸人の個人営業を引き継いだもので、賃貸人がその中心となっている等の事情があるにもかかわらず、譲受人たる会社が建物収去土地明渡しを求めることは権利濫用となる（最判昭38.5.24民集17.5.639）。また、賃借人が建物を所有し営業していることを知り、借地権付土地として著しく低額で取得した土地買受人が、建物登記がないことを奇貨とし、不当な利益を収めようとして、抜打ち的に建物収去土地明渡しの訴えを提起することも権利濫用となり認められない（最判昭43.9.3民集22.9.1817）。

[2] 借地権の存続期間

　更新のある普通借地権の存続期間は30年である。ただし、契約でこれより長い期間を定めたときは、その期間が存続期間となる（借地借家3）。この規定に違反する借地権の存続期間を30年未満とする特約は無効であり（借地借家9）、期間の定めのない場合と同様に存続期間は30年となる。

　更新のない**定期借地権**には3種のものがあり、それぞれ次のような存続期間が定められている。

　第1は**一般定期借地権**で、存続期間は50年以上である（借地借家22）。一般定期借地権は、利用目的を問わないが、公正証書等の書面によらなければならない。また、更新がないことのほか、建物の築造による存続期間の延長がないこと、建物買取請求をしないことの3点を併せて特約しておかなければならない。借地上の建物に借家人がいる場合に備えて、借地権の終了時に借家契約も終了する旨の特約付借家権が認められ（借地借家39）、借地権終了を知らなかった借家人には、1年の明渡し猶予期間が認められている（借地借家35）。

　第2は、専ら事業の用に供する建物の所有を目的とする**事業用定期借地権等**で、これには、存続期間を30年以上50年未満とするもの（借地借家23①）と、存続期間を10年以上30年未満とするもの（借地借家23②）の2種類があり、いずれも公正証書によって契約しなければならない（借地借家23③）。存続期間30年以上50年未満の事業用借地権は、契約の更新および建物の築造による存続期間の延長がなく、建物買取請求をしない旨を設定契約に定めることができる（借地借家23①）。存続期間10年以上30年未満の事業用定期借地権は、設定契約に特に定めなくても、常に契約更新に関する規定（借地借家3~8）の適用がなく、建物買取請求権の規定（借地借家13）も借地契約更新後の建物再築許可の規定（借地借家18）も適用されない（借地借家23②）。

　第3は**建物譲渡特約付借地権**で、存続期間は30年以上である（借地借家24①）。借地権設定に際して、借地権設定の日から30年以上経過した日に、借地上の建物を借地権設定者に相当の対価で譲渡する特約を付した借地権である。特約に基づいて建物が譲渡されると、混同により借地権は消滅する。旧借地法のもとでは、強行法規である借地権の存続保障に関する規定に反するとして、かかる特約は無効とされたが、その効力を認めたものである。建物譲渡特約付借地権については、書面などの作成は必要とされていない。将来の建物所有権取得を確保するため、仮登記がなされることになる。特約により借地権が消滅した場合、建物を利用している借地人や建物の賃借人が請求すれば、地主との間に建物の賃貸借関係が成立する（借地借家24②前段）。その場合、建物の借賃は、当事者の請求により裁判所が定める（借地借家24②後段）。

[3]　普通借地権の更新

　借地借家法は、当事者の合意によって更新する合意更新と、法律によって更新が強制される法定更新について規定している。民法619条2項は、更新後担保は消滅する旨を規定しているが、借地借家関係は更新が原則であり、担保提供の際にもそれが前提になっていると考えられるから、借地借家関係に同条項の適用はなく、担保は継続すると解されている。

　合意更新は、最初の更新の場合は更新後の最短期間は20年、2度目以降

は 10 年となる。ただし、当事者がこれより長い期間を定めた場合はそれ
による（借地借家 4）。

　法定更新には、更新請求による更新と、使用継続による更新の２つの場
合があり、いずれの更新の場合も、更新後の期間は合意更新の場合（借地借
家 4）と同様である。**更新請求による更新**は、借地権の存続期間が満了する
場合に、借地権者が契約の更新を請求したときに認められ、建物がある場
合に限り、借地権設定者が遅滞なく正当事由のある異議を述べなければ、
従前の契約と同一の条件で更新したものとみなされる（借地借家 5 ①、6）。
使用継続による更新は、借地権の存続期間が満了した後、借地権者が土地
の使用を継続するときに認められ、建物がある場合に限り、更新請求によ
る更新と同様である（借地借家 5 ②、6）。転借地権が設定されている場合に
は、転借地権者の土地使用の継続が、借地権者の土地使用の継続とみなさ
れる（借地借家 5 ③）。

　なお、民法 619 条の定める**黙示の更新**は、当事者の更新意思を推定する
ものであるのに対して、借地借家法 5 条の定める法定更新は、更新とみな
す更新強制である点に大きな違いがある。また、異議は遅滞なく述べなけ
ればならないこと、異議には正当事由が必要であること、更新後は期間の
定めのないものになるわけではないという点においても、民法 619 条の黙
示の更新と異なる。

　更新請求による更新であれ、使用継続による更新であれ、借地権設定者
は遅滞なく異議を述べることによって法定更新を拒絶することができるが、
この異議には正当の事由がなければならない。**正当事由**の有無は、借地権
設定者および借地権者（転借地権者を含む）が土地の使用を必要とする事情
のほか、借地に関する従前の経過および土地の利用状況ならびに借地権設
定者が土地の明渡しの条件としてまたは土地の明渡しと引換えに借地権者
に対して財産上の給付をする旨の申出をした場合におけるその申出を考慮
して判断される（借地借家 6）。

[4] 建物買取請求権

　民法の原則に従えば、借地権が期間満了により消滅したときは、借地人
は建物を収去し土地を明け渡さなければならない（民 622、599）が、借地借

家法は、借地権者が借地権設定者に対して、建物等を時価で買い取るよう請求する権利を与えている（借地借家13①）。この制度は、借地人に投下資本を回収させること、建物取り壊しによる国民経済的損失を防ぐこと、更新を間接的に強制することを目的としている。この建物買取請求権は**形成権**と解され、借地人の権利行使によって当然に売買契約が成立し、建物の所有権はそれと同時に土地賃貸人に当然に移転する（最判昭30.4.5民集9.4.439）。本条の建物買取請求権は、更新の可能性がある借地権について認められるものであるから、一般定期借地権、事業用定期借地権、一時使用目的の借地権には認められない（最判昭29.7.20民集8.7.1415）。借地人の債務不履行によって契約が解除された場合も、国民経済上の観点から借地人に買取請求権を認める説と、信頼関係を破壊した借地人を保護する必要はないとして否定する説があり、判例は否定説を採る（最判昭35.2.9民集14.1.108）。

　なお、借地権の存続期間が満了する前に、借地権設定者の承諾を得ないで残存期間を超えて存続すべきものとして新たに築造された建物の場合には、借地権設定者の請求により、裁判所は、代金の全部または一部の支払いについて相当の期限を許与することができる（借地借家13②）。

[5] 借地権の譲渡・転貸

　借地権の譲渡・転貸も、一般の賃貸借と同様に賃貸人の承諾が必要であり、無断譲渡・転貸は契約の解除原因となる。しかし、建物所有を目的とする借地については、人によって土地の利用方法が大きく異なることはなく、建物という財産があることから、譲渡・転貸を制限する必要が乏しい。そこで、地主に不利となるおそれがないにもかかわらず、地主が借地権の譲渡・転貸を承諾しないときは、借地権者は地主の**承諾に代わる許可**を裁判所に求めることができるとされている（借地借家19）。その場合、裁判所は、当事者間の利益の衡平を図るため必要があるときは、借地条件の変更を命じたり、財産上の給付を命じたりすることができる。建物競売等の場合における借地権の譲渡についても同様である（借地借家20）。また、借地上の建物を取得した第三者には、借地権の譲渡・転貸を承諾しない地主に対する建物の買取請求権が与えられ（借地借家14）、地主の承諾が間接的に強制されている。借家権については、このような裁判所による許可の制度

は認められていない。

[6] 地代・家賃の増減額請求権

　租税その他の公課の増減、地価変動等の経済事情の変動により、近傍類似物件の賃料と比較して地代・家賃が不相当となったときは、契約の条件にかかわらず、当事者は地代・家賃の増減額請求権を取得する。ただし、一定期間、地代・家賃を増額しない旨の特約がある場合は、その定めに従う（借地借家11①、32①）。この地代・家賃の増減額請求権は**形成権**であって、請求により直ちに額が変更される。したがって、増額請求を受けた金額が納得できない場合も、賃借人がその額を支払わないときは債務不履行となり、契約解除されることになってしまう。そこで、次のような救済規定が置かれている。

　地代・家賃の増額について当事者間に協議が調わないときは、その請求を受けた者は、増額を正当とする裁判が確定するまでは、相当と認める額の地代・家賃を支払っておけばよい。ただし、その裁判が確定した場合において、すでに支払った額に不足があるときは、その不足額に年1割の割合による支払期後の利息を付して支払わなければならない（借地借家11②、32②）。地代・家賃の減額について当事者間に協議が調わないときは、その請求を受けた者は、減額を正当とする裁判が確定するまでは、相当と認める額の地代・家賃を請求することができる。ただし、その裁判が確定した場合において、すでに支払いを受けた額が正当とされた額を超えるときは、その超過額に年1割の割合による受領の時からの利息を付して返還しなければならない（借地借家11③、32③）。

[7] 賃料不払い

　地上権・永小作権の場合は、引き続き2年以上地代・小作料の支払いを怠ったとき、はじめて地主はこれらの権利の消滅を請求できるとされている（民266、276）。これに対して、賃借権の場合は、賃料不払いは債務不履行となる（民412①）。しかし、民法541条をそのまま適用して、催告期間内に履行がなければ直ちに契約を解除できるとすると、賃料支払債務の違反により賃借人は居住・営業の拠点を奪われることになる。そこで、判例・通

説は、民法541条の適用を認めた上で、**信頼関係破壊理論**により解除権の行使を制限している。すなわち、「賃貸借の基調である相互の信頼関係を破壊するに至る程度の不誠意があると断定することはできない」場合には、解除権の行使は信義則に反し認められないとし、借家人が催告期間内に延滞賃料を支払わなかった場合でも、金額が少額であり、過去に1回も賃料を延滞したことがなく、台風による建物損壊を自費で修理して償還を求めなかった等の事情があるときは、賃料不払いを理由に契約を解除することは信義則に反し許されない（最判昭39.7.28民集18.6.1220）。また、訴訟上の和解で、賃料支払を1回でも怠ったときは当然契約解除となる旨定められた場合でも、契約の当然解除を相当とする程度に当事者の信頼関係が破壊されたといえないときは、当該和解条項に基づき契約が当然に解除されたとは認められない（最判昭51.12.17民集30.11.1036）。なお、賃料不払いがあれば、催告も解除の意思表示も不要で当然に賃貸借が終了するものとする、いわゆる**失権約款**は、特別の事情がない限り解除の意思表示を必要とする趣旨に解すべきであるとされている（大判昭10.10.14新聞3920.5）。

[8]　一時使用目的の借地権

　臨時設備の設置その他一時使用のための借地権を設定したことが明らかな場合は、存続期間、更新後の期間、更新請求、更新拒絶の要件、建物再築による期間の延長、更新後の建物滅失による解約、建物買取請求権、借地条件の変更および増改築の許可、更新後の建物の再築許可、定期借地権等に関する規定（借地借家3〜8、13、17、18、22〜24）は、適用されない（借地借家25）。一時使用か否かは、賃貸借成立に至る動機、経緯、契約内容、契約条項、土地の位置および環境、建物の所有目的と規模・構造などを総合して考慮し、判断される（最判昭32.7.30民集11.7.1386）。

J　借家権
[1]　借家権の対抗要件

　建物の賃貸借は、登記がなくても、建物の引渡しがあったときは、以後その建物について物権を取得した者に対して効力を生ずる（借地借家31）。したがって、賃貸借継続中の建物が第三者に譲渡された場合には、原則と

して、賃貸人の地位もこれに伴って第三者に移転し（民605の2①）、旧家主は賃貸借契約から離脱する。賃借建物の転貸を概括的に許容する黙示の特約（最判昭38.9.26民集17.8.1025）、数年分の家賃が前払してあるという状態（最判昭38.1.18民集17.1.12）も承継される。この賃貸人たる地位の移転は、賃貸物である不動産の所有権の移転登記をしなければ賃借人に対抗できない（民605の2③）。

[2] 借家権の存続期間

建物の賃貸借は、事業用・居住用を問わず借地借家法が適用され、更新のある普通借家権と、更新のない定期借家権等が規定されている。

(1) 普通借家権

存続期間は原則として当事者が自由に定めることができるが、1年未満の期間を定めた場合には、期間の定めのないものとみなされる（借地借家29①）。民法604条が規定する50年という存続期間の上限規制は、1999（平成11）年の改正で撤廃され（借地借家29②）、長期についての制限はない。借家契約で存続期間が定められなかったときは、当事者はいつでも解約の申入れができ、3か月を経過したときに賃貸借契約は終了する（民617）。しかし、賃貸人が解約の申入れをする場合には借地借家法によって修正されており、解約申入れには正当事由が必要とされ（借地借家28）、賃貸借契約は6か月を経過した時に終了する（借地借家27）。

(2) 定期借家権

更新がなく、期間満了によって確定的に賃貸借が終了する定期建物賃貸借（定期借家権）は、あらかじめ賃貸人がその旨を記載した書面を賃借人に交付して説明した上で（借地借家38②）、期間を定め、公正証書等の書面によって契約しなければならない（借地借家38①）。更新のある普通借家契約の場合は、1年未満の期間を定めたときは期間の定めがないものとみなされる（借地借家29①）が、定期建物賃貸借契約の場合はこの規定の適用が排除され（借地借家38①）、1年未満の期間も認められる。

期間が1年以上の定期建物賃貸借においては、期間満了の1年前から6か月前までの間に、賃貸人から賃借人に対して、期間満了により建物の賃貸借が終了する旨の通知をしなければならない。その通知を怠ると賃貸人

は期間満了による終了を賃借人に対抗することができないが、その期間経過後に通知すれば、通知の日から6か月を経過した後、終了を賃借人に対抗することができる（借地借家38④）。

(3) 取壊し予定の建物の賃貸借

法令または契約により一定期間経過後に建物を取り壊すべきことが明らかな場合には、建物を取り壊すこととなる時に賃貸借が終了することを定めることができる。この特約は、建物を取り壊すべき事由を記載した書面によってしなければならない（借地借家39）。

(4) 一時使用目的の建物の賃貸借

一時使用のために建物の賃貸借をしたことが明らかな場合には、借地借家法第3章の規定は適用されない（借地借家40）。一時使用とは、賃貸借の目的、動機、その他諸般の事情から、その賃貸借契約を短期間内に限り存続させる趣旨のものであることが客観的に判断される場合をいう（最判昭36.10.10民集15.9.2294）。期間の長短だけを標準として決せられるわけではない。

[3] 普通借家権の更新

定期借家権（借地借家38）には更新がなく、期間満了により確定的に賃貸借が終了するが、普通借家権には更新がある。普通借家権の更新には、合意更新と法定更新とがある。**合意更新**は、賃貸借の期間満了に際して、当事者が合意によって行う。アパートの借家契約などでは、期間満了による更新のつど新たに契約書を交わし、当初の存続期間と同様の期間で合意更新されることが多い。**法定更新**は、法の規定により更新したものとみなされる場合である。期間の定めのある借家権は、当事者が期間満了の1年前から6か月前までの間に相手方に対して、更新をしない旨の通知または条件を変更しなければ更新をしない旨の通知（更新拒絶通知）をしなければ、従前の契約と同一の条件で契約を更新したものとみなされる。ただし、その期間は、定めがないものとなる（借地借家26①）。更新拒絶通知をした場合でも、期間満了後に賃借人が使用を継続している場合に、賃貸人が遅滞なく異議を述べないでいると、同様に更新したものとみなされる（借地借家26②）。

期間の定めのない借家権は、賃貸人が解約の申入れをした場合は、解約申入れの日から6か月を経過することによって終了する（借地借家27①）が、賃貸人が解約申入れをした日から6か月を経過した後に賃借人が使用を継続している場合に、賃貸人が遅滞なく異議を述べないでいると、従前の契約と同一の条件で契約を更新したものとみなされる（借地借家27②、26②）。

賃貸人による、更新拒絶通知または解約申入れは、いずれも**正当事由**がなければ認められない。正当事由の有無は、主として、建物の賃貸人および賃借人（転借人を含む）が建物の使用を必要とする事情を考慮し、補完的に、建物の賃貸借に関する従前の経過、建物の利用状況、建物の現況、立退料その他財産上の給付の提供・支払を考慮して判断される（借地借家28）。

[4] 借家人からの中途解約

普通借家契約で期間の定めがある場合は、借家人から一方的に解約することはできない。しかし、解約する権利が借家契約で留保されているときは、期間の定めがない場合と同様の手続で中途解約することができる（民618）。通常の借家契約では、「借家人は1か月以上前に通知して解約することができる。」といった解約権留保条項が設けられていることが多いが、まれに設けられていないこともあり、設けられていない場合には残存期間の家賃を支払わなければ解約できない。

期間の定めがない場合は、当事者はいつでも解約の申入れをすることができ、借家人が解約の申入れをした場合は、申入れの日から3か月を経過することによって終了する（民617①Ⅱ）。民法のこの規定は任意規定であるから、解約期間を短縮する特約も有効である。賃貸人から解約の申入れをする場合には借地借家法によって修正され、解約申入れに正当事由が必要とされるほか、解約の猶予期間は申入れの日から6か月とされている（借地借家27、28）。

定期借家契約で、居住の用に供する床面積200㎡未満の建物の賃貸借の場合は、転勤、療養、親族の介護その他やむを得ない事情により、借家人が建物を自己の生活の本拠として使用することが困難となったときは、借家人は建物の賃貸借の解約の申入れをすることができる。その場合、建物の賃貸借は、解約の申入れの日から1か月を経過することにより終了す

る（借地借家 38 ⑤）。

[5] 借家権の譲渡・転貸

借家権は、賃借人によって目的物の用益の態様が大きく異なるため、借地権のような裁判所による譲渡・転貸の承諾に代わる許可の制度（借地借家19）がない。したがって、借家権の譲渡・転貸には必ず賃貸人の承諾を必要とし、無断譲渡・転貸は賃貸借契約の解除原因となる（民 612）。

[6] 造作買取請求権

建物の賃貸借が期間の満了または解約の申入れによって終了するときは、賃借人は、賃貸人の同意を得て建物に付加した畳、建具その他の造作を、時価で買い取るよう請求することができる。賃貸人から買い受けた造作についても同様である（借地借家 33 ①）。

造作とは、建物に付加された物件で、賃借人の所有に属し、かつ、建物の使用に客観的便益を与えるものをいう。賃借人がその建物を特殊の目的に使用するため、特に付加した設備は含まれない（最判昭 29.3.11 民集 8.3.672）。

例示されている畳、建具等の造作は、今日では、収去の対象となる物というより、家屋に費やされた有益費または必要費とみる方が実態に適するようになっており、造作買取請求権は大きな意味をもたなくなってきている。そこで、借地借家法は、造作買取請求権を任意規定とし（借地借家 37）、借地借家法施行前の借家契約であっても、施行後に特約をすれば排除することができるものとした。なお、賃借人の債務不履行により契約が解除された場合には造作買取請求権は生じないとするのが判例である（最判昭31.4.6 民集 10.4.356）。

造作買取請求権は**形成権**と解されている。行使時期については制限がないから、賃貸借契約終了後であれば、造作が消滅しない限り、いつでも行使できる。売主（賃借人）は、買主（賃貸人）が造作代金を提供するまで、**同時履行の抗弁権**または**留置権**により造作の引渡しを拒むことができる。しかし、建物の明渡しまで拒むことはできないとするのが判例であり（最判昭29.7.22 民集 8.7.1425）、通説はこれに反対している。

[7] 借家権の相続

　使用貸借と異なり、賃貸借には賃借人の死亡により終了する旨の規定がない。したがって、賃借人が死亡したときは、賃借権は相続の対象になる（大判大 13.3.13 新聞 2247.21）。居住用建物の賃借人が相続人なしに死亡した場合、賃借人と事実上夫婦または養親子と同様の関係にあった同居者が賃借人の権利義務を承継する。ただし、相続人なしに死亡したことを知った後 1 か月以内に反対の意思を表示したときは、この限りではない（借地借家 36 ①）。賃借人に相続人がいる場合には、相続権のない内縁の妻は賃借権を承継しない。しかし、賃貸人からの明渡し請求に対しては、相続人の賃借権を援用して居住の継続を主張することができる。その場合、相続人とともに共同賃借人となるわけではないから賃料支払義務を負わない（最判昭 42.2.21 民集 21.1.155）が、賃料不払いによる解除を免れるため、内縁の妻には賃料の第三者弁済（民 474 ②）が認められる。なお、相続人からの明渡し請求は、事情によっては**権利の濫用**となり許されない（最判昭 39.10.13 民集 18.8.1578）。

8 雇用

　雇用契約は、当事者の一方が相手方に対して労働に従事することを約し、相手方がそれに対して報酬を支払うことを約することによって成立する、諾成の**双務契約**であり、**有償契約**である（民 623）。

　他人の労働を利用することを目的とする**典型契約**として、民法は、雇用・請負・委任・寄託を規定している。このうち、**寄託**は、他人の物を保管するという特殊の労働を目的とする。**雇用**と**委任**は労働の提供自体を目的とし、**請負**は労働の結果である仕事の完成を目的とする。雇用は使用者が労働者を指図して一定の目的に向けて労働力を発揮させるもので、労働力を支配するのは使用者である。これに対して、委任は委ねられた事務の処理を労働者（受任者）が独自の才能・識見で遂行するもので、労働力を支配するのは労働者自身である。また、雇用・請負は有償契約であるが、委任・

寄託は有償の場合と無償の場合とがある。

　民法は、自由で対等な当事者という前提で、雇用契約の規定を設けている。しかし、労働者は使用者に対して従属的な立場に置かれることが通例であり、公正な契約関係が実現されることは困難であるため、民法の雇用に関する規定は労働法によってほぼ全面的に修正されている。

　雇用契約が締結される際に、将来、労働者が使用者に損害を与えた場合には損害賠償責任を負うという身元保証人がつけられることが多いが、これについても「**身元保証ニ関スル法律**」が制定されており、身元保証人の責任が大幅に軽減されている。たとえば、期間の定めのない身元保証契約は、普通は3年、商工業見習者は5年とされ、特約があっても5年以上は認められない（身元保証1、2）。また、被用者に業務上不適任または不誠実な事跡があり身元保証人に責任が生ずるおそれがあるとき、被用者の任務または任地を変更したため身元保証人の責任を加重しまたはその監督が困難になるときは、使用者は遅滞なくその旨を身元保証人に通知しなければならず、通知を受けた身元保証人は身元保証契約を将来に向かって解除することができる（身元保証3、4）。

[1] 雇用の報酬

　労働者は、その約した労働を終わった後でなければ、報酬を請求することができない（民624①）。期間によって定めた報酬は、その期間を経過した後に、請求することができる（民624②）。①使用者の責めに帰することができない事由によって労働に従事することができなくなったとき、または、②雇用が履行の中途で終了したときは、労働者は、すでにした履行の割合に応じて報酬を請求することができる（民624の2）。

[2] 使用者の権利の譲渡制限等

　使用者は、労働者の承諾を得なければ、その権利を第三者に譲り渡すことができない（民625①）。労働者は、使用者の承諾を得なければ、自己に代わって第三者を労働に従事させることができない（民625②）。それに反して労働者が第三者を労働に従事させたときは、使用者は、契約の解除をすることができる（民625③）。

[3] 雇用の解除・解約

　雇用の期間が5年を超え、またはその終期が不確定であるときは、当事者の一方は、5年を経過した後、いつでも契約の解除をすることができる（民526①）。契約の解除をしようとする者は、それが使用者であるときは3か月前、労働者であるときは2週間前に、その予告をしなければならない。当事者が雇用の期間を定めなかったときは、各当事者は、いつでも解約の申入れをすることができる。この場合において、雇用は、解約の申入れの日から2週間を経過することによって終了する（民627①）。期間によって報酬を定めた場合には、使用者からの解約の申入れは、次期以後についてすることができるが、その解約の申入れは、当期の前半にしなければならない（民627②）。6か月以上の期間によって報酬を定めた場合には、解約の申入れは、3か月前にしなければならない（民627③）。当事者が雇用の期間を定めた場合であっても、やむを得ない事由があるときは、各当事者は、直ちに契約の解除をすることができる。この場合において、その事由が当事者の一方の過失によって生じたものであるときは、相手方に対して損害賠償の責任を負う（民628）。

[4] 雇用の更新の推定等

　雇用の期間が満了した後労働者が引き続きその労働に従事する場合において、使用者がこれを知りながら異議を述べないときは、従前の雇用と同一の条件で更に雇用をしたものと推定される。この場合において、各当事者は、雇用の期間を定めなかったときの規定（民627）により解約の申入れをすることができる（民629①）。従前の雇用について当事者が担保を供していたときは、その担保は、期間の満了によって消滅する（民629②本文）。ただし、身元保証金については、この限りでない（民629②但書）。

[5] 雇用の解除の効力

　雇用の解除は、将来に向かってのみ、その効力を生じ、損害賠償の請求をすることができる（民630、620）。

[6] 使用者についての破産手続の開始による解約の申入れ

使用者が破産手続開始の決定を受けた場合には、雇用に期間の定めがあるときであっても、労働者または破産管財人は、期間の定めのない雇用の解約の申入れの規定（民627）により解約の申入れをすることができる（民631前段）。その場合、各当事者は、相手方に対し、解約によって生じた損害の賠償を請求することができない（民631後段）。

9 請負

請負は、当事者の一方（請負人）がある仕事の完成を約し、相手方（注文者）がその仕事の結果に対して報酬を与えることを約することによって成立する**諾成契約**で、**双務契約**であり、有償契約である（民632）。建築工事請負契約、クリーニングの契約などがこれにあたる。

[1] 請負の報酬

報酬は、仕事の目的物の引渡しと同時に、支払わなければならない（民633本文）。ただし、物の引渡しを要しないときは、請負人は、その約した仕事を終わった後でなければ、報酬を請求できない（民633但書、624①）。

報酬には、請負人の労力のほか、材料を提供する場合の費用などが含まれる。報酬は仕事の完成と対価関係に立ち、仕事が未完成に終われば、原則として報酬を請求できないが、注文者の責めに帰すべき事由によって仕事を完成することができなくなったときは、請負人は報酬全額を請求することができる（民536②前段）。ただし、自己の残債務を免れたことによる利益の償還は必要である（民536②後段）。また、①注文者の責めに帰することができない事由によって仕事を完成することができなくなったとき、または、②請負が仕事の完成前に解除されたときは、請負人がすでにした仕事の結果のうち可分な部分の給付によって注文者が利益を受ける部分を仕事の完成とみなし、請負人は、注文者が受ける利益の割合に応じて報酬を請求することができる（民634）。注文者の責めに帰することができない事由

による仕事の未完成には、請負人に帰責事由がある場合と、双方に帰責事由がない場合がある。したがって、請負人に帰責事由がある仕事の未完成の場合も、請負人は割合報酬を請求することができる。

[2] 請負人の担保責任の制限

　請負人が種類または品質に関して契約の内容に適合しない仕事の目的物を注文者に引き渡したとき（その引渡しを要しない場合にあっては、仕事が終了した時に仕事の目的物が種類または品質に関して契約の内容に適合しないとき）は、注文者は、注文者の供した材料の性質または注文者の与えた指図によって生じた不適合を理由として、履行の追完の請求、報酬の減額の請求、損害賠償の請求および契約の解除をすることができない（民636本文）。ただし、請負人がその材料または指図が不適当であることを知りながら告げなかったときは、この限りでない（民636但書）。

[3] 目的物の種類または品質に関する担保責任の期間制限

　仕事の目的物が種類または品質に関して**契約内容不適合**の場合において、注文者がその不適合を知った時から1年以内にその旨を請負人に通知しないときは、注文者は、その不適合を理由として、履行の追完の請求、報酬の減額の請求、損害賠償の請求および契約の解除をすることができない（民637①）。ただし、仕事の目的物を注文者に引き渡した時（その引渡しを要しない場合にあっては、仕事が終了した時）において、請負人が不適合を知り、または重大な過失によって知らなかったときは、この期間制限はない（民637②）。

[4] 注文者による契約の解除

　請負人が仕事を完成しない間は、注文者は、いつでも損害を賠償して契約の解除をすることができる（民641）。

[5] 注文者についての破産手続の開始による解除

　注文者が破産手続開始の決定を受けたときは、請負人または破産管財人は、契約の解除をすることができる（民642①本文）。ただし、仕事を完成した後は、請負人による契約の解除は認められない（民642①但書）。破産手続

の開始により解除する場合には、請負人は、すでにした仕事の報酬および
その中に含まれていない費用について、破産財団の配当に加入することが
できる（民642②）。また、契約の解除によって生じた損害の賠償は、破産管
財人が契約の解除をした場合における請負人に限り、請求することができ
る（民642③前後段）。この場合において、請負人は、その損害賠償について、
破産財団の配当に加入する（民642③後段）。

[6] 請負の目的物の所有権帰属

　請負契約の目的が建物の新築など物の製作である場合には、引渡し前の
所有権帰属が問題になる。判例は、材料を提供した者が注文者か請負人か
で、所有権帰属を区別する。すなわち、請負人が自己の材料で他人の土地
に建物を建築した場合は、所有権はいったん請負人に帰属し、引渡しによ
って注文者に移転する（大判明37.6.22民録10.861）が、注文者が建築材料の主
要部分を供給した場合は、特約のない限り、建物所有権は原始的に注文者
に帰属する（大判昭7.5.9民集11.824）としている。

10　委任

　委任とは、当事者の一方（委任者）が法律行為をすることを相手方（受任
者）に委託し、相手方がこれを承諾することによって成立する**諾成契約**で
ある（民643）。有償でも無償でもよく、有償であれば**双務契約**、無償であれ
ば**片務契約**となる。法律行為とはいえない事務の委託も、**準委任**として委
任の規定が準用される（民656）ので、結局、委任の目的は「事務の処理」
であるといってよい。弁護士への訴訟の委託、医師との診療契約は委任ま
たは準委任にあたる。

　受任者には自由裁量の余地があり、信頼関係を基礎とする点で、雇用と
異なる特色がある。受任者は、委任の本旨に従い、善良なる管理者の注意
をもって委任事務を処理する義務（**善管注意義務**）を負う（民644）。無償委任
の場合もこの義務は軽減されない。受任者は、委任者の許諾を得たとき、

またはやむを得ない事由があるときでなければ、復受任者を選任すること
ができない（民644の2①）。代理権を付与する委任の場合に、受任者が代理
権を有する復受任者を選任したときは、復受任者は、委任者に対して、そ
の権限の範囲内において受任者と同一の権利を有し、義務を負う（民644の
2②）。

[1] 受任者の義務

受任者は、委任者の求めに応じていつでも事務処理状況を報告する義務
を負い、委任終了後は遅滞なく経過および結果を報告しなければならない
（民645）。また、受任者は、委任事務を処理するに当たって受け取った金銭
その他の物、および収取した果実を委任者に引き渡さなければならず（民
646①）、委任者のために自己の名で取得した権利を委任者に移転しなけれ
ばならない（民646②）。さらに、受任者は、委任者に引き渡すべき金額また
はその利益のために用いるべき金額を自己のために消費したときは、その
消費した日以後の利息を支払わなければならない（民647前段）。その場合
において、なお損害があるときは、その賠償の責任を負う（民647後段）。

[2] 受任者の報酬

受任者は、特約がなければ、委任者に対して報酬を請求することができ
ない（民648①）。特約により報酬を受けるべき場合、受任者は、委任事務を
履行した後でなければ、これを請求することができない（民648②本文）。た
だし、期間によって報酬を定めたときは、その期間を経過した後に、請求
することができる（民648②但書、624②）。受任者は、①委任者の責めに帰す
ることができない事由によって委任事務の履行をすることができなくなっ
たとき、または、②委任が履行の中途で終了したときは、すでにした履行
の割合に応じて報酬を請求することができる（民648③）。委任事務の履行
により得られる成果に対して報酬を支払うことを約した場合は、その成果
が引渡しを要するときは、報酬は、その成果の引渡しと同時に、支払わな
ければならない（民648の2①）。また、委任事務の履行により得られる成果
に対して報酬を支払うことを約した場合には、請負契約の割合報酬の規定
（民634）が準用される（民648の2②）。

[3] 委任の費用

　委任事務を処理するについて費用を要するときは、委任者は、受任者の請求により、その前払をしなければならない（民 649）。受任者は、委任事務を処理するのに必要と認められる費用を支出したときは、委任者に対し、その費用および支出の日以後におけるその利息の償還を請求することができる（民 650 ①）。受任者は、委任事務を処理するのに必要と認められる債務を負担したときは、委任者に対し、自己に代わってその弁済をすることを請求することができ、その債務が弁済期にないときは、委任者に対し、相当の担保を供させることができる（民 650 ②）。受任者は、委任事務を処理するため自己に過失なく損害を受けたときは、委任者に対し、その賠償を請求することができる（民 650 ③）。

[4] 委任の解除

　各当事者はいつでも委任を解除できる（民 651 ①）が、①相手方に不利な時期に委任を解除したとき、または、②専ら報酬を得ることによるものを除き、委任者が受任者の利益をも目的とする委任を解除したときは、相手方の損害を賠償しなければならない（民 651 ②本文）。ただし、やむを得ない事由があったときは、この限りでない（民 651 ②但書）。委任の解除の効力は、賃貸借の解除の効力（民 620）と同様である（民 652）。

[5] 委任の終了

　委任は、委任者または受任者の死亡または破産手続開始の決定によって終了し、受任者が後見開始の審判を受けたときも終了する（民 653）。委任が終了した場合において、急迫の事情があるときは、受任者またはその相続人もしくは法定代理人は、委任者またはその相続人もしくは法定代理人が委任事務を処理することができるに至るまで、必要な処分をしなければならない（民 654）。委任の終了事由は、これを相手方に通知したとき、または相手方がこれを知っていたときでなければ、これをもってその相手方に対抗することができない（民 655）。

11 寄託

　寄託は、当事者の一方がある物を保管することを相手方に委託し、相手方がこれを承諾することによって成立する（民657）。契約成立に物の受け渡しを必要としない**諸成契約**であり、有償の場合と無償の場合とがある。なお、倉庫業者や旅館・飲食店などへの寄託については商法の規定（商595条以下）が適用される。

[1] 寄託物受取り前の解除

　寄託者は、受寄者が寄託物を受け取るまで、契約の解除をすることができる（民657の2①前段）。その場合、受寄者は、契約解除によって損害を受けたときは、寄託者に対し、その賠償を請求することができる（民657の2①後段）。無報酬の受寄者は、寄託物を受け取るまで、契約の解除をすることができるが、書面による寄託については解除をすることができない（民657の2②）。有償の受寄者および書面による無報酬の受寄者は、寄託物を受け取るべき時期を経過したにもかかわらず、寄託者が寄託物を引き渡さない場合においては、相当の期間を定めてその引渡しの催告をし、その期間内に引渡しがないときは、契約の解除をすることができる（民657の2③）。

[2] 寄託物の使用および第三者による保管

　受寄者は、寄託者の承諾を得なければ、寄託物を使用することができない（民658①）。受寄者は、寄託者の承諾を得たとき、またはやむを得ない事由があるときでなければ、寄託物を第三者に保管させることができない（民658②）。再受寄者は、寄託者に対して、その権限の範囲内において、受寄者と同一の権利を有し、義務を負う（民658③）。

[3] 無報酬の受寄者の注意義務

　無報酬の受寄者は、自己の財産に対するのと同一の注意をもって、寄託物を保管する義務を負う（民659）。

[4] 受寄者の通知義務等

寄託物について権利を主張する第三者が受寄者に対して訴えを提起し、または差押え、仮差押えもしくは仮処分をしたときは、受寄者は、遅滞なくその事実を寄託者に通知しなければならない（民660①本文）が、寄託者がすでにこれを知っているときは、通知しなくてもよい（民660①但書）。第三者が寄託物について権利を主張する場合であっても、受寄者は、寄託者の指図がない限り、寄託者に対しその寄託物を返還しなければならない（民660②本文）。ただし、受寄者が上記の通知をした場合またはその通知を要しない場合において、その寄託物をその第三者に引き渡すべき旨を命ずる確定判決（確定判決と同一の効力を有するものを含む。）があったときであって、その第三者にその寄託物を引き渡したときは、この限りでない（民660②但書）。受寄者は、寄託者に対して寄託物を返還しなければならない場合には、寄託者にその寄託物を引き渡したことによって第三者に損害が生じたときであっても、その賠償の責任を負わない（民660③）。

[5] 寄託者による損害賠償

寄託者は、寄託物の性質または瑕疵によって生じた損害を受寄者に賠償しなければならない（民661本文）。ただし、寄託者が過失なくその性質もしくは瑕疵を知らなかったとき、または受寄者がこれを知っていたときは、この限りでない（民661但書）。

[6] 寄託者による返還請求等

当事者が寄託物の返還の時期を定めたときであっても、寄託者は、いつでもその返還を請求することができる（民662①）。受寄者は、寄託者が返還時期の前に返還を請求したことによって損害を受けたときは、寄託者に対し、その賠償を請求することができる（民662②）。

[7] 寄託物の返還時期・返還場所

当事者が寄託物の返還の時期を定めなかったときは、受寄者は、いつでもその返還をすることができる（民663①）。返還の時期の定めがあるときは、受寄者は、やむを得ない事由がなければ、その期限前に返還をするこ

とができない（民663②）。寄託物の返還は、その保管をすべき場所でしなければならない（民664本文）。ただし、受寄者が正当な事由によってその物を保管する場所を変更したときは、その現在の場所で返還をすることができる（民664但書）。

[8] 損害賠償および費用の償還の請求権の期間制限

寄託物の一部滅失または損傷によって生じた損害の賠償および受寄者が支出した費用の償還は、寄託者が返還を受けた時から1年以内に請求しなければならない（民664の2①）。この損害賠償の請求権については、寄託者が返還を受けた時から1年を経過するまでの間は、時効は完成しない（民664の2②）。

[9] 委任の規定の準用

寄託については、委任の規定うち646〜648条、649条ならびに650条1項および2項の規定が準用される（民665）。

[10] 混合寄託

複数の者が寄託した物の種類および品質が同一である場合には、受寄者は、各寄託者の承諾を得たときに限り、これらを混合して保管することができる（民665の2①）。受寄者が複数の寄託者からの寄託物を混合して保管したときは、寄託者は、その寄託した物と同じ数量の物の返還を請求することができる（民665の2②）。その場合において、寄託物の一部が滅失したときは、寄託者は、混合して保管されている総寄託物に対するその寄託した物の割合に応じた数量の物の返還を請求することができる（民665の2③前段）。その場合においては、損害賠償の請求を妨げない（民665の2③後段）。

[11] 消費寄託

受寄者が契約により寄託物を消費することができる場合には、受寄者は、寄託された物と種類、品質および数量の同じ物をもって返還しなければならない（民666①）。その場合は、消費貸借の貸主の引渡義務（民590）および

価額の償還（民592）の規定が準用される（民666②）。また、消費貸借の返還時期（民591②、③）の規定は、預金または貯金に係る契約により金銭を寄託した場合について準用される（民666③）。

12 組合

　組合契約は、数人が出資して共同の事業を営むことを約することによって成立する（民667①）。出資は労務でもよい（民667②）。組合の具体例として、マンションの管理組合や、大規模な建設工事でみられる共同企業体（ジョイントベンチャー）がある。民法は組合の設立を契約の一種とみているが、契約のように相対立する意思表示の合致ではなく、同一目的をもった同一方向の意思表示の集合であるから、通説は契約と区別して**合同行為**とよび、契約とは異なる扱いをしている。したがって、**同時履行の抗弁**の規定（民533）および債務者の**危険負担**の規定（民536）は、組合契約については適用されない（民667の2①）。組合員は、他の組合員が組合契約に基づく債務の履行をしないことを理由として、組合契約を解除することができない（民667の2②）。また、組合員の1人について意思表示の無効または取消しの原因があっても、他の組合員の間においては、組合契約は、その効力を妨げられない（民667の3）。

[1] 組合財産の共有・金銭出資不履行の責任

　各組合員の出資その他の組合財産は、総組合員の共有に属する（民668）が、持分の自由な処分や分割請求は認められないので、**合有**とよび、物の共有と区別される。金銭を出資の目的とした場合において、組合員がその出資をすることを怠ったときは、その利息を支払うほか、損害の賠償をしなければならない（民669）。

[2] 組合業務の決定・執行

　組合の業務は、組合員の過半数をもって決定し、各組合員がこれを執行

する（民670①）。組合の業務の決定および執行は、組合契約の定めるところにより、1人または数人の組合員または第三者に委任することができる（民670②）。業務の委任を受けた者（業務執行者）は、組合の業務を決定し、これを執行する（民670③前段）。この場合において、業務執行者が数人あるときは、組合の業務は、業務執行者の過半数をもって決定し、各業務執行者がこれを執行する（民670③後段）。業務執行者が業務を決定・執行する場合も、組合の業務については、総組合員の同意によって決定し、または総組合員が執行することを妨げない（民670④）。以上にもかかわらず、組合の常務（通常の業務）は、各組合員または各業務執行者が単独で行うことができる（民670⑤本文）。ただし、その完了前に他の組合員または業務執行者が異議を述べたときは、この限りでない（民670⑤但書）。

　各組合員は、組合の業務を執行する場合において、組合員の過半数の同意を得たときは、他の組合員を代理することができるが（民670の2①）、業務執行者があるときは、業務執行者のみが組合員を代理することができる（民670の2②前段）。この場合において、業務執行者が数人あるときは、各業務執行者は、業務執行者の過半数の同意を得たときに限り、組合員を代理することができる（民670の2②後段）。以上にもかかわらず、各組合員または各業務執行者は、組合の常務を行うときは、単独で組合員を代理することができる（民670の2③）。組合の業務を決定し、執行する組合員については、委任における受任者の権利義務の規定（民644～650）が準用される（民671）。

　組合契約の定めるところにより1人または数人の組合員に業務の決定および執行を委任したときは、その組合員は、正当な事由がなければ、辞任することができない（民672①）。組合契約の定めるところにより業務の決定および執行を委任された組合員は、正当な事由がある場合に限り、他の組合員の一致によって解任することができる（民672②）。

[3] 組合員の組合の業務および財産状況に関する検査

　各組合員は、組合の業務の決定および執行をする権利を有しないときであっても、その業務および組合財産の状況を検査することができる（民673）。

[4] 組合員の損益分配の割合

　当事者が損益分配の割合を定めなかったときは、その割合は、各組合員の出資の価額に応じて定める（民674①）。利益または損失についてのみ分配の割合を定めたときは、その割合は、利益および損失に共通であるものと推定する（民674②）。

[5] 組合の債権者の権利行使

　組合の債権者は、組合財産についてその権利を行使することができる（民675①）。組合の債権者は、その選択に従い、各組合員に対して損失分担の割合または等しい割合でその権利を行使することができる（民675②本文）。ただし、組合の債権者がその債権の発生の時に各組合員の損失分担の割合を知っていたときは、その割合による（民675②但書）。

[6] 組合員の持分処分および組合財産の分割

　組合員は、組合財産についてその持分を処分したときは、その処分をもって組合および組合と取引をした第三者に対抗することができない（民676①）。組合員は、組合財産である債権について、その持分についての権利を単独で行使することができない（民676②）。組合員は、清算前に組合財産の分割を求めることができない（民676③）。

[7] 組合財産に対する組合員の債権者の権利の行使の禁止

　組合員の債権者は、組合財産についてその権利を行使することができない（民677）。

[8] 組合員の加入・脱退・除名

　組合員は、その全員の同意によって、または組合契約の定めるところにより、新たに組合員を加入させることができる（民677の2①）。組合の成立後に加入した組合員は、その加入前に生じた組合の債務については、これを弁済する責任を負わない（民677の2②）。

　組合契約で組合の存続期間を定めなかったとき、またはある組合員の終身の間組合が存続すべきことを定めたときは、各組合員は、いつでも脱退

することができる（民678①本文）。ただし、やむを得ない事由がある場合を除き、組合に不利な時期に脱退することができない（民678①但書）。組合の存続期間を定めた場合であっても、各組合員は、やむを得ない事由があるときは、脱退することができる（民678②）。以上の場合のほか、組合員は、①死亡、②破産手続開始の決定を受けたこと、③後見開始の審判を受けたこと、④除名によって脱退する（民679）。

　組合員の除名は、正当な事由がある場合に限り、他の組合員の一致によってすることができる（民680本文）。ただし、除名した組合員にその旨を通知しなければ、これをもってその組合員に対抗することができない（民680但書）。

　脱退した組合員は、その脱退前に生じた組合の債務について、従前の責任の範囲内でこれを弁済する責任を負う（民680の2①前段）。この場合において、債権者が全部の弁済を受けない間は、脱退した組合員は、組合に担保を供させ、または組合に対して自己に免責を得させることを請求することができる（民680の2①前段）。脱退した組合員は、脱退前に生じた組合の債務を弁済したときは、組合に対して求償権を有する（民680の2②）。

　脱退した組合員と他の組合員との間の計算は、脱退の時における組合財産の状況に従ってしなければならない（民681①）。脱退した組合員の持分は、その出資の種類を問わず、金銭で払い戻すことができる（民681②）。脱退の時にまだ完了していない事項については、その完了後に計算をすることができる（民681③）。

[9] 組合の解散

　組合は、①組合の目的である事業の成功またはその成功の不能、②組合契約で定めた存続期間の満了、③組合契約で定めた解散の事由の発生、④総組合員の同意によって解散する（民682）。

　やむを得ない事由があるときは、各組合員は、組合の解散を請求することができる（民683）。組合契約の解除の効力については、賃貸借の解除の効力の規定（民620）が準用される（民684）。組合が解散したときは、清算は、総組合員が共同して、またはその選任した清算人がこれをする（民685①）。清算人の選任は、組合員の過半数で決する（民685②）。

　清算人の業務の決定および執行の方法については、組合の業務の決定および執行の方法の規定（民670③〜⑤）ならびに組合の代表の規定（民670の2②、③）が、清算人について準用される（民686）。また、組合契約の定めるところにより組合員の中から清算人を選任した場合については、業務執行組合員の辞任および解任の規定（民672）が準用される（民687）。

　清算人の職務は、①現務の結了、②債権の取立ておよび債務の弁済、残余財産の引渡しで（民688①）、清算人は、その職務を行うために必要な一切の行為をすることができる（民688②）。

　残余財産は、各組合員の出資の価額に応じて分割する（民688③）。

13　終身定期金

　終身定期金契約は、当事者の一方が、自己、相手方または第三者が死亡するまで、定期に金銭その他の物を相手方または第三者に給付することを約することによって、その効力を生ずる（民689）。終身定期金は、日割りで計算する（民690）。

　終身定期金債務者が終身定期金の元本を受領した場合において、その終身定期金の給付を怠り、またはその他の義務を履行しないときは、相手方は、元本の返還を請求することができる（民691①前段）。その場合、相手方は、すでに受け取った終身定期金の中からその元本の利息を控除した残額を終身定期金債務者に返還しなければならない（民691①後段）。この返還は、損害賠償の請求を妨げない（民691②）。終身定期金契約が解除された場合は、同時履行の抗弁の規定（民533）が準用される（民692）。

　終身定期金債務者の責めに帰すべき事由によって689条に規定する死亡が生じたときは、裁判所は、終身定期金債権者またはその相続人の請求により、終身定期金債権が相当の期間存続することを宣告することができる（民693①）。この宣告は、終身定期金契約の解除権の行使を妨げない（民693②）。終身定期金の遺贈についても、以上の規定が準用される（民694）。

14 和解

　和解は、当事者が互いに譲歩をしてその間に存する争いをやめることを約することによって、その効力を生ずる（民695）。

　当事者の一方が和解によって争いの目的である権利を有するものと認められ、または相手方がこれを有しないものと認められた場合において、その当事者の一方が従来その権利を有していなかった旨の確証または相手方がこれを有していた旨の確証が得られたときは、その権利は、和解によってその当事者の一方に移転し、または消滅したものとなる（民696）。

15 事務管理

　義務なく他人のために事務を管理する行為を**事務管理**という。権利も義務もなくみだりに他人のことに干渉すべきではないが、行き倒れの人を救助するというような善意から出た行為を、余計なお世話として放置しておくことにも問題がある。そこで民法は、他人の事務を管理する義務はないが、ひとたび他人の事務の管理を始めた者は本人の利益に適するよう管理を継続すべき義務を負うものとし、本人には管理者が支出した費用を償還する義務を負わせている（民697①）。

A　事務管理の成立要件

　事務管理が成立するためには、**①義務なくしてなされたこと**、**②他人のためになされたこと**、**③事務の管理を始めたこと**、**④最も本人の利益に適する方法によりなされたこと**が必要である。事務は、診療契約のような法律行為であってもよいし、自ら応急処置を施す事実行為であってもよい。本人の利益に適する方法といえるためには、本人の意思が分かるとき、または推知できるときは、その意思に従うことが必要である（民697②）。

B　効果

　事務管理の要件を満たして管理を始めた者（管理者）は、本人、その相続人または法定代理人が管理できるようになるまでその管理を継続しなければならない（民700本文）。ただし、本人の意思に反し、または本人の不利になることが明らかになったときは、管理を継続してはならない（民700条但書）。また、管理者には、本人への通知義務（民699）、事務処理状況・経過および結果の報告義務、受取物引渡し・取得権利移転の義務などがある（民701、645、646）。本人の身体、名誉または財産に対する急迫の危害を免れさせようとする場合（**緊急事務管理**）は、悪意または重過失がない限り、損害が生じても賠償責任を負わない（民698）が、その他の場合は**善管注意義務**（民644）を負う。

　本人は、事務管理に要した費用の償還義務を負い、管理者は有益費用の償還を請求できる（民702①）。また、有益な債務を負担した管理者は、本人に代わって支払うよう請求することもできる（民702②、650②）。ただし、本人の意思に反して管理したときは、本人が現に利益を受ける限度でしか償還請求できない（民702③）。はじめから本人の意思に反することが明らかな場合は、事務管理が成立しないから、最初は本人の意思に反することが明らかでなかった場合のことである。

16　不当利得

A　意義

　法律上の原因がないのに、他人の財産または労務によって利益を受け、そのために他人に損失を与えることを**不当利得**という。受益者（利得者）は、その利益の存する限度において、これを返還する義務を負う（民703）。悪意の受益者は、その利得に利息を付して返還しなければならず、損害があるときは、その賠償責任も負わなければならない（民704）。不当利得が生ずる典型として、AがBに土地を売るという契約が結ばれ、履行もされたが、その契約は意思能力を欠く無効なものであったという場合がある。A

は代金を、Bは土地を、それぞれ不当利得として返還しなければならない。しかし、不当利得が生ずるのは、このように利得の変動が損失者と利得者との間の給付行為によって生じた場合に限られない。債権の準占有者に対する弁済として有効となる場合（民478）には、弁済行為をした債務者は免責され、弁済行為と無関係の真実の権利者が弁済受領者に対して利得の返還を請求することになる。また、人の行為によらない添付（民242〜246）の場合も、所有権を失った者は、所有権を取得した者に対して不当利得の返還を請求できる。このように、さまざまな原因に基づく利得の変動を調整するのが不当利得であるから、これを統一的に把握することは極めて困難である。かつての通説は「**公平の理念**」によって不当利得を統一的に捉えようとしたが、今日では類型的に捉える考え方が一般的となっている。どのように類型化するかについては争いがあるが、給付利得と侵害利得の2類型に大別することについては、ほぼ異論がない。

　給付利得とは、外形上有効な契約その他の法律上の根拠に基づく財産的価値の移動が、無効・取消し・解除などにより不当利得となる場合である。この場合も、不当利得の一般規定によれば、「利益の存する限度において」これを返還する義務を負う（民703）にとどまる。したがって、意思能力を欠く「無効な行為」や、瑕疵ある意思表示として「取り消されて無効とみなされた行為」に基づいて債務が履行されている場合、買主は目的物を費消してしまっていれば返還しなくてよいが、売主は代金を返還しなければならないということになる。しかし、それでは、あまりにも不公平といわざるをえない。1つの契約から生じた結果である以上、当事者双方の義務が相互に関連するものとして処理するのが合理的である。そこで、2017（平成29）年の改正で、不当利得の一般規定（民703、704）による清算の特例として、有効に成立した契約解除の**原状回復義務**（民545①）と同様に、「無効な行為に基づく債務の履行として給付を受けた者は、相手方を原状に復させる義務を負う」と規定された（民121の2①）。したがって、買主は目的物が原物のまま存在するときは原物を返還し、それが社会観念上不可能であるときは価格で返還することになり、目的物を費消してしまった買主はその価格を返還しなければならない。

　侵害利得とは、外形的な契約関係もない当事者間で、権利を侵害して権

原なく利益を得た場合である。他人の自動車を勝手に乗り回して元通りに戻したような場合がこれにあたる。不当利得は、この侵害利得を中心として論ずることになる。

B　一般不当利得の要件

　民法は、「法律上の原因なく他人の財産又は労務によって利益を受け、そのために他人に損失を及ぼした」ことを、一般不当利得の要件としており（民703）、次の4つに分けられる。

[1]　受益

　他人の財産または労務により利益を受けることが必要である。利益を受けるとは、給付利得の場合は財貨の給付を受けることであり、侵害利得の場合は目的物を使用・消費・処分することによって利益を得ることである。

[2]　損失

　受益によって他人に損失を与えることが必要である。給付利得の場合は財貨を給付したことが損失にあたり、受益と損失は表裏一体の関係にある。侵害利得の場合は、権利者が使用・消費・処分できなかったことが損失となる。その予定がなかった場合には損失が生じたといえるか疑問があるが、多数説は損失を擬制して通常の使用料相当額を損失とみる。

[3]　因果関係

　受益と損失との間に因果関係がなければ、不当利得は成立しない。給付利得の場合は、受益と損失は表裏一体の関係にあるから、因果関係を論ずるまでもない。これに対して、侵害利得の場合は、受益と損失との間の因果関係が問題になり得る。かつての判例は、後に述べる騙取金による弁済を因果関係の問題として扱い、被騙取者から弁済受領者への不当利得返還請求を直接の因果関係がないとして否定した（大判大8.10.20民録25.1890）。これに対して通説は、損失と利得との間に社会観念上の連結があれば因果関係があるとして、因果関係を広く認めた上で、騙取金による弁済は法律上の原因の有無の問題であるとした。判例も、後にこの通説を採用するに

いたっている（後述）。

[4] 法律上の原因がないこと

　給付利得の場合は、財産的価値の移動を基礎づけていた法律上の根拠が
実際には存在しなかったということが、法律上の原因がないということで
ある。契約の無効・取消し・解除などが典型であるが、不法行為に基づく
損害賠償金を支払ったが、実は不法行為は成立していなかったという場合
や、扶養義務があると思って養親を扶養したが、養子縁組が無効であった
という場合も、これに含まれる。

　侵害利得の場合は、法律関係が何ら存在しないにもかかわらず、権限の
ない者に財産的価値が移転したことが、法律上の原因がないということで
ある。借地上の建物取得者が建物買取請求権を行使した場合（借地借家14）、
買取代金支払まで建物の引渡しを拒むことができるが、それによる敷地占
有は不当利得として賃料相当額の返還を要する（最判昭 35.9.20 民集 14.11.2227）。
また、婚約が解消された場合は、結納金を不当利得として返還しなければ
ならない（大判大 6.2.28 民録 23.292）。

　問題となるのは、A から借金している B が、C から騙し取ったお金で A
に弁済したという**騙取金による弁済**の場合、C は A に対して不当利得の返
還を請求できるかである。かつての判例は、前述したように、直接の因果
関係がないとしてこれを否定したが、その後、A は「本件金員を善意で受
領したのであるから、法律上の原因に基づいてこれを取得したものという
べき」であるとして、C の返還請求を否定した。その後さらに、社会通念
上被騙取者の金銭で他の債権者の利益を図ったと認められるだけの連結が
ある場合は、不当利得の成立に必要な因果関係が認められるとした上で、
騙取金員により弁済を受けた債権者に悪意または重大な過失がある場合に
は、被騙取者に対する関係で、その金銭取得は法律上の原因がないとして
いる（最判昭 49.9.26 民集 28.6.1243）。

C　不当利得の効果

　不当利得の要件を充たすと、受益者はその利得を損失者に返還する義務
を負う（民 703、704）。

[1]　善意の受益者

　善意の受益者は現存利益の限度で返還義務を負う（民 703）。ここで善意とは、利得が法律上の原因を欠くことを知らなかったことをいう。陸軍軍人遺族扶助料の誤払いを受けた者に資産がなく、誤払金が一家の生活のために消費し尽くされた場合は、現存利益がないとされる（大判昭 8.2.23 新聞3531.8）。また、善意の受益者が利得に法律上の原因がないことを認識した後の利益の消滅は、返還義務の範囲を減少させる理由とはならない（最判平3.11.19 民集 45.8.1209）。利得が原物のまま存在するときは原物を返還し、それが社会観念上不可能であるときは価格で返還する。原物で返還する場合、収取した果実は善意の占有者に帰属する（民 189）から返還する必要がない。しかし、銀行が不当利得返還義務を負う価格返還の場合には、運用利益をもって果実と同視することはできないから民法 189 条の適用の余地はなく、損失者が当然取得したであろうと考えられる範囲においては、損失者の損失があると解すべきであり、それが現存する限り返還を要する（最判昭38.12.24 民集 17.12.1720）。

[2]　悪意の受益者

　悪意の受益者は受けた利益に利息を付して返還しなければならず、なお損害があればこれを賠償しなければならない（民 704）。ここで悪意とは、法律上の原因がないことを知りながら利益を得ることである。法人の善意・悪意は代表者について判断され、単なる使用人の悪意は法人の悪意とはいえない（最判昭 30.5.13 民集 9.6.679）。悪意の場合も原物返還を原則とし、利息を付さなければならないのは価格返還の場合に限られる。利率は法定利率年 3% を原則とする（民 404 ②）。以上の基準によって利得を返還しても、なお損失者に損害が残る場合には、それを賠償しなければならない。

Ｄ　特殊の不当利得（非債弁済）

　債務が存在しないにもかかわらず、債務の弁済として給付をなすことを**非債弁済**という。受領者は原則として不当利得となる（最大判昭 43.11.13 民集22.12.2526）。しかし、債務が存在しないことを知りながら債務の弁済として給付をなした者は、給付したものの返還を請求することができない（民 705）。

債務が存在しないことを知っていたということは、実質上贈与と解される
からである。したがって、贈与と同視されるためには、給付が任意になさ
れたことが必要で、強制執行を避けるためなど、やむを得ず給付した場合
には民法705条の適用がなく（大判大6.12.11民録23.2075）、不当利得の返還を
請求できる。

　期限前の弁済は不当利得にはならない（民706）。ただし、錯誤によって
期限前の弁済をしたときは、債権者はこれによって得た利益を返還しなけ
ればならない（民706但書）。

　債務者でない者が錯誤によって他人の債務を自分の債務と思い弁済した
ときは、弁済者は債権者に返還を請求することができる。しかし、債権者
が善意で証書を滅失・損傷し、担保を放棄し、または時効によってその債
権を失ったときは、返還を請求することができない（民707①）。その結果、
弁済は有効となり債務は消滅するので、弁済者は債務者に対して求償権を
行使することができる（民707②）。

E　不法原因給付

　賭博に負けてお金を支払った場合、賭博契約は公序良俗違反で無効であ
る（民90）から、支払ったお金は法律上の原因のない給付となり、返還を請
求できそうである。しかし、これを認めると、自ら不法な行為をしておき
ながら、その不法なことを理由に裁判所に救済を求める者を保護すること
になる。そこで民法は、不法な原因に基づいて給付をした者は、その返還
を請求することができないと規定している（民708本文）。ただし、窮状に
つけ込む債権者の暴利行為など、利得者側だけに不法原因があるときは、
損失者は不当利得の返還を請求できる（民708但書）。

　「不法の原因」とは、公の秩序もしくは善良の風俗に反する給付をいう。
売春、賭博を原因とする給付（第1章第7節A参照）のほか、配偶者がある者
が婚外男女関係を維持するためにした贈与（最大判昭45.10.21民集24.11.1560）、
酌婦としての稼動契約に伴い消費貸借名義でした金員の交付（最判昭30.10.7
民集9.11.1616）も不法原因給付となる。これに対して、強制執行を免れる目
的でした仮装譲渡は、刑法による処罰の対象になるとしても、その一事を
もって当然に不法原因給付に当たるとはいえない（最判昭41.7.28民集

20.6.1265)。「給付」といえるためには、未登記不動産の場合は引渡しで足りるが、既登記不動産は所有権移転登記までしなければならない（最判昭46.10.28 民集 25.7.1069）。

　なお、不法原因給付で返還を請求できないものであっても、任意に返還することは差し支えなく、返還を約束する契約も有効である。したがって、その返還の約束に基づいて振り出された手形金の支払を求める請求には、民法 708 条を適用する余地はない（最判昭 28.1.22 民集 7.1.56）。

17　不法行為

　故意または過失によって他人の権利または法律上保護される利益を侵害した者は、これによって生じた損害を賠償する責任を負わなければならない（民709）。これを**不法行為責任**という。不法行為は契約と並ぶ重要な債権発生原因で、他人から損害を加えられた場合に不法行為の要件を充たすと、契約関係がないにもかかわらず、金銭賠償を請求する債権が発生する。不法行為に金銭賠償債権の発生が認められる主たる理由は、被害者の損害を填補して救済することにある。しかし、不法行為の要件を充たすことを被害者が立証することは必ずしも容易ではないこと、たとえ立証できたとしても、加害者が無資力であれば救済されないことから、各種の**保険制度**が利用されている。被害者自身の自衛手段として**生命保険、傷害保険、損害保険**等があり、加害者の資力を担保するものとして**責任保険**がある。たとえば、自動車損害賠償責任（自賠責）保険は、後に述べるように、自動車の運行供用者に加入が強制され、自動車事故の被害者救済に重要な役割をはたしている。

　民法は、まず原則的な不法行為責任（**一般不法行為**）について規定し（民709〜713）、ついでそれを修正する特殊な不法行為責任（**特殊不法行為**）について規定している（民714〜719）。一般不法行為では、原告が被告の過失を立証しなければならないのに対して、特殊不法行為は、過失の立証責任が転換され、あるいは無過失責任が課される。民法のほか、製造物責任法、自

動車損害賠償保障法（自賠法）、国家賠償法などにも特殊不法行為が定められている。法人の不法行為責任については、第1章の民法総則で述べたので、ここではふれない。

　一般不法行為が成立するためには、①加害者に故意または過失があること、②他人の権利または法律上保護される利益の侵害があること、③損害の発生があること、④加害者の行為と損害の発生との間に因果関係があること、⑤加害者に責任能力があること、という5つの要件を充たしていなければならない。以下、これらの要件について検討していくこととする。

A　加害者の故意・過失

　他人の権利に対する侵害行為があっても、加害者に故意や過失がないかぎり不法行為にならず、損害賠償の責任はない。これを**過失責任の原則**という。この過失責任の原則は、契約自由の原則や所有権の自由とならぶ、近代民法の基本原則の1つで、資本主義勃興期に人々の自由な活動を保障する役割をはたしてきた。ここで**故意**とは、結果が発生することを知りながら、あえてその行為をするという心理状態のことである。これに対して、過失概念については変容がみられる。かつては、**過失**とは、結果の発生が予見できたのに十分注意しなかったという、精神の緊張を欠いた心理状態のことであるとされ（**主観的過失**）、不法行為責任を否定する機能を果たしてきた。しかし、産業技術が発達し、人々の社会活動に伴う危険性が増大すると、各人が能力に応じて精神を緊張させるだけで免責を認めるのは公平でないとされるようになり、通常人を基準として過失判断をすべきだとされるようになった。その結果、精神の緊張を欠いた心理状態という主観的過失概念は変容し、現在では、過失とは、社会生活上要求される注意義務を怠ったことであるとされている（**客観的過失**）。具体的には、結果が発生することを予見できたのに、それを予見せず、結果の発生を回避しなかった（**結果回避義務違反**があった）とき、過失があるとされる。

　交通事故、医療事故など、危険を伴う業務に従事する者の業務上過失が問題となる場合、結果回避義務の水準は、それぞれの職業に従事する通常人が基準となるが、現にその職業に従事している人の平均という意味ではない。業界全体で適正な注意義務を怠っていることがあるからである。た

とえば、手術の際の輸血で梅毒に感染したという**東大梅毒輸血事件**で、給血者に対する問診を省略する慣行があったとしても、問診により梅毒感染の危険があったことを聞き出すことが不可能であったと断言できない以上、問診をしなかったことに過失があるとされている（最判昭 36.2.16 民集 15.2.244）。業務に従事する者には、その業務に照らし、危険防止のために実験上必要とされる最善の注意義務が要求されるのである。

　以上のような過失責任の原則の例外として、「**失火ノ責任ニ関スル法律**」（明治 32 年法 40）は、失火の場合は故意または重大な過失がなければ責任を負わないと定め、延焼による過大な賠償責任から失火者を免責している。責任能力のない未成年者の行為による火災の場合も、未成年者の監督義務者に重大な過失がなければ損害賠償責任は生じない（最判平 7.1.24 民集 49.1.25）。しかし、この法律は、借家人が失火で借家を焼失させた場合の家主に対する債務不履行責任には適用されない（大判明 45.3.23 民録 18.315）ので、借家人は無過失を立証できない限り損害賠償しなければならない。

　また、産業技術が高度化し、企業が巨大化した現代社会になると、企業活動に伴う有害物質の排出などによる被害について、過失責任の原則そのものが公平を欠き、被害者の救済に十分でないとされるようになった。そこで、一定の場合には、加害者に過失がなくても損害賠償責任が認められるようになっている（**無過失責任**）。その例として、鉱害賠償（鉱業法 109）、原子力事故の賠償（原子力損害の賠償に関する法律 3）、労働者災害補償（労基 75）、大気汚染や水質汚濁による被害の賠償（大気汚染防止法 25、水質汚濁防止法 19）などがある。

B　権利または法律上保護される利益の侵害

　2004（平成 16）年の改正前の民法は、他人の「権利」を侵害することだけを、不法行為の要件として掲げていた。しかし、法律上権利としての地位が確立されたものだけでなく、法による保護に値する利益が違法な行為によって侵害され、損害が発生したときも、不法行為の成立を認めるべきであるから、平成 16 年の民法改正で、「法律上保護される利益を侵害した」ときも、不法行為が成立することが明記された（民 709）。

　次に問題となるのは、権利行使によって他人の利益を侵害した場合であ

る。武田信玄が旗を掛けたと伝えられる松が、汽車の煤煙によって枯死したという**信玄公旗掛松事件**において、本来、国鉄が汽車を走らせる行為は適法かつ有用な行為であるにもかかわらず、大審院は、社会観念上被害者が認容すべきものと一般に認められる程度を超え、権利行使の適当な範囲にあるものといえないときは**権利濫用**となり、不法行為責任を生ずるとした（大判大 8.3.3 民録 25.356）。この判決の論理を発展させ、より明確にしたものが**受忍限度論**である。受忍限度論は、社会共同生活上、通常人において受忍すべき限度を超えて他人の利益を侵害する行為は違法性があるとして、不法行為の成立を認める。たとえば、2 階の増築工事により、隣家の日照・通風妨害が社会生活上一般的に受忍する程度を超えたときは、権利の濫用として違法性を帯び、不法行為責任を負うことになる（最判昭 47.6.27 民集 26.5.1067）。

　名誉毀損も不法行為になるが、裁判所は、被害者の請求により損害賠償に代えてまたは損害賠償と共に「名誉を回復するのに適当な処分」を命ずることができる（民 723）。名誉を回復する処分として**謝罪広告**が命じられたにもかかわらず、被告がそれを履行しないときは、代替執行が可能であり、謝罪広告を新聞等に掲載してその費用を被告から取り立てることができる（最判昭 31.7.4 民集 10.7.785）。ここで名誉毀損とは、人に対する客観的な社会的評価を低下させる行為をいい、単なる主観的な名誉感情の侵害は含まれない。したがって、タクシーの乗客が運転手に対して侮辱的発言をした場合、客観的な社会的評価が低下していないから名誉毀損とはならず、謝罪広告を求めることはできない。しかし、主観的な名誉感情の侵害も不法行為となるから、慰謝料の請求は認められる。

　法人には主観的な名誉感情がないが、法人の客観的な社会的評価の低下はあり得るから、法人に対する名誉毀損も成立する。その場合、謝罪広告の請求が認められるだけでなく、無形の損害の賠償も認められている（最判昭 39.1.28 民集 18.1.136）。

　なお、事実の摘示が人の客観的な社会的評価を低下させ、名誉毀損になる場合でも、当該行為が公共の利害に関する事実に係り、もっぱら公益を図る目的に出たもので、摘示事実が真実であると証明されたときは、違法性が阻却されるとされている（最判昭 41.6.23 民集 20.5.1118）。摘示事実が真実

であることの証明ができなかった場合でも、真実であると信じたことに相当な理由があれば同様である。

C　損害の発生

　賠償すべき損害には、財産的損害と精神的損害とがある（民710）。**財産的損害**とは、侵害により生じた経済的不利益であり、**精神的損害**とは、被害者の感じた苦痛・不快感のことである。精神的損害に対する賠償金を**慰謝料**という。財産的損害には、修理費・治療費のように現実に積極的に生じた**積極的損害**と、不法行為がなければ得られたはずの利益（逸失利益・得べかりし利益）が得られなかったという**消極的損害**とがある。被害者の親族が看護のために支出した旅費（最判昭49.4.25民集28.3.447）、死亡した被害者のために支出した墓碑・仏壇の費用（最判昭44.2.28民集23.2.525）、葬儀費用（最判昭43.10.3判時540.38）、弁護士費用（最判昭44.2.27民集23.2.441）なども、相当額は積極的損害となる。

　物の滅失・損傷の場合は、通常、交換価格・修理費用などが損害額となる。中間最高価格の賠償は、当然には認められない（大判大15.5.22民集5.386 →**富喜丸事件**）。

　被害者が死亡した場合の逸失利益は、被害者の死亡当時の収入を基準にして就労可能年齢までの総収入を算出し、被害者の生活費（30〜35%程度）と中間利息を控除して算定される。中間利息の控除方式としては、ホフマン式、ライプニッツ式等がある。

　現在価格を X、債権の名義額を S、弁済期までの年数を n、法定利率を r とした場合、**ホフマン式**によれば、$X = S/(1 + nr)$となり、**ライプニッツ式**によれば、$X = S/(1 + r)^n$となる。

　身体傷害の場合は、積極的損害である治療代のほか、治療のため仕事を休んだことにより減少した収入が消極的損害となる。後遺障害があれば、一般に、労災保険法および自賠法で定めている後遺障害等級表の障害の程度に対応する労働能力喪失率（労働基準局通牒）によって逸失利益が算定されている。なお、事故による後遺障害のある被害者が別の原因で死亡した場合について、判例は、特段の事情がない限り、死亡の事実は就労可能期間の認定上考慮すべきではないとし（最判平8.4.25民集50.5.1221）、死亡後の生

活費を控除すべきでないとするが（最判平 8.5.31 民集 50.6.1323）、死亡後の期間に係る介護費用は事故による損害として請求できないとしている（最判平 11.12.20 民集 53.9.2038）。

精神的損害に対する慰謝料については、客観的な算定基準は存在せず、裁判官の裁量に委ねられている。同一事故から生じた財産的損害と精神的損害とを併せて賠償請求する場合、訴訟物は 1 個であるから、原告の請求総額の範囲内なら請求額以上の慰謝料を認容することも可能である（最判昭 48.4.5 民集 27.3.419）。

なお、他人の生命を侵害した者は、被害者の父母・配偶者・子に対して、財産的な損害賠償のほかに、慰謝料も支払わなければならない（民 711）。

D 加害行為と損害の発生との間の因果関係

被害者の損害賠償請求が認められるためには、加害者の行為と被害者に生じた損害との間に、「あれなければこれなし」という関係（**事実的因果関係**）があることが必要である。しかし、事実的因果関係は無限に拡大するから、たとえば、過失事故によって人に軽傷を負わせたところ、病院へ行く途中で自動車事故にあって重症を負い、入院している間に仕事上の契約締結の機会を逃して多額の利益を失ったという場合に、その全損害を賠償させることは加害者にとって過酷な結果になる。そこで、**相当因果関係**を定めた民法 416 条の規定を不法行為にも類推適用して、損害賠償の範囲を加害行為から通常生じるはずの損害に限定し、特別の事情から生じた損害については、加害者がその事情を予見可能であれば損害賠償責任を認めるとするのが判例である（最判昭 48.6.7 民集 27.6.681）。上例でいえば、軽傷の治療費、普通人が受ける精神的苦痛、仕事を休んだ損害は、通常損害として賠償責任が認められる。しかし、通院中の自動車事故によって生じた損害や、入院中に契約締結の機会を逃したことによる損害は、特別の事情から生じた損害であるから、加害者が予見可能でない限り賠償責任は負わないということになる。ただし、この**相当因果関係説**に対しては、突発的に生ずる不法行為においては、被害者側の特別事情について加害者が予見可能性を有することはまれであるから、契約から生ずる債務不履行による賠償責任を想定した民法 416 条の規定を類推適用することは妥当でないとする有力な

批判がある。

　加害行為と損害発生との因果関係は、原告たる被害者が立証しなければ
ならないが、公害、医薬品被害、医療事故などでは、決して容易なことで
はない。そこで、メチル水銀による中毒症状が被告の工場から排出された
廃液によるものかどうかが争われた**新潟水俣病事件**では、「情況証拠の積
み重ねにより、関係諸科学との関連においても矛盾なく説明ができれば、
法的因果関係の面ではその証明があったものと解すべきであり」、「汚染源
の追求がいわば企業の門前にまで到達した」ら、原因物質の排出について
は、「企業側において、自己の工場が汚染源になり得ない所以を説明しない
限り、その存在を事実上推認され、その結果すべての法的因果関係が立証
されたものと解すべきである」とされた（新潟地判昭 46.9.29 下民集 22.9 = 10.1）。
また、**ルンバール事件**とよばれる医療過誤訴訟において、最高裁は「訴訟
上の因果関係の立証は、一点の疑義も許されない自然科学的証明ではなく、
経験則に照らして全証拠を総合検討し、特定の事実が特定の結果発生を招
来した関係を是認しうる高度の蓋然性を証明することであり、その判定は、
通常人が疑を差し挟まない程度に真実性の確信を持ちうるものであること
を必要とし、かつ、それで足りる」としている（最判昭 50.10.24 民集 29.9.1417）。
さらに、**四日市ぜんそく事件**では、硫黄酸化物がぜんそくの原因物質であ
ることが、多数の事例の検討から原因を推定する疫学的方法によって認定
されている（津地四日市支判昭 47.7.24 判時 672.30）。

E　加害者の責任能力

　自分の行為から生じる責任を判断する能力（責任能力）のない未成年者、
および精神上の障害により同様の状態にある者は、不法行為責任を負わず
（民 712、713）、これらの者の監督義務者が責任を負う（民 714）。未成年者で
も、その行為の責任を認識できる年齢に達していれば、責任能力が認めら
れる。行為の性質にもよるが、おおむね 15〜16 歳にもなれば、責任能力が
認められる。12 歳 2 か月の少年が空気銃を撃ち被害者を失明させたとい
う事案で、少年を責任無能力とした判決（大判大 6.4.30 民録 23.715）と、11 歳
11 か月の少年店員が店主のために自転車で物を運搬中に他人に怪我をさ
せたという事案で、少年の責任能力を認めた判決（大判大 4.5.12 民録 21.692）

がある。前者では、少年の責任能力が否定されることによって監督義務者たる親が責任を負うことになり、後者では、少年の責任能力が肯定されることによって店主が使用者責任（民715）を負うことに注意する必要がある。

F　立証責任など

　以上の要件のうち、責任能力以外の要件については、被害者である原告が立証しなければならない（立証責任）。被害者が不法行為の成立要件を立証したときも、加害者が、責任能力がないことまたは違法性阻却事由があることを立証すれば、加害者は不法行為責任を免れる。

　民法が規定する**違法性阻却事由**は正当防衛（民720①本文）と緊急避難（民720②）であるが、解釈上認められているものとして、被害者の承諾、正当業務行為、自力救済がある。**正当防衛**とは、他人の不法行為に対して、自己または第三者の権利または法律上保護される利益を防衛するため、やむをえず加害行為をした場合である（民720①本文）。**緊急避難**とは、他人の物から生じた急迫の危難を避けるため、その物を損傷した場合である（民720②）。加害行為の前に**被害者の承諾**があった場合にも不法行為は成立しないが、自殺幇助のような公序良俗に反する承諾は違法性を阻却しない。ボクシングや相撲のような格闘技や、医師の医療行為などで、**正当な業務**として許容される範囲内のものも不法行為とはならない。**自力救済**は原則として認められないが、緊急やむを得ない特別の事情が存する場合には違法性が阻却される。

　不法行為に基づく損害賠償請求権は、被害者またはその法定代理人が損害および加害者を知った時から3年間（ただし、人の生命または身体を害する不法行為による損害賠償請求権の消滅時効については5年間）行使しないとき、または不法行為の時から20年間行使しないとき、時効によって消滅する（民724、724の2）。2017（平成29）年に改正される前の民法724条後段に規定されていた20年という長期の権利消滅期間について、判例は除斥期間と解していた（最判平元.12.21民集43.12.2209）。しかし、**除斥期間**は、消滅時効と異なり、原則として更新や完成猶予が認められず、当事者の援用がなくても裁判所の職権によって権利消滅を判断するものであるから、**信義則違反**や権利濫用にあたるという主張は認められないことになり、やむを得ない事情

から長期間にわたって損害賠償請求しなかった被害者の救済を図ることが
できなくなる。上記の判例は、まさにそのような事案であった。そこで、
改正民法では、20年という長期の権利消滅期間は、除斥期間ではなく消滅
時効期間とされた。

　不法行為による損害賠償は、債務不履行の場合と同様に原則として金銭
により（民722①、417）、中間利息が控除される（民722①、417の2）。被害者
にも過失があれば裁判所は**過失相殺**することができる。債務不履行の過失
相殺は「責任及びその額」とされているので、減額するだけでなく、責任
を否定することもできるが、不法行為の過失相殺は「損害賠償の額」だけ
である（民722②）。また、明文の規定はないが、継続的な加害行為には、そ
の行為の停止を請求すること（**差止請求**）も認められる（最判昭61.6.11民集
40.4.872→**北方ジャーナル事件**）が、その要件をめぐっては争いがある。

18　特殊不法行為

A　共同不法行為者の責任

　数人が共同の不法行為によって他人に損害を加えたときは、生じた損害
全額について連帯して賠償責任を負う（民719①前段）。共同行為者中のい
ずれの者が損害を加えたか不明なときも同様である（民719①後段）。教唆
者および幇助者は共同行為者とみなされる（民719②）。これらの規定に該
当する場合を**共同不法行為**といい、民法719条1項前段にあたる場合をと
くに**狭義の共同不法行為**という。

　共同不法行為は、共同行為者の責任に連帯性を認め、責任者の範囲を拡
張することによって、被害者の救済を厚くするものである。損害全額を賠
償した共同行為者の1人は、他の共同行為者に対して、過失割合に応じた
その者の負担額を求償することができる。

　狭義の共同不法行為が成立するには、①各人の行為がいずれも一般不法
行為の要件を備えること、②各人の行為の間に関連共同性があることを必
要とする。ここで**関連共同性**とは、社会的にみて客観的に1個の行為と認

められることで、共謀その他主観的共同を必要としない（客観的関連共同説）。したがって、倉庫会社の代表者が過って寄託物と符合しない倉庫証券を発行し（過失行為）、寄託者がその証券を担保として銀行から金銭を借り入れた（故意行為）場合も、共同不法行為が認められる（大判大 2.4.26 民録 19.281）。また、交通事故と医療過誤が順次競合し、そのいずれもが被害者の死亡という不可分の1個の結果を招来し、相当因果関係を有するときは、共同不法行為となる（最判平 13.3.13 民集 55.2.328）。判例のこのような解釈に対して、共同行為と損害との間に因果関係があれば、各人の行為と損害との間に因果関係があることは不要であるが、行為者間に主観的関連共同性（各自が他人の行為を利用し、他方、自己の行為が他人に利用されるのを認容する意思をもつこと）が必要であるとする、**主観的関連共同説**も有力に主張されている。

　加害者不明の共同不法行為（民719①後段）は、共同行為者は特定できるが、損害を加えた者が不明の場合である。ここでいう共同行為者とは、直接の加害行為の前提となる集団行為について客観的共同関係のある者で、直接の加害行為について客観的共同関係があれば狭義の共同不法行為（民719①前段）になる。たとえば、数人で殴ったところ、そのうちの1人が被害者に傷害を負わせてしまったが、それが誰か分からないというような場合がこれにあたる。この場合、共同行為者は連帯して傷害の結果について責任を負わなければならない。傷害の結果について因果関係を推定するものであるから、因果関係の不存在を証明すれば免責されるとする説と、免責を一切認めない説とがある。

　自ら不法行為をしていなくても、**教唆者・幇助者**は共同不法行為者とみなされる（民719②）。教唆者とは、他人をそそのかして不法行為をする意思を決定させた者であり、幇助者とは、不法行為の実行を補助して容易にした者である。

B　責任無能力者の監督義務者の責任

　前述したように、自分の行為から生じる責任を判断する能力（責任能力）のない未成年者、および精神上の障害により同様の状態にある者は、不法行為責任を負わない（民712、713本文）。たとえば、幼児が遊んでいて他人の物を壊してしまったという場合、幼児には責任能力がないから、壊された

物の所有者に不法行為責任を負わない。しかし、親権者・後見人など、責任無能力者を監督する義務を負う者（**監督義務者**）が不法行為責任を負う（民714①本文）。ただし、監督義務者は、その義務を怠らなかったことを証明すれば責任を免れる（民714①但書）。幼児が幼稚園へ行っているときの幼稚園長、精神障害者が入院中の病院長など、監督義務者に代わって監督する者（**代理監督義務者**）も、同様の責任を負う（民714②）。この監督義務者の責任は、過失の**立証責任の転換**をするという形で過失責任の原則を修正した、過失責任と無過失責任の中間にある責任という意味で、**中間責任**といわれている。

　17歳の少年がバイクで人身事故を起こした場合のように、加害行為を行った未成年者に責任能力がある場合は、民法714条の適用はなく、本人自身が損害賠償責任を負う。ただし、監督義務者が監督を怠ったことにより損害が発生したという相当因果関係が立証されれば、監督義務者は民法709条により不法行為責任を負わなければならない（最判昭49.3.22民集28.2.347）。

C　使用者責任

　事業のために他人を使用する者は、被用者がその事業の執行について第三者に加えた損害を賠償しなければならない（民715①本文）。ただし、使用者が被用者の選任および事業の監督について相当の注意を払っていたとき、または相当の注意をしても損害が生じていたことを使用者が証明すれば責任を免れることができる（民715①但書）。使用者に代わって事業を監督する者も、使用者と同一の責任を負わなければならない（民715②）。これを**使用者責任**という。民法714条と同じく**中間責任**であるが、判例は免責の立証を容易に認めないため、実際には無過失責任に近くなっている。

　使用者にこのような特別な責任が認められた理由は、使用者は、被用者を使用することによって利益を上げているのだから、被用者が仕事に関連して不法行為を行った場合には、使用者に責任を負わせるのが公平であり（**報償責任の理論**）、被害者の救済にも役立つという点にある。

　「事業」は、営利的・非営利的、継続的・一時的、家庭的・非家庭的を問わない。「使用」関係は、雇用契約、労働契約によることが多いが、使用者

と被用者との間に実質的な指揮監督関係があれば、事実上仕事をさせてい
る場合でもよい。したがって、下請負人が元請負人の指揮監督下で仕事す
る場合には使用関係が認められる（大判昭 11.2.12 新聞 3956.17）。また、営業上
の名義を貸与した者は、一般に名義使用者のなした不法行為について使用
者責任を負う（大判昭 11.11.13 民集 15.2011）。しかし、指揮監督関係が認めら
れないタクシー運転手や医師は、乗客または患者の被用者にはならない。

　問題となるのは、被用者の不法行為が使用者の「事業の執行について」
なされたという要件である。判例は、いわゆる**外形理論**（外形標準説）によ
って、「事業の執行について」とは、「被用者の職務執行行為そのものには
属しないが、その行為の外形から観察して、あたかも被用者の職務の範囲
内の行為に属するものとみられる場合を包含する」としている。そして、
被用者が本来の職務を超えてなした行為であっても、①被用者の職務と相
当の関連性を有し、②被用者が使用者の名で権限外にこれを行うことが客
観的に容易である状態に置かれているとみられる場合には、外形上の職務
行為に該当すると解する（最判昭 40.11.30 民集 19.8.2049）。その結果、会計係と
して割引手形を銀行に使送する等の職務に従事するにすぎない者が使用者
名義の手形を偽造した場合にも、使用者責任が認められる。ただし、相手
方が職務権限外であることを知り、または知らないことに重大な過失があ
る場合には、使用者責任は否定される（最判昭 42.11.2 民集 21.9.2278）。

　手形振出など取引行為による不法行為だけでなく、交通事故・暴行など
の事実行為による不法行為についても、使用者責任は認められる。ただし、
従業員が喧嘩して暴行を加えたというように、被用者の主体的な行為によ
って損害が発生した場合は、外形への信頼を保護する外形理論によること
はできないので、事業の執行行為と**密接関連性**を有するか否かを基準に事
業執行性が判断される（最判昭 44.11.18 民集 23.11.2079）。たとえば、飲食店の
従業員が客に接客態度が悪いと言われ、その客を段ったような場合には、
使用者責任が認められるが、私怨を抱いていた相手がたまたま客として来
店したので殴りかかったというような場合は、使用者責任は認められない。

　なお、使用者責任が認められるためには、被用者に不法行為責任が成立
することを必要とし、被害者に損害賠償した使用者は、不法行為をした被
用者に対して、支払った損害賠償金の償還を求めることができる（民 715 ③）。

D 工作物責任

　土地の工作物の設置または保存に瑕疵があって他人に損害を与えた場合は、その工作物の占有者が損害賠償責任を負う。ただし、占有者が損害の発生を防止するのに必要な注意をしていたときは、所有者が損害賠償責任を負う（民717①）。竹木の栽植または支持に瑕疵があって他人に損害を与えた場合も、同様である（民717②）。これを**工作物責任**という。

　土地の工作物とは、建物・塀・橋・道路・電柱・小学校の遊動円木など、人工的に土地に接着して設置された物である。設置・保存に瑕疵があるとは、設置・保存に不十分な点があるということで、本来の安全性を欠くという点に重点を置いて判断される。鉄道踏切に警報機などの保安設備がないことも、鉄道施設の設置上の瑕疵となることがある（最判昭46.4.23民集25.3.351）。

　工作物の瑕疵により他人に損害を与えた場合、1次的に賠償責任を負うのは**占有者**である。ここで占有者とは、工作物を事実上支配する者であり、物権法上の占有者であるとするのが判例・通説である。したがって、所有者から賃借して転貸している転貸人（間接占有者）を含むと解されている（最判昭31.12.18民集10.12.1599）。しかし、工作物を直接的・具体的に支配し、損害の発生を防止し得る立場にあった者に限るべきだとする反対説もある。この占有者の責任は、損害の発生を防止するのに必要な注意をしたことを証明すれば免責される**中間責任**である。

　占有者が免責された場合には、**所有者**が2次的に賠償責任を負う。この工作物責任における所有者の損害賠償責任は、無過失の免責が認められず、損害の発生が予見不可能でも責任が認められる**無過失責任**である。しかし、工作物に瑕疵がなかったことを証明すれば免責されるから、損害が発生すれば常に責任を負うという意味での結果責任ではない。

　被害者に損害賠償した占有者または所有者は、他に損害の原因について責任を負うべき者がいるときは、その者に対して求償することができる（民717③）。たとえば、工事業者の手抜き工事が原因でブロック塀が倒れて通行人がけがをしたという場合、被害者に損害賠償した所有者は、手抜き工事をした工事業者に求償することができる。

E 動物占有者の責任

　動物の占有者は、その動物が他人に加えた損害を賠償しなければならない。ただし、動物の種類および性質に従って、相当の注意を払って保管していたことを証明したときは免責される（民718①）。過失の挙証責任が転換された**中間責任**であるが、加害者側の無過失の証明は容易に認められず、実質的には無過失責任に近い。犬をけしかけて咬みつかせた場合のように、動物が人の指示によって行動した場合には、動物の加えた損害とはいえず、民法709条の一般不法行為責任が生ずる。

　なお、占有者に代わって保管する者（受寄者、運送人など）にも同様の責任が認められている（民718②）が、保管者も占有者に含まれるから、この規定の意味は乏しい。

F 製造物責任

　製造物の欠陥によって、人の生命、身体および財産に被害が生じた場合は、その製造物を製造、加工または輸入した業者は、損害賠償責任を負う（製造物3）。自ら製造業者として表示した者や、実質的な製造業者と認めることができる表示をした者も、同様に損害賠償責任を負う。これを、**製造物責任**（PL：Product Liability）という。製造物責任は、製品の製造工程や技術に関する知識・情報がほとんどない消費者が、製造業者の過失を証明することは困難であることに配慮し、消費者被害の救済という観点から、損害賠償請求の要件を、過失から欠陥へと変更したものである。

　製造物責任の対象となる製造物は、**製造または加工された動産**で、不動産や無体物であるソフトウェアは除かれる。また、未加工の農産物、畜産物、水産物も、製造物責任の対象にはならない。

　ここで欠陥とは、その製造物が通常有すべき安全性を欠いていることである（製造物2②）。具体的には、設計じたいに問題がある**設計上の欠陥**、設計通りに造られなかったことによる**製造上の欠陥**、適切な使用方法を消費者に知らせなかった**指示・警告上の欠陥**がある。欠陥が認められる場合でも、引き渡した当時の科学・技術の知見によっては、その欠陥を認識できなかったことを、製造業者が証明したときは、責任を免れる（製造物4）。これを**開発危険の抗弁**という。

　製造物責任法に基づく損害賠償請求権は、被害者またはその法定代理人が、損害および賠償義務者を知った時から3年で時効消滅する。製造業者等が当該製造物を引き渡した時から10年を経過したときも同様である（製造物5①）。

G　自動車運行者の責任

　自動車事故による被害者の救済を確実にするため、1955（昭和30）年に**自動車損害賠償保障法**（略称：自賠法）という特別法が制定された。この法律は、加害者側の責任を強化するとともに、責任保険の加入を強制することにより、被害者の救済を図るものである。

　自賠法3条は、まず、「自己のために自動車を運行の用に供する者」（運行供用者）を自動車事故の責任主体とし、「他人の生命又は身体」に対して損害を与えた人身事故を対象に、①自己および運転者が自動車の運行に関し注意を怠らなかったこと、②被害者または運転者以外の第三者に故意または過失があったこと、③自動車に構造上の欠陥または機能の障害がなかったことの、3つの事由をすべて証明しなければ損害賠償責任が免責されないものとしている。自賠法3条の免責要件は極めて厳しく、運転手に過失がなくても免責されないという点では無過失責任の1種ともいえる。このような厳しい責任は、危険を支配する者が責任も負うべきであるとする**危険責任**の考え方によるものである。

　人身事故の責任を負う運行供用者は、自動車の運行を事実上支配・管理する者（運行支配者）で、不法行為者（運転者）との間に使用関係が存在することを必要としない。自動車の所有者は、たいていの場合、運行供用者になる。未成年の子が登録名義人となっているが、同居の父親が資金を負担しているという場合、父親が運行供用者となる（最判昭49.7.16民集28.5.732）。20歳の息子が資金を出し、父親が登録名義人となって購入した自動車を父親の自宅に保管し、父子が同居している場合には、父親が運行供用者となる（最判昭50.11.28民集29.10.1818）。また、農協の運転手がキーを無断で持ち出し、私用で自動車を運転中に事故を起こした場合、農協が運行供用者である（最判昭39.2.11民集18.2.315）。これに反して、タクシー会社の自動車が塀に囲まれた警備員のいる駐車場から盗まれ、事故が起きたという場合は、

タクシー会社は運行供用者にならない（最判昭48.12.20民集27.11.1611）。自動車の管理が行き届いていたにもかかわらず盗まれた場合には、盗まれた時点で運行支配が遮断されたと考えられるからである。したがって、キーを差したまま路上に放置するなど、管理不十分で盗難にあった場合は、所有者が運行供用者となる（札幌地判昭55.2.5交民13.1.186）。

　自動車事故により生命・身体を害された「他人」の範囲について、夫の運転する自動車に同乗していた妻も「他人」にあたり、自賠法の保険金が支払われるべきであるとするのが判例である（最判昭47.5.30民集26.4.898）。運転者が好意で同乗させた者（**好意同乗者**）も「他人」性が認められる。しかし、自動車の所有者が友人に運転させて同乗していたところ、運転していた友人が事故を起こして所有者が死亡したという場合は、所有者は運行支配者であるから「他人」とはいえず、責任保険で保護されない（最判昭57.11.26民集36.11.2318）。

H　国または公共団体の賠償責任

　国または公共団体の公権力の行使にあたる公務員が、その職務を行うについて、故意または過失によって違法に他人に損害を加えたときは、国または公共団体が損害賠償の責任を負う（国賠1①）。民法の**使用者責任の特則**で、次のような違いがある。第1に、国・公共団体には、使用者責任のような免責規定（民715①但書）がなく、**無過失責任**である。第2に、被害者は公務員個人に対して直接請求できないとされている（最判昭30.4.19民集9.5.534）。ただし、「明白に違法な公務」については、公務員の個人責任を認めた下級審判決（東京地判平6.9.6判時1504.41）もある。第3に、国・公共団体が公務員に求償できるのは、公務員に故意または重大な過失があった場合に限られる（国賠1②）。第4に、公務員の選任・監督にあたる者と公務員の俸給等の費用を負担する者とが異なる場合には、費用負担者も責任を負わなければならない（国賠3）。

　また、道路、河川その他の公の営造物の設置または管理に瑕疵があったため他人に損害を生じたときは、国または公共団体が損害賠償責任を負う（国賠2）。民法の**工作物責任の特則**である。「土地の工作物」ではなく、「公の営造物」が対象とされるから、動産も含まれる。警察の公用車、自衛隊

の砲弾、拳銃、刑務所内の工場の自動旋盤機も「公の営造物」とされている。

国道を走行中の自動車が落石事故にあって助手席の同乗者が死亡した事故で、国と県に損害賠償責任が認められている（最判昭45.8.20民集24.9.1268）。また、故障した大型トラックが国道上に87時間にわたって放置され、原付自転車がこれに衝突して即死した事故では、道路管理に瑕疵があるが、運転者にも過失が認められて4分の3が過失相殺されている（最判昭50.7.25民集29.6.1136）。

河川の氾濫による水害の場合、河川は道路のように人工的なものではなく自然公物であることから、「河川の管理についての瑕疵の有無は、過去に発生した水害の規模、発生の頻度、発生原因、被害の性質、降雨状況、流域の地形その他の自然的条件、土地の利用状況その他の社会的条件、改修を要する緊急性の有無及びその程度等諸般の事情を総合的に考慮し、前記諸制約のもとでの同種・同規模の河川の管理の一般水準及び社会通念に照らして是認しうる安全性を備えていると認められるかどうかを基準として判断すべき」とされ、未改修部分からの水害については管理に瑕疵があるとはいえないとされた（最判昭59.1.26民集38.2.53→**大東水害事件**）。しかし、**多摩川水害事件**では、「工事実施基本計画が策定され、右計画に準拠して改修、整備がされ、あるいは右計画に準拠して新規の改修、整備の必要がないものとされた河川の改修、整備の段階に対応する安全性とは、同計画に定める規模の洪水における通常の作用から予測される災害の発生を防止するに足りる安全性をいうものと解すべきである」として瑕疵が肯定されている（最判平2.12.13民集44.9.1186）。

知識を確認しよう
. . . .

問題

(1) 同時履行の抗弁権と留置権の異同について説明しなさい。

(2) 建物の売買契約締結後、引渡し前に、建物が自然災害で滅失した場合、契約関係はどうなるのか説明しなさい。

(3) 債務不履行による不動産売買契約が解除された場合、第三者との関係を、解除前の第三者と解除後の第三者に分けて論じなさい。

(4) 売買で購入して引き渡された物に欠陥があった場合、売主は買主に対してどのような責任を問うことができるか。

(5) 不動産賃借権の物権化について説明しなさい。

(6) 貸金業者から、「十一（といち）」（10日で1割）とよばれる高利で借金をした場合、10日後に1割の利息をつけて返済しなければならないか。

(7) ブロック塀に瑕疵があったため倒れ、歩行者が怪我を負った場合、歩行者は誰に損害賠償を求めることができるか。

指針

(1) 同時履行の抗弁は契約の債権的効力で契約当事者間でしか主張できないが、留置権は物権であるから第三者に対しても主張できる。いずれも債務の履行を促すという機能があり、債権者はどちらを選択してもよい。

(2) 当事者の責任のない事由で契約の履行が不能となったときは、債務者がその危険を負担して代金を請求できず、契約解除の問題になる。

(3) 契約解除前の対抗要件を備えた第三者に対しては解除を主張できないが、解除後の第三者との関係は対抗要件の有無で決する。

(4) 売買の目的物が契約内容に適合しないときは、買主は、売主に対し、目的物修補、代替物引渡しまたは不足分引渡しによる履行の追完を請求することができ（追完請求）、代金減額請求をすることもでき、債務不履行による損害賠償請求・解除権の行使もできる。

(5) 不動産賃借権は債権に過ぎないので、第三者に対抗することができな

　　いが、民法自身に、登記したときは第三者に対抗することができる旨
　　規定され、借地借家法に、借地権については建物登記、借家権につい
　　ては建物の引渡しに、それぞれ対抗力が与えられている等。

(6)　貸金業者は利息を請求することができないだけでなく、不法原因給付
　　(民 708) であるから、元本相当額についても返還請求をできない。

(7)　ブロック塀設置工事に手抜きがあれば工事会社に損害賠償を求めるこ
　　とができる (過失責任) ほか、占有者が必要な注意を怠っていなかった
　　ことを証明できなければ占有者に損害賠償を求めることができ、占有
　　者が注意を怠っていなかったことを証明したときは、所有者に損害賠
　　償を求めることができる (無過失責任)。

本章のポイント

1. 家族関係の始まりである婚姻が成立するためには、婚姻意思が合致するだけでなく、婚姻適齢に達していること、重婚でないこと、近親婚でないこと等の要件を満たしていなければならない。

2. 婚姻の効力として夫婦同氏が定められているが、選択的夫婦別氏制の導入を求める意見も多い。

3. 離婚には、協議離婚・審判離婚・裁判離婚という3種の方法があり、離婚原因として、配偶者の不貞、悪意の遺棄、3年以上の生死不明、配偶者の強度の精神病が掲げられているが、それ以外でも、夫婦関係が破綻しているときは離婚が認められる。

4. 親子関係には実親子関係と養親子関係があり、両親が婚姻関係にあるときは嫡出推定という制度がある。

5. 養子には、実親との関係が継続する普通養子と、実親との関係が絶たれる特別養子がある。

6. 未成年の子の監護・教育を主とする親権は、権利というより義務の色彩が強く、「しつけ」で体罰を加えることは許されない。

1 家族生活と親族法

A 家族と親族法

　家族は人間の社会生活の最小単位であり、社会の基盤をなす人の集合体である。したがって、家族生活にも一定のルールが必要となるため、諸国で家族に関する法（家族法）が定められている。わが国では、民法典の第4編親族（親族法）と第5編相続（相続法）に家族に関する法が規定されており、これを家族法とよんでいる。家族法は社会秩序を維持するための法であるから、そのほとんどが強行法規であり、当事者の意思でこれと異なる定めをしても無効とされる。

　家族に関する法制度は、時代とともに変わってきている。明治時代以後のわが国の家族制度をみるだけでも、1898（明治31）年7月16日に施行された民法第4編親族・第5編相続（いわゆる旧法）の家族制度と、1948（昭和23）年1月1日より施行された「民法の一部を改正する法律」（いわゆる新法）の家族制度とでは、大きな違いがある。

　旧法では、戸主が家族員を支配・統制する**「家」の制度**が採用されていた。そこでは、すべての日本人は、いずれかの「家」という集団に所属し、夫婦は同一の家に所属するものとされた。その結果、婚姻は、一方（主に女）が家を出て他方の家に入ることになるため、両家の戸主の同意を必要とし、戸主または法定推定家督相続人は他家に入る婚姻ができなかった。また、夫婦の一方が死亡して婚姻が解消しても、婚家に止まる限り戸主の支配に服し、実家に帰れば子と家を異にするため親権を失うものとされていた。夫婦関係そのものも、夫の支配と庇護、それに対する妻の服従を理念としたため、財政的責任は夫にあり、妻は無能力とされ、夫は妻の財産を管理して収益権をもった。のみならず、夫と妻とでは、貞操義務にも差別が設けられていた。また、親子関係についても、婚姻は親の同意のほかに戸主の同意が必要とされ、親とならんで戸主も居所指定権をもつなど、戸主の支配が加えられ、父だけが親権者として子の哺育・監護・教育についての責務を負い、子は成年に達して後も、独立の生計を立てない限り親権に服した。また、男子は30歳、女子は25歳まで、婚姻について父母の同意を

必要とした。

　第二次世界大戦後、1947（昭和22）年に、男女の平等・個人の尊厳を定める新憲法の制定に伴って民法第4編・第5編が全面改正され、新憲法の精神を受けて家制度は廃止された。新法は、家族を、主として夫婦が共同生活により未成熟の子を養育する場として捉え、そこに個人の尊重と男女平等を実現するという理念に基づいて制定されている。

　しかし、その後も社会生活は急速な変化をとげ、特に昭和30年頃からの高度経済成長によって、都市への人口集中が起こり、核家族が増加するとともに、女性の社会進出が進むと、男女差別の廃止問題や家庭崩壊による子の利益保護などの問題が生じることとなった。それらの問題に対応すべく、**1962（昭和37）年**には、離縁（民811、815）、後見人の解任（民845）について民法の一部改正が行われ、**1976（昭和51）年**には、離婚後の婚氏続称（民767②）を認める改正が行われている。また、**1980（昭和55）年**に、子とともに相続する場合の配偶者の相続分を2分の1とする改正が行われ（民900Ⅰ）、**1987（昭和62）年**には、特別養子制度が導入されている（民817の2以下）。

　平成の時代に入ってからも家族法の改正は続けられている。まず、1996（平成8）年に、選択的夫婦別氏制の導入や離婚原因の緩和化などの改正に関する「民法の一部を改正する法律案要綱」が法制審議会において決定されたが、その一部を除いて、まだ実現にはいたっていない。**1999（平成11）年**には、主として高齢者問題に対応するため、成年後見制度を創設する改正が行われている。2003（平成15）年は、「性同一性障害者の性別の取扱いの特例に関する法律」が制定されて、一定の要件を満たした性同一性障害者の性別変更が認められるようになり、生物学的には女であった者が法律上は男になり、女と結婚することや、その逆に、生物学的には男であった者が法律上は女になり、男と結婚することが可能となった。また、その後の同法の改正で、子がいても成年に達していれば性別変更が可能とされたので、法律上は、「私の母は男です。」とか「私の父は女です。」ということがあり得ることとなっている。**2004（平成16）年**には、現代語化して各条に見出しを付す改正が行われている。**2011（平成23）年**に親権法が改正され、児童虐待の防止等を図り、児童の権利利益を擁護する観点から、親権の停止制度が新設され、法人の未成年後見人や複数の未成年後見人の選任を認

める等の改正を行うとともに、協議上の離婚の面接交渉権が取り入れられ、懲戒に関する規定も見直されている。**2013（平成 25）年**には、最高裁の違憲決定（最大決平 25.9.4 民集 67.6.1320）に対応して、非嫡出子（婚外子）の相続分を嫡出子の 2 分の 1 とする規定（民 900 Ⅳ但書前段）を削除して同等とされた。**2016（平成 28）年**には、最高裁の違憲判決（最大判平 27.12.16 民集 69.8.2427）に対応して、女の再婚禁止期間（民 733 ①）が 6 か月から 100 日に短縮された。**2017（平成 29）年**に債権法の大改正が行われた際に、被保佐人が、制限行為能力者（未成年者、成年被後見人、被保佐人および 17 条 1 項の審判を受けた被補助人）の法定代理人としてする行為が、保佐人の同意を要する行為（民 13 ①）に追加されている。**2018（平成 30）年**の改正では、成年年齢が 18 歳に引き下げられ、それと同時に、婚姻適齢を、男は満 18 歳、女は満 16 歳とする規定（旧民 731）が改正され、婚姻適齢は男女とも 18 歳とされた（民 731）ので、未成年者の婚姻ということはなくなり、未成年者の婚姻には父母の同意を要する旨を規定した民法 737 条が削除された。この改正は、2022（令和 4）年 4 月 1 日から施行される。**2018（平成 30）年**には相続法が大改正された。そこでは、配偶者の居住権を保護するため配偶者短期居住権と配偶者居住権が新設され、仮払い制度創設等の遺産分割に関する見直し、自筆証書遺言の方式緩和等の遺言制度に関する見直し、法定相続分を超える権利の承継については対抗要件を必要とする等の相続の効力に関する見直しがなされているほか、相続人以外の者の貢献を考慮して特別の寄与の制度が創設されている。

　令和の時代になってからも、**2019（令和元）年**に、特別養子縁組の対象年齢が原則 6 歳未満から原則 15 歳未満に引き上げられている。また、**2019（令和元）年**に「児童虐待防止対策の強化を図るための児童福祉法等の一部を改正する法律」が成立し、児童虐待防止法 14 条 1 項に、児童に対する体罰禁止が明記された。

B　親族の範囲

　民法は、法的に親族として取り扱う者の範囲を一般的な形で定め、六親等内の血族、配偶者、三親等内の姻族をもって親族としている（民 725）。血族には、出生によって血縁がつながっている**自然血族**と、生物学上の血縁

がないにもかかわらず法律によって血縁があるものと擬制される**法定血族**とがある。法定血族は、現行法においては、養子と養親およびその血族との間でのみ認められるにすぎない（民727）。したがって、先妻の子と後妻との関係や、婚外女性の生んだ子と本妻との関係は、血族関係ではなく姻族関係になる。なお、血族の一方が他方の子孫にあたる場合を**直系**といい、父母と子、祖父母と孫は、いずれも直系である。これに対して、共同の祖先（共同始祖）から枝分かれした関係にある場合を**傍系**という。たとえば、兄弟姉妹は父母を共同の祖先とし、従兄弟姉妹（いとこ）は祖父母を共同の祖先とするから、いずれも傍系である。**配偶者**とは、婚姻によって夫婦となった者が、一方から他方をみた場合のことである。民法典で配偶者という場合には、婚姻届が出されている夫婦に限られるが、判例学説は、婚姻届が出されていないいわゆる**内縁配偶者**も、相続権を除いて、配偶者に準ずる取扱いをするようになってきている。**姻族**とは、配偶者の一方と他方の血族をいう。したがって、夫からみて、妻の両親や兄弟は姻族であるが、妻の兄弟の配偶者は姻族ではなく、親族ではない。また、夫の父母と妻の父母との間にも姻族関係はないから、親族とはいえない。**親等**は、血族の濃淡遠近を示す単位で、直系の場合は、1つの親子関係（世代）を単位として計算する（民726①）。したがって、親子は一親等、祖父母と孫は二親等となる。傍系の場合は、それぞれの共同の祖先（共同始祖）に至る世代数を合計して計算する（民726②）。したがって、兄弟姉妹は二親等で、従兄弟姉妹（いとこ）は四親等となる。

　姻族関係は、離婚によって終了する（民728①）。夫婦の一方が死亡した場合において、生存配偶者が姻族関係を終了させる意思を表示したときも、姻族関係は終了する（民728②）。

　養子およびその配偶者ならびに養子の直系血族およびその配偶者と養親およびその血族との親族関係は、離縁によって終了する（民729）。

　直系血族および同居の親族は、互いに扶け合わなければならないとされている（民730）。

2 婚姻と離婚

A 婚約

　将来、婚姻しようという男女の約束を婚約という。婚約は当事者の合意だけで成立する。意思能力を有する限り、未成年者も親の同意なしに有効に婚約することができる。結納・樽入れといった方式を必要とせず、公然性も必ずしも必要ではない。婚姻を約した上、長期間にわたり肉体関係を継続している場合について、「当事者がその関係を両親兄弟に打ち明けず、世上の習慣に従って結納を取かわし或は同棲しなかったとしても」婚約成立が認められる（最判昭 38.9.5 民集 17.8.942）。婚姻障碍（民 731 以下）のある者の婚約も、近親婚となる場合を除いて有効と解されている。また、婚姻している者の婚約も、現在の婚姻がすでに破綻しているなど、公序良俗に反しない場合は有効と解されている。

　有効な婚約が成立すれば、当事者は婚姻を成立させる義務を負う。しかし、その意思がなくなった者に強制して婚姻を成立させてみても目的を達することはできないから、一方の意思表示によっていつでも解消することができる。婚約破棄には何ら理由を要しないが、正当な理由のない婚約破棄は、相手方に対して債務不履行による損害賠償責任を負うことになる。

　婚約成立の際に、「婚約の成立を確証し、あわせて、婚姻が成立した場合に当事者ないし当事者両家間の情誼を厚くする目的で授受される一種の贈与」を**結納**という（最判昭 39.9.4 民集 18.7.1394）。結納は婚姻の成立を最終目的としているので、婚姻が不成立となった場合は返還義務を負う。

B 婚姻の成立要件

　婚姻が有効に成立するためには、婚姻意思が存在すること（民 742 Ⅰ参照）、法律上婚姻を妨げる事由（**婚姻障碍**）が存在しないこと（民 731〜737）という2つの**実質的要件**を充足し、戸籍法の定めに従って届出をする（民 739 ①）という**形式的要件**を充足しなければならない。婚姻障碍がある届出は受理を拒まれ（民 740）、誤って受理された場合は、原則として取り消し得るものとなる。

[1] 婚姻意思 (実質的要件その1)

　婚姻意思の内容については、婚姻の届出をするという意思だけでなく、夫婦共同生活関係をおくる意思をも必要とする**実質的意思説**が判例・通説である。この婚姻意思が認められるかぎり、成年被後見人も、成年後見人の同意を得ることなく婚姻することができる (民738)。したがって、夫婦共同生活をおくる意思がないにもかかわらず、当事者が通謀のうえ婚姻届を出すいわゆる**仮装婚姻**は、婚姻意思を欠くものとして無効とされる。たとえば、子供を入籍させることだけを目的にした婚姻の届出 (最判昭44.10.31民集23.10.1894) や、肉体関係を結ばないとか、終始別居するという意思の婚姻の届出は、婚姻意思がないものとして無効とされる。

　婚姻意思は、原則として、届書作成の時および提出・受理の時に存在しなければならない。したがって、届書作成後翻意して、届書受理の時には婚姻意思を有していなかったという場合には、その婚姻は無効となり、届書作成後、受理前に死亡した場合は、届書は受理されない。ただし、郵便または民間事業者による信書の送達に関する法律に規定する一般信書便事業者もしくは特定信書便事業者による信書便によって発送した届出書については、到達前に当事者が死亡しても届出は受理され、届出人死亡の時に婚姻が成立したものとみなされる (戸籍47)。事実上の夫婦の一方が他方の意思に基づかないで婚姻届を作成提出した場合、他方の届出意思を欠くから婚姻は無効であるが、婚姻届を作成提出した当時、両名に夫婦としての実質的生活関係が存在しており、後に他方の配偶者が届出の事実を知ってこれを追認したときは、婚姻は追認によりその届出の当初に遡って有効となる (最判昭47.7.25民集26.6.1263)。

　なお、婚姻意思のない届書も、受理されて戸籍に記載されると、無効確認訴訟によらなければ戸籍を訂正できなくなる。この煩雑さを避け、意思のない届書の受理を未然に防止する制度として、**不受理申出制度**がある。不受理申出制度は、かつて実務慣行上認められていた制度が、2007 (平成19) 年の戸籍法改正で明文化されたもので、婚姻届、協議離婚届、養子縁組届、協議離縁届、認知届の5つの届出について、その届出の当事者から役所に対し、本人以外から届けられても役所で受理しないよう事前に申し出るものである (戸籍27の2③)。不受理申出後、当該申出に係る届出があっ

た場合、申出をした本人が窓口に来たことが確認できなかったときは、当該届出は受理されない。不受理申出は原則本人の出頭による書面（不受理申出書）での申出に限られる（戸籍法施行規則53の4①、②）。不受理申出には有効期間がなく、申し出た日から申出人が取り下げるまで効力は失われない。

[2] 婚姻障碍の不存在（実質的要件その2）

婚姻成立を制限する婚姻障碍には、次のものがある。

(1) 婚姻適齢

旧民法では、男は満18歳、女は満16歳にならなければ婚姻をすることができないとされていた（旧民731）が、2018（平成30）年に改正され、2022（令和4）年4月1日からは、男女とも婚姻適齢は18歳とされている（民731）。

(2) 重婚の禁止

配偶者のある者は、重ねて婚姻することができない（民732）。届出がない限り婚姻は成立しないから、婚姻届が二重に出された場合に限られ、法律上の婚姻と内縁の夫婦関係が重なっても重婚にはならない。重婚は、通常は戸籍事務担当者の審査の段階で阻止されるので、現実に重婚関係が生ずるのは、離婚して再婚したところ離婚が無効または取消しとなった場合や、認定死亡（戸籍89）のあった前配偶者が生存していた場合など、特殊な場合に限られる。

重婚となる場合、後婚は取り消し得る婚姻となるが（民744）、前婚についても、不貞行為または婚姻を継続し難い重大事由があるものとして離婚原因を生ずる。

再婚後に前配偶者の失踪宣告（民30）が取り消された場合については、民法32条1項後段により、失踪宣告の取消しは善意でなされた行為の効力に影響を及ぼさないとされているから、後婚の当事者双方が善意であれば再婚は効力を持続するが、前婚も復活して重婚状態を生じ、前婚について離婚原因、後婚について取消原因になるとする説がある。これに対して、善意者保護の趣旨を徹底し、善意でなされた行為と両立しない旧関係は復活しないと解して、前婚の復活を認めない説もある。さらには、民法32条1項後段の適用を認めず、後婚の当事者双方が善意であっても重婚になる

とする説もある。いずれにしても、この問題は立法的解決が望ましいため、1996（平成8）年の法制審議会「民法の一部を改正する法律案要綱」では、「夫婦の一方が失踪の宣告を受けた後他の一方が再婚したときは、再婚後にされた失踪の宣告の取消しは、失踪の宣告による前婚の解消の効力に影響を及ぼさないものとする。」という改正案が採択されている（要綱「第八」）。

（3）再婚禁止期間

　女は、前婚の解消または取消しの日から起算して100日を経過した後でなければ、再婚することができない（民733①）。女に再婚禁止期間を設けたのは、父性推定（民772）の重複を避けるためである。女が前婚の解消または取消しの時に懐胎していなかった場合や、女が前婚の解消または取消しの後に出産した場合は、父性推定が重複するおそれがないので、再婚することができる（民733②）。

（4）近親婚の禁止

　優生学的または倫理的な理由から、一定範囲の近親の婚姻は禁止され、これに反する婚姻は取り消し得るものとされている（民744）。第1に、**直系血族または三親等内の傍系血族の間**の婚姻は禁止される（民734①本文）。自然血族が禁止されるのは主として優生学的な理由により、法定血族が禁止されるのは倫理的な配慮による。直系血族間の婚姻として、親と子、祖父母と孫の婚姻などがある。養子の縁組前に生まれた子と養親は何ら親族関係を有しないから、この間の婚姻は本条にふれない。三親等内の傍系血族間の婚姻として、兄弟姉妹間の婚姻、伯叔父母（おじおば）と甥姪（おいめい）との婚姻がある。ただし、養子と養方の傍系血族との婚姻は禁止されていない（民734①但書）から、養子は養親の兄弟・子・孫と婚姻できる。従兄弟姉妹（いとこ）は四親等の傍系血族であるから、本条にふれず婚姻できる。第2に、**直系姻族の間**でも婚姻は禁止され、離婚によって姻族関係が終了した場合、配偶者の死亡後に生存配偶者が姻族関係終了の意思表示をした場合、特別養子縁組によって実方の姻族関係が終了した場合も同様とされる（民735）。もっぱら道徳的理由によるものである。本条によって禁止されるのは、配偶者の父母や配偶者の連れ子などの直系姻族との婚姻で、傍系姻族との婚姻は禁止されない。したがって、亡妻の姉妹と婚姻する順縁婚や、亡夫の兄弟と婚姻する逆縁婚は認められる。第3に、**養親子等の**

間の婚姻も禁止されており、養子もしくはその配偶者または直系卑属もし
くはその配偶者と、養親またはその直系尊属との間では、離縁（民729）に
よって親族関係が終了した後でも婚姻することができない（民736）。本条
も、もっぱら道徳的理由による婚姻の禁止である。縁組前の養子の連れ子
は、養親と何ら法定血族関係を生じないから本条にふれず、養親またはそ
の直系尊属と婚姻できる。

(5) 未成年者の婚姻の父母の同意

　旧法では、20 歳未満の未成年者も、男は満 18 歳、女は満 16 歳になれば
婚姻できるが、その場合には父母の同意を得なければならないとされてい
た（旧民737①）。しかし、2018（平成30）年の改正で成年年齢が 18 歳に改め
られるともに、男女とも婚姻適齢は 18 歳とされ（民731）、未成年者の婚姻
ということはなくなったため、この規定は削除された（2022〔令和4〕年 4 月
1 日施行）。

[3] 婚姻の届出（形式的要件）

　わが国の民法では、戸籍法の定めるところにより届け出ることによって、
婚姻が成立する（民739①）。すなわち、届出は婚姻の成立要件であって、効
力発生要件ではない。このように、法の要求する一定の方式をふむことに
よって婚姻の成立を認める制度を**法律婚主義**という。

　婚姻の届出は、夫または妻の本籍地または所在地の市町村長に対して、
当事者双方および成年の証人 2 人以上から、口頭または署名した書面によ
り行うのが原則である（民739②、戸籍25、27、74）。本籍地に届け出る場合以
外は、届書に戸籍謄本または抄本を添付することになっている。届出に出
頭した者が本人かどうかの確認をするため、当該出頭した者を特定するた
めに必要な資料（運転免許証など）の提供が求められる（戸籍27の2①）。婚姻
届出書は、他人に委託して提出してもよいが、受付前に当事者が死亡した
ときは無効となり、仮に受理されても婚姻は無効となる。婚姻意思は、原
則として、届書作成の時および提出・受理の時に存在しなければならない。
したがって、届書作成後翻意して、届書受理の時には婚姻意思を有してい
なかったという場合には、その婚姻は無効となり、届書作成後、受理前に
死亡した場合は、届書は受理されない。ただし、郵便または信書便によっ

て発送した届出書については、到達前に当事者が死亡しても届出は受理され、届出人死亡の時に婚姻が成立したものとみなされる（戸籍47）。口頭による場合は、当事者双方が市町村役場に出頭して届書に記載すべき事項を陳述し、市町村長（戸籍事務担当者）がそれを筆記して年月日を記載した上で届出人に読み聞かせ、届出人が署名・押印する（戸籍37）。外国に在る日本人間で婚姻をしようとするときは、その国に駐在する日本の大使、公使または領事にその届出をすることができる（民741）。婚姻の届出は、その婚姻が法令の規定に違反しないことを認めた後でなければ、受理することができない（民740）。

C　婚姻の無効および取消し

[1]　婚姻の無効

　民法は、婚姻の無効原因として、①人違いその他の事由によって当事者間に婚姻意思がないとき、②当事者が婚姻の届出をしないとき（その届出が民法739条2項に定める方式を欠くだけであるときを除く）、の2つの場合を挙げている（民742）。婚姻意思を欠く場合については、すでに述べたとおりである。婚姻の届出をしない場合をも無効としているが、当事者が婚姻の届出をしないときは、婚姻は不成立である。にもかかわらず無効されているのは、民法739条2項の規定によれば、婚姻の届出は、当事者双方および成年の証人2人以上から、口頭または署名した書面でしなければならず（民739②）、これに反する届出は本来受理されないが（民740）、誤って受理されてしまったときは婚姻を有効に成立させるとする点に規定の意味がある。

　婚姻無効の訴えを提起する場合は、**調停前置主義**（家事257）に基づき、まず家庭裁判所に調停の申立てをしなければならない（家事244、256）。家事調停の申立てをすることなく訴えを提起した場合は、裁判所は職権で家事調停に付する（家事257②③）。家事調停の手続きにおいて、当事者間に申立ての趣旨のとおりの審判を受けることについて合意が成立しており、当事者の双方が申立てに係る無効または取消しの原因または身分関係の形成もしくは存否の原因について争わない場合には、家庭裁判所は必要な事実を調査した上、申立ての趣旨のとおりの審判を受けることについての合意を正当と認めるときは、当該**合意に相当する審判**をすることができるとされ

ている（家事 277 ①）。この審判に対しては、2 週間以内に、家庭裁判所に異議を申し立てることができる（家事 279 ①、②）が、異議の申立てがないとき、または異議の申立てを却下する審判が確定したときは、合意に相当する審判は、確定判決と同一の効力を有する（家事 281）。家事調停で合意が成立しないときは、人事訴訟法の定めるところに従い、婚姻無効の訴えを家庭裁判所に提起することができる（人訴 2、4）。当事者だけでなく、利害関係を有する第三者も婚姻の無効確認を求めることができる。婚姻の無効確認の訴えは、夫婦の一方が提起する場合には他方の配偶者を、第三者が提起する場合は夫婦を、相手方とすべき者が死亡したときは検察官を、被告とする（人訴 12）。

　婚姻無効の確定判決は、第三者に対しても効力を有する（人訴 24 ①）。婚姻無効の判決が確定した場合には、訴えを提起した者は、確定の日から 1 か月以内に、判決の謄本を添付して、戸籍の訂正を申請しなければならない（戸籍 116）。

[2] 婚姻の取消し

　婚姻は、民法 744 条から 747 条までの規定によらなければ、取り消すことができないものとされ（民 743）、民法総則の取消しに関する規定の適用は排除されている。

(1) 婚姻の取消原因

　婚姻の実質的成立要件のうちの、婚姻適齢（民 731）、重婚の禁止（民 732）、再婚禁止期間（民 733）、近親婚の禁止（民 734～736）の規定に違反する婚姻と、詐欺・強迫による婚姻は、取り消すことができる（民 744 ①、747）。前者の実質的成立要件に違反する場合の取消しは公益的取消しであり、後者の詐欺・強迫による取消しは私益的取消しである。前者の取消権者には、公益代表として検察官が加えられている（民 744 ①本文）のに対して、後者には検察官の取消権が認められていないのはそのためである。

　詐欺による婚姻とは、当事者の一方または双方に対して、虚偽の事実を告げて錯誤に陥れ、婚姻意思を決定させることをいう。婚姻当事者が相手方に対して虚偽の事実を告げる場合だけでなく、第三者が婚姻当事者に虚偽の事実を告げる場合も含まれる。第三者による場合、婚姻の相手方がそ

の事実を知っていたか否かを問わない。詐欺によって生じた錯誤は、相手方の性質・年齢・職業・地位・財産などのいずれに関するものであってもよいが、その事情を知った上で合理的に判断すれば、婚姻しなかったであろうと思われるような重大な錯誤でなければならない。したがって、親族や仲人が、事実を多少誇張したり、秘したりするのは、いわゆる「仲人ぐち」として、一般的には詐欺にならない。なお、人の同一性に関する錯誤（人違い）は、婚姻無効の問題となる（民742）。

　強迫による婚姻とは、当事者の一方または双方に対して、危害を加えることを告知して恐怖させ、婚姻意思を決定させることをいう。危害を加えられる人は、婚姻意思を表示する当事者に限られず、その親族や関係者も含まれる。また、婚姻の相手方がした強迫だけでなく、第三者がした強迫も取消原因となる。ただし、その強迫がなければ婚姻しなかったであろうという場合でなければならない。

(2)　婚姻の取消権者

　婚姻の取消しを裁判所に請求できるのは、民法731条ないし736条の規定に違反する婚姻の場合は、当事者、その親族または検察官である（民744①本文）。ただし、当事者の一方が死亡した後は、検察官の取消請求権は認められない（民744①但書）。これは、当事者の一方の死亡によって婚姻の実体が消滅した以上、検察官に関与させる必要はないという、家族主義的配慮によるものである。なお、重婚および再婚禁止期間内の婚姻については、当事者の配偶者または前配偶者も取消権を有する（民744②）。詐欺・強迫による婚姻の取消しは私益的取消しであることから、詐欺・強迫を受けた当事者だけに取消権が認められる（民747①）。

(3)　婚姻取消権の消滅

　婚姻の取消権は、次の場合に消滅する。婚姻適齢（民731）の規定に違反した婚姻は、当事者が婚姻適齢に達して要件に合致したときは違反が治癒されることになるので、取消権は消滅する（民745①）。ただし、当事者については、婚姻適齢に達した後も3か月の熟慮期間をおいて取消権が与えられるが、その期間内に追認すれば取消権は消滅する（民745②）。再婚禁止期間（民733）の規定は、父性推定の重複を避けるためのものであるから、これに違反した婚姻は、懐胎することなく100日を経過してしまえば取り

消す必要がなくなってしまうので、取消権は消滅する。また、再婚禁止期間を経過しないで再婚し、再婚後に出産したときも、同様に取消権は消滅する（民746）。詐欺・強迫による婚姻の取消権は、当事者が詐欺を発見し、もしくは強迫を免れた後3か月を経過し、または追認したときは、消滅する（民747②）。なお、重婚の禁止（民732）に違反する婚姻は、死亡によって婚姻が解消しても取り消し得ることは明らかであるが（民744①但書）、前婚が離婚になって重婚状態が解消された場合には、もはや取り消すことができなくなると解されている。後婚が離婚によって解消された場合については意見が分かれており、判例は、「特段の事情のない限り、後婚が重婚にあたることを理由としてその取消を請求することは許されない」としている（最判昭57.9.28民集36.8.1642）。

(4) 婚姻取消しの方法

婚姻の取消しは、訴えによってしなければならず、調停前置主義が適用される。なお、婚姻取消しの訴えの性質は**形成訴訟**であり、取消しの判決が確定したとき、はじめて将来にむかって婚姻は効力のないものになる。婚姻取消しの判決または審判が確定したときは、訴えを提起した者は、10日以内にその謄本を添付して届け出なければならない（戸籍75、63）。

(5) 婚姻取消しの効力

一般の法律行為の取消しは、法律行為の時に遡って、最初から無効であったことになるが（民121）、婚姻の取消しは遡及効がなく、取消しの時から将来に向かって婚姻を解消させるにとどまる（民748①）。婚姻の取消しに遡及効が認められないのは、身分関係の特殊性によるものである。ただし、当事者が死亡した後に婚姻が取り消された場合は、死亡の時に婚姻は解消としたものとなることはいうまでもない。また、取り消すことができる婚姻から出生した子は、婚姻の取消し後も嫡出子たる地位を失わず、婚姻の取消し前に妻が懐胎した子は、夫の子と推定される（民772）。

(6) 離婚の規定の準用

以上のようにして、婚姻の取消しは遡及効を有せず、将来に向かって婚姻を解消させるという点で離婚に類似しているため、離婚による姻族関係の終了（民728①）、離婚後の子の監護（民766）、離婚による復氏（民767）、財産分与（民768）、祭祀財産の承継（民769）、子の氏（民790①但書）、離婚の際

の親権者の決定（民819②、③、⑤、⑥）の規定が、婚姻の取消しに準用される。

D　婚姻の効力

　民法は、婚姻の効力と題して、夫婦の氏（民750）、生存配偶者の復氏と祭具等の承継（民751）、同居・協力・扶助の義務（民752）、夫婦間の契約取消権（民754）を定めている。夫婦の貞操義務については、直接の規定がないが、離婚原因として間接的にこれを認めている（民770①Ⅰ）。

　問題となるのは、配偶者の一方が**貞操義務違反**した場合、その相手方となった第三者に対して、他方の配偶者から不法行為に基づく損害賠償請求をできるかである。判例は、「夫婦の一方の配偶者と肉体関係をもった第三者は、故意又は過失がある限り、右配偶者を誘惑するなどして肉体関係をもつに至らせたかどうか、両名の関係が自然の愛情によって生じたかどうかにかかわらず、他方の配偶者の夫又は妻としての権利を侵害し、その行為は違法性を帯び、右他方の配偶者の被った精神上の苦痛を慰謝すべき義務がある」（最判昭54.3.30民集33.2.303）としている。ただし、婚姻関係がすでに破綻している夫婦の一方と肉体関係をもった第三者は、他方配偶者に対して不法行為責任を負わない（最判平8.3.26民集50.4.993）。しかし、貞操義務は配偶者間の相対的義務にすぎないから、その違反に対する責任も配偶者間で処理されるべきであるし、不貞という事態を招いた原因は夫婦自体の方にもあるというべきである。また、第三者の不法行為責任を認めても、それが不貞行為の減少に直結するわけではないし、かえって恐喝を誘発するなどの弊害も生ずる。不貞行為の相手方が「害意」をもって積極的に肉体関係をもった場合などを除き、原則的には不法行為の成立を否定すべきである。なお、その後、最高裁は、当該夫婦が離婚に至ったとしても、当該夫婦を離婚させることを意図してその婚姻関係に不当な干渉をするなどして、当該夫婦を離婚のやむなきに至らしめた評価すべき特段の事情がない限り、夫婦の一方と肉体関係をもった第三者は、他方配偶者に対して「離婚についての不法行為責任」は負わない（最判平31.2.19民集73.2.187）として、「不貞行為についての不法行為」とは違った態度を示している。

[1] 夫婦同氏の原則

　婚姻する男女は、協議のうえいずれか一方の氏を選んで夫婦の氏としなければならない（民 750）。これを夫婦同氏の原則という。婚姻の届出があったときは夫婦について新戸籍が編製され（戸籍 16 ①）、夫の氏を選んだ場合は夫が、妻の氏を選んだ場合は妻が、戸籍の筆頭者となる（戸籍 14 ①）。ただし、自分の氏を夫婦の氏とした夫または妻が、婚姻の際すでに戸籍の筆頭者である場合には、新戸籍を編製せず、配偶者をその戸籍に入れる（戸籍 16 ①但書、②）。日本人が外国人と婚姻した場合も新戸籍が編製されるが（戸籍 16 ③）、外国人は日本国籍がないのでその戸籍へ入籍することができず、夫婦同氏の原則が適用されない。日本人配偶者が外国人配偶者の氏を称することを希望する場合には、婚姻の日から 6 か月以内に限り、外国人配偶者の氏に変更することができる（戸籍 107 ②）。婚姻関係が継続する限り、夫婦同氏の原則が適用されるので、夫の氏を称している夫婦の場合に、夫が氏を改めれば（民 791、816 参照）、妻の氏も改められる。

[2] 生存配偶者の復氏

　夫婦の一方が死亡したときは、生存配偶者は、婚姻前の氏に復することができる（民 751 ①）。その場合には、離婚による復氏の際の権利の承継（民 769）の規定が準用される（民 751 ②）。

[3] 同居・協力・扶助の義務

　婚姻は、人格的に独立した対等な男女が、精神的・経済的・肉体的に結合して、終生にわたって共同生活を営むものであるという考え方に基づき、夫婦は同居し、互に協力し扶助しなければならないとされている（民 752）。婚姻倫理の宣言とでも言うべきもので、倫理的色彩の強い規定である。

[4] 夫婦間の契約取消権

　夫婦間の契約は婚姻中いつでも取り消すことができる（民 754）。夫婦間の契約を裁判所の力を借りて実現するのは穏当でないとか、夫婦間の契約は威力や溺愛によって十分な自由意思を欠くことが多いという理由によるものである。この取消権は婚姻中いつでも行使することができ、時効によ

って消滅しない。しかし、婚姻解消後は、取り消すことができなくなる。取消しの効果は遡及し、履行完了後も回復を請求することができるが、第三者の権利を害することはできない。このような広範・強力な夫婦間の契約取消権は、実際には夫の横暴を助勢する結果になっているため、判例は、夫婦関係が破綻に瀕した際に締結された契約は取り消すことができないとし（最判昭 33.3.6 民集 12.3.414）、さらには、婚姻が実質的に破綻している場合は、夫婦間の契約を取り消すことは許されないとしている（最判昭 42.2.2 民集 21.1.88）。

E　法定財産制

　夫婦は、共同生活の費用をどのように負担し、取得した財産をどのように帰属させ、財産をどのように管理運営していくかといった問題に関する規則を、夫婦財産制という。

　夫婦財産制は、財産の帰属のさせ方によって、すべて夫の財産となる**財産吸収制**、全部または一定の財産が共有となる**財産共有（共通）制**、夫婦各自が自己の財産を所有する**別産制**の 3 種に大別される。また、財産管理の方法について、夫に財産を管理させるもの、共同管理とするもの、夫婦各自の管理とするものがあり、これらの組み合わせによって多数の型がある。

　どのような夫婦財産制を採用するかは、各国の婚姻の歴史的発展と法慣習に密接に関連しているが、近年、妻の社会的・経済的地位の向上に伴って、妻の独立性が強調され、各国とも夫婦別産制に移行している。

　夫婦財産制には、夫婦が契約によって財産制を定める**契約財産制**と、法が財産制を定める**法定財産制**とがある。夫婦財産契約がなされたときはそれにより、なされなかったときは自動的に法定財産制による（民 755）が、夫婦財産契約は、要件が厳格なこともあって、わが国では極めて少なく、法定財産制によることがほとんどである。民法は、以下のような法定財産制を定めている。

[1] 婚姻費用の分担

　夫婦は、その資産、収入その他一切の事情を考慮して、婚姻から生ずる費用を分担しなければならない（民 760）。婚姻から生ずる費用とは、家族

共同生活に必要な衣食住費・医療費・交際費などの生計費で、資産・収入・社会的地位などに相応した費用のことである。未成熟の子の養育費も当然含まれるが、夫婦の一方の未成熟の連れ子の養育費については、婚姻費用に含まれるとする説と、含まれないとする説とがある。連れ子が家族共同生活の一員となって暮らすことは、社会的にみて普通の形態であるから、連れ子の養育費も婚姻費用に含まれると解すべきである（東京家審昭 35.1.18 家月 12.5.153）。

　一切の事情の中には、家事労働などの非経済的協力の態様も含まれる。したがって、夫は外へ出て働き、それで得た収入で婚姻費用を負担し、妻は家庭内で家事・育児をするという形態での分担や、夫婦とも外へ出て働き、金銭の面でも家事労働の面でも分担し合うという形態など、いろいろな分担方法が考えられ、どのような分担方法をとるかは夫婦の合意による。

　婚姻費用の分担が実際上問題になるのは、夫婦が婚姻破綻により別居している場合である。破綻的別居の場合、別居となった原因の責任がいずれにあるかによって、婚姻費用の負担の有無ないし負担額を決定するのが判例の一般的態度で、婚姻費用の分担義務者に婚姻破綻の主たる責任がある場合には、自己と同程度の生活を保持するに足る生活費用の分担義務が認められる（大阪高決昭 42.4.14 家月 19.9.47 など）。これとは逆に、婚姻費用の分担請求者が同居義務に違背し、婚姻破綻の主たる責任がある場合には、子の養育費は別として、自己の生活費を請求することができない（東京高決昭 40.7.16 家月 17.12.121、東京高決昭 58.12.16 家月 37.3.69）。別居について双方有責の場合については、少なくとも最低生活を維持する程度の分担義務はあるとする裁判例がある（東京家審昭 43.6.4 家月 21.1.105）。

[2] 日常家事債務の連帯責任

　なお、夫婦の一方が日常の家事に関して第三者と法律行為をしたときは、他の一方は、これによって生じた債務について、連帯責任を負わなければならない（民 761）。これを、**日常家事債務の連帯責任**という。日常の家事とは、夫婦および未成熟子の家族共同生活に日常必要とされる事項のことで、衣食住に必要な日用品の購入、地代・家賃の支払い、日常家事のための少額の金銭借入れなどが日常の家事となる。具体的な範囲は、その夫婦

の収入・資産・社会的地位や、地域社会の慣行等によって定まるが、ダイヤの指輪の購入や多額の借金は、日常の家事に属さない。不動産の処分（最判昭 43.7.19 判時 528.35）や、手形貸付取引の保証（最判昭 45.2.27 判時 588.91）は、日常の家事に属さないとするのが判例である。

[3] 夫婦財産の帰属・管理

　民法は、夫婦の形式的平等の見地から夫婦別産制を徹底し、妻の財産に対する夫の管理権や用役権を認めていない。夫婦別産制の徹底は、夫権中心の家制度を打破するという点で、大きな効用があったが、妻の家事労働による協力を財産帰属の上で法的に評価するわけではないから、実質的平等までも保障するものではないことに注意しなければならない。この点につき、最高裁判所判決は、民法は別に財産分与請求権（民 768）や配偶者相続権（民 890）を認めており、「これらの権利を行使することにより、結局において夫婦間に実質上の不平等が生じないよう立法上の配慮がなされている」としている（最判昭 36.9.6 民集 15.8.2047）。

　夫婦の一方が婚姻前から有する財産および婚姻中自己の名で得た財産は、その**特有財産**（夫婦の一方が単独で有する財産）とされる。自己の名で得た財産とは、単に自分の名義で取得したというだけでなく、対価を自分のお金で支払って購入しているなど、実質的にも自分のものでなければならない。贈与を受けた財産、相続した財産、自分で働いて得た賃金収入なども、実質的に自分のものであるから自己の名で得た財産となり、特有財産である。これに対して、夫婦の共同生活に必要な家財・家具のように、性質上夫婦の共有に属する財産と、夫婦のいずれに属するか明らかでない財産は、**共有財産**になる（民 762）。なお、婚姻中に夫婦が協力して取得した住宅その他の不動産、共同生活の基金とされる預金、株券などのように、夫婦の一方の名義となっていても、実質的には共有に属する財産もある。そのような財産は、対外的には名義人の単独所有財産として扱われるが、対内的には実質的にも夫婦の一方の所有である事実が挙証されない限り、共有財産と考えなければならない。したがって、離婚の際には当然に清算すべきであり、配偶者の死亡の場合にも遺産から控除して他の配偶者に取得させるべきである。

F 死亡による婚姻の解消

　完全に有効に成立した婚姻が、将来に向かって消滅することを**婚姻の解消**という。その原因となるのは、死亡と離婚である。婚姻の無効または取消しが、婚姻成立時に存在した瑕疵を原因とするのに対して、婚姻の解消は、婚姻の成立後に生じた事由に基づき、将来に向かって婚姻の効果を消滅させるものである。

　婚姻は、夫婦の一方が死亡することによって解消する。死亡診断書、死体検案書（戸籍86）、官公署の死亡報告書（戸籍89、90）などにより現実に死亡したとされるとき、死亡が認められて婚姻関係は当然に解消する。水難、火災その他の事変で死亡したことが確実視されるときに、その取調をした官公署が死亡地の市町村長に対して行う死亡の報告（戸籍89）を**認定死亡**という。認定死亡は、その報告に誤りがあって生存していれば、もちろん死亡の効果は生じない。したがって、認定死亡後に婚姻した配偶者は、前婚が復活して重婚状態を生じ、前婚について離婚原因、後婚について取消原因となる。ただし、失踪宣告の取消しに関する民法32条1項後段の類推適用を認め、善意で再婚した場合は前婚は復活せず、後婚のみ有効とする説もある。

　失踪宣告によって死亡したものとみなされる場合（民30、31）も、同様に婚姻は解消する。失踪宣告後に、失踪者の配偶者が再婚し、その後に失踪者が生存していることが判明して失踪宣告が取り消されたときについては、すでに述べた。

　死亡による婚姻解消の効果は、法律上配偶者でなくなること、同居協力扶助の義務がなくなること、夫婦財産制がなくなることなどは、離婚による婚姻の解消と同様であるが、姻族関係は姻族関係終了の意思表示（戸籍96）をしない限り存続する（民728②）。また、復氏の届出（戸籍95）をしない限り復氏するわけではない（民751）という点で、離婚による婚姻の解消と異なる。なお、姻族関係の終了の問題と復氏の問題とはまったく別個の問題であるから、姻族関係を終了させて氏をそのままにしておくことも、姻族関係をそのままにしておいて復氏することも可能である。

G　離婚の形態

　婚姻は、生涯にわたって継続することが理想であるが、現実的には当事者の生存中に婚姻生活が破綻にいたる夫婦が少なからず存在する。婚姻生活が破綻した夫婦を、なお法律上夫婦として拘束することは、弊害を伴うだけであるから、現実を直視して離婚を承認せざるをえない（**破綻主義**）。離婚制度は人間社会ではやむを得ないものであるが、女が男より弱い立場にある社会では、自由な離婚を認めると、女は離婚によって不利益な立場に立たされることになる。また、夫婦の間に生まれた子供は、両親の離婚によって多大な痛手を受けることになる。したがって、離婚の承認にあたっては、妻と子の立場に十分な配慮がなされなければならない。

　わが国の離婚の形態としては、協議離婚、裁判離婚、調停離婚、審判離婚の4つのものがある。協議離婚、裁判離婚は民法上の制度であり、調停離婚、審判離婚は家事事件手続法上の制度である。

[1]　協議離婚

　婚姻が破綻し、離婚しようとする場合、通常は当事者の話し合いからスタートすることになる。話し合いで離婚の合意が成立すれば**協議離婚**となる。協議離婚が成立するためには、実質的要件として離婚意思の合致が必要であり（民763）、形式的要件として協議離婚の届出が要求される（民764、739）。

　合致が必要とされる離婚意思の内容については、社会生活上の夫婦関係を永久に解消する意思とする説（実質的意思説）と、離婚届を出す意思とする説（形式的意思説）とがある。両説は、いわゆる**仮装離婚**の効力について差異を生じ、実質的意思説は仮装離婚を無効と解し、形式的意思説は有効と解する。学説の多くは実質的意思説を採るが、判例は、債権者の強制執行を免れるための協議離婚（大判昭16.2.3民集20.70）、氏変更のための協議離婚（最判昭38.11.28民集17.11.1469）、生活保護費の支給を受けるための協議離婚（最判昭57.3.26判時1041.66）を有効とし、**形式的意思説**によっている。判例は、仮装婚姻については**実質的意思説**にたってこれを無効としながら、仮装離婚については形式的意思説にたってこれを有効とするわけである。仮装婚姻は夫婦共同生活の実体がないから、これを無効とすべきことは当

然であるが、仮装離婚は、離婚の届出後の共同生活を内縁関係とする意思と解するべきであるから、これを有効とする判例は妥当といえよう。

協議離婚は、戸籍法の定めるところにより、これを届け出ることによって成立する（民764、739）。親権に服する子がいるときは、その一方を親権者と定め（民819①）、届出書に記載しなければならない（民765①）。この届出は、方式違反や親権者の記載を欠いても、受理されれば有効である（民765②）。協議離婚の届出は、当事者双方および成年の証人2人以上から、口頭または署名した書面でしなければならない（民764、739）。理由を附記すれば代書も認められる（昭14.10.9民甲1100号通牒）。

[2] 調停離婚

話し合いがまとまらない場合には、**調停前置主義**がとられているので（家事257①）、家庭裁判所に離婚の調停を申し立てることになる。家庭裁判所に離婚の訴えを提起しても、家庭裁判所の調停に回される（家事257②）。調停で離婚の合意が成立して調書に記載されると**調停離婚**が成立し、調停調書は確定判決と同一の効力を有する（家事68①）。離婚の調停が不成立となった場合も、家庭裁判所は当事者双方のために衡平に考慮し、一切の事情を考慮して、**調停に代わる審判**を行うことができる（家事284①）。この審判は当事者が2週間以内に異議を申し立てると効力を失うが（家事286、279）、異議がなければ確定判決と同一の効力を有する（家事287）。これを**審判離婚**という。

[3] 裁判離婚

調停が成立せず、調停に代わる審判がなされず、または審判が当事者の異議によって効力を失った場合には、裁判離婚の手続によることになる。裁判離婚は、夫婦の一方が他方に対して訴訟を提起し、民法の規定する離婚原因（民770）がある場合に、裁判所が判決によって相手方の意思に反しても婚姻を解消させるもので、婚姻解消の最後の手続として、重要な役割を果たしている。離婚訴訟の管轄裁判所は、夫婦共通の住所地またはいずれかの住所地の家庭裁判所である（人事2Ⅰ、4①）。

離婚判決が確定すれば、それによって婚姻は解消し、第三者に対しても

効力を有する（人事24②）。訴えを提起した者は、判決確定の日から10日以内に判決の謄本を添えて戸籍の届出をしなければならないが（戸籍77、63）、この届出は協議離婚の場合と異なり、報告的届出である。離婚訴訟を提起する**離婚原因**として、民法は次の事項を定めている。

(1) 具体的離婚原因

①不貞行為（民770①Ⅰ）

　不貞な行為とは、通常の用語例では、貞操義務に反する一切の行為をいうが、ここでは姦通（性交関係）に限られる（最判昭48.11.15民集27.10.1323）。姦通までにいたらない行為は、本条1項5号によることになる。配偶者が任意であれば、相手方の任意性は問題にならない。夫が他の女性を強姦した場合（最判昭48.11.15前掲）や、妻が自分と子の生活費を得るため売春し、父親不明の子を生んだ場合（最判昭38.6.4家月15.9.179）も、不貞な行為となる。不貞行為が認められても、本条2項によって離婚請求が棄却される場合もあり得る。

②悪意の遺棄（民770①Ⅱ）

　遺棄とは、同居・協力・扶助の義務を履行しないことで、相手方を置き去りにしたり追い出したりした場合だけでなく、相手方の復帰を拒んだ場合も遺棄となる。ただし、遺棄は「悪意」によるものでなければならない。通常、「悪意」とは「知っていること」であるが、ここでの「悪意」は、夫婦共同生活ができなくなるという事実を知っているだけでは足りず、その事実を認容する意思が必要だと解されている。夫婦が形の上では別居していても、それが合理的な夫婦共同生活のために望ましいか、少なくともやむをえないときは、悪意の遺棄にはならない。

③3年以上の生死不明（民770①Ⅲ）

　7年間生死不明のときは、失踪宣告を受けることによって婚姻を解消することができる（民30、31）が、7年間待たずとも、3年以上の生死不明を理由に離婚請求することもできる。失踪宣告による婚姻解消は、生存していた場合に重婚の問題を生ずるが、3年以上の生死不明による離婚は、離婚判決確定後に生存が判明しても離婚の効力に影響がなく、重婚の問題を生じない。再婚の可能性がある場合には生死不明による離婚を選択すべきであるが、死亡ではないので、生死不明者の財産を相続によって取得するこ

とはできない。

④強度の精神病（民770①Ⅳ）

　精神病とは、統合失調症、躁うつ病、外傷その他の疾患による精神病であるが、それが離婚原因となるためには、強度の症状であること、および回復の見込みがないことを要する。最高裁は、不治の精神病にかかったと認定する場合でも、「諸般の事情を考慮し、病者の今後の療養、生活等についてできるかぎりの具体的方途を講じ、ある程度において、前途に、その方途の見込のついた上でなければ、ただちに婚姻関係を廃絶することは不相当」として、離婚請求を棄却している（最判昭33.7.25民集12.12.1823、最判昭45.3.12裁集民98.407）。これに対しては、精神病者の離婚後の生活療養の問題は、財産分与制度および社会保障制度の公的扶助によって解決すべき問題であって、破綻主義に反するという強い批判がある。たしかに、精神病者の離婚後の生活療養について、具体的方途の見込みがつかないかぎり離婚が認められないとするなら、精神病離婚は富める者だけの特権ということになろう。その後、最高裁は、精神病者である妻の実家が夫の支出をあてにしなくても療養費に事欠かない資産状態であり、夫は生活に余裕がないにもかかわらず示談による金員の分割支払いを完了し、将来も可能なかぎり支払いをなす意思を表明しているという事情のもとに、精神病離婚を認容しているが（最判昭45.11.24民集24.12.1943）、これによって最高裁の態度が変化したといえるかは不明である。

（2）抽象的離婚原因

　民法770条1項1号ないし4号に規定された具体的離婚原因以外の「婚姻を継続し難い重大な事由」を、**抽象的離婚原因**という（民770①Ⅴ）。婚姻を継続し難い重大な事由とは、夫婦関係が破綻し回復の見込みがないことである。婚姻は、永続的な肉体的および精神的結合を目的として、真摯な意思をもって共同生活を営むことを本質とするから、これに反する行為・性格などが、婚姻を継続し難い重大な事由となる。その認定は、結局のところ裁判官の裁量に委ねるほかないが、具体的判断基準として、およそ次のようなことが考えられる。

①肉体的結合の異常

　肉体的結合は婚姻の本質的内容であるから、その異常は婚姻破綻の重要

な要因となる。不貞行為については、1号で具体的離婚原因とされるが、不貞行為以外の肉体的結合の異常は、その他婚姻を継続し難い重大な事由として離婚原因となる。具体的には、夫の性交不能（最判昭 37.2.6 民集 16.2.206）、理由のない性交拒否（浦和地判昭 60.9.10 判タ 614.104）、夫の異常な性交方法の反復強行（大阪地判昭 35.6.23 判時 237.27）などが離婚原因となる。

②精神的結合の崩壊

　婚姻共同生活は、夫婦が互いに相手の人格を尊重し、精神的に結合することによって協力が可能になる。他方配偶者の人格を傷つける行為は、夫婦の精神的結合を崩壊させ、婚姻を破綻させることになるので離婚原因となる。離婚原因となるような人格を傷つける行為として、暴行、虐待、侮辱などがある。殴る蹴るといった暴行は、判例上も比較的容易に離婚が認められている（最判昭 33.2.25 家月 10.2.39、東京地判昭 31.6.7 下民集 7.6.1500 など）。暴力を伴わなくても、配偶者を侮辱して精神的痛手を与える行為は離婚原因となる。たとえば、妻が、根拠もなく、夫には不貞があるという手紙を医師である夫の恩師に出す行為は、夫に対する重大な侮辱である（東京地判昭 38.5.27 裁時 349.54）。また、婚姻前に関係のあった女性に未練をもち、婚姻後もそれを言動にあらわすのは妻に対する侮辱である（東京高判昭 37.2.26 下民集 13.2.288）。

③信頼関係の喪失

　真摯な婚姻共同生活にとって信頼関係は不可欠のものであるから、信頼関係を喪失させるような行為も離婚原因となる。不貞行為にあたらない場合でも、異性との交際が夫婦の信頼関係を損なう場合は離婚原因となる。また、妻が夫の親族と不和である場合に、その解消に努めないで妻を精神的孤立に追い込み、信頼関係を喪失させれば離婚原因となる（最判昭 33.1.23 家月 10.1.11、最判昭 39.9.17 民集 18.7.1461 など）。

④家庭生活の放棄

　婚姻の本質は家庭生活にあるから、正当な理由のない家庭生活の放棄は、悪意の遺棄（民 770 ① II）にあたらない場合も、その他婚姻を継続し難い重大な事由として、離婚原因になり得る。働こうとしない、生活費を渡さない、賭事に凝って浪費する、家事をしないなど、家庭人として通常果たすべき義務を怠る場合が問題になる。離婚が認められるかどうかは、結局、

程度の問題であるが、離婚を認められた実例は多い（最判昭 32.4.11 民集 11.4.629、東京高判昭 54.3.27 判タ 384.155 など）。

⑤性格の不一致

どの夫婦でも多かれ少なかれ性格の不一致が認められるが、程度によっては婚姻が破綻にいたる場合もある（東京高判昭 47.10.30 判時 685.96、東京高判昭 54.6.21 判時 937.39 など）。

(3) 離婚請求棄却事由（民 770 ②）

具体的離婚原因があるときでも、裁判所は「一切の事情を考慮して婚姻の継続を相当と認めるとき」は、離婚の請求を棄却することができる。具体的離婚原因は、「婚姻を継続し難い重大な事由」すなわち婚姻破綻の例示と解するなら、具体的離婚事由に該当する以上、婚姻はすでに破綻していることになるから、破綻しているにもかかわらず、なお離婚請求を棄却すべき事由を明らかにしなければならない。破綻した婚姻でも、裁判官の裁量によって離婚請求の棄却が認められるとするなら、相手方が婚姻の継続を強く望んでいること、破綻の復元の可能性があること、離婚を認めることが相手方または子にとって精神的・社会的・経済的に著しく過酷であること、有責配偶者からの離婚請求であることなどが棄却事由として考慮されることになる。

[4] 有責配偶者の離婚請求

かつて最高裁は、離婚原因をつくった有責配偶者の離婚請求を認めなかった（最判昭 27.2.19 民集 6.2.110）。しかし、実体の失われた法律婚が長期にわたって存在する一方で、有責配偶者に事実上の夫婦・親子関係が確立されてくるようになると、最高裁も厳格な態度を保持することが難しくなり、判例を変更して、一定の要件のもとに有責配偶者の離婚請求を認めるにいたった（最判昭 62.9.2 民集 41.6.1423）。最高裁判決が示した、①年齢および同居期間との対比において別居が相当長期であること、②未成熟の子が存在しないこと、③相手方にとって離婚が過酷でないことという 3 つの要件のうち、現実に最も問題となるのは、第 1 の別居期間である。別居期間の要件につき、年齢および同居期間と対比するまでもなく相当長期であるとして、別居期間 22 年で離婚請求を認めたものがある（最判昭 63.2.12 判時 1268.33）。

また、年齢および同居期間との対比において相当長期であるとして、別居期間 8 年（最判平 2.11.8 家月 43.3.72）で離婚を肯定したものがある一方で、8 年の別居を長期ではないとして離婚を否定したものもある（最判平元.3.28 家月 41.7.67）。なお、未成熟の子がいるにもかかわらず、子が高校卒業の年齢に達していること、別居が 13 年におよび、別居後も子の監護に意を尽くしてきたこと、妻への財産分与が期待できることなどから、離婚を認容した判決もある（最判平 6.2.8 家月 46.9.59）。

H　離婚の効果

　離婚成立と同時に姻族関係が終了し（民 728）、婚姻によって氏を改めた夫または妻は、婚姻前の氏に復する（民 767 ①）。ただし、復氏した者は離婚の日から 3 か月以内に届け出ることによって離婚の際に称していた氏を称することもできる（民 767 ②）。

[1] 離婚後の子の監護と親権

　夫婦の間に未成年の子があるとき、婚姻中は父母が共同親権を行使するが、協議離婚の場合には当事者の協議によって、どちらか一方を単独親権者と定めなければならない（民 819 ①）。裁判離婚の場合には、裁判所が父母の一方を親権者と定める（民 819 ②）。

　また、父母が協議上の離婚をするときは、子の監護をすべき者、父または母と子との面会およびその他の交流、子の監護に要する費用の分担その他の子の監護について必要な事項は、その協議で定めるものとされ、その場合においては、子の利益を最も優先して考慮しなければならないとされている（民 766 ①）。

　親権者は、子の身上保護のための**監護権**と、財産保護のための**財産管理権**を有するが、離婚によって父母の一方が単独親権者となると、子の監護が不十分になるおそれがあるため、監護権と財産管理権とを分離し、適任者に子の監護を委せて、監護しない父または母と子との面会・交流および監護に必要な事項を、協議で定めることができるようにしたものである。ここで監護とは、親権に服する子を事実上保護すること、すなわち子の心身の成長のための養育および教育をいい、監護権の中には、監護教育に必

要な居所指定権（民821）、懲戒権（民822）、職業許可権（民823）が含まれる
だけでなく、不法に子を抑止する者に対する引渡請求権も含まれる。監護
に必要な事項としては、監護の程度や方法、監護費用などがある。これら
の事項を定めるにあたっては、子の利益を最も優先して考慮しなければな
らない。

　なお、子の福祉に反しない限り、親権や監護権を有しない父母にも、子
との面会およびその他の交流をする権利（**面接交渉権**）が認められるので、
子と会い、手紙を出したり電話したりすることについても、協議で定めな
ければならない。この面接交渉権は、2011（平成23）年の改正で明文化され
たものである。

[2] 復氏

　配偶者の死亡による婚姻の解消の場合には、生存配偶者の意思に基づい
てのみ、姻族関係は終了し（民728②）、婚姻前の氏に復する（民751①）。し
かし、協議離婚による婚姻の解消の場合には、当然に姻族関係が終了し（民
728①）、婚姻前の氏に復する（民767①）。裁判離婚による場合（民771）、婚
姻取消しの場合（民749）も、協議離婚と同様である。

[3] 財産分与請求権

　離婚をした者の一方は、相手方に対して財産の分与を請求することがで
きる（民768①）。この財産分与請求権は、内縁の解消の場合にも認められ
ている（大阪家審昭58.3.23家月36.6.51）が、内縁配偶者の一方が死亡した場合
については、民法768条を類推適用することはできないとするのが判例で
ある（最判平12.3.10民集54.3.1040）。

　離婚による財産分与請求権は、夫婦が婚姻中に有していた実質上共同の
財産を清算分配し、かつ、離婚後における一方の当事者の生計の維持をは
かることを目的とするもので、相手方の有責行為によって離婚をやむなく
され、精神的苦痛を被ったことに対する慰謝料請求権とは異なる。したが
って、財産分与請求とは別に慰謝料請求を行うことが可能であるが、財産
分与の額に慰謝料を含めて決定することもできる（最判昭46.7.23民集25.5.805）。

　慰謝料請求権の消滅事項は離婚が成立した時から起算（最判昭46.7.23前掲）

して3年である（民724）のに対して、財産分与請求権は2年の除斥期間で消滅する（民768②）。また、財産分与請求権・財産分与の義務は、いずれも**相続の対象**になると解されている（仙台高判昭32.10.14下民集8.10.1915）。財産分与として不動産を譲渡した場合には、分与者に**譲渡所得税**が課税される（最判昭50.5.27民集29.5.641）。財産分与に譲渡所得税が課税されることを知らなかったとしても、それだけで財産分与契約の錯誤を主張できないが、課税負担の錯誤が財産分与の動機となっており、それが相手方に黙示的に表示されていた場合には、錯誤を主張し得るとした判例がある（最判平元.9.14家月41.11.75）。

　財産分与契約を**詐害行為**（民424）として取り消すことができるかという問題について、判例は、財産分与の趣旨に反して不相当に過大であり、財産分与に仮託してされた財産処分であると認められる特段の事情がない限り取消し得ない（最判昭58.12.19民集37.10.1532）が、財産分与に仮託してされた財産処分であると認められる特段の事情があるときは、不相当に過大な部分について、その限度において詐害行為として取り消されるべきである（最判平12.3.9民集54.3.1013）としている。

　財産分与は、当事者の協議または調停で自由に定めることができるが（民768①）、協議が調わないとき、または協議することができないときは、家庭裁判所に請求し、審判で定めることになる（民768②）。財産分与の基準として考慮されるのは、①夫婦財産関係の清算、②離婚後の扶養、③離婚慰謝料の3点である。

(1) 夫婦財産関係の清算

　離婚に際しては、婚姻後離婚までに増加した財産を清算しなければならない。清算の割合について、裁判例の多くは、寄与度を基準にして割合を定めており、夫婦「共稼ぎ」の場合は、財産形成に対する妻の割合を2分の1とするのが一般的である（札幌高判昭61.6.19判タ614.70、長野地判昭38.7.5家月16.4.138など）。専業主婦の場合は、妻の持分の割合の算定は難しく、2分の1とするもの（浦和地判昭60.9.10判タ614.104）、3分の1とするもの（東京高判昭58.1.27判時1069.79）、5分1とするもの（福岡高判昭44.12.24判時595.69）など、判例はいろいろである。専業主婦の家事労働や子の養育等による寄与分も、基本的には2分の1と考えるべきであるが、夫が医師である（福岡高

判昭 44.12.24 前掲）など、夫の特殊な能力に負うところが大きい場合には、この割合が減少することもやむを得ないと思われる。

　別居後、離婚にいたるまでの間の妻の生活費や子の教育費など、過去の婚姻費用の分担も、「一切の事情」の1つとして、夫が履行しなかった分担分を財産分与に含めて清算することができる（最判昭 53.11.14 民集 32.8.1529）。

　なお、厚生年金については、離婚したときに当事者双方の合意または裁判手続により按分割合を定め、標準報酬を当事者間で分割する**年金分割制度**がある（厚生年金保険法 78 の 2 ②）が、合意がまとまらない場合に、当事者一方の求めにより裁判所が按分割合を定める処分も、離婚訴訟に附帯して請求することができる（人事 17、32）。

(2) 離婚後の扶養

　明文の規定はないが、離婚によって配偶者の一方の生活が困窮に陥るときは、他方がこれを扶養すべきであり、財産分与に際しては「一切の事情」として考慮できると解されている。婚姻の破綻原因について有責であるかどうかも、「一切の事情」として考慮することになるが、一般的にいって、有責者に対する扶養的財産分与を認める必要はないとされている（横浜地川崎支判昭 46.6.7 判時 678.77）。扶養の財産分与として一時金の支払いを命じたものとして、わずかな収入しかない 37 歳の妻のために一時金として 30 万円を支払わせたもの（東京高判昭 46.9.23 高民集 24.3.354）、75 歳の妻の老後を 10 年と計算して、月額 10 万円の生活費を 10 年分で 1,200 万円を支払わせたもの（東京高判昭 63.6.7 判時 1281.96）などがある。

(3) 離婚慰謝料

　財産分与は、本来、離婚についての有責・無責を問題にしないが、「一切の事情」として有責配偶者に対する不法行為責任を考慮し、慰謝料を請求することができると解されている。有責配偶者の不法行為責任を問うのが慰謝料請求であるから、性格不一致による離婚など、いずれにも不法行為がない場合には、慰謝料請求は認められない。

[4] 系譜等の承継

　民法 897 条 1 項は、系譜、祭具および墳墓の所有権は、被相続人の指定に従って祖先の祭祀を主宰すべき者があるときは、その者が承継し、それ

がないときは、慣習に従って祖先の祭祀を主宰すべき者がこれを承継する旨を定めている。この規定に従って系譜等の所有権を承継した者が、離婚によって復氏すると、氏の異なる者が祖先の祭祀をすることになり、国民感情に反して紛争を生ずるおそれがあるので、当事者および関係人の協議で、系譜等の権利を承継すべき者を定めなければならないとされている（民769）。

3　内縁

A　内縁の概念

　内縁とは、婚姻意思をもって共同生活を営み、社会的には夫婦と認められているにもかかわらず、法の定める婚姻の届出手続をしていないため、法律的には正式の夫婦と認められない、事実上の男女の結合関係である。夫婦共同生活の実体がなく、たんに密かに性関係をもっているにすぎない「私通関係」とは区別される。また、夫婦同然の共同生活は存在するが婚姻意思を欠く「同棲」とも区別されるが、婚姻意思の有無は判然としないことが多いため、実際に「内縁」と「同棲」とを区別することは難しい。

　婚姻届出主義を採用しながら、「家」制度に基づき、戸主の同意がなければ婚姻できない（1947〔昭和22〕年改正前の明治民法750）等といった届出を阻む事由が定められていた旧法のもとでは、内縁の存在も多くなり、内縁保護の必要性が高かった。そこで、1915（大正4）年に大審院連合部判決（大判大4.1.26民録21.49）が、内縁を婚姻予約と解し、不当破棄者に債務不履行責任を認めて以後、内縁保護の拡大がはかられてきている。

　内縁保護の拡大をはかるにあたっては、不当破棄の救済にしか役立たない**婚姻予約理論**では不十分であったため、学説によって、内縁を婚姻に準じた関係として把握する**準婚理論**が提唱された。準婚理論によれば、不当破棄は、内縁の妻または夫たる地位の侵害として不法行為責任の問題ということになる。この準婚理論が通説的な地位を占めるようになると、最高裁もこれを受け入れ（最判昭33.4.11民集12.5.789）、準婚理論によって内縁を保

護するようになってきている。

　このような流れの中で、各種の社会立法においても内縁は準婚として取り扱われるようになり、厚生年金保険法、健康保険法、国家公務員共済組合法、労働者災害補償保険法などにおいて、内縁を準婚として取り扱う規定がおかれている。また、最高裁も、「遺族にこれを支給する」という規程の死亡退職金について、内縁の妻を受給権者と解するにいたっている（最判昭 60.1.31 家月 37.8.39）。しかし、税法上の取扱いでは、配偶者には内縁関係にある者を含まないという態度が堅持されている。

B　内縁の成立要件

　法の保護に値する内縁として認められるためには、社会観念上夫婦同然の共同生活をしようとする合意と、その合意に基づく夫婦同然の共同生活が存在しなければならない。慣習上の儀式を挙げるといった、特別の形式は必要とされないが、16 年にわたる関係で子どもが 2 人いるという男女関係でも、住居・生計ともに別で女性が子どもの養育にも一切関わりをもたず、両者が意図的に婚姻を回避していたと認められるような場合には、両者の関係の存続に何らかの法的な権利ないし利益を有するとはいえないから、突然かつ一方的に関係を解消されても慰謝料請求権は認められない（最判平 16.11.18 判時 1881.83）。

　民法の定める婚姻成立の実質的要件を備える必要があるかという問題について、判例は、古くより、婚姻適齢に達していなくても内縁の成立を認め（大判大 8.4.23 民録 25.693）、待婚期間違反の内縁も認めている（大判昭 6.11.27 新聞 3345.15）。内縁配偶者の一方もしくは双方に法律上の配偶者がある**重婚的内縁**についても、最高裁は、2001（平成 13）年に廃止される前の農林漁業団体職員共済組合法 24 条 1 項に規定する「配偶者」は、「社会通念上夫婦としての共同生活を現実に営んでいた者」と解すべきであるとして、法律上の妻の遺族年金受給権を否定し、間接的に重婚的内縁の妻を保護するにいたっている（最判昭 58.4.14 民集 37.3.270）。さらに、2005（平成 17）年には、私立学校教職員共済法に基づく退職共済年金の受給権者が死亡し、法律上の婚姻関係が形骸化していた場合には、その者と重婚的内縁関係にあった者が遺族共済年金の受給権者であるとしている（最判平 17.4.21 判時 1895.50）。

近親婚的内縁について、最高裁は、**直系姻族関係**にある内縁配偶者は、厚生年金保険法 3 条 2 項に規定する「事実上婚姻関係と同様の事情にある者」には当たらないとしている（最判昭 60.2.14 訟月 31.9.2204）が、その一方で、**三親等傍系血族関係**（叔父と姪）にある内縁配偶者について、内縁関係に至った経緯、周囲の受け止め方、共同生活期間の長さ、子の有無、夫婦生活の安定性等に照らし、反倫理性・反公益性が婚姻法秩序維持等の観点から問題にする必要がない程度に著しく低い場合には、公益的要請よりも遺族の生活の安定と福祉の向上に寄与するという法の目的を優先させるべきであるから、この内縁配偶者（姪）は厚生年金保険法 3 条 2 項に規定する「事実上婚姻関係と同様の事情にある者」に当たり、遺族厚生年金の支給を受けることができるとしている（最判平 19.3.8 民集 61.2.518）。

C　内縁の効果

　準婚理論によれば、婚姻の届出を前提として認められている効果を除き、正式な婚姻に認められる効果のほとんどが内縁にも認められる。したがって、内縁配偶者も、同居・協力・扶助の義務（民 752）を有し、貞操義務を負う（民 770 ① I ）。また、婚姻費用の分担（民 760）、日常家事債務の連帯責任（民 761）、法定財産制（民 762）などの規定も内縁に準用される。

　また、内縁配偶者の地位は第三者に対しても保護されるべきであるから、内縁配偶者の一方が第三者から生命侵害を受けた場合には、他方の内縁配偶者は加害者に対して損害賠償請求権を有する（大判昭 7.10.6 民集 11.2023）。さらに、内縁配偶者の一方と姦通した者には、他方配偶者に対する不法行為が成立し、損害賠償責任を負う（大判大 8.5.12 民録 25.760）。内縁関係といえども、第三者がこれを破綻させることは許されないから、内縁の夫の親が不当に干渉し、夫自身もそれに加担して内縁を破綻させれば、夫とその親は共同不法行為となる（最判昭 38.2.1 民集 17.1.160）。

　以上に対して、婚姻の届出を前提として認められている効果は内縁には認められず、夫婦同氏の原則（民 750）、配偶者相続権（民 890）、姻族関係（民 725）に関する規定は、内縁に準用されない。判例は、建物賃借人の内縁の妻は、配偶者相続権を有しないから、賃借人が死亡した場合には、相続人と共に共同賃借人となるわけではなく、賃料の支払い義務を負わないが、

相続人の賃借権を援用して引き続き居住することができるとしている（最判昭42.2.21民集21.1.155）。また、内縁の夫が所有する家屋に居住していた内縁の妻が、内縁の夫が死亡した後、相続人である亡夫の養子から家屋明渡請求を受けた場合について、亡夫は養子と離縁することを決定していたが戸籍上の手続をしないうちに死亡したこと、養子には家屋を使用しなければならない差し迫った事情がないが、内縁の妻には独立して生計を営むに至らない子女があり、家屋を明け渡すと家計上相当重大な打撃を受けるおそれがある等の事情から、家屋明渡請求を権利の濫用とした判例がある（最判昭39.10.13民集18.8.1578）。

　内縁夫婦間に生まれた子は非嫡出子となり、母の氏を称して（民790②）母の戸籍に入る（戸籍18②）。父の認知があり、または審判もしくは裁判で父子関係が確認されれば、家庭裁判所の許可を得て、父の氏を称し、父の戸籍に入ることができる（民791、戸籍18②）。内縁の子は母の単独親権に服し、父の認知があり、または審判もしくは裁判で父子関係が確認されたときには、父母の協議で父が親権者となることができる（民819④）。問題となるのは、嫡出性の推定規定（民772）が類推適用されるかである。学説は一般に肯定的であり、最高裁もそれを承認する（最判昭29.1.21民集8.1.87）が、内縁の子の父子関係は、任意の認知がない限り認知の訴えで決定されるので、類推適用を認めるにしても、立証責任の問題として意義を有するにとどまることに注意しなければならない。なお、民法772条が類推適用されるにしても、父死亡の日から3年以内という認知の訴えの出訴期間の制限（民787但書）は免れないとするのが判例である（最判昭44.11.27判時582.67）。

D　内縁の解消

　内縁関係は当事者の一方の死亡、または当事者の意思によって解消する。

[1] 死亡による内縁解消

　当事者の一方の死亡によって内縁関係が解消する場合、他方の内縁配偶者に配偶者相続権（民890）が認められるかという問題がある。学説は一般に、相続は取引秩序に関連するものであるから、外部的に明白な戸籍簿上の記載によって画一的に処理すべきだという理由から、内縁配偶者の相続

権を否定しており、判例にも肯定したものはない。内縁配偶者に相続権は認められないが、1962（昭和37）年の民法一部改正で、相続人不存在の場合に限り、「被相続人と生計を同じくしていた者」として、「相続財産の全部又は一部を与えることができる」とされた（民958の3）。

　なお、内縁が当事者の意思によって解消された場合（内縁離婚）には、財産分与の規定（民768）が準用されるとするのが多数説であり、下級審判例もそれを支持している（広島高決昭38.6.19判時340.38、大阪高決昭40.7.6家月17.12.128など）。さらに進んで、内縁配偶者の一方が死亡した場合にも、財産分与の規定を類推適用できるかについて、最高裁は、内縁夫婦の離別による内縁解消の場合に、財産分与の規定を類推適用することは承認し得るとしても、一方の死亡により内縁が解消した場合には、民法768条を類推適用することはできないとしている（最判平12.3.10民集54.3.1040）。内縁配偶者の一方が死亡した場合は、実質的には相続の問題であるとして、これを支持する見解もあるが、内縁配偶者に相続権が認められない以上、内縁配偶者の死亡による財産分与を認めないと、死亡による内縁解消と意思による内縁解消とで、不公平な結果を生ずることになろう。配偶者死亡による婚姻解消の場合にも、相続人に対する財産分与請求を認めるべきである。

[2]　意思による内縁解消

　内縁当事者は生存中いつでも、自由に内縁を解消することができる。内縁の解消自体は、一方的意思によることもできるが、それが正当な理由に基づかない場合には、内縁の不当破棄として、精神的ならびに財産的損害の賠償義務を負うことになる（大判大4.1.26民録21.49）。内縁解消が正当な理由に基づくものかどうかの判断は、離婚原因に関する規定（民770）を一応の参考としながら判定される。当事者の意思によって内縁関係が解消された場合、財産分与の規定（民768）が準用されるとするのが多数説であり、下級審判例であることは、すでに述べたとおりである。

4 親子

A 実子

法律上の親子には、実親子と養親子とがある。

実子には、嫡出子と非嫡出子とがある。法律上有効な婚姻関係にある夫婦間の生まれた子を**嫡出子**といい、婚姻外の男女間に生まれた子を**非嫡出子**という。

[1] 嫡出推定

婚姻成立の日から 200 日を経過した後、または婚姻の解消もしくは取消しの日から 300 日以内に生まれた子は、妻が婚姻中に懐胎したものと推定され（民 772 ②）、婚姻中に懐胎した子は夫の子と推定される（民 772 ①）。これに該当する子を**推定される嫡出子**という。この嫡出推定は法律上の推定であるから、後述の**嫡出否認の訴え**によってしか覆すことができない強力なものである。婚姻の届出が市町村長に受理されてから 199 日以内に出生した子は、婚姻中出生子であるが婚姻中に懐胎したものと推定されないから、夫の子とは推定されず、**推定されない嫡出子**とよばれる。しかし、真実、夫の子であれば、やはり嫡出子である。実務では、婚姻届出後 200 日以内に生まれた子は、すべて嫡出子として出生届が受け付けられている。しかし、嫡出子と推定されるわけではないから、嫡出否認の訴えではなく、**親子関係不存在確認の訴え**によって、確認の利益のある者はいつでもその身分を覆すことができる（大判昭 15.9.20 民集 19.1596）。

嫡出推定は、妻が貞節であり、夫婦の婚姻生活が正常な状態にあることを前提とするものである。したがって、妻が夫によって懐胎することが不可能な事実がある場合には、この前提が崩れ、嫡出推定は及ばないとするのが判例である（最判昭 44.5.29 民集 23.6.1064）。夫によって懐胎することが不可能な事実として争いなく認められているのは、事実上の離婚状態、夫の長期不在、夫の行方不明など、誰が見ても外観的に明らかに性関係をもつことが不可能な場合である。この場合には、嫡出推定は排除され、夫による嫡出否認の訴えではなく、親子関係不存在確認の訴えまたは審判によっ

て、確認の利益のある者はいつでも父子関係を否定できる。戸籍には嫡出子と記載されていても、実際には非嫡出子であるから、前述の推定されない嫡出子と区別して**推定の及ばない子**といわれる。推定の及ばない子かどうかが問題となるのは、誰が見ても外観的に明らかに性関係をもつことが不可能な場合とはいえない、夫が生殖不能である場合や、夫の子でないことが血液型で明らかな場合、DNA鑑定で親子関係が認められない場合などである。最高裁は、DNA鑑定の結果などにより、夫と子との間に生物学上の父子関係が認められないことが科学的根拠により明らかであり、かつ、夫と妻がすでに離婚して別居し、子が親権者である妻の下で監護されているという事情があっても、それだけで子の身分関係の法的安定性を保持する必要性がなくなるというわけではないから、妻がその子を懐胎すべき時期に、夫婦間に性的関係をもつ機会がなかったことが明らかな事情の存在が認められなければ、嫡出推定が及ばなくなるとはいえないとして、親子関係不存在確認の訴えを認めていない（最判平26.7.17民集68.6.547）。妥当な判決というべきである。また、性同一性障害者の性別の取扱いの特例に関する法律に基づき、女性から男性へ性別を変更する審判を者の妻が婚姻中に懐胎した子は、夫が妻との性的関係の結果もうけた子であり得ないが、性別変更によって男性として扱うべきものとされる以上、夫の子と推定される（最決平25.12.10民集67.9.1847）。

　なお、再婚禁止期間（民733①）に違反する婚姻届が誤って受理され、前婚の推定と後婚の推定とが重複する場合には、裁判所が父を決定するものとされる（民773）。これを、**父を定める訴え**という（人事2、43）。家庭裁判所の審判（合意に相当する審判）によって決定することもできる（家事277）。

[2]　嫡出否認の訴え

　嫡出推定を否認できるのは、原則として夫だけである（民774）。夫だけに限ったのは、夫婦間の問題に第三者を干渉させないためである。したがって、妻の生んだ子が夫の子でないことを夫が知っている場合でも、夫が嫡出性を否認しない限り、真実の父や妻はどうすることもできない。夫が否認権を行使する場合には、必ず訴えによらなければならない（民775）。この訴えを**嫡出否認の訴え**という。嫡出否認の訴えは、夫が子の出生を知

った時から1年以内に提起しなければならない（民777）。この期間内に訴えを提起しないと、否認権は消滅し、もはや誰からも父子関係の不存在を争えなくなる。出訴期間内であっても、子の嫡出性を承認したときは、否認権を失う（民776）。

夫との婚姻解消後、別の男性との子を懐胎し、その子が早産で婚姻解消後300日以内に生まれた場合も、民法によれば嫡出子とされてしまうため、夫が嫡出否認の訴えを起こさない限り、父は夫とされてしまうことになる。その不都合を是正するため、戸籍実務では、婚姻の解消または取消し後300日以内に生まれた子について、医師が作成した「懐胎時期に関する証明書」が添付され、当該証明書の記載から、推定される懐胎時期の最も早い日が婚姻の解消または取消しの日より後の日である場合に限り、母の嫡出でない子または後婚の夫を父とする嫡出子出生届ができるとされている（平19.5.7民一1007号通達）。

[3] 非嫡出子

婚姻関係にない男女間に生まれた非嫡出子は、自分の血縁の子であることを承認する親の認知によって、法的な親子関係が生ずる（民779）。母も認知できるとされているが、母子関係は分娩の事実によって当然に発生するとするのが通説・判例（最判昭37.4.27民集16.7.1247）である。

(1) 任意認知

非嫡出子の父が自分の子であると承認する任意認知は、戸籍法の定める届出によって行う（民781、戸60、61）。遺言によって認知する場合には、遺言執行者が認知の届出をする（戸64）。非嫡出子は母が出生届をなし（戸52②）、母の戸籍に記載されたうえで、父による認知の届出がなされることになる。認知をするには意思能力さえあればよく、行為能力は必要としない。したがって、未成年者または成年被後見人も、法定代理人たる親権者または後見人の同意なしに、単独で有効な認知をすることができる（民780）。認知をするには、原則として相手方の同意は必要ないが、成年の子については本人の承諾、胎児については母の承諾、死亡した子については成年の直系卑属の承諾を要する（民782、783）。認知されると、出生の時に遡って法的な親子関係が発生する（民784）。認知をした父または母は、その認知

を取り消すことができない（民785）。認知は、認知意思を欠く場合、すなわち、意思能力を欠く場合および認知者の意思によらずに認知の届出が出された場合は、真実の父子関係がある場合でも無効である（最判昭52.2.14家月29.9.78）。また、認知者の意思によって認知の届出が出された場合でも、認知が真実に反する場合は無効であり（民786）、子その他の利害関係人は、認知が真実に反することを理由とする認知無効の訴えを提起できる（大判大11.3.27民集1.137）。認知者も民法786条の利害関係人に当たり、血縁上の父子関係がないことを知りながら認知をした場合でも、自らした認知の無効を主張することができる（最判平26.1.14民集68.1.1）。

(2) 強制認知（認知の訴え）

父が任意認知をしないとき、その意思に反しても、子の側からの訴えによって法的父子関係を確定させるのが、強制認知（認知の訴え）である。原告は、子、その直系卑属またはこれらの者の法定代理人である（民787）。子は、意思能力があれば制限行為能力者でも訴えを提起できる。しかし、推定される嫡出子（民772）は、嫡出否認の訴えによって非嫡出子とされない限り、認知の訴えを提起することはできない。嫡出推定の及ばない子は、戸籍上嫡出子と記載されていても非嫡出子であるから、戸籍を訂正することなく認知の訴えを提起できる（最判昭44.5.29民集23.6.1064）。

被告は父であり、父死亡後は検察官である（人事12）。認知の訴えは、父の生存中は子の出生後何年経っていてもよい（最判昭37.4.10民集16.4.693）が、父の死亡後は3年以内に限られる（民787但書）。なお、家庭の平和を守ったり、世間体を維持したりするなどのために、金銭の支払いと引き換えに認知請求権を放棄する契約が結ばれることがあるが、判例は、親子関係は経済的な問題にとどまらないし、非嫡出子の保護に欠けるおそれがあることを理由に、認知請求権の放棄は認められないとしている（大判昭6.11.13民集10.1022、最判昭37.4.10民集16.4.693）。

[4] 準正

非嫡出子が、父母の婚姻によって嫡出子としての身分を与えられることを準正という。民法は、非嫡出父子関係の成立を認知制度によっているので、婚姻前に父に認知されている子が、父母の婚姻によって嫡出子たる身

分を取得する**婚姻準正**（民789①）と、父に認知されていない子が、父母の婚姻後に父に認知されて嫡出子たる身分を取得する**認知準正**（民789②）とがある。子に直系卑属がある場合に、嫡出子の直系卑属という身分を与えるため、婚姻または認知の時に子が死亡していても、婚姻準正・認知準正の規定が準用される（民789③）。

[5] 子の氏

(1) 嫡出子の氏

嫡出子は、出生の時の父母の氏を称する（民790①）。父母の婚姻中に懐胎された子であれば、父母の離婚後に生まれた子でも嫡出子であるが、離婚によって父母の氏が異なっているので、子は離婚の際における父母の氏を称する（民790①但書）。したがって、出生前に父母が離婚した嫡出子は、婚姻中筆頭者であった方の戸籍に入ることになる。婚姻によって氏を改めているのは母であることが圧倒的に多いので、大多数は父の戸籍に入ることになるが、出生前に父母が離婚した場合には、原則として親権は母が行うものとされるので（民819③）、多くの場合は父の戸籍に入り、母が親権者ということになる。準正によっても嫡出子の身分を取得するが（民789）、準正嫡出子は当然には父母の氏を称さず、戸籍法28条の入籍の届出によって父母の氏を称することができる（民791②）。

(2) 非嫡出子の氏

嫡出でない子は母の氏を称する（民790②）が、父が認知すると、「子が父又は母と氏を異にする場合」になるから、家庭裁判所の子の氏の変更許可を得て、戸籍法上の届出をすることにより、父の氏を称することができる（民791①）。父母ともに知れない棄児は、発見の申出を受けた市町村長が氏名をつけて本籍を定め、新戸籍が編成される（戸22、57②）。

(3) 子の氏の変更

民法790条の規定によって子は出生とともに氏が定まり、その後、父または母と氏が異なることになっても、当然に氏が変更するということはない。子の氏が父または母と異なることになった場合には、家庭裁判所の許可を得て、戸籍法の定めに従って届け出ることにより、氏を変更することができる（民791①）。

　子の氏の変更は、子の意思に基づいてなされ、子が15歳未満のときは法定代理人が行う（民791③）。子の氏の変更は、子が未成年のときだけでなく、子が成年であってもよい。なお、戸籍先例は、死亡した父または母の氏に変更することはできないとしている（昭23.7.1民甲1676号回答）。

B　養子
[1]　縁組の実質的要件
(1)　縁組意思の合致
　養子縁組が成立するためには、まず縁組の意思が合致しなければならない。縁組の意思とは、社会通念上親子と認められるような生活関係を成立させようという意思である。真に親子となる意思がないにもかかわらず縁組届をする**仮装縁組**は、縁組意思を欠くものとして無効となる（民802Ⅰ）。仮装縁組とされたものに、人身売買の芸娼妓縁組（大判大11.9.2民集1.448）、婚姻する女子の家格を引き上げるための仮親縁組（大判昭15.12.6民集19.2182）、学区制を潜脱するための縁組（岡山地判昭35.3.7判時223.24）などがある。

(2)　養親の年齢制限
　養親となる者は、満20歳に達していなければならない（民792）。成年に達していても養親となることができないのは、満18歳では、まだ他人の子を養育する能力を十分にもっているとはいい難いからである。満20歳に達しない者が養親となった縁組の届出は受理されないが、誤って受理されれば有効に成立し、取り消し得るものとなる（民804）。

(3)　目上養子の禁止
　養子となる者は、養親となる者の尊属または年長者であってはならない（民793）。自分より年長である直系尊属だけでなく、傍系尊属の年少者も養子とすることができず、叔父や叔母は、自分より年少でも養子にすることはできない。尊属でなければ養子にできるので、孫、弟や妹、年少の従兄弟を養子にできることはもちろん、自分の非嫡出子も養子にすることができる。

(4)　後見養子の禁止
　後見人が被後見人を養子にするときは、家庭裁判所の許可を得なければならない。後見終了後でも、後見の管理計算（民870）が終わらないうちは、

同様である（民794）。被後見人の財産の不正管理の手段として、あるいは不正管理を隠蔽するため、養子縁組することを防ぐ趣旨である。

(5) 配偶者のある者の縁組

配偶者のある者が未成年者を養子とする場合は、監護養育が中心となるので父母ともにあることが望ましいため、配偶者と共同で養子縁組をしなければならない（民795本文）。夫婦の一方が他方の嫡出子を養子とする場合は、すでに他方と親子関係にあるから、一方だけで養子をすることができるが（民795但書）、他方の同意を得なければならない（民796）。配偶者のある者が成年者を養子とし、または養子になる場合は、配偶者の同意を得なければならない（民796）。

(6) 代諾縁組

養子となる者が15歳未満であるときは、本人自身は縁組をすることができず、法定代理人の承諾によってのみ縁組することができる（民797①）。ただし、養子となる者の父母で、その監護をすべき者が他にあるとき、養子となる者の父母で親権を停止されている者があるときは、その同意を得なければならない（民797②）。これを**代諾縁組**という。代諾縁組も、未成年養子（民798）であることに変わりはないから、家庭裁判所の許可を要する。

代諾縁組で問題となるのは、生まれて間もない子を他人の生んだ子として届け出ておき、後日、戸籍上の親の代諾によって養子に出す場合である。最高裁は、戸籍上の親の代諾は一種の無権代理と解されるから、養子が15歳に達した後に適法な追認をすれば、縁組ははじめから有効なものになるとしている（最判昭27.10.3民集6.9.753）。ただし、民法116条但し書きは類推適用されない（最判昭39.9.8民集18.7.1423）。

(7) 未成年養子

未成年者を養子とするには、家庭裁判所の許可を得なければならない（民798本文）。人身売買的な、未成年者を食いものにする縁組を防止するためである。自己または配偶者の直系卑属を養子とする場合は、そのおそれがないから、家庭裁判所の許可を必要としない（民798但書）。

[2]　縁組の形式的要件

　縁組は、戸籍法の定めるところに従って届け出ることにより、効力を生ずる（民799、739）。規定では「効力を生ずる」とあるが、届出は縁組の成立要件であるとするのが通説である。届出の方式や受理の要件等については、婚姻の届出とまったく同様である。

　出生後間もない子を貰い受け、自分たち夫婦の嫡出子として届け出て育てているという場合、嫡出親子関係が認められないことは当然であるが、嫡出子としての出生届出に縁組届出としての効力を認め、養親子関係の成立を認めることはできるかという問題がある。判例は、大審院以来、これを否定している（最判昭25.12.28民集4.13.701、最判昭50.4.8民集29.4.401）。また、認知の届出が事実に反するため無効である場合には、認知者が被認知者を養子とすることを意図し、その後被認知者の法定代理人と婚姻したとしても、認知届をもって養子縁組届とみなすことはできないとしている（最判昭54.11.2判時955.56）。したがって、嫡出子としての届出であれ、認知の届出であれ、虚偽の実子としての届出であれば、実子としても養子としても、親子関係は認められないことになる。

[3]　縁組の無効および取消し

　人違いその他の事由によって縁組意思がないときは、縁組は無効である（民802Ⅰ）。代諾縁組（民797）の場合は、縁組意思の有無は代諾権者について判断される。当事者が縁組の届出をしないときも、縁組は無効と規定されている（民802Ⅱ）が、届出がなければそもそも縁組は成立していないのであって、無効の問題ではない。

　縁組は、民法の定める取消原因（民804〜808）がある場合にのみ、特定の取消権者が、人事訴訟法に従って取り消すことができる（民803）。この点では婚姻の取消しと同様であるが、縁組の取消権者には、公益の代表者である検察官が含まれていない点で異なる。縁組の取消権者に検察官が含まれていないのは、縁組関係は公益に影響するところが少ないと考えられたためであるが、妥当性を欠くという批判もある。取消原因とされるのは、前述した縁組の実質的要件に反する届出がなされている場合で、縁組取消しの効果は、婚姻取消しの効果に準ずる（民808、748）。したがって、原則と

して取消しの効果は遡及しないが（民748①）が、取消原因があることを知らなかった当事者は、現に利益を受ける限度において縁組によって得た財産を返還し、取消原因があることを知っていた当事者は、縁組によって得た財産の全部を返還し、かつ相手方が善意であったときは損害賠償しなければならない（民748②、③）。

[4] 縁組の効力

養子は、縁組の日から養親の嫡出子たる身分を取得する（民809）。したがって、養子が未成年のときは、実親の親権を脱して養親の親権に服し（民818②）、養親との間で相互に相続権を有し（民887、889）、扶養義務を負う（民877①）。養子に対する第一次的な扶養義務は養親にあり、実親は第二次的な扶養義務を負うと解されている（長崎家審昭51.9.30家月29.4.141）。

養子と養親およびその血族との間においては、養子縁組の日から、血族間におけると同一の親族関係を生ずる（民727）。これを**法定血族関係**という。しかし、養子の血族（実親・兄弟姉妹など）と養親およびその血族との間には、親族関係を生じない。養子の子は、縁組前に生まれていた子は養親との間に親族関係を生じないが、縁組後に生まれた子は養親およびその血族との間に血族関係を生ずる（大判昭7.5.11民集11.1062）。

縁組後の実方との親族関係は、普通養子と特別養子とで異なる。普通養子の場合は、縁組によって実方との親族関係は終了せず、縁組後も実方の相続権や扶養義務等は存続する。これに対して、特別養子の場合には、近親婚の制限（民734②、735）を除いて、実方の血族との親族関係は、縁組によって終了する（民817の9）。

養子は養親の氏を称する（**養親子同氏の原則**）が、配偶者のある者を養子とする場合に、その養子が婚姻によって氏を改めた者であるときは、婚姻の際に定めた氏（婚氏）を称し、養親の氏（縁氏）は称さない（民810）。これを**婚氏優先の原則**という。

養親子同氏の原則は、縁組の成立の効果であって、養親子関係存在の効果ではないので、養親が婚姻や離婚等によって氏を変更しても、養子の氏は変更しない。また、養子が婚姻や転縁組によって氏を変更しても、養親子関係に変更はない。なお、養子に縁組前に生まれた嫡出子があるとき、

その嫡出子は養親の氏を称さないので、養子の新戸籍には入らない。

[5] 離縁

　離縁には、当事者の意思の合致により離縁する協議離縁（民811①）と、一定の事由がある場合に、訴えを提起して離縁する裁判離縁がある（民814①）。協議離縁も裁判離縁も、親族関係が消滅し（民729）、養子は復氏し（民816①本文）、系譜等の承継者を決定しなければならない（民817、769）という、離縁の効果に差異はない。

(1) 協議離縁

　協議離縁の離縁意思は、本人自身の意思に基づくものでなければならず、成年被後見人も意思能力がある限り、単独で離縁することができる（民812、738）。また、未成年者も15歳以上であれば単独で離縁することができるが、養子が15歳未満の未成年者であるときは、離縁後にその法定代理人となるべき者が、養子に代わって養親と協議すべきものとされている（民811②）。この**代諾離縁**における、「離縁後にその法定代理人となるべき者」とは、通常は、離縁により親権を回復する実父母である。実父母が離婚しているときは、その協議で一方を離縁後に親権者となるべき者と定める（民811③）。実父母がともに死亡していて存在しない場合には、養子の親族その他の利害関係人の請求により、家庭裁判所が、養子の離縁後にその後見人となるべき者を選任する（民811⑤）。

　縁組の当事者の一方が死亡した後は、家庭裁判所の許可を得て、生存当事者は離縁することができる（民811⑥）。これを**死後離縁**という。死後離縁は、通常の協議離縁と異なり、生存当事者の単独行為である。死後離縁の効果は、縁組によって発生した法定血族関係の消滅（民729）と、復氏（民816）だけであるから、むしろ、配偶者の一方が死亡した後の姻族関係終了の意思表示（民728）に近い性質をもっている。

　養親が夫婦である場合において未成年者と離縁をするには、夫婦がともにしなければならない（民811の2本文）。夫婦が養親となって未成年者を養子とする場合には、夫婦がともにしなければならないという共同縁組（民795）に対応して、離縁の場合も**共同離縁**が原則とされるのである。

　協議離縁は、婚姻と同様、戸籍法の定めるところによりこれを届け出る

ことによって、効力を生じる (民812、739)。

(2) 裁判離縁

　裁判離縁は、縁組の当事者の一方が、①悪意の遺棄、②3年以上の生死不明、③その他重大な事由がある場合に、訴えを提起して離縁するものである (民814①)。裁判所は、①②の事由がある場合でも、一切の事情を考慮して縁組の継続を相当と認めるときは、離縁の請求を却下することができる (民814②、770②)。①②が具体的事由であるのに対して、③は一般的・抽象的事由であり、離縁原因は相対化されている。したがって、離婚の場合と同様に、離縁についても**破綻主義**を採用しているものと解される (最判昭36.4.7民集15.4.706)。

　裁判離縁は、当事者の一方から他方に対する訴えによってなされるが、養子が15歳未満のときは、民法811条の規定によって養親と離縁の協議をすることができる者が、養子に代わって訴えの当事者となる (民815)。離縁の訴えは、人事訴訟法に従って審理されるが、**調停前置主義** (家事257、244) により、まず調停手続によらなければならない。裁判離婚の場合とまったく同様である。

[6] 特別養子

　養子の実方との親族関係を断絶し、完全に養方の嫡出子として扱われる養子を**特別養子**という (民817の2①)。この特別養子は、養親となる者の請求により家庭裁判所の審判によって成立するが、特別養子となりうる者は、原則として縁組の審判申立時に15歳未満でなければならない (民817の5①前段)。例外として、養子となる者が15歳に達する前から引き続き養親となる者に監護されている場合には、15歳に達するまでに縁組の審判申立がなされなかったことについてやむを得ない事由があるときは、15歳に達した後でも縁組の審判申立が認められる (民817の5②)。そのほか、特別養子縁組が認められるためには、養親となる者は原則として25歳以上でなければならず (民817の4)、父母の同意が必要で (民817の6本文)、養親となる者は配偶者のある者に限定され (民817の3①)、しかも原則として夫婦共同縁組でなければならない (民817の3②本文)。このような厳格な要件を満たしたうえで、養子となる者の父母による「監護が著しく困難または不適

当」であること、その他特別の事情がある場合に、子の利益のため特に必要があると認められるときに限り特別養子縁組が許される（民817の7）。なお、家庭裁判所は、養親となる者が養子となる者を6か月以上の期間監護した状況を考慮したうえで、特別養子縁組の成立を決定しなければならないとされている（民817の8①）。縁組が成立すると、実親およびその親族との親族関係は婚姻障碍を除いて消滅し、戸籍上も一見しただけでは養子と分からない措置がとられるという特色を有する。特別養子は、養親との間に実親子と同様の親子関係を生じさせるものであるから、実親子間に離縁が認められないのと同様、原則として離縁は認められない（民817の10②）。

C　親権

　未成年の子に対して父母が有する、監護・教育・財産の管理などの包括的な権利および義務を親権という（民820）。権利というよりは、むしろ義務の色彩が強い。監護・教育とは、要するに子を一人前の社会人に育成することで、その具体的内容として、居所指定権（民821）、懲戒権（民822）、職業許可権（民823）、財産管理権（民824～832）が規定されている。

　歴史的にみて、親権は、「家のための親権」から「親のための親権」へ変化し、さらに「子のための親権」へと変化してきている。そこで、2011（平成23）年に、児童虐待の防止等を図り、児童の権利利益を擁護するという観点から、民法の親権に関する規定および関係諸法が改正され、親権が子のためのものであることが、より明確にされている。

[1]　親権に服する子

　親権に服する子は、未成年の子に限られる（民818①）。いかに自立して生活している場合でも、未成年者は親権に服し、自立して生活することができない者も、成年に達すれば親権に服さない。2018（平成30）年の民法改正まで、成年年齢は20歳とされ（旧民4）、婚姻適齢は男18歳、女16歳とされていた（旧民731）ので、未成年者でも婚姻が可能であったため、婚姻すれば成年に達したものとみなされて（旧民753）、親権に服さなかった。そして、未成年者が婚姻した後、配偶者の死亡、離婚などによって婚姻が解消しても、再び親権に服することはないと解されていた。しかし、平成30年

の改正で、成年年齢が18歳に引き下げられ（民4）、婚姻適齢も男女とも18歳（民731）とされたので、未成年者の婚姻による成年擬制を定めた民法753条は削除された。

[2] 親権者

(1) 実子に対する親権者

　嫡出子については、父母が親権者となり、父母の婚姻中は共同して親権を行使する（民818①、③）。これを**共同親権の原則**という。ただし、父母の一方が親権を行うことができないときは、他の一方が行う（民818③但書）。父母が離婚したときは一方の単独親権となり、協議離婚の場合は協議で親権者を定め（民819①）、裁判離婚の場合は裁判所が親権者を定める（民819②）。子の出生前に父母が離婚した場合には原則として母の単独親権となるが、出生後に協議で父の単独親権とすることもできる（民819③）。非嫡出子は、父母が婚姻中ではないから、母だけが親権を行う。父が認知した後、父母が協議で父を親権者と定めたときに限り、父が親権者となる（民819④）。協議で親権者を定める場合に、協議が調わないとき、または協議することができないときは、父または母の請求により、家庭裁判所が協議に代わる審判をする（民819⑤）。なお、父母が未成年であるときは、父母の親権者が親権を代行する（民833）。

(2) 養子に対する親権者

　未成年者の養子は、実父母の親権を脱して養親の親権に服する（民818②）。養父母の双方が死亡したときは、実親の親権が回復するのではなく後見が開始する（昭23.11.12民甲3585号通達）。養父母双方と離縁したときは、死亡の場合と異なり、実父母の親権が回復する。養親の一方が死亡して単独親権者となった者と離縁したときは、死亡した養親との間で死後離縁がなされていない限り縁組は解消していないから、後見が開始する（昭23.7.1民甲1788号回答）。

[3] 親権者の変更

　子が非嫡出子であるときや父母が離婚したときは単独親権となるが、子の利益のため必要があると認められるときは、家庭裁判所は、子の親族の

請求によって、親権者を他の一方に変更することができる（民819⑥）。単独親権者が不適当で、子の利益のために親権者を変更する必要があるにもかかわらず、他方もまた不適当である場合や、死亡している場合は、親権喪失の宣告を求め（民834）、後見が開始することになる（民838Ⅰ）。

[4] 親権の行使

　親権は、父母の婚姻中は父母が共同して行うという親権共同行使の原則（民818③本文）は、父母が実父母のときだけでなく、養父母であるときも、実親と養親が父母であるときも同じである。共同して行うとは、監護、養育、財産管理、子の行為に対する同意など、親権の内容とされる行為を、父母の共同の意思で行うということである。共同の意思があればよく、父母双方の名義でなされる必要はない（最判昭32.7.5裁集民27.27）。他方の同意を得ずに共同の名義でなした場合については、相手方が悪意であったときを除き、共同行使の効果を生ずるものとされている（民825）。

[5] 親権の効力

(1) 身上監護権

　親権を行う者は、「**子の利益のため**」子の監護および教育をする権利を有し、義務を負う（民820）。監護とは、身体の保全育成をはかる行為であり、教育とは、精神の発達をはかる行為である。しかし、現実には、監護といっても教育的要素が入らざるを得ないし、教育の中にも監護的要素を含まざるを得ないので、両者を明確に区別することはできない。要するに、監護と教育を不可分の一体としてとらえ、子を一人前の社会人に育成することと考えるべきである。その方法・程度・内容は、いちおう親権者の自由に委ねられているが、親権者の利益のためでなく、子の利益のためでなければならない。監護教育の費用は、親権の有無にかかわらず、子に対する扶養義務として親が負担する（民877）。したがって、父母が婚姻中は、婚姻費用として分担することになる（民760）。その具体的内容は、居所指定権等として次のように規定されている。

(2) 居所指定権

　親権者が子を監護教育するためには、子が親権者の指定する場所に居住

している必要がある。そこで、民法は、子は親権を行う者が指定した場所に、その居所を定めなければならないと定め（民821）、子の義務という側面から規定している。したがって、居所指定は、子に意思能力のある場合に限られるが、意思能力のある子がこれに従わない場合は、履行を強制する方法がなく、間接強制も許されない。居所の指定は親権者の自由裁量に委ねられ、親権者と同居させるだけでなく、寄宿舎や他家に居住させてもよい。

子に意思能力がない場合には、第三者による妨害の問題となるから、第三者に対して妨害排除請求または引渡請求をなしうる。その場合には、間接強制が許される（大判大元.12.19民録18.1087）。下級審判決の中には、幼児に意思能力がなければ直接強制も許されるとしたものもある（東京家審平8.3.28家月49.7.80、広島高松江支判昭28.7.3高民集6.6.356）。しかし、離婚により親権者に指定された父が、2歳から4年以上にわたり母に監護され、母から親権者変更調停の申立てがなされている子について、親権に基づく妨害排除請求として引渡しを求めるのは、権利の濫用として認められない（最決平29.12.5民集71.10.1803）。

監護権のある者であっても、意思能力のない幼児を不当に拘束する場合には、**人身保護法**による人身保護命令を求めることができる（最大判昭33.5.28民集12.8.1224）。夫婦の一方が他方に対して人身保護法により解放請求した場合、拘束者による**監護・拘束が権限なしにされていることが顕著**であるというためには、法律上の監護権の有無ではなく、請求者と拘束者の監護状態の当否を比較し、拘束者による監護が子の幸福に反することが明白であることを要する（最判平5.10.19民集47.8.5099）。たとえば、拘束者に対して引渡しを命じる仮処分または審判が出されているのに従わない場合や、拘束者の幼児に対する処遇が親権行使という観点からみて容認できないような例外的な場合がこれに当たる（最判平6.4.26民集48.3.992）。また、離婚した男女の間で、親権を有する母が子を拘束する父に対して引渡しを求めた場合、父の監護が平穏に開始され、かつ、現在の監護方法が一応妥当なものであっても、母に引き渡すことが子の幸福に反するものでない限り、その拘束は顕著な違法性を有する（最判昭47.7.25家月25.4.40）。さらに、離婚調停における合意に反して幼児の拘束を継続している場合にも、顕著な違

法性が認められる（最判平 6.7.8 判時 1507.124）。

　以上に対して、非嫡出の親権者である母が、事実上の養子縁組に同意していた子を引き渡した場合には、事実上の養父母は権限なしに拘束していることが顕著とはいえないので、母の引渡請求は認められない（最判昭 29.12.16 民集 8.12.2169）。また、母が暴力をもって子を連れ去ったとしても、現在、子が平穏に養育され幸福である場合には、現在の状態を不法の拘束であるとする父の主張は認められず、子を返す必要はない（最判昭 24.1.18 民集 3.1.10）。

(3) 懲戒権

　親権者は、子の監護教育に必要な範囲内で子を懲戒することができる（民 822）。懲戒とは、非行や過誤を矯正し善導するために、身体または精神に苦痛を加える制裁である。「児童虐待の防止等に関する法律」は、2019（令和元）年の改正で、「児童の親権を行う者は、児童のしつけに際して、体罰を加えることその他民法 820 条の規定による監護及び教育に必要な範囲を超える行為により当該児童を懲戒してはなら」ないと定め（児童虐待 14 ①）、明文で体罰を禁じている。

　親権者に懲戒権が認められていることから、親権者の虐待に、「しつけ」という言い訳を与えている面があることは否定できず、懲戒の名のもとに虐待を誘発するおそれがないわけではない。適切な「しつけ」であれば、親権者の監護教育権に含まれ、あえて懲戒権として規定するまでもないことであるから、本条はむしろ削除されるべきである。

　なお、必要な範囲を逸脱した過酷な懲罰を加えたときは、親権の濫用として親権喪失（民 834）の原因となり、場合によっては、傷害罪（刑 204）、暴行罪（刑 208）、逮捕監禁罪（刑 220）などの刑事責任を負うことになる。また、親権者または未成年後見人に虐待や著しい監護の怠りがあり、その者に監護させることが著しく子の福祉を害する場合には、都道府県知事は、家庭裁判所の承認を得て、児童を里親もしくは保護受託者に委託し、または施設（小規模住居型児童養育事業を行う者もしくは里親に委託し、または乳児院、児童養護施設、障害児入所施設、児童心理治療施設もしくは児童自立支援施設）に入所させることができる（児福 28）。

　近年、子どもへの虐待が社会問題として大きく取り上げられるようにな

っている。親または親に代わる保護者の子どもへの虐待は、①身体的虐待
（身体的暴行）、②性的虐待（性的暴行）、③心理的虐待、④養育の怠慢・放棄（ネ
グレクト）の４つに分類される。いずれにせよ、絶対的に弱い立場にある子
どもに対する大人の虐待は、子どもの精神を深く傷つけ、人格形成に深刻
な影響を与える。また、虐待を受けた子は、親になってから子を虐待する
比率が高いという世代間伝達も報告されている。虐待者に対して刑事罰を
科すべきことは当然のことであるが、児童福祉法上の諸施策により児童の
保護を図ることも欠かせないので、児童相談所への相談・通告が早期にな
されることが重要である。そこで、児童福祉法は、要保護児童を発見した
者は、福祉事務所または児童相談所に通告しなければならないものとして
いる（児福 25 ①）。

　児童虐待防止法は、さらに、学校の教職員、児童福祉施設の職員、医師、
保健師、弁護士その他児童の福祉に職務上関係のある者は、児童虐待を発
見しやすい立場にあるので、児童虐待の早期発見に努めなければならない
ものとし（児童虐待 5 ①）、児童相談所に通告しても守秘義務違反に問われな
いものとしている（児童虐待 6 ③）。通知を受けた児童相談所長は、近隣住民
その他の者の協力を得つつ、当該児童との面会その他の当該児童の安全の
確認を行うための措置を講ずるとともに、必要に応じ一時保護を行う（児
童虐待 8 ②）。都道府県知事は、児童虐待が行われているおそれがあると認
めるときは、必要な調査または質問をするため、保護者に対し、児童を同
伴して出頭を求めることができ（児童虐待 8 の 2 ①）、出頭の求めに応じない
場合は、児童の福祉に関する事務に従事する職員に、児童の住所または居
所に立ち入り、必要な調査または質問をさせることができる（児童虐待 9 ①）。
都道府県知事は、裁判官があらかじめ発する許可状により、児童の福祉に
関する事務に従事する職員に、当該児童の住所もしくは居所に臨検させ、
または当該児童を捜索させることもできる（児童虐待 9 の 3 ①）。

(4) 職業許可権

　未成年の子が職業につくには、親権者の許可を要する（民 823 ①）。ここ
で職業というのは、営業よりも広い概念で、他人に雇われて働く場合を含
み、父母の婚姻中は、原則として双方の許可が必要である。いったん許可
を与えた後、営業または職業にたえないことが明らかになったときは、許

可を取り消し、またはこれを制限することができる（民823②、6②）。

なお、労働基準法は、親権者が本人に代わって労働契約を締結することを禁止しているが（労基58①）、これは親権者の代理契約を禁止するだけで、親権者の同意を不要とする趣旨ではない。

(5) 身分行為の代理権

身分行為は代理に親しまないので、例外的に次の場合に限り認められている。①認知の訴えを提起すること（民787）、②親権者である母が嫡出否認の訴えの被告になること（民775）、③12歳未満の子の氏を変更すること（民791②、③）、④15歳未満の子の縁組、離縁、縁組の取消し（民797、811②、815、804）、⑤親権代行（民833）、⑥相続の承認・放棄（民917）。

(6) 財産管理権と代理権

親権者には子の財産の管理権が認められる（民824本文）。この管理には、財産の保存・利用だけでなく、処分も含まれると解されている。したがって、子の財産を売却したり、子の名義で借金したりすることもできる。しかも、親権者が管理行為をなすにあたっては、自己のためにすると同一の注意義務を負うにとどまり（民827）、後見人の注意義務（民869、644）より軽減されている。そのため、親権者自身の利益のために財産の売却が行われたりしがちであるが、利益相反行為にはならず（後述）、当然に代理権の濫用になるわけでもない。親権者に代理権を与えた「法の趣旨に著しく反すると認められる特段の事情」がある場合に、はじめて代理権の濫用となる。代理権の濫用と認められる場合に、その行為の相手方が濫用の事実を知りまたは知り得べかりしときは、心裡留保に関する民法93条但し書きの規定が類推適用され、その行為の効果は子に及ばない（最判平4.12.10民集46.9.2727）。

また、親権者は財産に関する法律行為についてその子を代表する（民824本文）。「代表」とは、代理よりも広く、全人格に代わって行為するという意味が込められているが、実質的には代理と異ならない。子の意思に基づかないで法律上当然に発生するのであるから、法定代理である。共同親権の場合には、父母の共同代理となる。また、子に意思能力がある場合には、同意を与えて完全な法律行為をさせることもできる（民4）。

しかし、子の行為の自由を保障するため、その子の行為を目的とする債

務を生ずる契約を締結する場合には、本人の同意が必要とされる（民824但書）。ここで「子の行為」とは、事実上の行為をいい、子を労働者として雇傭契約を締結する場合がその典型であるが、労働基準法は、そもそも子に代わって親権者が労働契約を締結したり、賃金を受け取ったりすることじたいを禁止している（労基58①、59）。

父母が親権を共同行使すべき場合に、一方だけで勝手に行使したときは、父母の法定代理人としての代理または同意の効果を生じない。しかし、それでは法律行為が有効であると信頼した相手方の利益を害することになるので、他方の同意を得ずに共同の名義でなした場合については、他方の意思に反するときでも、その効力を妨げないものとされる（民825本文）。ただし、善意の第三者を保護するための特則であるから、相手方が悪意であった場合には同意の効果を生じない（民825但書）。

[6] 利益相反行為についての親権制限

親権者と親権に服する子との間で売買する場合のように、互いに利害が対立する場合には、親権者が子を代理して公正に親権を行使することが期待できない。そこで、親権者と親権に服する子との利益が相反する行為については、特別代理人の選任を家庭裁判所に請求し、特別代理人に代理または同意させなければならないものとされている（民826①）。数人の子に対して親権を行う場合に、その1人と他の子との利益が相反するときも、同様に、特別代理人に代理または同意させなければならない（民826②）。共同親権者の一方とのみ利益が相反する場合も、特別代理人を選任しなければならない（最判昭35.2.25民集14.2.279）。利益相反行為について特別代理人を欠く場合は、無権代理行為となる（大判昭11.8.7民集15.1630）。

問題となるのは、どのような行為が利益相反行為となるかであるが、利益相反行為の判断は、もっぱら行為自体ないし行為の外形によるべき（外形理論）で、行為の動機や目的、その結果いかんを問うべきではないとされる（最判昭42.4.18民集21.3.671、最判昭48.4.24家月25.9.80など）。親権者にとって利益で子にとって不利益な行為、または、親権に服する子の一方にとって利益で他方にとって不利益な行為は、利益相反行為になる。したがって、親権者の子に対する贈与は利益相反行為とならない（大判昭6.11.24民集

10.1103)。

利益相反行為とされた事例として、①親権者と子との間での不動産売買（大判昭10.9.20法学5.492）や債権譲渡（大判昭6.3.9民集10.108）、②親権者が自己の債務のために子を連帯債務者とする行為（大判大3.9.28民録20.690）、③親権者が自己の債務のために子を保証人とする行為（大判昭11.8.7民集15.1630）、④親権者が自己の債務のために子の不動産に抵当権を設定する行為（最判昭37.10.2民集16.10.2059）、⑤親権者が数人の子を代理して行う遺産分割協議（最判昭48.4.24家月25.9.80）、⑥数人の子の親権者が一部の子についてなす相続放棄（最判昭53.2.24民集32.1.98）などがある。

[7] 財産管理の計算

子が成年に達したとき親権は終了し、管理権は消滅するので、親権者は遅滞なく管理の計算をしなければならない（民828本文）。管理計算の方法として、未成年の子の養育および財産管理の費用については、未成年の子の財産の収益と相殺したものとみなされる（民828但書）。

なお、親は未成年の子に対して生活保持のための費用を負担する義務を負うから（民877）、子の通常の養育費は親の負担であるが、大学教育費用など特別の養育費は子の財産の負担となり、子に財産がないときに親の扶養義務の問題になると考えるべきである。

[8] 第三者が子に与えた財産の管理

第三者が子に無償で財産を与える場合には、その財産について親権者の管理権を排除することができる（民830①）。管理権排除の意思表示は贈与と同時にしなければならず、事後の管理権排除は認められない。

管理権が排除されると、その財産は親権者の管理に属さないことになり、子を代理して管理・処分することも、子の管理・処分に同意を与えることもできなくなる（大判大4.9.21民録21.1489）。したがって、当該財産の管理者が必要になる。財産を与えた第三者の指定した者が管理者となり、指定がないときは、子、その親族または検察官の請求によって、家庭裁判所が管理者を選任する（民830②）。第三者の指定した管理者の権限が消滅し、または改任する必要がある場合に、第三者が管理者を指定しないときも同様

である（民830③）。

　なお、第三者が子に無償で財産を与える場合には、管理計算において、その財産からの収益を親権者の養育および財産管理の費用と相殺したものとみなす規定（民828但書）の適用を排除することもできる（民829）。第三者がその意思を表示しているときは、その財産の収益と養育・管理費用とを正確に計算しなければならなくなり、民法827条の規定にもかかわらず親権者は善良なる管理者の注意義務が要求される。

[9] 管理権の終了

　親権者または財産管理者は、財産管理の任務終了後に急迫の事情があるときは、応急処理義務を負い（民831、654）、管理任務終了の通知義務を負う（民831、655）。いずれも、子の利益を保護するためのものである。

　なお、親権者と親権に服する子との間で、財産管理について生じた債権は、管理権が消滅したときから5年で時効消滅する（民832①）。子が成年に達しないうちに管理権が消滅し、子に法定代理人がないときは、子が成年に達し、または後任の法定代理人が就任したときから、時効を起算する（民832②）。

D　親権の喪失・停止

[1] 親権の喪失

　親権は、子の死亡、婚姻、成年によって絶対的に消滅し、親権者の死亡、離婚、行使不能、喪失審判、辞退によって相対的に消滅する。相対的消滅の場合は、子は、他方の親権者または後見人の保護を受けることになる。

　親権者とはいえ、子どもに殴る蹴るなどの暴行を加え、「死ね！」などと暴言を吐き、子どもの世話を放棄して食事を与えないなどといった児童虐待を行うことは、決して許されない。このような親権を逸脱した行為があったとき、子どもの親族などが家庭裁判所に申し立てて親権を奪うのが、親権喪失審判の制度である。

　父または母による虐待または悪意の遺棄があるとき、その他父または母による親権の行使が著しく困難または不適当であることにより、子の利益を著しく害するときは、2年以内にその原因が消滅する見込みがあるとき

を除き、家庭裁判所は、子、その親族、未成年後見人、未成年後見監督人または検察官の請求により、その父または母について、親権喪失の審判をすることができる（民834）。児童相談所長も、親権喪失審判の請求をすることができる（児福33の2）。

　2011（平成23）年の改正前は、親権喪失の原因を「親権を濫用し、又は著しく不行跡であるとき」と規定するのみで、「**子の利益を著しく害する**」状況にあることは明示されていなかった。しかし、平成23年の改正で、児童虐待の防止等を図り、児童の権利利益を擁護するという観点から、親権喪失の原因については、親による虐待または悪意の遺棄（子どもに食べ物を与えない、子どもに医療を受けさせないなど）があるとき、その他親による親権の行使が著しく困難または不適当であるために、「子の利益を著しく害するとき」ということが明確化されている。また、申立て権者も、「子の親族又は検察官」から、「子、その親族、未成年後見人、未成年後見監督人または検察官」に改められ、さらに、児童福祉法で児童相談所長も加えられて、ほとんど利用されていなかった親権喪失審判制度の活用が図られている。

　この親権喪失審判の制度は、子の利益のための制度であって、親権者に対する懲罰ではない。したがって、親権の行使が著しく困難または不適当であるかどうかは、子の利益を害し、心身の健全な発達を阻害するものかどうかという観点から判断されなければならない。2年以内にその原因が消滅する見込みがあるときが除かれているのは、その場合は、審判停止の審判がなされるからである。

　家庭裁判所で共同親権者の一方に親権喪失の審判があれば、他方の単独親権となり、単独親権者に親権喪失の審判があれば、後見が開始する（民838Ⅰ）。親権を喪失しても、扶養義務や相続権は影響を受けない。親権喪失の原因が消滅したときは、家庭裁判所は、本人またはその親族の請求によって親権喪失の審判を取り消すことができる（民836）。児童相談所長にも、親権喪失審判の取消し請求権が与えられている（児福33の2）。

[2] 親権の停止

　親権喪失審判では、親権を無期限に奪ってしまい、原因が消滅したときは審判の取消し請求ができる（民836）とはいえ、親子関係を再び取り戻す

ことができなくなるおそれがある。そのため、児童虐待の現場では、虐待する親の親権を制限したい場合でも、「親権喪失」の申立てはほとんど行われていないのが実状であった。そこで、児童虐待の防止等を図り、児童の権利利益を擁護する観点からなされた、2011（平成23）年の親権法改正で、親権停止審判の制度が新たに設けられた。親権停止審判は、期限を定めずに親権を奪う従来の親権喪失審判と異なり、あらかじめ期間を定めて、一時的に親が親権を行使できないよう制限する制度である。

父または母による親権の行使が困難または不適当であることにより子の利益を害するときは、家庭裁判所は、子、その親族、未成年後見人、未成年後見監督人または検察官の請求により、その父または母について、親権停止の審判をすることができる（民834の2①）。児童相談所長も、親権停止審判を請求することができる（児福33の2）。停止期間は最長2年間とされ、その範囲内で、親権停止の原因が消滅するまでに要すると見込まれる期間、子どもの心身の状態および生活の状況その他一切の事情を考慮して、家庭裁判所が停止期間を定める（民834の2②）。

親権停止審判は、親による親権の行使が困難なとき、または親権の行使が不適当であることによって「子どもの利益を害するとき」に、虐待をする親の親権を制限し、親から子どもを一時的に引き離すことによって、子どもの心身の安全を守るためのものであるが、それと同時に、親権が停止されている間に、虐待した親や家庭環境を改善し、親子の再統合を図ることもねらいとしている。

親権停止の原因が消滅したときは、家庭裁判所は、本人またはその親族の請求によって親権停止の審判を取り消すことができる（民836）。児童相談所長にも、親権停止審判の取消し請求権が与えられている（児福33の2）。

[3] 管理権の喪失

父または母による管理権の行使が困難または不適当であることにより子の利益を害するときは、子、その親族、未成年後見人、未成年後見監督人または検察官は、その父または母について、家庭裁判所に管理権喪失の審判を請求することができる（民835）。管理権喪失の原因が消滅したときは、家庭裁判所は、本人またはその親族の請求によって、管理権喪失の審判を

取り消すことができる（民836）。この管理権喪失審判の請求またはその取消しの請求についても、児童相談所長に請求権が与えられている（児福33の2）。

　親権者の管理権行使が困難または不適当であるかどうかは、一般の親権者が用いる注意力を標準として判断される。また、管理不適当により子の利益を害すれば足り、財産を失ってしまうことまでは必要でない。この管理権喪失審判は、親権者の財産管理権を奪うだけであるから、身上監護権は依然として存続する。この管理権喪失審判によって子の財産を管理する者がなくなるときは、管理権のみを行使する後見人が選任される（民838Ⅰ）。

　なお、親権者が破産宣告を受けた場合は、破産法61条により、当然管理権喪失の原因となる（東京高決平2.9.17家月43.2.140）。

[4] 親権または管理権の辞任と回復

　親権は未成年の子に対する権利であると同時に、一種の公法的義務でもあるから、みだりに辞任して義務を怠ることは許されない。しかし、親権を行使することができない「やむを得ない事由」がある場合に、なお親権を行使すべきものとすると、かえって子の福祉を害することになるので、「やむを得ない事由」があるときに限り、家庭裁判所の許可を得て、親権または管理権を辞任することが認められる（民837①）。親権辞任の「やむを得ない事由」にあたる場合としては、重病、心身喪失、服役、長期海外赴任などや、夫を亡くした母が子を残して再婚する場合などがある。管理権辞任の「やむを得ない事由」としては、多額の財産を管理するだけの知識経験や能力が不足している場合などがある。

　家庭裁判所による辞任の審判があっても、それだけで辞任の効果が生ずるわけではなく、審判書の謄本を添附して市町村長に届出をなし（戸80、38②）、それが受理された日から辞任の効果を生ずる。

　親権または管理権を行使することができない「やむを得ない事由」が止んだときは、家庭裁判所の許可を得て、親権または管理権を回復することができる（民837②）。

5　後見制度

　後見制度とは、判断能力の不十分な者を保護するための制度で、親権者のない未成年者の監護・教育および財産管理を内容とする**未成年後見**と、認知症高齢者、知的障害者、精神障害者等、精神上の障害がある成年者を保護する**成年後見**とがある。

　成年後見は、法律の規定によって保護を図る**法定後見**と、本人が契約によって後見事務を委託する**任意後見**とに大別される。法定後見には、常に判断能力を欠く状態にある者を保護する**後見**、判断能力が著しく不十分な者を保護する**保佐**、判断能力が不十分な者を保護する**補助**という、3つの類型が用意されている。

A　後見の開始

[1] 未成年後見

　単独親権者の死亡、親権喪失宣告（民834）、親権辞任（民837）、後見開始の審判（民7）などにより、未成年者に対して親権を行う者がいないとき、および、管理権喪失審判（民835）、管理権辞任（民837）などにより親権者が管理権を有しないときに開始する（民838 I）。父母の一方が親権を喪失し、あるいは死亡しても、他方が親権を行使しうる限り後見は開始しない。

[2] 成年後見

　法定後見の場合には、精神上の障害（認知症・知的障害・精神障害）により判断能力を欠く常況にある者について、本人、配偶者、四親等内の親族、未成年後見人、未成年後見監督人、保佐人、保佐監督人、補助人、補助監督人または検察官の請求により、家庭裁判所が後見開始の審判を行うことによって開始し（民7、838 II）、家庭裁判所が職権で成年後見人を選任する（民843①）。

　任意後見の場合には、本人、配偶者、四親等内の親族または任意後見受任者の請求により、家庭裁判所が任意後見監督人を選任したとき、任意後見契約の効力が発生する（任意後見法2 I、4①）。

B　後見人

[1]　未成年後見人

(1)　指定後見人

　共同親権者たる父母の一方が死亡あるいは親権を喪失・辞任したことによって他方が単独親権者となっている場合や、非嫡出子の母のようにはじめから親権者が1人しかいない単独親権者の場合など、単独親権者は、未成年者に対して「最後に親権を行う者」として、遺言で、未成年後見人を指定することができる（民839①）。しかし、わが国では、未成年の子のいるような年齢の親が遺言をするということはほとんどないので、未成年後見人の指定ということもきわめて少ない。

(2)　選定後見人

　遺言で未成年後見人が指定されなかった場合は、未成年被後見人またはその親族その他の利害関係人の請求によって、家庭裁判所が未成年後見人を選任する。後見人が欠けたとき、すなわち死亡、辞任、欠格、解任などによって未成年後見人がいなくなったときも同様である（民840）。

(3)　未成年後見人の事務

　未成年後見人は、親権者と同一の、監護教育の権利義務（民820）、居所指定権（民821）、懲戒権（民822）、職業許可権（民823）を有する（民857本文）。ただし、未成年後見監督人があるときに、親権者が定めた教育の方法および居所を変更し、営業を許可し、その許可を取り消し、またはこれを制限する場合には、未成年後見監督人の同意を得なければならない（民857但書）。未成年後見人が数人あるときは、原則として共同してその権限を行使する（民857の2①）が、家庭裁判所は、職権で、その一部の者について、財産に関する権限のみを行使すべきことを定めたり（民857の2②）、各未成年後見人が単独でまたは数人の未成年後見人が事務を分掌して、その権限を行使すべきことを定めることもできる（民857の2③）。未成年被後見人が婚姻外の子を有し、その子に親権を行うべき場合には、未成年後見人が、未成年被後見人に代わってその親権を行う（民867①）。

　未成年者に親権者がある場合でも、その親権者が管理権喪失の審判を受け（民835）または管理権を辞したとき（民837①）は、後見が開始する（民838Ⅰ）。この場合、親権者が依然として子の身上に関する権限を有するので、

未成年後見人は、財産に関する権限のみを有し、身上に関する権限を有しない（民868）。

[2] 成年後見人

　成年後見人は、その選任方法により、法定後見人と任意後見人とがある。成年後見人は、複数の選任が認められ（民843③）、法人を選任することもできる（民843④）。

(1) 法定後見人

　成年被後見人の心身の状態ならびに生活および財産の状況、成年後見人となる者の職業および経歴ならびに成年被後見人との利害関係の有無、成年被後見人の意見その他一切の事情を考慮して、家庭裁判所が個々の事案に即した最も適切な人物を選任する（民843④）。

(2) 任意後見人

　本人が任意後見受任者との間で、精神上の障害により判断能力が不十分な状況における自己の後見事務（生活、療養看護および財産管理に関する事務）の全部または一部を委託し、代理権を付与する委任契約を締結して、家庭裁判所が選任した任意後見監督人の監督の下で後見事務を行う（任意後見法2、4）。この任意後見契約は、公正証書によらなければならない（任意後見法3）。

(3) 成年後見人の事務

①任意後見人

　任意後見人の事務および代理権の範囲は、契約によって定まり（任意後見法2参照）、自己決定が尊重されることになる。任意後見人は、委託に係る事務を行うに当たっては、本人の意思を尊重し、かつ、その心身の状態および生活の状況に配慮しなければならない（任意後見法6）。任意後見契約が登記されている場合には、任意後見契約による保護が優先され、家庭裁判所は、本人の利益のため特に必要があると認める場合（任意後見契約上の代理権が狭いため、本人の権利や利益を擁護することができない場合等）に限り、後見開始の審判等をすることができる（任意後見法10①）。任意後見監督人が選任された後に本人が後見開始の審判等を受けたときは、任意後見契約は終了する（任意後見法10③）。

②法定後見人

　成年被後見人の生活、療養看護および財産管理に関する事務を行うが、それに当たっては、成年被後見人の意思を尊重し、かつ、その心身の状態および生活の状況に配慮しなければならない（民858）。この**身上配慮義務**は、法律行為の遂行にあたっての善良なる管理者の注意義務（民644）の内容を明確にしたものであるから、介護労働などの事実行為は含まれない。成年後見人が数人あるときは、家庭裁判所は、職権で、数人の成年後見人が、共同してまたは事務を分掌して、その権限を行使すべきことを定めることができ（民859の2①）、職権で、その定めを取り消すことができる（民859の2②）。成年後見人が数人あるときは、第三者の意思表示は、その1人に対してすれば足りる（民859の2③）。成年被後見人の居住の用に供する建物またはその敷地について、売却、賃貸、賃貸借の解除または抵当権の設定その他これらに準ずる処分をには、家庭裁判所の許可を得なければならないものとされている（民859の3）。家庭裁判所は、成年後見人がその事務を行うに当たって必要があると認めるときは、成年後見人の請求により、信書の送達の事業を行う者に対し、6か月を超えない期間を定めて、成年被後見人に宛てた郵便物等を成年後見人に配達すべき旨を嘱託することができ（民860の2①、②）、成年後見人は、成年被後見人に宛てた郵便物等を受け取ったときは、これを開いて見ることができる（民860の3①）。

　後見人は、遅滞なく被後見人の財産の調査に着手し、1か月以内に、その調査を終わり、かつ、その目録を作成し（民853①本文）、被後見人の財産を管理し、かつ、その財産に関する法律行為について被後見人を代表する（民859①）。後見人と被後見人の間、および同一の後見人の後見に服する被後見人の間で、利益が相反する行為については、家庭裁判所によって選任された特別代理人が被後見人に代わって行う（民860本文、826）。家庭裁判所は、後見人および被後見人の資力その他の事情によって、被後見人の財産の中から、相当な報酬を後見人に与えることができる（民862）。

C　保佐人および補助人

[1]　保佐人

　保佐人は、被保佐人がする元本の領収または利用、借財または保証、不動産その他重要な財産に関する権利の得喪など、民法13条1項に定めら

れた重要な行為について同意権・取消権を有する（民13①、120①）。また、民法13条1項所定の行為以外の行為であっても、家庭裁判所の審判によって定められた行為については、同様に同意権・取消権を有する（民13②、120①）。

　保佐人は、保佐の事務を行うにあたっては、被保佐人の意思を尊重し、かつ、その心身の状態および生活の状況に配慮しなければならない（民876の5①）。また、保佐の事務については、保佐人には善良なる管理者の注意義務（民644）が課され、後見の、数人の後見人がある場合の権限行使（民859の2）、居住用不動産の処分についての許可（民859の3）、費用の支弁（民861②）、報酬（民862）、事務の監督（民863）の規定が準用される（民876の5②）。

[2] 補助人

　家庭裁判所は、本人、配偶者、四親等内の親族、後見人、後見監督人、保佐人、保佐監督人、補助人、補助監督人または検察官の請求により、不動産等の重要な財産の処分等、被保佐人が同意なしでできないとされる特定の行為（民13①）の一部について、被補助人のために補助人に同意権・代理権を付与する旨の審判をすることができる（民17①、876の9①）。ただし、自己決定の尊重の観点から、本人以外の者の請求によって同意権・代理権を付与する審判をするには、本人の同意がなければならない（民17②、876の9②、876の4②）。

　被補助人の利益を害するおそれがないにもかかわらず補助人が同意しないときは、家庭裁判所は、補助人の同意に代わる許可を与えることができる（民17③）。被補助人が、補助人の同意を要する行為を、補助人の同意または家庭裁判所の許可なしでした場合は、取り消すことができる（民17④）。

　補助人は、補助の事務を行うにあたっては、被補助人の意思を尊重し、かつ、その心身の状態および生活の状況に配慮しなければならない（民876の10①、876の5①）。補助人には善良なる管理者の注意義務（民644）が課され、数人の補助人がある場合の権限行使、居住用不動産の処分についての許可、費用の支弁、報酬、補助の事務の監督については、後見の規定が準用される（民876の10①、859の2、859の3、861②、862、863）。

6 扶養

A 扶養制度

　自分の力では生活していけない者に対して、経済的な援助を与えることを扶養という。この生活困窮者に対する経済的援助を、民法は親族的身分関係から発生する権利義務関係として規定している。

　親族的身分関係に基づく扶養制度のほかに、近代社会では、国または地方公共団体が生活困窮者を扶助する**公的扶助制度**が設けられている。公的扶助は、いわゆる**補足性の原理**によって、あらゆる制度を利用した後の、最終的なものとして発動されることになっている。したがって、親族による扶養は公的扶助に優先することになり、わが国の生活保護法も、民法上の扶養が生活保護に優先すべきことを明記している（生活保護 4 ②）。

B 扶養の当事者

　民法上、当然に扶養義務を負う者は、配偶者（民 752、760）、直系血族および兄弟姉妹（民 877 ①）である。「特別の事情」があるときは、三親等内の親族も、家庭裁判所の審判によって扶養義務を負うことがある。具体的には、要扶養者から扶養義務者に請求し、両者の協議が調わない場合には家庭裁判所で調停を行い、調停も成立しない場合には、家庭裁判所が審判によって義務者に扶養を命ずる（民 752、760、877 以下、家事 39 別表第 2 の 9 項・10 項）。

　扶養義務に対応する扶養請求権は、親族的身分と結合した一身専属権であると同時に、生存の保障を目的とする公益的性質を有しているため、その処分が禁止されている（民 881）。したがって、譲渡、質入、相殺などが禁止されるだけでなく、将来に向かっての放棄も許されない。強制執行に際しても、扶養請求権の 4 分の 3 は差押えが禁止されている（民執 152 ① I）。また、第三者の加害行為によって扶養義務者が死亡し、扶養を受けられなくなったときなどは、要扶養者から第三者に不法行為による損害賠償を請求できる場合もある。

知識を確認しよう

問題

(1) 婚姻障碍について説明しなさい。

(2) 破綻主義による離婚について説明しなさい。

(3) 重婚的内縁や近親婚的内縁も、内縁としての法的保護が与えられるか。

(4) 推定される嫡出子について、DNA鑑定の結果で親子関係不存在を主張できるか。

(5) 親権者が子を虐待している場合、どのような措置がとられるかについて説明しなさい。

(6) 普通養子は実親の遺産を相続できるか。

(7) 夫婦が他人の生んだ子を実子として届け出て育てた場合、親子関係を認めることができるか。

指針

(1) 婚姻障碍には、婚姻適齢、重婚禁止、再婚禁止期間、近親婚禁止がある。2018（平成30）年の改正前は、未成年者の婚姻の父母の同意もあった。

(2) 不貞行為、悪意の遺棄、3年以上の生死不明、強度の精神病という具体的離婚原因がある場合の他、「婚姻を継続し難い重大な事由」という抽象的離婚原因があり、婚姻が破綻していれば裁判離婚が認められる。

(3) ケースにより、重婚的内縁や近親婚的内縁も法的保護が与えられる。

(4) 推定される嫡出子については、DNA鑑定の結果で親子関係不存在を主張できないが、推定されない嫡出子については可能である。

(5) 子、その親族のほか、検察官、児童相談所長等の請求により、家庭裁判所が親権喪失審判または親権停止審判をして、子を保護する仕組みがつくられている。

(6) 普通養子は実親子関係が継続するので、実親の遺産を相続できる。

(7) 判例は、無効行為の転換を認めず、養子縁組の届出があったとしないので、親子関係関係は認められない。

本章のポイント

1. 相続人となる者は、配偶者と血族で、血族には順位があり、第1順位は、被相続人の子またはその代襲者、第2順位は、直系尊属、第3順位は、兄弟姉妹またはその代襲者である。

2. 法定相続分は、配偶者と子が相続人のときは、配偶者の相続分と子の相続分は各2分の1で、子が複数いるときは、子の相続分を均等に分ける。配偶者と直系尊属が相続人のときは、配偶者の相続分は3分の2で、直系尊属の相続分は3分の1であり、配偶者と兄弟姉妹が相続人のときは、配偶者の相続分は4分の3で、兄弟姉妹の相続分は4分の1である。

3. 被相続人は遺言により法定相続分を変更できるが、遺言は厳格な方式に従うことが必要とされている。

4. 遺言によっても奪うことができない相続財産の一定割合を遺留分といい、遺留分は、直系尊属のみが相続人であるときは遺産の3分の1、その他の場合は遺産の2分の1で、兄弟姉妹だけのときは、遺留分はない。

1 人の死亡と相続

　相続ということの意味についても、歴史的な変化がみられる。古くは、主として身分的地位の承継を意味するものであったが、今日では、私有財産制のもとで、死亡した者の財産を承継させる制度を意味するようになっている。民法は、死亡した者の財産は、その死亡者（被相続人）と一定の親族関係にあった者（相続人）に承継させるとともに、死亡者が遺言により、自由意思でその財産を承継する者を選ぶことも一定限度で認めている。この相続制度は、遺族の生活保障、潜在的共有財産の清算、被相続人の意思など、多元的な配慮に基づいており、統一的な理解が難しい。

A　相続人

[1] 相続開始

　相続は、被相続人の死亡によって開始する（民882）。旧法で認められていた「隠居」のような、生前相続は認められない。失踪宣告を受けた者は死亡したものみなされるから（民31）、どこかで生存していたとしても相続が開始する。また、相続人が被相続人の死亡の事実を知らなくても、相続は被相続人の死亡の時から開始する。相続開始の時に存在していた者だけが相続人になることができる（**同時存在の原則**）から、被相続人の死亡時期はきわめて重要である。被相続人と相続人が同一の事故で死亡して死亡の先後が不明であるような場合は、同時に死亡したものと推定（**同時死亡の推定**）される（民32の2）。したがって、この推定が破られない限り、互いに相続人となることはない。たとえば、Aには子B・Cがあり、Bには妻Dがいて、AとBが同じ航空機事故で死亡し、先後が不明という場合、AとBは互いに相続人とならないから、Aの遺産はすべてCが相続する。もし、BがAより少しでも後に死亡したことが証明できれば、Aの遺産はBとCが相続し、Bの遺産をDが相続するから、結局DもAの遺産を相続することになる。

　相続は、被相続人の住所において開始する（民883）。相続回復請求権は、相続人またはその法定代理人が相続権を侵害された事実を知った時から5

年間行使しないときは、時効によって消滅する（民884前段）。相続開始の時から20年を経過したときも、同様である（民884後段）。相続財産に関する費用は、相続人の過失によるものを除いて、相続財産の中から支弁する（民885本文）。

[2] 相続人の範囲と順位

　相続人となる者は、一定範囲の血族と配偶者である。血族には順位があり、第1順位は、被相続人の子またはその代襲者（民887）、第2順位は、直系尊属、第3順位は、兄弟姉妹またはその代襲者（民889）である。以上の相続人がない場合は、被相続人と生計を同じくしていた者など**特別縁故者**の請求により、家庭裁判所はその者に相続財産の全部または一部を分与することができる（民958の3）。特別縁故者に分与されなかった相続財産は、国庫に帰属する（民959）。

　配偶者は、常に第1順位の相続人とされる（民890）。配偶者（特に妻）の相続権の根拠については、離婚の際の財産分与と同様に、夫婦財産の清算および被相続人の死亡後の生活保障を目的とするものと理解されている。そのように理解するなら、内縁の配偶者にも相続権が認められてもよさそうであるが、相続人を戸籍から一応推定できるのでなければ、取引の安全を害するという理由で、判例・通説はこれを否定している。内縁解消の際には財産分与請求権の規定（民768）の類推適用を認めるなど、準婚理論によって内縁保護が図られていることからみて、疑問がないわけではない。

(1) 代襲相続

　被相続人の死亡以前に推定相続人が死亡すると、同時存在の原則により、推定相続人は結局相続権者ではなくなるから、推定相続人に子がある場合などに不公平な結果を生ずる。たとえば、Aには子B・Cがあり、Bには子b、Cには子cがあるという場合、Aが死亡すると、通常は、Aの遺産を子B・Cが2分の1ずつ相続し、それをやがてAの孫b・cがそれぞれ相続することになるが、たまたま子BがAより先に死亡していると、Aの遺産はすべてCが相続し、それをやがてAの孫cがすべて相続することになって、同じくAの孫でありながらbは一切利益を受けられないことになる。この不公平を是正するのが代襲相続で、被相続人の子が、相続の開

始以前に死亡し、または欠格・廃除によって相続権を失った場合には、その者の子（ただし、被相続人の直系卑属に限る）がこれに代わって同一順位の相続人となり、その者の受けるはずであった相続分を相続する（民887②）。代襲者が相続開始以前に死亡し、または欠格・廃除によって相続権を失った場合には、代襲者の子が相続人となる（民887③）。これを**再代襲相続**という。兄弟姉妹についても代襲相続が認められる（民889②）が、兄弟姉妹の子に限られ、再代襲相続は認められていない。

　代襲原因は、死亡・欠格・廃除に限られ、相続放棄があった場合には代襲相続がないこと、兄弟姉妹については再代襲相続が認められないこと、代襲相続人は被相続人の直系卑属でなければならないことに注意を要する。養子縁組の前に生まれていた養子の子は、養親の直系卑属ではないから、養子が養親より先に死亡していても、養親の遺産を代襲相続することはできない。

(2) 相続欠格

　推定相続人が相続に関して不正な行為をした場合など、被相続人の財産を相続させることが正義に反する場合には、推定相続人の相続資格が剥奪される。これを相続欠格といい、民法は次の5つの行為を行った者を、相続欠格者としている（民891）。

　故意に被相続人または相続について先順位もしくは同順位にある者を死亡するに至らせ、または至らせようとしたために、刑に処せられた者（民891Ⅰ）。被相続人の殺害されたことを知って、これを告発せず、または告訴しなかった者。ただし、その者に是非の弁別がないとき、または殺害者が自己の配偶者もしくは直系血族であったときは、この限りでない（民891Ⅱ）。詐欺または強迫によって、被相続人が相続に関する遺言をし、撤回し、取り消し、またはこれを変更することを妨げた者（民891Ⅲ）。詐欺または強迫によって、被相続人に相続に関する遺言をさせ、撤回させ、取り消させ、またはこれを変更させた者（民891Ⅳ）。相続に関する被相続人の遺言書を偽造し、変造し、破棄し、または隠匿した者（民891Ⅴ）。

(3) 推定相続人の廃除

　相続欠格のように、当然に相続資格を失わせるほど重大な事由ではないが、被相続人からみて、その者に相続させることが納得いかないような一

定の事由がある場合には、被相続人は、家庭裁判所の審判または調停によって、その推定相続人の相続権を奪うことができる。これを推定相続人の廃除という。

　民法は、遺留分を有する推定相続人が、被相続人に対して虐待をし、もしくはこれに重大な侮辱を加えたとき、またはその他の著しい非行があったとき、廃除を請求できるものとしている（民892）。遺留分を有する推定相続人に限定されているのは、遺留分を有しない推定相続人に対しては、生前処分または遺言によって、その推定相続人に財産を与えないようにすることが可能だからである。どの程度の行為がこれに該当するかは、具体的事案について判断するほかないが、被相続人の主観的な感情が害されただけでは足りず、客観的に判断される（大阪高決昭40.11.9家月18.5.44）。

　廃除は、被相続人が生前に家庭裁判所に請求して行うが、遺言で廃除の意思を表示しておくこともでき（民893前段）、その場合には、遺言執行者が遅滞なく廃除の請求をすることになる。いずれにせよ、家庭裁判所で廃除の審判が確定した時、推定相続人は相続権を失う。遺言による審判の場合は、相続開始の時に効果が遡る（民893後段）。なお、廃除は、被相続人からいつでもその取消しを家庭裁判所に請求することができ（民894①）、遺言によって取り消すこともできる（民894②、893）。

(4)　胎児の相続能力

　同時存在の原則により、相続開始時に存在しない者は相続人となることができないが、その例外として、民法は「胎児は、相続については、既に生まれたものとみなす」と規定し、胎児にも相続権を認めている（民886①）。ただし、胎児が死体で生まれたときは、相続権は認められない（民886②）。この規定の意味については、胎児が死んで生まれることを解除条件として、胎児の時点で相続能力を認める**解除条件説**と、生きて生まれることを停止条件として、相続能力を胎児の時点に遡って認める**停止条件説**が対立している。胎児の時点で急いで遺産分割を認める実益に乏しいとして、通説・判例（大判昭7.10.6民集11.2023）は停止条件説を採っている。

B 相続の効力

[1] 相続の一般的効力

相続開始の時から、相続人は、被相続人の財産に属した一切の権利義務を承継する（民896本文）。したがって、所有権、地上権、抵当権、売買代金債権などの権利だけでなく、売買代金支払債務、賃借物返還債務、借入金返還債務などの債務も承継する。その他、被相続人に属した財産的な法的地位は、すべて包括的に相続人が承継する。これを**包括承継**という。

たとえば、被相続人が売主として土地売買契約を締結していた場合、その相続人は代金債権を相続するとともに、土地の引渡債務、登記移転義務、担保責任、同時履行の抗弁権など、売主の一切の権利義務を承継するほか、過失・無過失、善意・悪意なども承継する。

この包括承継の原則には重要な例外があり、「被相続人の一身に専属したもの」は相続財産から除外される（民896但書）。一身に専属したものとは、特定の個人に着眼した法律関係で、その者以外の者に帰属することが認められないものである（**帰属上の一身専属**）。たとえば、肖像画を描くこと引き受けた画家の債務は一身に専属したもので、相続人はその債務を承継しない。雇用契約上の労務提供債務も同様である（民625②）。婚姻費用分担請求権や親族扶養の請求権は、一身専属権と解されており、相続の対象にならないが、協議・審判によって確定した請求権が遅滞している場合は、通常の債権として相続の対象になる。判例は、**慰謝料請求権**は当然に相続の対象になるとしている（最大判昭42.11.1民集21.9.2249）が、多数説はこれに反対している。

使用貸借で借主が死亡したとき（民597③）、委任で委任者または受任者のいずれかが死亡したとき（民653Ⅰ）、終身定期金で当事者の一方が死亡したとき（民689）、いずれも契約の終了原因として規定され、相続人は契約上の地位を相続しない。代理権も、本人または代理人のいずれかが死亡すれば消滅する（民111①）から、相続の対象にならない。

生命保険金、遺族年金、死亡退職金など、被相続人の死亡を原因として遺族が取得する財産権は、相続開始時に相続人に帰属していた財産権ではないから、そもそも相続財産ではない。したがって、それらを受領した相続人がいても、遺産分割にあたって考慮されないが、特別受益（民903）と

して考慮すべきだとする説が有力に主張されており、判例も分かれている。

[2] 祭祀に関する権利の承継

　系図、祭具（位牌・仏壇等）、墳墓（墓地・墓石等）などの祭祀財産は相続の対象にならず、慣習に従って祖先の祭祀を主宰すべき者が承継する（民897①）。遺骨も、同様に解されている（最判平元.7.18家月41.10.128）。

[3] 共同相続の効力

　相続人が数人あるときは、相続財産は、その共有に属し（民898）、各共同相続人は、その相続分に応じて被相続人の権利義務を承継する（民899）。この相続による共有持分権の取得は、登記がなくても第三者に対抗することができる（最判昭38.2.22民集17.1.235）。所有者の意思に基づく所有権移転とはいえないからである。これに対して、遺産分割による所有権取得は、共同相続人の意思に基づく所有権移転であるから、法定相続分と異なる権利を取得した相続人は、民法177条により、登記を経なければ第三者に対抗することができない（最判昭46.1.26民集25.1.90）。また、遺贈により相続人以外の者が不動産所有権を取得した場合も、被相続人の意思に基づく所有権移転であるから、民法177条により、受遺者は登記しなければ第三者に対抗することができない（最判昭39.3.6民集18.3.437）。問題となるのは、遺言により相続人が民法の定める法定相続分と異なる財産を取得する場合である。判例は、「相続させる」趣旨の遺言によって不動産を取得した相続人は、登記なくしてその権利を第三者に対抗することができるとしていた（最判平14.6.10家月55.1.77）が、これに対しては取引の安全を害するといった批判が多かった。そこで、2018（平成30）年の改正で、相続による権利の承継は、遺産の分割によるものかどうかにかかわらず、法定相続分を超える部分については、登記、登録その他の対抗要件を備えなければ、第三者に対抗することができない（民899の2①）と規定された。なお、相続により法定相続分を超える債権を取得した場合については、遺言の内容（遺産の分割により当該債権を承継した場合にあっては、当該債権に係る遺産の分割の内容）を明らかにして債務者にその承継の通知をしなければ、第三者に対抗することができない（民899の2②）。

C 相続分

相続人が数人いる共同相続の場合、各共同相続人は、その相続分に応じて被相続人の権利義務を承継する（民899）。相続分は、まず被相続人の指定によって定まり（指定相続分）、指定がないときは民法の規定によって定まる（法定相続分）。

[1] 法定相続分

被相続人が相続分を指定しなかった場合は、以下の法定相続分による。

配偶者と子が相続人のときは、配偶者の相続分と子の相続分は各2分の1である（民900 I）。子が複数いるときは、子の相続分2分の1を均等に分ける（民900 IV本文）。かつては、非嫡出子の相続分は嫡出子の2分の1とされていたが（旧民900 IV但書）、違憲判決（最大決平25.9.4民集67.6.1320）を受けて削除された。

配偶者と直系尊属が相続人のときは、配偶者の相続分は3分の2で、直系尊属の相続分は3分の1である（民900 II）。普通養子の場合は、養親だけでなく実親も相続人となり、直系尊属が複数いる場合は、3分の1を均等に分ける（民900 IV本文）。

配偶者と兄弟姉妹が相続人のときは、配偶者の相続分は4分の3で、兄弟姉妹の相続分は4分の1である（民900 III）。兄弟姉妹が複数いる場合は、4分の1を均等に分ける（民900 IV本文）。ただし、父母の一方のみを同じくする半血の兄弟姉妹は、父母の双方を同じくする全血の兄弟姉妹の2分の1となる（民900 IV但書）。

代襲相続により相続人となる直系卑属の相続分は、その直系尊属が受けるべきであったものと同じである（民901 ①本文）。直系卑属が数人あるときは、その各自の直系尊属が受けるべきであった部分について、法定相続分による（民901 ①）。兄弟姉妹の子が相続人となる場合も同様である（民901 ②但書）。

[2] 指定相続分

被相続人は、遺言で、共同相続人の相続分を定め、またはこれを定めることを第三者に委託することができる（民902 ①）。被相続人が、共同相続

人中の1人もしくは数人の相続分のみを定めたときは、他の共同相続人の相続分は、法定相続分による（民902②）。

　相続分の指定がされた場合であっても、被相続人が相続開始の時において有した債務の債権者は、指定された相続分に応じた債務の承継を承認したときを除いて、各共同相続人に対し、法定相続分に応じてその権利を行使することができる（民902の2）。

[3]　特別受益者の相続分

　共同相続人のうち、①被相続人から遺贈を受けた者、②婚姻・養子縁組のためもしくは生計の資本として贈与を受けた者を、**特別受益者**という。大学進学や留学のための学費の援助、起業する際の事業資金や住居を新築する際の費用の援助などは、生計の資本としての贈与に該当し特別受益になるが、生命保険金の受け取りは原則として特別受益にならない。特別受益者があるときは、被相続人が相続開始の時において有した財産の価額にその贈与の価額を加えたものを相続財産とみなし、法定相続分・指定相続分により算定した相続分の中からその遺贈または贈与の価額を控除した残額が特別受益者の相続分になる（903①）。したがって、遺贈または贈与の価額が相続分の価額に等しかったり超えたりするときは、受遺者・受贈者は、その相続分を受けることができない（903②）。ただし、被相続人がこれと異なる意思を表示したときは、その意思に従う（903③）。なお、婚姻期間が20年以上の夫婦の一方である被相続人が、他の一方に対し、その居住用建物またはその敷地について遺贈・贈与をしたときは、当該被相続人は、その遺贈・贈与について特別受益者の相続分の規定を適用しない旨の意思を表示したものと推定される（903④）。

　特別受益となる贈与の価額は、受贈者の行為によって、その目的である財産が滅失し、またはその価格の増減があったときであっても、相続開始の時においてなお原状のままであるものとみなされる（民904）。

[4]　寄与分

　共同相続人中に、被相続人の事業に関する労務の提供または財産上の給付、被相続人の療養看護その他の方法により被相続人の財産の維持または

増加について特別の寄与をした者があるときは、被相続人が相続開始の時において有した財産の価額から共同相続人の協議で定めたその者の寄与分を控除したものを相続財産とみなし、法定相続分・指定相続分により算定した相続分に寄与分を加えた額がその者の相続分になる（民904の2①）。この協議が調わないとき、または協議をすることができないときは、寄与をした者の請求により、家庭裁判所が、寄与の時期、方法および程度、相続財産の額その他一切の事情を考慮して寄与分を定める（民904の2②）。

寄与分は、被相続人が相続開始の時において有した財産の価額から遺贈の価額を控除した残額を超えることができない（民904の2③）。

[5] 相続分の取戻権

共同相続人の1人が遺産の分割前にその相続分を第三者に譲り渡したときは、他の共同相続人は、その価額および費用を償還して、その相続分を譲り受けることができる（民905①）。相続分の取戻権は、1か月以内に行使しなければならない（民905②）。

2 遺産の分割

A 遺産分割の方法と効力

相続人が数人ある場合、相続財産は法定相続分に応じて相続人たちに共同で承継され（**共同相続**）、いったん相続人全員の共有に属する（民898）。しかし、この共有は分割への過渡的な形態にすぎないから、共同相続人は、いつでも、その協議で、遺産の全部または一部の分割をすることができる（民907①）。ただし、被相続人が遺言で、相続開始の時から5年を超えない期間、遺産の全部または一部の分割を禁じた場合（民908）、および家庭裁判所が一定の期間分割を禁じた場合（民907③）は、分割は認められない。

遺産の分割は、遺産に属する物または権利の種類および性質、各相続人の年齢、職業、心身の状態および生活の状況その他一切の事情を考慮して行う（民906）。遺産の分割前に遺産に属する財産が処分された場合であっ

ても、共同相続人は、その全員の同意により、当該処分された財産が遺産の分割時に遺産として存在するものとみなすことができる（民906の2①）。ただし、共同相続人の1人または数人により同項の財産が処分されたときは、当該共同相続人については、同意を得ることを要しない（民906の2②）。

遺産の分割は、相続開始の時に遡ってその効力を生ずるが、第三者の権利を害することはできない（民909）。

遺産を分割するには、次の3つの方法がある。

[1] 協議分割

被相続人が遺言で分割方法を指定しなかった場合は、共同相続人は、いつでも、その協議によって遺産の全部または一部の分割をすることができる（民907①）。遺産の分割は、遺産に属する物または権利の種類および性質、各相続人の年齢、職業、心身の状態および生活の状況その他一切の事情を考慮して行う（民906）。この遺産分割協議は、共同相続人全員が参加し、全員が同意しなければ成立しないから、一部の共同相続人を除外し、あるいはその意思を無視した分割は無効となる。

[2] 審判分割

遺産分割について共同相続人間に協議が調わないとき、または行方不明者などがあって協議することができないときは、各共同相続人は、家庭裁判所に遺産の全部または一部の分割を請求することができる（民907②本文）。ただし、遺産の一部を分割することにより他の共同相続人の利益を害するおそれがある場合には、一部分割の請求は認められない（民907②但書）。また、特別の事由があるときは、家庭裁判所は、期間を定めて、遺産の全部または一部について分割を禁ずることができる（民907③）。家庭裁判所は、まず調停にかけ、調停が成立しないとき審判によって分割する。

[3] 指定分割

被相続人は、遺言で、分割の方法を定め、または分割の方法を定めることを第三者に委託することができる（民908）。この指定ある場合には、それに従って分割しなければならない。遺言書に「甲地はAに、乙地はBに

相続させる」という形で記載されている場合は、特段の事情がない限り、当該遺産を当該相続人に単独で相続させる遺産分割の方法が指定されたものと解される（最判平3.4.19民集45.4.477）。したがって、相続開始と同時に甲地はAに帰属し、乙地はBに帰属するので、遺産分割協議は必要なくなり、当該相続人は単独で自己名義の相続登記ができることになる。

B　遺産分割前の預貯金債権の行使

　預貯金債権も遺産分割の対象に含まれる（最大判平28.12.19民集70.8.2121）ので、遺産分割までの間は、共同相続人全員の同意を得なければ払い戻すことができないが、生活費や葬儀費用の支払、相続債務の弁済などの資金需要に対応できるよう、各共同相続人は、遺産に属する預貯金債権のうち相続開始の時の債権額の3分の1に法定相続分（民900）および代襲相続人の相続分（民901）の規定により算定した当該共同相続人の相続分を乗じた額については、標準的な当面の必要生計費、平均的な葬式の費用の額その他の事情を勘案して預貯金債権の債務者ごとに法務省令で定める額を限度として、単独でその権利を行使することができる（民909の2前段）。その場合、当該権利の行使をした預貯金債権については、当該共同相続人が遺産の一部の分割によりこれを取得したものとみなされる（民909の2後段）。

C　相続開始後に認知された者の価額の支払請求権

　相続の開始後、認知によって相続人となった者が遺産の分割を請求しようとする場合において、他の共同相続人がすでにその分割その他の処分をしたときは、価額のみによる支払いの請求権を有する（民910）。

D　共同相続人間の担保責任

　各共同相続人は、他の共同相続人に対して、売主と同じく、その相続分に応じて担保の責任を負い（民911）、他の共同相続人が遺産の分割によって受けた債権について、その分割の時における債務者の資力を担保する（民912①）。弁済期に至らない債権および停止条件付きの債権については、各共同相続人は、弁済をすべき時における債務者の資力を担保する（民912②）。担保の責任を負う共同相続人中に償還をする資力のない者があるときは、

その償還することができない部分は、求償者および他の資力のある者が、それぞれその相続分に応じて分担する（民913本文）。ただし、求償者に過失があるときは、他の共同相続人に対して分担を請求することができない（民913但書）。以上のような共同相続人間の担保責任の規定は、被相続人が遺言で別段の意思を表示したときは適用されない（民914）。

3　相続の承認・放棄

　相続は、被相続人の財産に属した一切の権利義務を承継するものである（民896本文）から、被相続人の債務も承継しなければならない。したがって、もし相続放棄の自由が認められないとすると、自分の故意・過失によらずに、ある日突然、巨額の債務を負担しなければならないという事態が起こり得ることになる。しかし、それでは、私法の大原則である、**私的自治の原則**あるいは**過失責任の原則**に反することになる。そこで、相続の承認・放棄という制度が定められている。

　相続開始により、相続財産は当然に相続人に移転するが、相続人には、自己のため相続の開始があったことを知った時から3か月間の**考慮期間**が与えられ（民915①本文）、相続財産の調査をすることができる（民915②）。この考慮期間は、利害関係人または検察官の請求により、家庭裁判所において伸長することができる（民915①但書）。相続人が相続の承認または放棄をしないで死亡したときは、その者の相続人が自己のために相続の開始があったことを知った時から、考慮期間を起算する（民916）。相続人が未成年者または成年被後見人であるときは、その法定代理人が未成年者または成年被後見人のために相続の開始があったことを知った時から、考慮期間を起算する（民917）。相続人が複数いるときは、考慮期間は各人別々に進行する。相続の承認・放棄をするまでは、相続人は、その固有財産におけるのと同一の注意をもって、相続財産を管理しなければならず（民918①本文）、家庭裁判所は、利害関係人または検察官の請求によって、いつでも、相続財産の保存に必要な処分を命ずることができる（民918②）。家庭裁判

所が相続財産の管理人を選任した場合は、不在者の財産管理人の権利義務の規定（民27～29）が準用される（民918③）。

　相続の承認・放棄は、考慮期間内でも撤回することができない（民919①）。ただし、民法第1編（総則）および4編（親族）に規定されている制限行為能力や詐欺・強迫などの取消原因があるときは、相続の承認・放棄の取消しをすることはできる（民919②）。この取消権は、追認をすることができる時から6か月間行使しないときは、時効によって消滅し、相続の承認・放棄の時から10年を経過したときも同様である（民919③）。また、限定承認・相続の放棄の取消しをしようとする者は、その旨を家庭裁判所に申述しなければならない（民919④）。

　考慮した結果、相続そのものを拒否するのが**相続放棄**である。積極財産よりも消極財産（借金）が多く、明らかに債務超過となっている場合などに、相続放棄がなされる。相続財産がプラスかマイナスか不明の場合に、相続財産の範囲で債務を清算し、プラスが出れば承継するというのが**限定承認**である。いずれも選択せず考慮期間を経過すれば、**単純承認**となってすべての権利義務を包括的に承継することになる。

A　相続の承認

[1] 単純承認

　考慮期間内に相続人が単純承認をすると、無限に被相続人の権利義務を承継し（民920）、次の場合は単純承認したものとみなされる（民921）。①保存行為および短期賃貸借（民602）を除き、相続人が相続財産の全部または一部を処分したとき、②考慮期間内に限定承認または相続の放棄をしなかったとき、③相続人が、限定承認または相続の放棄した後でも、その相続人が相続の放棄したことによって相続人となった者が承認した場合を除き、相続財産の全部もしくは一部を隠匿し、ひそかにこれを消費し、または悪意でこれを相続財産の目録中に記載しなかったとき。以上の理由による承認を、**法定単純承認**という。

[2] 限定承認

　相続によって得た財産の限度においてのみ被相続人の債務および遺贈を

弁済すべきことを留保した承認が、限定承認である（民922）。相続財産を超えた部分について債務が消滅するわけではないから、相続債権者は限定承認者に相続債務全額の支払いを請求できるが、限定承認者は相続財産を超えて弁済する必要はないということである。限定承認者が任意に弁済すれば有効な弁済となり、非債弁済になるわけではないため、限定承認された債務は、**責任なき債務**といわれる。また、相続人が限定承認をしたときは、その被相続人に対して有した権利義務は、消滅しなかったものとみなされる（民925）から、相続人が被相続人に対して有していた権利義務は混同によって消滅しない。

限定承認をするには、考慮期間内に相続財産の目録を作成して家庭裁判所に提出し、限定承認をする旨を申述しなければならない（民924、家事39別表第一92の項）。相続人が数人ある共同相続の場合は、限定承認は、共同相続人の全員が共同でしなければならない（民923）。また、考慮期間を経過し、または考慮期間内でも法定単純承認に該当する事由が生ずれば、限定承認はできなくなる。

限定承認者は、限定承認をした後5日以内に、すべての相続債権者および受遺者に対し、限定承認をしたことおよび2か月以上の一定の期間を定め、その期間内にその請求の申出をすべき旨を公告し、その公告には、相続債権者および受遺者がその期間内に申出をしないときは弁済から除斥されるべき旨を付記しなければならない（民927①、②本文）。ただし、限定承認者は、知れている相続債権者および受遺者を除斥することはできず（民927②但書）、知れている相続債権者および受遺者には、各別にその申出の催告をしなければならない（民927③）。この公告は、官報に掲載してする（民927④）。

限定承認者は、広告期間満了前には、相続債権者および受遺者に対して弁済を拒むことができる（民928）。広告期間満了後は、相続財産をもって、期間内に申出をした相続債権者その他知れている相続債権者に、それぞれその債権額の割合に応じて弁済をしなければならないが、優先権を有する債権者の権利を害することはできない（民929）。また、限定承認者は、弁済期に至らない債権であっても弁済しなければならず（民930①）、条件付きの債権または存続期間の不確定な債権は、家庭裁判所が選任した鑑定人の

評価に従って弁済をしなければならない（民930②）。なお、各相続債権者に弁済をした後でなければ、受遺者に弁済することはできない（民931）。

　弁済するにつき相続財産を売却する必要があるときは、限定承認者は、これを競売に付さなければならないが、家庭裁判所が選任した鑑定人の評価に従い相続財産の全部または一部の価額を弁済して、その競売を止めることもできる（民932）。相続債権者および受遺者は、自己の費用で、相続財産の競売または鑑定に参加することができる（民933前段）。

　公告もしくは催告をすることを怠り、または広告期間内に相続債権者もしくは受遺者に弁済をしたことによって他の相続債権者もしくは受遺者に弁済をすることができなくなったときなど、限定承認者は、これによって生じた損害賠償責任を負わなければならない（民934①）。その場合でも、情を知って不当に弁済を受けた相続債権者または受遺者に対して、他の相続債権者または受遺者は求償することができる（民934②）。これらの請求権の消滅時効期間は、不法行為による損害賠償請求権の消滅時効期間（民724）と同様である（民934③）。

　相続財産について特別担保を有する者を除き、公告期間内に申出をしなかった相続債権者および受遺者で限定承認者に知れなかったものは、残余財産についてのみその権利を行使することができる（民935）。

　相続人が数人ある場合には、家庭裁判所は、相続人の中から相続財産の管理人を選任する（民936①）。相続財産の管理人は、相続人のために、これに代わって、相続財産の管理および債務の弁済に必要な一切の行為をする（民936②）。

　限定承認をした共同相続人の1人または数人について、相続財産の処分、隠匿などがあるとき（民921Ⅰ、Ⅲ）は、相続債権者は、相続財産をもって弁済を受けることができなかった債権額について、当該共同相続人に対し、その相続分に応じて権利を行使することができる（民937）。

B　相続放棄

　相続の放棄をしようとする者は、その旨を家庭裁判所に申述しなければならない（民938）。限定承認と異なり、相続人が数人ある共同相続の場合も、各相続人は単独で放棄することができる。しかし、考慮期間を経過し、

または考慮期間中でも法定単純承認に該当する事由が生ずれば、放棄はできなくなる。相続放棄の申述の受理は、法定単純承認事項や真意を調査判断するため、家事事件手続法に従って受理される（家事39別表第一95の項）が、常に審問を行うことを要せず（最判昭29.12.21民集8.12.2222）、申述書の形式的審査で受理されることが多い。受理されても、それで有効と確定するわけではなく、法律上の無効原因があれば、後に訴訟で効力を争うことができる（最判昭29.12.24民集8.12.2310）。弟が養子になっている場合など、二重に相続人としての資格を有する者が相続を放棄した場合は、双方の相続権を放棄したものと解するのが実務の取扱いである（昭32.1.10民甲第61号回答）。相続放棄は、考慮期間内であっても撤回することができない（民919①）。

　相続を放棄した者は、その相続に関しては、初めから相続人とならなかったものとみなされる（民939）。代襲相続は、相続開始以前に相続権を失った場合に限定されるから（民887②）、相続開始後になされる放棄については、代襲相続ということはない。また、放棄は、相続開始後、考慮期間内になされるものであるから、相続開始前に相続放棄しておくことはできない。

　相続放棄は、相続債権者に損害を与えることを目的としていても、権利の濫用にはならない（最判昭42.5.30民集21.4.988）。また、身分行為であるから、**詐害行為取消権**行使の対象にもならない（最判昭49.9.20民集28.6.1202）。相続を放棄した者は、共同相続人または次順位の相続人が相続財産の管理を始めることができるまで、自己の財産におけると同一の注意をもって、その財産の管理を継続しなければならない（民940①）。

4　財産分離

　相続人が単純承認すると、相続財産と相続人の固有財産が混合し、相続人の固有財産が債務超過の場合には、被相続人に対する債権者（相続債権者）が害される。これとは逆に、相続財産が債務超過の場合には、相続人に対する債権者が害されることになる。そこで、**財産分離**という制度が設けら

れているが、手続が複雑であることなどから、ほとんど利用されていない。

　財産分離には、相続人の固有財産が債務超過の場合に、相続債権者または受遺者が相続人の財産と相続財産を分離することを家庭裁判所に請求する**第1種財産分離**と、相続財産が債務超過の場合に、相続人の債権者が相続人の財産と相続財産を分離することを家庭裁判所に請求する**第2種財産分離**とがある。第1種財産分離が行われると、相続債権者は相続人の債権者に優先して相続財産から弁済を受けることができる（民942）が、相続財産から完全な弁済を受けられずに相続人に弁済を求める場合には、相続人の債権者に劣後する（民948後段）。第2種財産分離が行われると、相続財産から完全な弁済を受けられなかった相続債権者が相続人に弁済を求める場合に、相続人の債権者に劣後する（民950②、948後段）。

A　第1種財産分離

　相続債権者または受遺者は、相続開始の時から3か月以内に、相続人の財産の中から相続財産を分離することを家庭裁判所に請求することができる（民941①前段）。相続財産が相続人の固有財産と混合しない間は、その期間の満了後も同様である（民941①後段）。この請求によって家庭裁判所が財産分離を命じたときは、その請求をした者は、5日以内に、他の相続債権者および受遺者に対し、財産分離の命令があったことおよび一定の期間内に配当加入の申出をすべき旨を、2か月以上の期間、官報に掲載して公告しなければならない（民941②、③）。財産分離の請求をした者および配当加入の申出をした者は、相続財産について、相続人の債権者に先立って弁済を受け（民942）、相続財産をもって全部の弁済を受けることができなかった場合に限り、相続人の固有財産についてその権利を行使することができる（民948前段）。相続人の固有財産についてその権利を行使する場合は、相続人の債権者は、その者に先立って弁済を受けることができる（民948後段）。

　相続人は、広告期間満了前には、相続債権者および受遺者に対して弁済を拒むことができる（民947①）。期間満了後は、相続財産をもって、財産分離の請求または配当加入の申出をした相続債権者および受遺者に、それぞれその債権額の割合に応じて弁済をしなければならない（民947②本文）。

ただし、優先権を有する債権者の権利を害することはできない（民947②但書）。

　相続人は、その固有財産をもって相続債権者もしくは受遺者に弁済をし、またはこれに相当の担保を供して、財産分離の請求を防止し、またはその効力を消滅させることができるが、相続人の債権者が、これによって損害を受けるべきことを証明して、異議を述べたときは、この限りでない（民949）。

　なお、財産分離は、不動産については、その登記をしなければ、第三者に対抗することができない（民945）。

B　第2種財産分離

　相続人が限定承認をすることができる間または相続財産が相続人の固有財産と混合しない間は、相続人の債権者は、家庭裁判所に対して財産分離の請求をすることができる（民950①）。その手続きは限定承認（民927〜934）とほぼ同様である（民950本文）が、公告および催告（民927）は、財産分離の請求をした債権者がしなければならない（民950②但書）。相続人の債権者の請求による財産分離が行われたときは、相続債権者は、相続財産をもって全部の弁済を受けることができなかった場合に限り、相続人の固有財産についてその権利を行使することができ（民950②、948前段）、その場合は、相続人の債権者がその者に先立って弁済を受ける（民950②、948後段）。

5　相続人の不存在

　相続人のあることが明らかでないときを**相続人の不存在**といい、その場合には相続財産は法人となり（民951）、次のようにして清算手続きが行われる。

[1]　相続財産管理人選任公告（2か月）

　利害関係人または検察官の請求によって、家庭裁判所が**相続財産管理人**

を**選任して公告**する（民952）。相続財産管理人には、不在者の財産の管理人に関する規定（民27〜29）が準用される（民953）。相続財産管理人は、相続債権者または受遺者の請求があるときは、その請求をした者に相続財産の状況を報告しなければならない（民954）。相続人のあることが明らかになったときは、法人は成立しなかったものとみなされるが、相続財産管理人がその権限内でした行為の効力は妨げられない（民955）。相続財産管理人の代理権は、相続人が相続の承認をした時に消滅し、相続財産管理人は、遅滞なく相続人に対して管理の計算をしなければならない（民956）。

[2] 相続債権者・受遺者に対する債権申し出公告（2か月以上）

　相続財産管理人選任の公告（民952②）があった後2か月以内に相続人のあることが明らかにならなかったときは、相続財産管理人は、遅滞なく、すべての相続債権者および受遺者に対し、2か月以上の一定の期間内にその請求の申出をすべき旨を公告しなければならない（民957①）。

[3] 家庭裁判所による相続人捜索公告（6か月以上）

　相続債権者・受遺者に対する債権申し出公告の期間満了後、なお相続人のあることが明らかでないときは、家庭裁判所は、相続財産管理人または検察官の請求によって、相続人があるならば6か月以上の一定の期間内にその権利を主張すべき旨を公告しなければならない（民958）。その期間内に相続人としての権利を主張する者がないときは、相続人ならびに相続財産管理人に知れなかった相続債権者および受遺者は、その権利を行使することができない（民958の2）。

[4] 特別縁故者に対する相続財産の分与

　家庭裁判所による相続人捜索公告の期間満了後も相続人がない場合には、相当と認めるときは、家庭裁判所は、被相続人と生計を同じくしていた者、被相続人の療養看護に努めた者その他被相続人と特別の縁故があった者の請求によって、これらの者に、清算後残存すべき相続財産の全部または一部を与えることができる（民958の3①）。この特別縁故者の請求は、家庭裁判所による相続人捜索公告の期間満了後3か月以内にしなければならない

（民 958 の 3 ②）。

　内縁配偶者や事実上の養子が特別縁故者の代表例であるが、個人だけで
なく、法人も特別縁故者と認められている。被相続人が入所していた老人
ホームを経営する地方自治体のほか、被相続人の生活保護と葬儀を行った
地方自治体、被相続人の永代供養をする菩提寺（宗教法人）、被相続人が私財
を投じて発展に貢献した学校法人、被相続人が寮母兼保母として勤務して
いた社会福祉法人も特別縁故者と認められている。その一方で、親族・近
隣者の場合には、親族・近隣者としての通常の交際範囲を超えた、生計同
一や療養看護に匹敵する程度に、被相続人との間に具体的かつ現実的な精
神的・物質的に密接な関係があった者で、その者に相続財産を分与するこ
とが相続人の意思に合致するとみられる程度あることが必要とされている
（大阪高決昭 46.5.18 家月 24.5.47）。

　なお、民法 255 条によれば、共有者の 1 人が死亡して相続人がないとき
は、その持分は他の共有者に帰属するが、この規定と特別縁故者の財産分
与の規定との関係について、最高裁は、特別縁故者がいないことが確定し
たときにはじめて民法 255 条により他の共有者に帰属するとしている（最
判平元.11.24 民集 43.10.1220）。

[5] 残余財産の国庫への帰属

　特別縁故者への財産分与により処分されなかった相続財産は、国庫に帰
属する（民 959 前段）。その場合においては、相続財産管理人は、遅滞なく管
理の計算をしなければならない（民 959 後段、956 ②）。相続財産の全部の引
継ぎが完了するまでは、相続財産法人は消滅することなく、相続財産管理
人の代理権も引継未了の相続財産について存続する（最判昭 50.10.24 民集
29.9.1483）。

6 遺言

A 遺言総則

遺言は、遺言者が死亡した後の法律関係を定める最終的な意思決定の表示であり、遺言者の死亡によって法律効果を発生する。相手方のない一方的な単独行為であり、民法の定める方式に従ってなされなければならない（民960）。

遺言は、財産所有者自身の最終的な意思決定の表示であるから、その内容は最大限尊重される。そこで、被相続人が、民法の定める法定相続とは異なる相続財産の処分を希望する場合には、遺言しておくことによって、それを実現することができる。たとえば、内縁の配偶者や介護などで世話になった息子の嫁など、相続権のない者に遺産を与えたい場合、特定の者に事業を継承させたい場合などはもちろんのこと、相続人間の遺産相続争いを防止しようとする場合にも、遺言しておく必要がある。

[1] 遺言能力

満15歳以上の者は、有効な遺言をすることができる（民961）。15歳未満の者の遺言は無効である。また、行為能力の規定は遺言には適用されない（民962）。しかし、遺言も意思表示の一種であるから、意思能力は必要である（民963）。成年被後見人が事理を弁識する能力を一時回復したときに遺言する場合は、医師2人以上の立会いがなければならない（民973①）。被後見人が、後見の計算の終了前に、後見人またはその配偶者もしくは直系卑属の利益となるべき遺言をしたときは、その遺言は無効とされる（民966①）。ただし、直系血族、配偶者または兄弟姉妹が後見人である場合には有効である（民966②）。

[2] 遺贈

遺言者は、特定の財産を与える**特定遺贈**または遺産の一定割合を包括的に与える**包括遺贈**により、その財産の全部または一部を処分することができる（民964）。遺贈によって利益を受ける者を**受遺者**といい、包括受遺者

は、相続人と同一の権利義務を有する（民990）。特定遺贈の場合には、遺贈を実行する者が必要になるが、この特定遺贈の実行者を**遺贈義務者**という。遺贈義務者は、通常は相続人であるが、包括受遺者も相続人と同一の権利義務を有するから遺贈義務者となり、遺言執行者がいるときは、遺言執行者が相続人等に代わって遺贈義務者となる（民1012、1015）。

遺贈と似たものに、「自分が死んだら、この財産を贈与する。」という**死因贈与**がある。死因贈与は贈与契約であるから相手方（受贈者）の承諾を要するが、遺贈は遺言という単独行為によるものであるから、受贈者の承諾を要しないという違いがある。しかし、類似点が多いので、死因贈与には遺贈の規定が準用されている（民554）。

なお、胎児も受遺者となることができるが、相続欠格者は受遺者になれない（民965）。

[3] 共同遺言の禁止

2人以上の者が同一の証書で遺言する共同遺言は禁止されている（民975）。自由な撤回が困難となり、最終意思が確保されなくなるからである。

[4] 遺言の証人・立会人の欠格事由

①未成年者、②推定相続人および受遺者ならびにこれらの配偶者および直系血族、③公証人の配偶者、4親等内の親族、書記および使用人は、遺言の証人または立会人となることができない（民974）。

[5] 遺言事項

相続財産の処理以外の事項についても遺言は可能であるが、被相続人の一方的な意思表示に無条件で効力を与えるわけにはいかないため、遺言事項は、相続分の指定（民902）、遺贈（民964）、認知（民781②）などに限られている。

B　遺言の方式

遺言が効力を発生するときは、すでに遺言者は死亡しているため、その意思表示の内容や、それが真意に基づくものであるかどうかを確認するこ

とができない。そこで、遺言に厳格な方式を定め、その方式に従った遺言がなされれば、その内容の実現を法的に保障するものとされている。

遺言の方式には、**普通方式**と**特別方式**があり、普通方式として、自筆証書遺言、公正証書遺言、秘密証書遺言という3種類のものがある（民967）。特別方式は、死が切迫しているなどの理由から、普通方式の遺言が困難な場合に認められる遺言の方式で、危急時遺言と隔絶地遺言がある。特別方式の遺言は、普通方式の遺言ができるようになってから6か月生存すると、その効力を失う（民983）。

[1] 自筆証書遺言

遺言者が、遺言の全文、日付および氏名を自書し、これに押印するものである（民968①）。自筆証書にこれと一体のものとして相続財産の全部または一部の目録を添付する場合には、その目録については、自書することを要しない（民968②前段）。その場合には、遺言者は、その目録の毎葉（自書によらない記載がその両面にある場合にあっては、その両面）に署名し、印を押さなければならない（民968②後段）。

自筆証書遺言は、簡単に作成できること、遺言の存在を秘密にできる点が長所であるが、紛失・偽造・変造の危険がある。そこで、2018（平成30）年に「法務局における遺言書の保管等に関する法律」（**遺言書保管法**）が制定され、自筆証書遺言に係る遺言書に限り、法務大臣の指定する法務局（遺言書保管所）の施設内において原本を保管するとともに、その画像情報等の遺言書に係る情報を管理する仕組みが設けられた（遺言書保管法6①、7①、②）。遺言書保管所に保管されている遺言書については、遺言書の検認（民1004①）は不要とされている（遺言書保管法11）。

自書が要件であるから、パソコンなどで作成したものは無効とされるが、手が震えるため添え手した程度であれば自書とされる（最判昭62.10.8民集41.7.1471）。日付は複数の遺言の先後を決定する上で重要な意味をもつため、これを欠けば無効となる。遺言作成の日が確定できればよいから、「還暦の日」という記載でもよいが、「昭和四拾壱年七月吉日」という記載は無効とされている（最判昭54.5.31民集33.4.445）。氏名は、単に氏または名を自書するだけでも、本人の同一性を認識できればよいと解されている。押印は、

いわゆる三文判でも拇印でもよい（最判平元.2.16民集43.2.45）。帰化ロシア人の作成した自筆証書遺言については、押印を欠いても有効とされている（最判昭49.12.24民集28.10.2152）。自筆証書遺言の執行には家庭裁判所の検認が必要とされる（民1004①）。

[2] 公正証書遺言

　公正証書で作成する遺言は、2人以上の欠格事由のない証人が立会い、①遺言者が遺言の趣旨を公証人に口授し（口をきけない場合は通訳により申述するか、遺諾が自署する。）、②公証人が遺言者の口述を筆記して、遺言者および証人に読み聞かせ、または閲覧させ、③遺言者および証人が筆記の正確なことを承認した後、各自これに署名・押印し、④公証人が、その証書は以上の方式に従って作成されたものである旨を付記して、署名・押印しなければならない（民969、969の2①）。

　この公正証書遺言は、家庭裁判所の検認が不要であり（民1004②）、原本を公証人が保管するから紛失・変造の危険がなく、公証人が関与するので効力が問題となることも少ないが、手続が面倒で費用がかかり、遺言内容まで知られるという点が短所である。しかし、その確実性から、近年利用が増加している。

[3] 秘密証書遺言

　遺言の存在は明確にしておきたいが、その内容は秘密にしておきたいという場合には、次の方式に従って秘密証書遺言をすることができる（民970、972①）。①遺言者が遺言書（自筆でなくてもよい）を作成して署名・押印し、②遺言者がその証書を封じて証書に用いた印章で封印して、③遺言者が公証人1人および証人2人以上の前に封書を提出し、自己の遺言書である旨およびそれを書いた者の氏名・住所を述べ（口をきけない場合は通訳により申述するか、遺言者が封書に自書する。）、④公証人が、その証書を提出した日付および遺言者の申述を封書に記載した後、遺言者および証人とともに署名・押印する。このようにして作成された秘密証書遺言も、執行には家庭裁判所の検認が必要とされる（民1004①）。法定要件を満たさない秘密証書遺言は無効であるが、自筆証書遺言の方式を備えていれば、自筆証書遺言として

の効力が認められる（民971）。

[4] 危急時遺言

　疾病その他の事由によって死亡の危急に迫った者が遺言しようとする場合は、証人3人以上の立会いのもとで、その1人に遺言の趣旨を口授し、口授を受けた者がこれを筆記して遺言者および他の証人に読み聞かせ、または閲覧させて、各証人がその筆記の正確なことを承認した後、これに署名・押印する（民976①）。口がきけない、耳が聞こえない場合は、通訳人の通訳により、口授・読み聞かせに代える（民976②、③）。この危急時遺言は、遺言の日から20日以内に、証人の1人または利害関係人から家庭裁判所に請求し、その確認を得なければ効力を生じない（民976④）。

　船舶遭難の場合において、船舶中にあって死亡の危急に迫った者の遺言については、より簡易にした方式が民法979条に規定されている。

[5] 隔絶地遺言

　伝染病のため行政処分により交通を絶たれた場所にある者は、警察官1人および証人1人以上の立会いをもって遺言書を作ることができ（民977）、船舶中にある者は、船長または事務員1人および証人2人以上の立会いをもって遺言書を作ることができる（民978）。

C　遺言の効力

[1] 遺言の効力発生時期

　遺言は、遺言者の死亡の時からその効力を生ずる（民985①）。したがって、生前認知は認知届をしたとき認知の効力を生じる（民781①）が、遺言による認知（民781②）は遺言者の死亡の時に認知の効力を生じ、遺言執行者による遺言認知の届出（戸64）は報告にすぎない。遺言に「Aが司法試験に合格したとき甲地を与える。」といった停止条件を付した場合は、その条件が遺言者の死亡後に成就したときは、遺言は、条件が成就した時（Aが司法試験に合格した時）からその効力を生ずる（民985②）。遺言者の死亡前に司法試験に合格していれば、遺言者の死亡と同時に遺言の効力が生じる。

[2] 遺贈の承認・放棄

受遺者は、遺言者の死亡後、いつでも、遺贈を放棄することができる（民986①）。遺贈を放棄すると、遺言者の死亡の時に遡ってその効力を生じ（民986②）、遺贈の目的物は相続人に帰属する（民995）。

遺贈の履行をする義務を負う者（遺贈義務者）その他の利害関係人は、受遺者に対し、相当の期間を定めて、その期間内に遺贈の承認・放棄をすべき旨を催告することができる（民987前段）。受遺者がその期間内に遺贈義務者に対してその意思を表示しないときは、遺贈を承認したものとみなされる（民987後段）。受遺者が遺贈の承認・放棄をしないで死亡したときは、その相続人は、自己の相続権の範囲内で、遺贈の承認・放棄をすることができるが、遺言者がその遺言に別段の意思を表示したときは、その意思に従う（民988）。

遺贈の承認・放棄は、撤回することができない（民989①）。ただし、遺贈の承認・放棄の意思表示について、民法第1編（総則）および4編（親族）に規定されている制限行為能力や詐欺・強迫などの取消原因があるときは、取り消すことができる（民989②、919②）。この取消権は、追認をすることができる時から6か月間行使しないときは、時効によって消滅し、相続の承認・放棄の時から10年を経過したときも同様である（民989②、919③）。

[3] 包括受遺者の権利義務

遺産の一定割合を包括的に与えられた**包括受遺者**は、相続人と同一の権利義務を有する（民990）。したがって、包括受遺者は、共同相続人と同一に扱われ、相続人とともに遺産を共有し、債務も承継して、遺産分割協議に参加する。また、包括遺贈の承認・放棄も、相続放棄・承認・限定承認と同じ手続で行い、遺贈の承認・放棄に関する民法986〜989の規定は包括遺贈には適用されない。

[4] 受遺者の担保請求権と果実取得権

受遺者は、遺贈が弁済期に至らない間は、遺贈義務者に対して相当の担保を請求することができる（民991前段）。停止条件付きの遺贈についてその条件の成否が未定である間も同様である（民991後段）。また、受遺者は、

遺贈の履行を請求することができる時から果実を取得することができる（民992本文）。ただし、遺言者がその遺言に別段の意思を表示したときは、その意思に従う（民992但書）。

[5] 遺贈義務者の費用償還請求権

遺贈義務者が遺言者の死亡後に遺贈の目的物について費用を支出した場合は、留置権者による費用の償還請求の規定（民299）が準用される（民993①）ほか、果実を収取するために支出した通常の必要費は、果実の価格を超えない限度で、その償還を請求することができる（民993②）。

[6] 受遺者死亡による遺贈の失効

遺贈は、遺言者の死亡以前に受遺者が死亡したときは、その効力を生じない（民994①）。これを**同時存在の原則**といい、特定遺贈にも包括遺贈にも適用される。「遺言者の死亡以前」に死亡したときであるから、同時に死亡したときも遺贈はその効力を生じない。停止条件付きの遺贈において、受遺者がその条件の成就前に死亡したときも、その効力を生じないが、遺言者がその遺言に別段の意思を表示したときは、その意思に従う（民994②）。

[7] 遺贈の無効・失効の場合の財産の帰属

遺贈がその効力を生じないとき、または放棄によってその効力を失ったときは、受遺者が受けるべきであったものは相続人に帰属する（民995本文）。ただし、遺言者がその遺言に別段の意思を表示したときは、その意思に従う（民995但書）。

[8] 相続財産に属しない権利の遺贈

遺贈の目的である権利が遺言者の死亡の時において相続財産に属しなかったときは、遺贈はその効力を生じない（民996本文）。ただし、その権利が相続財産に属するかどうかにかかわらず、これを遺贈の目的としたものと認められるときは有効（民996但書）で、その場合には、遺贈義務者は、その権利を取得して受遺者に移転する義務を負う（民997①）。権利を取得することができないとき、またはこれを取得するについて過分の費用を要する

ときは、遺贈義務者は、その価額を弁償しなければならない（民997②本文）。ただし、遺言者がその遺言に別段の意思を表示したときは、その意思に従う（民997②但書）。

[9]　遺贈義務者の引渡義務

遺贈義務者は、遺贈の目的である物または権利を、相続開始の時の状態で引き渡し、または移転する義務を負う（民998本文）。相続開始後に当該物または権利について遺贈の目的として特定した場合にあっては、その特定した時の状態で引き渡し、または移転する義務を負う（民998本文）。ただし、遺言者がその遺言に別段の意思を表示したときは、その意思に従う（民998但書）。

[10]　遺贈の物上代位

遺言者が、遺贈の目的物の滅失もしくは変造またはその占有の喪失によって第三者に対して償金を請求する権利を有するときは、その権利を遺贈の目的としたものと推定される（民999①）。たとえば、遺贈の目的物である建物が火災によって消失し、遺言者が保険会社に対して火災保険金の請求権を有するときは、その火災保険金請求権を遺贈の目的としたものと推定されるから、受遺者はその火災保険金請求権を取得する。また、遺贈の目的物が、他の物と付合し、または混和した場合において、遺言者が合成物または混和物の単独所有者または共有者となったとき（民243〜245）は、その全部の所有権または持分を遺贈の目的としたものと推定される（民999②）。加工については規定がないが、民法999条2項を類推適用して、同様に解されている。以上、いずれも推定規定であるから、遺言者が遺言に別段の意思を表示したときは、その意思に従う。

[11]　債権の遺贈の物上代位

金銭以外の物を目的とする債権を遺贈の目的とした場合には、遺言者が弁済を受け、かつ、その受け取った物がなお相続財産中に在るときは、その物を遺贈の目的としたものと推定し（民1001①）、金銭を目的とする債権を遺贈の目的とした場合には、相続財産中にその債権額に相当する金銭が

ないときであっても、その金額を遺贈の目的としたものと推定する（民1001②）。

[12] 負担付遺贈

受遺者に一定の法律上の義務を負担させる遺贈を**負担付遺贈**という。たとえば、「Aは所有地をBに遺贈するが、BはCに100万円贈与しなければならない。」といった遺贈がこれにあたる。Cのように、負担によって利益を受ける者を**受益者**という。負担付遺贈を受けた者は、遺贈の目的の価額を超えない限度においてのみ、負担した義務を履行する責任を負う（民1002①）。受遺者が遺贈の放棄をしたときは、遺言者が遺言に別段の意思を表示していない限り、受益者は、自ら受遺者となることができる（民1002②）。

負担付遺贈の目的の価額が相続の限定承認または遺留分回復の訴えによって減少したときは、遺言者が遺言に別段の意思を表示していない限り、受遺者は、その減少の割合に応じて、その負担した義務を免れる（民1003）。

負担付遺贈を受けた者がその負担した義務を履行しないときは、相続人は、相当の期間を定めてその履行の催告をすることができる（民1027前段）。その期間内に履行がないときは、その負担付遺贈に係る遺言の取消しを家庭裁判所に請求することができる（民1027後段）。

D 遺言の執行

[1] 遺言書の検認

遺言書の保管者は、相続の開始を知った後、遅滞なくこれを家庭裁判所に提出して、その**検認**を請求しなければならない（民1004①前段）。遺言書の保管者がない場合に、相続人が遺言書を発見した後も同様である（民1004①後段）。ただし、公正証書による遺言は検認を必要としない（民1004②）。遺言書の検認とは、遺言書の形式・態様などについて事実を調査し、遺言書の状態を確証する手続きで、後に遺言書が偽造・変造されるのを防止して、確実に保存するためのものであって、遺言が有効かどうかを判断するものではない。

封印のある遺言書は、家庭裁判所において相続人またはその代理人の立

会いがなければ、開封することができない（民1004③）。検認のための遺言
書提出を怠り、検認を経ないで遺言を執行し、または家庭裁判所外におい
てその開封をした者は、5万円以下の過料に処される（民1005）。

[2] 遺言執行者

　遺言の内容を実現するために、法律行為や事実行為を行うことを、**遺言
の執行**という。遺言の執行は、事実上相続人によって行われることも多い
が、遺言執行者を選任して行うこともでき、子の認知（民781②、戸64）、推
定相続人の廃除（民893）および推定相続人の廃除の取消し（民894）は、遺
言執行者によらなければならない。未成年者および破産者は、遺言執行者
となることができない（民1009）。

　遺言者は、遺言で、1人または数人の遺言執行者を指定し、またはその指
定を第三者に委託することができる（民1006①）。遺言執行者が数人ある場
合には、遺言者がその遺言に別段の意思を表示したときを除き、その任務
の執行は、過半数で決することになる（民1017①）。ただし、保存行為につ
いては、各遺言執行者が単独ですることができる（民1017②）。

　遺言執行者の指定の委託を受けた者は、遅滞なく、その指定をして、こ
れを相続人に通知しなければならない（民1006②）。遺言執行者の指定の委
託を受けた者がその委託を辞そうとするときは、遅滞なくその旨を相続人
に通知しなければならない（民1006③）。

　相続人その他の利害関係人は、遺言執行者に対し、相当の期間を定めて、
その期間内に就職を承諾するかどうかを確答すべき旨の催告をすることが
できる（民1008前段）。この場合において、遺言執行者が、その期間内に相
続人に対して確答をしないときは、就職を承諾したものとみなされる（民
1008後段）。

　遺言執行者は、自己の責任で第三者にその任務を行わせることができる
が、遺言者がその遺言に別段の意思を表示したときは、その意思に従う（民
1016①）。第三者にその任務を行わせる場合において、第三者に任務を行わ
せることについてやむを得ない事由があるときは、遺言執行者は、相続人
に対してその選任および監督についての責任のみを負う（民1016②）。

　遺言者がその遺言に報酬を定めたときを除き、家庭裁判所は、相続財産

の状況その他の事情によって遺言執行者の報酬を定めることができる（民1018①）。遺言執行者が報酬を受けるべき場合には、委任における受任者の報酬の規定（民648②③）ならびに成果等に関する報酬の規定（民648の2）が準用される（民1018②）。遺言の執行に関する費用は、相続財産の負担となるが、これによって遺留分を減ずることはできない（民1021）。

　遺言執行者がその任務を怠ったときその他正当な事由があるときは、利害関係人は、その解任を家庭裁判所に請求することができる（民1019①）。遺言執行者は、正当な事由があるときは、家庭裁判所の許可を得て、その任務を辞することができる（民1019②）。

　遺言執行者の任務が終了したときは、委任の終了の規定（民654、655）が準用される（民1020）。

　遺言執行者がないとき、またはなくなったときは、家庭裁判所は、利害関係人の請求によって、これを選任することができる（民1010）。遺言執行者が就職を承諾したときは、直ちにその任務を行わなければならない（民1007①）。

[3] 遺言執行者の権利義務

　遺言執行者は、その任務を開始したときは、遅滞なく、遺言の内容を相続人に通知し（民1007②）、相続財産の目録を作成して、相続人に交付しなければならない（民1011①）。遺言執行者は、相続人の請求があるときは、その立会いをもって相続財産の目録を作成し、または公証人にこれを作成させなければならない（民1011②）。

　遺言執行者は、遺言の内容を実現するため、相続財産の管理その他遺言の執行に必要な一切の行為をする権利義務を有する（民1012①）。遺言執行者がある場合には、遺贈の履行は、遺言執行者のみが行うことができる（民1012②）。遺言執行者については、委任の規定のうち、644条から647条までおよび650条が準用される（民1012③）。

　遺言執行者がある場合には、相続人は、相続財産の処分その他遺言の執行を妨げるべき行為をすることができない（民1013①）。これに違反してした行為は無効となるが、これをもって善意の第三者に対抗することはできない（民1013②）。遺言執行者があっても、相続人の債権者（相続債権者を含

む）は、相続財産についてその権利を行使することができる（民1013③）。

[4]　特定財産に関する遺言の執行

　遺言が相続財産のうち特定の財産に関する場合には、遺言執行者の権利義務に関する1011条から1013条までの規定は、その財産についてのみ適用される（民1014①）。遺産の分割の方法の指定として、遺産に属する特定の財産を共同相続人の1人または数人に承継させる旨の遺言（**特定財産承継遺言**）があったときは、遺言執行者は、当該共同相続人が法定相続分を超える部分の対抗要件（民899の2①）を備えるために必要な行為をすることができる（民1014②）。特定承継遺言の財産が預貯金債権である場合には、遺言執行者は、対抗要件を備えるために必要な行為のほか、その預金または貯金の払戻しの請求およびその預金または貯金に係る契約の解約の申入れをすることができる（民1014③本文）。ただし、解約の申入れについては、その預貯金債権の全部が特定財産承継遺言の目的である場合に限る（民1014③但書）。

　特定承継財産遺言の規定（民1014②、③）は、被相続人が遺言で別段の意思を表示したときは、その意思に従う（民1014④）。

[5]　遺言執行者の行為の効果

　遺言執行者がその権限内において遺言執行者であることを示してした行為は、相続人に対して直接にその効力を生ずる（民1015）。

E　遺言の撤回・取消し

　遺言は最終的な意思決定の表示であるから、遺言者はいつでも自由に撤回することができる（民1022）。前の遺言と抵触する遺言がなされると、抵触する部分について前の遺言を撤回したものとみなされ、贈与など遺言と抵触する生前処分その他の法律行為がなされたときも撤回とみなされる（民1023）。遺言者が故意に遺言書を破棄したとき、遺贈の目的物を破棄したときも、撤回とみなされる（民1024）。撤回された遺言は、その撤回行為が、撤回され、取り消され、または効力を生じなくなるに至ったときであっても、その効力を回復しない（民1025本文）。ただし、その行為が詐欺ま

たは強迫による場合は、この限りでない（民1025但書）。また、遺言者は、その遺言を撤回する権利を放棄することはできない（民1026）。

7 配偶者の居住の権利

　2018（平成30）年の民法改正以前の判例は、配偶者が相続開始時に被相続人の建物に居住していた場合について、相続開始後も遺産分割までは、無償で使用させる旨の被相続人の同意があったものと推認され、被相続人の地位を承継した他の相続人等が貸主となり、同居相続人を借主とする使用貸借関係が存続する（最判平8.12.17民集50.10.2778）として、配偶者の居住権の保護を図ってきた。

　しかし、第三者に居住建物が遺贈されてしまった場合や、被相続人が反対の意思を表示した場合には、使用貸借が推認されず、配偶者の居住が保護されない。そこで、平成30年の民法改正で、配偶者が相続開始の時に遺産に属する建物に居住していた場合には、遺産分割が終了するまでの間、無償でその居住建物を使用できる**配偶者短期居住権**（民法1037〜1041）が新設された。それと同時に、配偶者の居住建物を対象として、終身または一定期間、配偶者にその使用を認める**配偶者居住権**（民1028〜1036）が新設され、遺産分割等における選択肢の1つとして、配偶者に配偶者居住権を取得させることができるようにされた。

A 配偶者居住権

　被相続人の配偶者は、被相続人の財産に属した建物に相続開始の時に居住していた場合は、①遺産の分割によって配偶者居住権を取得するものとされたとき、②配偶者居住権が遺贈の目的とされたとき、そのいずれかに該当するときは、居住していた建物（居住建物）の全部について無償で使用収益する権利を取得する（民1028①本文）。この権利を**配偶者居住権**という。ただし、被相続人が相続開始の時に居住建物を配偶者以外の者と共有していた場合は、配偶者居住権を取得できない（民1028①但書）。居住建物が配

偶者の財産に属することとなった場合であっても、他の者がその共有持分を有するときは、配偶者居住権は消滅しない（民1028②）。婚姻期間が20年以上である夫婦間の配偶者居住権の遺贈については、特別受益者の相続分の規定（民903①）を適用しない旨の意思を表示したものと推定される（民1028③、903④）。

[1] 審判による配偶者居住権の取得

遺産の分割の請求を受けた家庭裁判所は、①共同相続人間に配偶者が配偶者居住権を取得することについて合意が成立しているとき、②配偶者が家庭裁判所に対して配偶者居住権の取得を希望する旨を申し出た場合において、居住建物の所有者の受ける不利益の程度を考慮してもなお配偶者の生活を維持するために特に必要があると認めるときに限り、配偶者が配偶者居住権を取得する旨を定めることができる（民1029）。

[2] 配偶者居住権の存続期間

配偶者居住権の存続期間は、配偶者の終身の間である（民1030本文）。ただし、遺産の分割の協議もしくは遺言に別段の定めがあるとき、または家庭裁判所が遺産の分割の審判において別段の定めをしたときは、その定めるところによる（民1030但書）。

[3] 配偶者居住権の登記等

居住建物の所有者は、配偶者居住権を取得した配偶者に対し、配偶者居住権の設定の登記を備えさせる義務を負う（民1031①）。配偶者居住権の設定の登記を備えた場合には、物権を取得した者その他の第三者に対抗することができ（民1031②、605）、第三者に対して妨害の停止の請求等ができる（民1031②、605の4）。

[4] 配偶者による使用・収益

配偶者居住権を取得した配偶者は、従前の用法に従い、善良な管理者の注意をもって、居住建物の使用・収益をしなければならない（民1032①本文）が、従前居住の用に供していなかった部分について、これを居住の用に供

することはできる（民 1032 ①但書）。配偶者居住権は、譲渡することができ
ない（民 1032 ②）。配偶者居住権を取得した配偶者は、居住建物の所有者の
承諾を得なければ、居住建物の改築・増築をし、または第三者に居住建物
の使用・収益をさせることができない（民 1032 ③）。配偶者居住権を取得し
た配偶者が、善管注意義務（民 1032 ①）に違反し、または無断増改築等（民
1032 ③）を行った場合には、居住建物の所有者が相当の期間を定めてその
是正の催告をし、その期間内に是正がされないときは、居住建物の所有者
は、当該配偶者に対する意思表示によって配偶者居住権を消滅させること
ができる（民 1032 ④）。

[5] 居住建物の修繕等

　配偶者居住権を取得した配偶者は、居住建物の使用および収益に必要な
修繕をすることができる（民 1033 ①）。居住建物の修繕が必要である場合に
おいて、配偶者居住権を取得した配偶者が相当の期間内に必要な修繕をし
ないときは、居住建物の所有者は、その修繕をすることができる（民 1033
②）。配偶者居住権を取得した配偶者が自らその修繕をするときを除き、
居住建物が修繕を要するとき、または居住建物について権利を主張する者
があるときは、居住建物の所有者がすでにこれを知っているときを除いて、
当該配偶者は、居住建物の所有者に対し、遅滞なくその旨を通知しなけれ
ばならない（民 1033 ③）。

[6] 居住建物の費用の負担

　配偶者居住権を取得した配偶者は、居住建物の通常の必要費を負担する
（民 1034 ①）。買戻目的物についての費用償還の規定（民 583 ②）は、通常の
必要費以外の費用について準用される（民 1034 ②）。

[7] 居住建物の返還等

　配偶者居住権を取得した配偶者は、配偶者居住権が消滅したときは、居
住建物の返還をしなければならない（民 1035 ①本文）。ただし、配偶者が居
住建物について共有持分を有する場合は、居住建物の所有者は、配偶者居
住権が消滅したことを理由としては、居住建物の返還を求めることができ

ない（民1035①但書）。配偶者居住権が消滅したことにより、配偶者居住権
を取得した配偶者が相続の開始後に附属させた物がある居住建物または相
続の開始後に生じた損傷がある居住建物の返還をする場合については、借
主による収去（民599①、②）ならびに賃借人の原状回復義務（民621）の規定
が準用される（民1035②）。

[8] 使用貸借・賃貸借の規定の準用

　配偶者居住権については、期間満了等による使用貸借の終了（民597①、
③）、損害賠償および費用の償還請求権についての期間制限（民600）、転貸
の効果（民613）ならびに賃貸物の全部滅失等による賃貸借の終了（民616の
2）の規定が準用される（民1036）。

B　配偶者短期居住権

　配偶者は、被相続人の財産に属した建物に相続開始の時に無償で居住し
ていた場合には、次の **(1)** **(2)** に掲げる区分に応じてそれぞれに定める日
までの間、その居住していた建物（居住建物）の所有権を相続または遺贈に
より取得した者（居住建物取得者）に対し、居住建物（居住建物の一部のみを無償
で使用していた場合にあっては、その部分）について無償で使用する権利（配偶者
短期居住権）を有する（民1037①本文）。ただし、配偶者が、相続開始の時にお
いて居住建物に係る配偶者居住権を取得したとき、または相続人の欠格事
由（民891）の規定に該当しもしくは廃除によってその相続権を失ったとき
は、この限りでない（民1037①但書）。

(1) 居住建物について配偶者を含む共同相続人間で遺産分割をする場合

　遺産分割によりその建物の帰属が確定した日または相続開始の時から6
か月を経過する日のいずれか遅い日。

(2) 居住建物が第三者に遺贈された場合や、配偶者が相続放棄をした場合
など①以外の場合

　居住建物の所有権を取得した者は、いつでも配偶者に対し配偶者短期居
住権の消滅の申入れをすることができる（民1037③）が、その申入れの日か
ら6か月を経過する日。

　配偶者が配偶者短期居住権を有する場合においては、居住建物取得者は、

第三者に対する居住建物の譲渡その他の方法により配偶者の居住建物の使用を妨げてはならない（民1037②）。居住建物取得者は、居住建物について配偶者を含む共同相続人間で遺産分割をする場合を除いて、いつでも配偶者短期居住権の消滅の申入れをすることができる（民1037③）。

[1] 配偶者による使用

配偶者短期居住権を有する配偶者は、従前の用法に従い、善良な管理者の注意をもって、居住建物の使用をしなければならず（民1038①）、居住建物取得者の承諾を得なければ、第三者に居住建物の使用をさせることができない（民1038②）。これらの規定に違反したときは、居住建物取得者は、当該配偶者に対する意思表示によって配偶者短期居住権を消滅させることができる（民1038③）。

[2] 配偶者居住権の取得による配偶者短期居住権の消滅

配偶者短期居住権を有する配偶者が居住建物に係る配偶者居住権を取得したときは、配偶者短期居住権は消滅する（民1039）。

[3] 居住建物の返還等

配偶者短期居住権を有する配偶者は、配偶者居住権を取得した場合を除き、配偶者短期居住権が消滅したときは、居住建物の返還をしなければならないが、配偶者が居住建物について共有持分を有する場合には、居住建物取得者は、配偶者短期居住権が消滅したことを理由としては、居住建物の返還を求めることができない（民1040①）。

配偶者居住権を取得した場合を除く配偶者短期居住権消滅により、配偶者が相続の開始後に附属させた物がある居住建物または相続の開始後に生じた損傷がある居住建物の返還をする場合については、借主による収去（民599①、②）ならびに賃借人の原状回復義務（民621）の規定が準用される（民1040②）。

[4] 使用貸借等の規定の準用

借主の死亡による使用貸借の終了（民597③）、損害賠償および費用の償

還請求権についての期間制限（民600）、賃借物の全部滅失等による賃貸借の終了（民616の2）、配偶者居住権の譲渡禁止（民1032②）、居住建物の修繕等（民1033）および居住建物の費用負担（民1034）の規定が配偶者短期居住権について準用される（民1041）。

8　遺留分

A　遺留分の帰属と割合

人は生存中自由に財産を処分できるのと同様、死後の財産についても自由に処分する権利がある。しかし、被相続人による相続財産の処分を無制限に認めると、相続制度が有する、遺族の生活保障、潜在的持分の清算という目的が没却されることになる。そこで、被相続人の処分の自由を制限して、相続財産の一定の割合が一定の近親者に留保されている。これを**遺留分**という。

[1] 遺留分権利者

遺留分を有する者を遺留分権利者といい、兄弟姉妹以外の相続人が遺留分権利者とされている（民1042①）。したがって、子（その代襲相続人を含む）、直系尊属、配偶者が相続人である場合に、相続財産の一定割合がこれらの者に留保される。

[2] 遺留分の割合

被相続人が、遺留分を有する相続人全体に残すべき、遺産全体に対する遺留分の割合（**総体的慰留分の割合**）は、①直系尊属のみが相続人であるときは、遺産の3分の1、②その他の場合は、遺産の2分の1である（民1042①）。兄弟姉妹だけのときは、遺留分はない。遺留分権利者が数人ある場合の各自の遺留分（**個別的遺留分**）は、総体的遺留分の割合に、各遺留分権利者の法定相続分を乗じて算定する（民1042②）。

B　遺留分を算定するための財産の価額

　被相続人が死亡の直前に財産を贈与して遺留分制度を潜脱することを防ぐため、遺留分を算定するための財産の価額は、被相続人が相続開始の時において有した財産の価額に、その贈与した財産の価額を加えた額から、債務の全額を控除した額とされる（民1043①）。贈与は、相続開始前の1年間になされたものに限り、その価額が加算される（民1044①前段）が、当事者双方が遺留分権利者に損害を加えることを知って贈与したときは、1年前の日より前にしたものでも加算される（民1044①後段）。

　以上の規定（民1042〜1044）を計算式で簡単に示すと次のようになる。

　遺留分＝（遺留分を算定するための財産の価額）×1/2（または1/3）
　　　　　　×（遺留分権利者の法定相続分）

C　遺留分侵害額の請求

　被相続人がなした贈与・遺贈が遺留分を侵害している場合でも、当然に無効となるわけではなく、遺留分権利者およびその承継人は、受遺者（特定財産承継遺言により財産を承継しまたは相続分の指定を受けた相続人を含む。）または受贈者に対し、遺留分侵害額に相当する金銭の支払いを請求することができる（民1046①）。この遺留分侵害額請求権の行使は、受遺者または受贈者に対する意思表示によってすれば足り、必ずしも裁判上の請求による必要はない（最判昭41.7.14民集20.6.1183）。

　遺留分侵害額は、民法の規定に従って算定した遺留分（民1042）から、①遺留分権利者が受けた遺贈または903条1項に規定する贈与の価額、および、②900条から902条まで、903条および904条の規定により算定した相続分に応じて遺留分権利者が取得すべき遺産の価額を控除し、被相続人が相続開始の時において有した債務のうち、899条の規定により遺留分権利者が承継する債務（遺留分権利者承継債務）の額を加算して算定する（民1046②）。これを計算式で表すと、次のようになる。

　遺留分侵害額＝（遺留分）−（遺留分権利者の特別受益の額）
　　　　　　　　−（遺留分権利者が遺産分割により取得すべき財産の価額）
　　　　　　　　＋（遺留分権利者が相続によって負担する債務の額）

D　受遺者・受贈者の負担額

　受遺者・受贈者は、遺贈または贈与の目的の価額を限度として、遺留分侵害額を負担する（民1047①柱書）。ここでいう遺贈には、特定財産承継遺言による財産の承継または相続分の指定による遺産の取得が含まれ、贈与は、遺留分を算定するための財産の価額に算入されるものに限られる。また、受遺者・受贈者が相続人である場合には、遺贈・贈与の目的の価額は、当該価額から遺留分として当該相続人が受けるべき額を控除した額である。

　負担する順序は、第1に、受遺者と受贈者とがあるときは、受遺者が先に負担する。第2に、受遺者が複数あるとき、または受贈者が複数ある場合においてその贈与が同時にされたものであるときは、受遺者・受贈者がその目的の価額の割合に応じて負担する。ただし、遺言者がその遺言に別段の意思を表示したときは、その意思に従う。第3に、受贈者が複数あるときは、後の贈与に係る受贈者から順次前の贈与に係る受贈者が負担する（民1047①Ⅰ～Ⅲ）。この遺贈・贈与の目的の価額については、目的である財産が滅失し、またはその価格の増減があったときでも、相続開始の時においてなお原状のままであるものとみなされるほか、条件付きの権利または存続期間の不確定な権利は、家庭裁判所が選任した鑑定人の評価に従うものとされ、負担付贈与がされた場合は、目的の価額から負担の価額を控除した額とされている（民1047②、904、1043②、1045）。

　請求を受けた受遺者・受贈者が、遺留分権利者承継債務について弁済その他の債務を消滅させる行為をしたときは、消滅した債務の額の限度において、遺留分権利者に対して負担する債務を意思表示によって消滅させることができる。その場合、当該行為によって遺留分権利者に対して取得した求償権は、消滅した当該債務の額の限度において消滅する（民1047③）。

　なお、受遺者・受贈者が無資力の場合には、その損失は遺留分権利者が負担しなければならない（民1047④）。また、裁判所は、受遺者または受贈者の請求により、負担する債務の全部または一部の支払いにつき相当の期限を許与することができる（民1047⑤）。

E　遺留分侵害額請求権の期間制限

　遺留分侵害額の請求権は、遺留分権利者が、相続の開始および遺留分を

侵害する贈与または遺贈があったことを知った時から1年間行使しないときは、時効によって消滅する。相続開始の時から10年を経過したときも同様である（民1048）。

F 遺留分の放棄

遺留分権利者は、家庭裁判所の許可を得て、相続開始前にその遺留分を放棄することができる（民1049①）。相続放棄と異なり、共同相続人の1人が遺留分を放棄しても、他の遺留分権利者の遺留分は増加せず（民1049②）、被相続人の処分できる相続財産が増加する。

9 特別寄与

被相続人が死亡した場合、相続人は、被相続人の介護を全く行っていなかったとしても、相続財産を取得することができるが、長男の妻などは、どんなに被相続人の介護に尽くしたとしても、相続人ではないから相続財産の分配にあずかれないというのでは不公平である。そこで、介護等の貢献に報い、実質的公平を図るため、**特別寄与**の制度が設けられている。

被相続人に対して無償で療養看護その他の労務の提供をしたことにより、被相続人の財産の維持または増加について特別の寄与をした被相続人の親族を、**特別寄与者**という（民1050①）。ただし、相続人、相続の放棄をした者および相続人の欠格事由（民891）に該当しまたは廃除によってその相続権を失った者は、特別寄与者から除外される（民1050①）。特別寄与者は、相続の開始後、相続人に対し、特別寄与者の寄与に応じた額の金銭（特別寄与料）の支払いを請求することができる（民1050①）。このように、遺産分割は相続人だけで行い、特別寄与者には相続人に対する金銭請求を認めるとされているのは、遺産分割の手続が過度に複雑にならないようするためである。

特別寄与料の支払いについて、当事者間に協議が調わないとき、または協議をすることができないときは、特別寄与者は、家庭裁判所に対して協

議に代わる処分を請求することができる（民1050②本文）。ただし、特別寄与者が相続の開始および相続人を知った時から6か月を経過したとき、または相続開始の時から1年を経過したときは、協議に代わる処分を請求できない（民1050②但書）。請求を受けた家庭裁判所は、寄与の時期、方法および程度、相続財産の額その他一切の事情を考慮して、特別寄与料の額を定める（民1050③）。

　特別寄与料の額は、被相続人が相続開始の時において有した財産の価額から遺贈の価額を控除した残額を超えることができない（民1050④）。相続人が数人ある場合には、各相続人は、特別寄与料の額に当該相続人の相続分を乗じた額を負担する（民1050⑤）。

知識を確認しよう

・・・・・・・・・・・・・・・・・・・・・・・・・・・・・・・・

［問題］

(1)　相続人の順位について説明しなさい。

(2)　親が多額の借金を残して死亡した場合、相続人である子は、その借金を背負って返済しなければならないか。

(3)　数人の相続人で不動産の所有権を相続した場合も、法定相続の共有持分を登記しなければ第三者に対抗できないか。

(4)　相続分について説明しなさい。

［指針］

(1)　相続人となる者は、第1順位は、配偶者と被相続人の子またはその代襲者と配偶者、第2順位は、直系尊属と配偶者、第3順位は、兄弟姉妹またはその代襲者と配偶者で、配偶者は常に相続人である。胎児にも相続権がある。

(2)　相続開始の時から、相続人は、被相続人の財産に属した一切の権利義務を承継するので、現金・預金、動産・不動産などの権利だけでなく、借金、代金支払債務などの債務も承継する。相続の開始があったこと

を知った時から3か月以内に相続放棄または限定承認をしなければ、単純承認となって借金を返済しなければならない。

(3) 相続による法定相続分の共有持分権取得は、登記がなくても第三者に対抗することができるが、遺産分割により法定相続分と異なる権利を取得した相続人は、登記しなければ第三者に対抗することができず、遺言により相続人が法定相続分と異なる財産を取得した場合も、法定相続分を超える部分については、登記、登録その他の対抗要件を備えなければ、第三者に対抗することができない。

(4) 法定相続分は、配偶者と子が相続人のときは、配偶者の相続分と子の相続分は各2分の1で、配偶者と直系尊属が相続人のときは、配偶者の相続分は3分の2で、直系尊属の相続分は3分の1である。配偶者と兄弟姉妹が相続人のときは、配偶者の相続分は4分の3で、兄弟姉妹の相続分は4分の1である。

参考文献

【概説書・体系書—2017 年改正後】

内田貴『民法Ⅲ・第 4 版』東京大学出版会・2020 年

近江幸治『民法講義Ⅰ・第 7 版』成文堂・2018 年.『民法講義Ⅱ・第 4 版』成文堂・2020
　　年.『民法講義Ⅲ・第 3 版』成文堂・2020 年

小野秀誠ほか『新ハイブリッド民法 1〜4』法律文化社・2018〜2019 年

大村敦志『新基本民法 1・第 2 版』有斐閣・2019 年.『新基本民法 2・第 2 版』有斐閣 2019
　　年.『新基本民法 4・第 2 版』有斐閣・2019 年.『新基本民法 5・第 2 版』有斐閣・
　　2020 年.『新基本民法 6・第 2 版』有斐閣・2020 年

潮見佳男『プラクティス民法 債権総論・第 5 版』信山社・2018 年

中舎寛樹『民法総則・第 2 版』日本評論社・2018 年.『債権法 債権総論・契約』日本評
　　論社・2018 年

平野裕之『民法総則』日本評論社・2017 年.『債権総論』日本評論社・2017 年.『債権各
　　論Ⅰ』日本評論社・2018 年.『債権各論Ⅱ』日本評論社・2019 年

二宮周平『家族法・第 5 版』新世社・2019 年

前田陽一・本山敦・浦野由紀子『民法Ⅵ 親族・相続 第 5 版』有斐閣・2019 年

【概説書・体系書—2017 年改正前】

内田貴『民法Ⅰ・第 4 版』東京大学出版会・2008 年.『民法Ⅱ・第 3 版』東京大学出版会・
　　2011 年.『民法Ⅳ・補訂版』東京大学出版会・2004 年

大村敦志『新基本民法 3』有斐閣・2016 年.『新基本民法 7』有斐閣・2014 年.『新基本
　　民法 8』有斐閣・2017 年

平野裕之『物権法』日本評論社・2016 年.『担保物権法』日本評論社・2017 年

我妻栄『民法講義Ⅰ〜Ⅴ 4』岩波書店・1954〜1983 年

近江幸治『民法講義Ⅳ〜Ⅶ』成文堂・2006〜2015 年

［注釈書］

我妻栄ほか『我妻・有泉コンメンタール民法第 6 版』日本評論社・2019 年

谷口知平ほか『新版注釈民法』1988 年〜・有斐閣

［改正法の解説］

筒井健夫・村松秀樹『一問一答 民法（債権関係）改正』商事法務・2018 年

堂園幹一郎・野口宣大『一問一答 新しい相続法』商事法務・2019 年

第1章　民法総則

近江幸治『民法講義 I 第 7 版』成文堂・2018 年
奥田昌道・安永正昭編『法学講義民法 総則・第 3 版』勁草書房・2018 年
佐久間毅『民法の基礎 1 総則・第 4 版』有斐閣・2018 年
四宮和夫・能美喜久『民法総則・第 9 版』弘文堂・2018 年
中舎寛樹『民法総則・第 2 版』日本評論社・2018 年
平野裕之『民法総則』日本評論社・2017 年
山野目章夫『民法概論 1・民法総則』有斐閣 2017 年

第2章　物権法

佐久間毅『民法の基礎 2 物権・第 2 版』有斐閣・2019 年
平野裕之『物権法』日本評論社・2016 年
平野裕之『担保物権法』日本評論社・2017 年
安永正昭『講義 物権・担保物権法・第 3 版』有斐閣・2019 年
山野目章夫『物権法・第 5 版』日本評論社 2012 年

第3章　債権法総論

平野裕之『債権総論』日本評論社・2017 年
潮見佳男『プラクティス民法 債権総論・第 5 版』信山社・2018 年
中舎寛樹『債権法　債権総論・契約』日本評論社・2018 年

第4章　債権法各論

平野裕之『債権各論 I』日本評論社・2018 年
平野裕之『債権各論 II』日本評論社・2019 年
潮見佳男『基本講義債権各論 I 契約法・事務管理・不当利得・第 3 版』新世社・2017 年
潮見佳男『基本講義債権各論 II 不法行為法・第 3 版』新世社・2017 年
中田裕康『契約法』有斐閣・2017 年

第5章　親族法

泉久雄『親族法』有斐閣・1997 年
二宮周平『家族法・第 5 版』新世社・2019 年
我妻栄『親族法』有斐閣・1960 年

第6章　相続法

伊藤昌司『相続法』有斐閣・2002 年
潮見佳男『詳解 相続法』弘文堂・2018 年

事項索引

判例索引

昭和 10 年～19 年

昭和 20 年～29 年

平成 10 年〜19 年

平成 20 年〜31 年

執筆者・執筆分担

長瀬二三男（ながせ　ふみお）‥‥‥‥‥‥‥‥‥‥‥‥‥‥‥第1章、第5章、第6章
志學館大学　名誉教授

永沼淳子（ながぬま　じゅんこ）‥‥‥‥‥‥‥‥‥‥‥‥‥‥第2章、第3章、第4章
日本大学危機管理学部　准教授

Next 教科書シリーズ 民法入門

2020（令和2）年8月30日　初　版1刷発行

著　者　長瀬二三男・永沼　淳子

発行者　鯉渕　友南

発行所　株式会社　弘文堂　101-0062　東京都千代田区神田駿河台1の7
　　　　　　　　　　　　TEL 03（3294）4801　　振替 00120-6-53909
　　　　　　　　　　　　https://www.koubundou.co.jp

装　丁　水木喜美男

印　刷　三美印刷

製　本　井上製本所

ISBN978-4-335-00245-8

━━━ Next 教科書シリーズ ━━━

■ 好評既刊

授業の予習や独習に適した初学者向けの大学テキスト

（刊行順）

『心理学』［第3版］　和田万紀＝編
　　　　　　　　　　　　　　定価（本体2100円＋税）　ISBN978-4-335-00230-4

『政治学』［第2版］　吉野　篤＝編
　　　　　　　　　　　　　　定価（本体2000円＋税）　ISBN978-4-335-00231-1

『行政学』［第2版］　外山公美＝編
　　　　　　　　　　　　　　定価（本体2600円＋税）　ISBN978-4-335-00222-9

『国際法』［第3版］　渡部茂己・喜多義人＝編
　　　　　　　　　　　　　　定価（本体2200円＋税）　ISBN978-4-335-00232-8

『現代商取引法』　藤田勝利・工藤聡一＝編
　　　　　　　　　　　　　　定価（本体2800円＋税）　ISBN978-4-335-00193-2

『刑事訴訟法』［第2版］　関　正晴＝編
　　　　　　　　　　　　　　定価（本体2500円＋税）　ISBN978-4-335-00236-6

『行政法』［第3版］　池村正道＝編
　　　　　　　　　　　　　　定価（本体2800円＋税）　ISBN978-4-335-00229-8

『民事訴訟法』［第2版］　小田　司＝編
　　　　　　　　　　　　　　定価（本体2200円＋税）　ISBN978-4-335-00223-6

『日本経済論』　稲葉陽二・乾友彦・伊ヶ崎大理＝編
　　　　　　　　　　　　　　定価（本体2200円＋税）　ISBN978-4-335-00200-7

『地方自治論』［第2版］　福島康仁＝編
　　　　　　　　　　　　　　定価（本体2000円＋税）　ISBN978-4-335-00234-2

『憲法』［第2版］　齋藤康輝・高畑英一郎＝編
　　　　　　　　　　　　　　定価（本体2100円＋税）　ISBN978-4-335-00225-0

『教育政策・行政』　安藤忠・壽福隆人＝編
　　　　　　　　　　　　　　定価（本体2200円＋税）　ISBN978-4-335-00201-4

『国際関係論』［第3版］　佐渡友哲・信夫隆司・柑本英雄＝編
　　　　　　　　　　　　　　定価（本体2200円＋税）　ISBN978-4-335-00233-5

『労働法』［第2版］　新谷眞人＝編
　　　　　　　　　　　　　　定価（本体2000円＋税）　ISBN978-4-335-00237-3

『刑事法入門』　船山泰範＝編
　　　　　　　　　　　　　　定価（本体2000円＋税）　ISBN978-4-335-00210-6

『西洋政治史』　杉本　稔＝編
　　　　　　　　　　　　　　定価（本体2000円＋税）　ISBN978-4-335-00202-1

『社会保障』　神尾真知子・古橋エツ子＝編
　　　　　　　　　　　　　　定価（本体2000円＋税）　ISBN978-4-335-00208-3

『民事執行法・民事保全法』　小田　司＝編
　　　　　　　　　　　　　　定価（本体2500円＋税）　ISBN978-4-335-00207-6

『教育心理学』　和田万紀＝編
　　　　　　　　　　　　　　定価（本体2000円＋税）　ISBN978-4-335-00212-0

『教育相談』　津川律子・山口義枝・北村世都＝編
　　　　　　　　　　　　　　定価（本体2200円＋税）　ISBN978-4-335-00214-4

Next 教科書シリーズ

■ 好評既刊

（刊行順）

『法学』［第3版］　髙橋雅夫＝編
―――定価（本体2200円＋税）　ISBN978-4-335-00243-4

『経済学入門』［第2版］　楠谷　清・川又　祐＝編
―――定価（本体2000円＋税）　ISBN978-4-335-00238-0

『日本古典文学』　近藤健史＝編
―――定価（本体2200円＋税）　ISBN978-4-335-00209-0

『ソーシャルワーク』　金子絵里乃・後藤広史＝編
―――定価（本体2200円＋税）　ISBN978-4-335-00218-2

『現代教職論』　羽田積男・関川悦雄＝編
―――定価（本体2100円＋税）　ISBN978-4-335-00220-5

『発達と学習』［第2版］　内藤佳津雄・北村世都・鏡　直子＝編
―――定価（本体2000円＋税）　ISBN978-4-335-00244-1

『哲学』　石浜弘道＝編
―――定価（本体1800円＋税）　ISBN978-4-335-00219-9

『道徳教育の理論と方法』　羽田積男・関川悦雄＝編
―――定価（本体2000円＋税）　ISBN978-4-335-00228-1

『刑法各論』　沼野輝彦・設楽裕文＝編
―――定価（本体2400円＋税）　ISBN978-4-335-00227-4

『刑法総論』　設楽裕文・南部　篤＝編
―――定価（本体2400円＋税）　ISBN978-4-335-00235-9

『特別活動・総合的学習の理論と指導法』　関川悦雄・今泉朝雄＝編
―――定価（本体2000円＋税）　ISBN978-4-335-00239-7

『教育の方法・技術論』　渡部　淳＝編
―――定価（本体2000円＋税）　ISBN978-4-335-00240-3

『比較憲法』　東　裕・玉蟲由樹＝編
―――定価（本体2200円＋税）　ISBN978-4-335-00241-0

『地方自治法』　池村好道・西原雄二＝編
―――定価（本体2100円＋税）　ISBN978-4-335-00242-7

『民法入門』　長瀬二三男・永沼淳子＝著
―――定価（本体2700円＋税）　ISBN978-4-335-00245-8